高等教育经济管理类"十三五"规划教材

电子商务基础与应用

DIANZI SHANGWU JICHU YU YINGYONG

主编 刘 静 时炳艳

郑州大学出版社
郑州

图书在版编目(CIP)数据

电子商务基础与应用/刘静,时炳艳主编. —郑州:郑州大学出版社,2017.2
ISBN 978-7-5645-3370-0

Ⅰ.①电… Ⅱ.①刘…②时… Ⅲ.①电子商务-教材 Ⅳ.①F713.36

中国版本图书馆 CIP 数据核字(2017)第 033051 号

郑州大学出版社出版发行	
郑州市大学路40号	邮政编码:450052
出版人:张功员	发行部电话:0371-66966070
全国新华书店经销	
河南龙华印务有限公司印制	
开本:787 mm×1 092 mm 1/16	
印张:23.75	
字数:565 千字	
版次:2017 年 2 月第 1 版	印次:2017 年 2 月第 1 次印刷

书号:ISBN 978-7-5645-3370-0　　　　　　定价:39.00 元

本书如有印装质量问题,由本社负责调换

作者名单

主　编　刘　静　时炳艳
编　委　刘　静　时炳艳　陈冰冰
　　　　　张朦朦　李建茹　王志辉
　　　　　杨　玲　刘　维

前 言

电子商务虽然是一门新兴的学科,但它在短短几十年时间里取得的成绩却令人叹为观止。电子商务的蓬勃发展提高了社会和企业对高素质、高能力电子商务人才的需求。作为省内最早一批开设电子商务专业的高等院校,我们对电子商务专业的人才培养和电子商务基础课程的建设,有着自己的理解和认识。作为电子商务专业的核心基础课程,《电子商务基础与应用》课程的教学目标、内容体系、教学手段、实训环境、考核评价不断在改进和完善,我们也希望能通过此次教材的编写将我们多年来的课程探索成果与大家分享,以期引起更多同学、同人的思考和参与,共同为电子商务教育事业的发展做出贡献。

作为电子商务专业的核心课程和入门课程,本书在编写上侧重财经管理、文科类知识背景,本书中的基础理论以应用为目的,以必需、够用为原则,尽量体现电子商务领域的新知识、新技术和新理念,注重培养学生综合素质的形成和科学思维方式与创新能力。此次,我们将课程开发理念定为"模块带动,任务驱动",将课程内容分为"电子商务基础""电子商务应用"和"电子商务系统保障"三大模块,每一个模块根据具体的需要安排了2~5个任务,都设置了情景,在明确的问题、任务驱动下,激发读者的学习兴趣。每个任务又都配有任务分析和任务实施环节,每个任务都紧密结合主题,通过由浅入深、由理论到实训的知识讲解和实训指导,使教学对象能够深刻领悟电子商务的内涵及精髓,熟练使用电子商务工具,初步进行网络零售、网上开店及初级网络营销和经营管理活动,能够对电子商务项目进行策划和实施。

本书由刘静、时炳艳任主编,刘静负责总体设计。各任务的具体分工如下:刘静编写前言、任务一、任务二,陈冰冰编写任务三,张朦朦编写任务四,李建茹编写任务五,时炳艳编写任务六、任务九,王志辉编写任务七,杨玲编写任务八,刘维编写任务十。在完成初稿后,由刘静和时炳艳进行统稿和定稿。

我们在编写本教材的过程中,借鉴了国内外大量的出版物和网上资料,由于编写体例的限制,没有在文中一一列出。在此向各位学者和有关组织表示由衷的敬意和谢意。由于电子商务不断发展和作者水平有限,教材中出现问题在所难免,恳请专家和广大读者批评指正。

刘静

2016 年 10 月

目　录

模块一　电子商务基础

任务一　电子商务认知 2
　　任务引入 3
　　任务分析 3
　　相关知识 3
　　任务实施 20
　　任务评价 26

任务二　Internet 基础知识 27
　　任务引入 28
　　任务分析 28
　　相关知识 28
　　任务实施 41
　　任务评价 54

模块二　电子商务应用

任务三　体验电子商务 56
　　任务引入 57
　　任务分析 57
　　相关知识 57
　　任务实施 74
　　任务评价 99

任务四　网上开店 100
　　任务引入 101
　　任务分析 101
　　相关知识 101
　　任务实施 115
　　任务评价 145

任务五　网络营销 147
　　任务引入 148
　　任务分析 148
　　相关知识 148

    任务实施 ··· 173
    任务评价 ··· 189
 任务六 电子商务网站开发 ·· 190
    任务引入 ··· 191
    任务分析 ··· 191
    相关知识 ··· 191
    任务实施 ··· 204
    任务评价 ··· 227
 任务七 电子商务项目策划 ·· 228
    任务引入 ··· 229
    任务分析 ··· 229
    相关知识 ··· 229
    任务实施 ··· 251
    任务评价 ··· 261

模块三 电子商务保障

 任务八 电子支付与互联网金融 ·· 263
    任务引入 ··· 264
    任务分析 ··· 264
    相关知识 ··· 264
    任务实施 ··· 279
    任务评价 ··· 304
 任务九 电子商务安全保障 ·· 305
    任务引入 ··· 306
    任务分析 ··· 306
    相关知识 ··· 306
    任务实施 ··· 328
    任务评价 ··· 342
 任务十 电子商务物流 ·· 343
    任务引入 ··· 344
    任务分析 ··· 344
    相关知识 ··· 344
    任务实施 ··· 356
    任务评价 ··· 372

电子商务基础

● 模块一

任务一  电子商务认知

【知识目标】

1. 电子商务的定义、内涵、特征；
2. 电子商务系统和环境；
3. 电子商务模式；
4. 电子商务的功能和特点；
5. 电子商务的发展。

【能力目标】

1. 通过网络调研世界、国家和本地区的互联网发展状况；
2. 利用有效手段调研世界、国家和本地区电子商务发展状况；
3. 了解电子商务网站的功能和作用。

【素质目标】

1. 养成科学、严谨的作风；
2. 培养电子商务感觉。

☞ 任务引入

互联网（Internet）的产生与发展就像20世纪末的一次闪电，来势凶猛，成为改变21世纪人们生活的革命性工具之一。Internet的商业化发展大力推动了电子商务的迅速增长。互联网技术，互联网资源的普惠化，电子商务的应用，不仅成为造福人类的巨大的福祉，也给我们的工作和生活带来了巨大的影响。未来的互联网是没有边界的，任何一个行业、任何一个企业、任何一个组织都不会拒绝互联网，没有一个人可以离开网络而存在。所以我们应该尽早地打开互联网和电子商务的那扇门，能够更好地展望和把握未来。

☞ 任务分析

电子商务并不神秘，也非高不可攀。它源于人类社会商业活动追求更快、更好的动机。电子商务虽然非常贴近我们的生活，但有着复杂的生态系统和运作规律，要想全面了解电子商务的应用和发展，创造电子商务价值。必须从基础知识开始，一步步打开电子商务这扇门。在本任务中，我们需要了解电子商务的内涵、分类、起源、特征、功能，并能够通过调研来了解我国互联网市场和电子商务市场的现状及发展趋势，能够通过企业的电子商务网站，初步了解电子商务的功能。

☞ 相关知识

一、什么是电子商务

电子商务是一个不断发展的概念，电子商务的先驱IBM公司于1996年提出了Electronic Commerce（E-Commerce）的概念，到了1997年，该公司又提出了Electronic Business（E-Business）的概念。中文多译作"电子商务"，但二者的英文原意有很大的差别。1997年国际商会在法国巴黎举行的世界电子商务会议明确了E-Commerce的概念。E-Commerce是指实现整个贸易过程中各阶段贸易活动的电子化。从涵盖范围方面可以定义为：交易各方以电子交易方式而不是通过当面交换或直接面谈方式进行的任何形式的商业交易。业务范围包括：信息交换、售前售后服务、销售、电子支付、运输等。E-Business是利用网络实现所有商务活动业务流程的电子化，不仅包括E-Commerce面向外部的所有业务流程，如网络营销、电子支付、物流配送、电子数据交换等，还包括企业内部的业务流程，如企业资源计划、管理信息系统、客户关系管理、供应链管理、人力资源管理、网上市场调研、战略管理及财务管理等。由此可见，Electronic Business所表述的电子商务的含义更加广泛。从Electronic Commerce到Electronic Business，反映了因特网的应用领域日益拓展,对社会经济的影响逐步扩大、加深。

目前,各国政府、学者、企业界人士根据自己所处的地位以及对电子商务参与的角度和程度的不同,给出了许多不同的定义。

(一)国际化组织和企业对电子商务的定义

1. 经济合作与发展组织(OECD)给出的简要定义

电子商务是在开放网络上进行的企业之间或企业与消费者之间的商业交易。

2. 全球信息基础设施委员会(GIIC)电子商务工作委员会报告草案

电子商务是运用电子通信作为手段的经济活动,通过这种方式人们可以对带有经济价值的产品和服务进行宣传、购买和结算。这种交易的方式不受地理位置、资金多少或零售渠道的所有权影响,公有私有企业、公司、政府组织、各种社会团体、一般公民、企业家都能自由地参加广泛的经济活动,其中包括农业、林业、渔业、工业、私营和政府的服务业。电子商务能使产品在世界范围内交易并向消费者提供多种多样的选择。

3. IBM 公司对电子商务的定义

电子商务(E-Business)概念包括三个部分:内联网(Intranet)、外联网(Extranet)、电子商务(E-commerce)。它所强调的是在网络计算环境下的商业化应用,不仅仅是硬件和软件的结合,也不仅仅是我们通常意义下的强调交易的狭义的电子商务(E-commerce),而是把买方、卖方、厂商及其合作伙伴在因特网(Internet)、内联网(Intranet)和外联网(Extranet)结合起来的应用。它同时强调这三部分是有层次的。只有先建立良好的 Intranet,建立好比较完善的标准和各种信息基础设施,才能顺利扩展到 Extranet,最后扩展到 E-commerce。

4. 美国惠普公司(HP)对电子商务的定义

HP 提出电子商务(EC)、电子业务(EB)、电子消费(EC)和电子化世界的概念。

它对电子商务(E-Commerce)的定义是:通过电子化手段来完成商业贸易活动的一种方式,电子商务使我们能够以电子交易为手段完成物品和服务等的交换,是商家和客户之间的联系纽带。它包括两种基本形式:商家之间的电子商务及商界与最终消费者之间的电子商务。

对电子业务(E-Business)的定义:一种新型的业务开展手段,通过基于 Internet 的信息结构,使得公司、供应商、合作伙伴和客户之间,利用电子业务共享信息,E-Business 不仅能够有效地增强现有业务进程的实施,而且能够对市场等动态因素做出快速响应并及时调整当前业务进程。更重要的是,E-Business 本身也为企业创造出了更多、更新的业务运作模式。

(二)我国电子商务领域著名专家学者对电子商务的定义

1. 电子商务专家李琪教授对电子商务的定义

首先将电子商务划分为广义和狭义的电子商务。广义的电子商务定义为,使用各种电子工具从事商务或活动。这些工具包括从初级的电报、电话、广播、电视、传真到计算机、计算机网络,到 NII(国家信息基础结构)、GII(全球信息基础结构)和 Internet 等现代系统。而商务活动是从泛商品(实物与非实物,商品与非商品化的生产要素等)的需求活动到泛商品的合理、合法的消费除去典型的生产过程后的所有活动。狭义的电子商务定义为,主要利用 Internet 从事商务或活动。电子商务是在技术、经济高度发达的现代社会里,掌握信息技术和商务规则的人,系统化地运用电子工具,高效率、低成本地从事以商品交换为中心的各种活动的总称。这个分析突出了电子商务的前提、中心、重点、目的和标准,指出它应达到的水平和效果,它是对电子商务更严格和体现时代要求的定义,它从系统的观点出发,强调人在系统中的中心地位,将环境与人、人与工具、人与劳动对象有机地联系起来,用系统的目标、系统的组成来定义电子商务,从而使它具有生产力的性质。

2. 电子商务专家杨坚争教授对电子商务的定义

电子商务系指交易当事人或参与人利用现代信息技术和计算机网络(主要是因特网)所进行的各类商业活动,包括货物贸易、服务贸易和知识产权贸易。

对电子商务的理解,应从"现代信息技术"和"商务"两个方面考虑。一方面,"电子商务"概念所包括的"现代信息技术"应涵盖各种以使用电子技术为基础的通信方式;另一方面,对"商务"一词应做广义解释。如果将"现代信息技术"看作一个子集,"商务"看作另一个子集,电子商务所覆盖的范围应当是这两个子集所形成的交集,即"电子商务"标题之下可能广泛涉及的因特网、内部网和电子数据交换在贸易方面的各种用途。

(三)我们理解的电子商务

这里可以定义为:电子商务是利用现代电子技术从事个性商务活动的方式。电子商务的实质应该是一套完整的网络商务经营及管理系统。再具体一点,电子商务是利用现有的电子化硬件设备(包括各种网络终端和电子设备)、软件系统和网络基础设施,通过一定的协议连接起来的电子网络环境进行的各种各样的商务活动。

这里需要强调的是,电子商务是一个动态的概念,是具有商业活动能力的实体利用网络和先进的数字化传媒技术,进行的各项商业活动。无论如何理解电子商务,都要注意狭义的电子商务和广义的电子商务的区别。狭义的电子商务主要是指借助计算机网络进行交易活动。广义的电子商务既包括企业内部商务活动,也包括企业外部商务活动,将上下游业务合作伙伴企业结合起来开展业务。

二、电子商务的内涵

(一)电子信息技术是电子商务的前提

以计算机为代表的电子信息技术的发明创造和利用,主要是针对人的知识获取、智力延伸,对自然界信息进行采集、储存、加工和处理、分发等的工具。当代人类能够很好地继承前人的经验、教训和智慧,大大扩充人类知识,从而走出一条内涵式的、协调的、可持续的社会物质、文化之路。所以,电子信息技术是开发和利用信息资源的有效工具,是实现电子商务的前提条件。

（二）电子商务的核心是人

第一，电子商务是个社会系统，社会系统的中心必然是人；第二，电子商务系统实际上是由围绕着商品交易的各方面利益的人所组成的关系网；第三，电子商务活动虽然强调工具的作用，但是归根结底起关键作用的仍然是人。所以必须强调电子商务中人的决定性作用。正因为人是电子商务的主宰者，进而有必要考察什么样的人才是合格的。很显然，电子商务是信息技术与商务的有机结合，所以能够掌握运用电子商务理论与技术的人必然是掌握信息技术、现代商贸理论与实务的复合型人才。

（三）电子商务是系列化、系统化、高效的电子工具

从系列化讲，电子工具包括商品需求咨询、商品订货、商品买卖、货款结算、商品售后服务等，伴随商品生产、流通、交换、消费甚至再生产的全过程的电子工具。如电视、电报、计算机、EDI、EPS、MIS、DSS等。从系统化的角度讲，强调商品的生产、流通、需求要构成一个有机整体，构成一个系统。同时为达到防止"市场失灵"还要将政府的调控功能引入该系统。而达到此目的的工具有：局域网（LAN）、城市网（CAN）和广域网（WAN）。而它们必然是将电话网、电视网、计算机网相结合，实现纵横相连、宏观微观结合、反应灵敏、安全可靠的电子网络，从而利于大到国家间小到企业与消费者之间的方便、可靠的电子商务系统。

（四）以商品交易为核心的各类商务

无论电子商务如何先进，不管电子商务如何发展，电子商务永远脱离不了商业运营的本质。电子商务活动仍然是以商业为出发点的，围绕着赢利进行各种电子商务应用。无论什么样的企业，盈利都是企业存在的必要条件和发展动力。

三、电子商务系统

电子商务系统包括电子商务基础环境和电子商务系统环境，是保证以电子商务为基础的网络交易实现的体系。

市场交易是由参与交易双方在平等、自由、互利的基础上进行的基于价值的交换。网上交易同样遵循上述原则。交易中的两个有机组成部分是：①交易双方信息沟通；②双方进行等价交换。在网上交易，其信息沟通是通过数字化的信息沟通渠道实现的，一个首要条件是交易双方必须拥有相应信息技术工具，才有可能利用基于信息技术的沟通渠道进行沟通。同时要保证能通过 Internet 进行交易，必须要求企业、组织和消费者连接到 Internet，否则无法利用 Internet 进行交易。在网上进行交易，交易双方在空间上是分离的，为保证交易双方进行等价交换，必须提供相应货物配送手段和支付结算手段。货物配送仍然依赖传统物流渠道，对于支付结算既可以利用传统手段，也可以利用先进的网上支付手段。此外，为保证企业、组织和消费者能够利用数字化沟通渠道，保证交易顺利进行的配送和支付，需要由专门提供这方面服务的中间商参与，即电子商务服务商。

电子商务系统层次如图1-1所示。

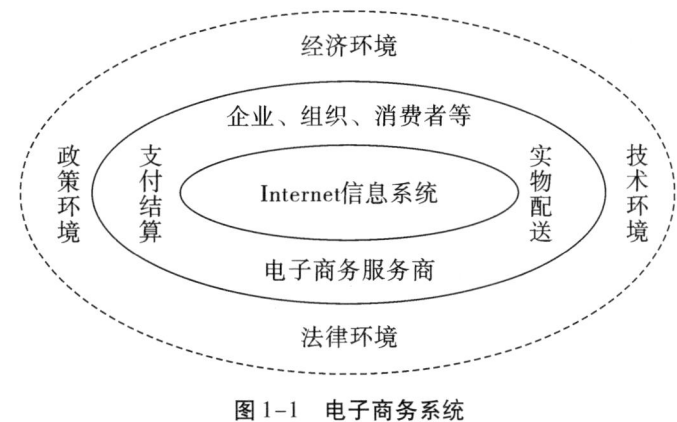

图1-1 电子商务系统

（一）电子商务基础环境

1. Internet 信息系统

电子商务系统的基础是 Internet 信息系统,它是进行交易的平台,交易中所涉及的信息流、物流和货币流都与信息系统紧密相关。Internet 信息系统是指企业、组织和电子商务服务商,在 Internet 网络的基础上开发设计的信息系统,它可以成为企业、组织和个人消费者之间跨越时空进行信息交换的平台,在信息系统的安全和控制措施保证下,通过基于 Internet 的支付系统进行网上支付,通过基于 Internet 物流信息系统控制物流的顺利进行,最终保证企业、组织和个人消费者之间网上交易的实现。因此,Internet 信息系统的主要作用是提供一开放的、安全的和可控制的信息交换平台,它是电子商务系统的核心和基石。

2. 电子商务服务商

Internet 作为一个蕴藏巨大商机的平台,需要有一大批专业化分工者进行相互协作,为企业、组织与消费者在 Internet 上进行交易提供支持。电子商务服务商便起着这种作用。根据服务层次和内容的不同,可以将电子商务服务商分为两大类:一类是为电子商务系统提供系统支持服务的,它主要为企业、组织和消费者在网上交易提供技术和物质基础;另一类是直接提供电子商务服务者,它为企业、组织与消费者之间的交易提供沟通渠道和商务活动服务。

对于第一大类为电子商务系统提供系统支持服务的,根据技术与应用层次不同,提供系统支持服务的电子商务服务商可以分为四类:

（1）接入服务商（Internet Access Provider，IAP）。它主要提供 Internet 通信和线路租借服务,如我国电信企业中国电信、联通提供的线路租借服务。

（2）服务提供商（Interne Service Provider，ISP）。它主要为企业建立电子商务系统提供全面支持,一般企业、组织与消费者上网时只通过 ISP 接入 Internet,由 ISP 向 IAP 租借线路。

(3) 内容服务提供商 (Internet Content Provider, ICP)。它主要为企业提供信息内容服务，如财经信息、搜索引擎，这类服务一般都是免费的，ICP 主要通过其他方式如发布网络广告获取收入。

(4) 应用服务系统提供商 (Application Service Provider, ASP)。它主要是为企业、组织建设电子商务系统时提供系统解决方案，这些服务一般都是属于信息技术(IT)行业的公司提供，如 IBM 公司为企业、政府和银行提供的电子化企业、电子化政府和电子化银行电子商务系统解决方案。有的 IT 企业不但提供电子商务系统解决方案，还为企业提供电子商务系统租借服务，用户只需要租赁使用，无须维护电子商务系统的运转。对于消费者，主要通过 ISP 上网连接到 Internet，参与网上交易。对于企业与组织，根据自身的资金和条件，如果需要大规模发展的，企业或组织可以通过 ISP 直接连接到 Internet；对于小规模的应用，则可以通过租赁 ASP 的电子商务服务系统来连接到 Internet。电子商务服务商层次如图 1-2 所示。

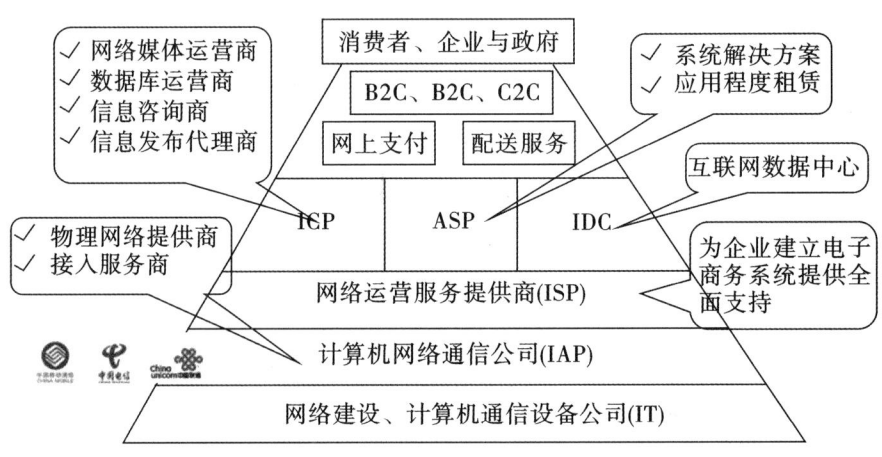

图 1-2 电子商务服务商层次图

3. 企业、组织与消费者

企业、组织与消费者是 Internet 网上市场交易主体，他们是进行网上交易的基础。由于 Internet 本身的特点及加入 Internet 的网民的增长趋势，使得 Internet 成为非常具有吸引力的新兴市场。一般说来，组织与消费者上网比较简单，因为其主要是使用电子商务服务商提供的 Internet 服务来参与交易。企业上网则是非常重要而且是很复杂的。这是因为，一方面企业作为市场交易一方，只有上网才可能参与网上交易；另一方面，企业作为交易主体地位，必须为其他参与交易方提供服务和支持，如提供产品信息查询服务、商品配送服务、支付结算服务。因此，企业上网开展网上交易，必须进行系统规划，建设好自己的电子商务系统。

4. 实物配送

进行网上交易时，如果用户与消费者通过 Internet 订货、付款后，不能及时送货上门，便不能实现满足消费者的需求。因此，一个完整的电子商务系统，如果没有高效的实物配送物流系统支撑，是难以维系交易顺利进行的。

5. 支付结算

支付结算是网上交易完整实现的很重要一环，关系到购买者是否讲信用，能否按时支付；卖者能否按时回收资金，促进企业经营良性循环的问题。一个完整的网上交易，它的支付应是在网上进行的。在传统的交易中，个人购物时支付手段主要是现金，即一手交钱一手交货的交易方式，双方在交易过程中可以面对面地进行沟通和完成交易。网上交易是在网上完成的，交易时交货和付款在空间和时间上是分割的，消费者购买时一般必须先付款后送货，可以采用传统支付方式，亦可以采用网上支付方式。

上述五个方面构成了电子虚拟市场交易系统的基础，它们是有机结合在一起的，缺少任何一个部分都可能影响网上交易顺利进行。Internet 信息系统保证了电子虚拟市场交易系统中信息流的畅通，它是电子虚拟市场交易顺利进行的核心。企业、组织与消费者是网上市场交易的主体，实现其信息化和上网是网上交易顺利进行的前提，缺乏这些主体，电子商务失去存在意义，也就谈不上网上交易。电子商务服务商是网上交易顺利进行的手段，它可以推动企业、组织和消费者上网和更加方便地利用 Internet 进行网上交易。实物配送和网上支付是网上交易顺利进行的保障，缺乏完善的实物配送及网上支付系统，将阻碍网上交易完整的完成。

（二）电子商务系统环境

政策环境、法律环境、技术环境和经济环境构成了电子商务系统的大环境，很大程度上影响着电子商务的发展速度和发展方向。在我国电子商务发展的进程中，国家和各级地方政府给予的电子商务优惠和扶持政策大力推动了我国电子商务的发展，电子商务相关法律法规的不断健全保障了电子商务发展的安全性和适用性。网络技术和新的信息技术应用开拓了电子商务的发展空间。经济环境更是直接影响电子的一个重要因素，社会经济的发展、人们生活水平的提高，为电子商务提供了必要的物质和经济基础。反之，电子商务也成为促进经济发展的主要推动力。

四、电子商务的功能

电子商务可提供网上交易和管理等全过程的服务，因此它具有广告宣传、咨询洽谈、网上订购、网上支付、电子账户、服务传递、意见征询、交易管理等各项功能。

（一）咨询洽谈

电子商务可借助各类即时和非即时通信工具、通信设备和交互软件进行官方的信息传递，如 E-mail、网络平台、微信公众平台、手机 APP 等。客户也可以方便快捷地利用这些手段来了解市场和商品信息，进行洽谈和交易事务。网上的咨询和洽谈能超越人们面对面洽谈的限制,提供多种方便的异地交谈形式。

(二)网络营销

网络营销是电子商务的一个重要应用领域,在电子商务环境下,企业可以通过网络进行宣传和推广,可以利用网络进行市场调研,通过网络进行分销和销售,建立企业网络优势品牌,也可以更好地进行客户关系的管理和维护。与传统的营销方式相比,网络营销可以以更低的成本、更灵活的方式,及时、快速、有效地在更广阔的范围内同客户进行信息交互,从而达到促进企业经营管理的目的。

(三)网上交易

电子商务的最直观表现就是网络交易。商家可以通过精心设计将商品的详细信息展示在网络页面推送给目标受众;利用精美的图片结合精心设计的文案刺激消费者的购买欲,并在页面上提供十分友好的订购提示信息和订购交互格式框。消费者在网上订购过商品以后,可以方便地使用电子方式进行支付(也可以选择货到付款),并等待快递公司送货上门(电子产品的交易不存在物流过程)。网络购物的价格优势,加上其方便、快捷、灵活的应用形式,已经改变了人们的消费习惯,引领了新经济消费的热潮。2016年"双11"购物狂欢节,天猫24小时总成交额为1207亿元就是最有力的佐证。

(四)网上支付

电子商务要成为一个完整的过程。网上支付是重要的环节。随着电子商务的不断发展,现阶段,电子货币已经逐渐代替现金支付成为人们消费时的主流的支付方式,我们可以方便快捷地选择银行账户或者第三方支付账户进行网络消费或者日常消费的支付,网络支付和电子支付的方式和领域也得到了不断的扩展和深入。电子支付的安全性不断提高,网络征信体系的不断完善,使得网络金融在电子支付的推动下发展到了新的高度。

(五)电子账户

网上的支付必须要有电子金融来支持,即银行或信用卡公司及保险公司等金融单位要为金融服务提供网上操作的服务。而电子账户管理是其基本的组成部分。

信用卡号或银行账号都是电子账户的一种标志。而其可信度须配以必要技术措施来保证。如数字证书、数字签名、加密等手段的应用提供了电子账户操作的安全性。

(六)服务传递

对已付了款的客户应将其订购的货物尽快地传递到他们的手中。而有些货物在本地,有些货物在异地,电子邮件能在网络中进行物流的调配。而最适合在网上直接传递的货物是信息产品。如软件、电子读物、信息服务等。它能直接从电子仓库发到用户端。

(七)意见征询

电子商务能十分方便地采用网页上的"选择""填空"等格式文件来收集用户对销售服务的反馈意见。这样使企业的市场运营能形成一个封闭的回路。客户的反馈意见不仅能提高售后服务的水平,更能使企业获得改进产品、发现市场的商业机会。

(八)交易管理

整个交易的管理涉及人、财、物多个方面,企业和企业、企业和客户及企业内部等各方面的协调和管理。因此,交易管理是涉及商务活动全过程的管理。

电子商务的发展,将会提供一个良好的交易管理的网络环境及多种多样的应用服务系统。这样,能保障电子商务获得更广泛的应用。

五、电子商务模式

电子商务模式,是指在网络环境中基于一定技术基础的商务运作方式和盈利模式。它是关于企业如何开展电子商务获得盈利,从而生存下去,以及电子化企业如何运用资讯科技与互联网来经营企业的方式。

概括地说,电子商务模式是在传统的商务活动中引入电子化手段,革新企业传统商务过程中不同环节而形成的,它以传统的商务过程为基础,但是与传统商务活动又有较大差异。

电子商务模式八要素,如表1-1所示。

表1-1 电子商务模式八素

要素组成	商业意义下的关键问题
价值体现	为什么消费者要买你的东西,不买别人的东西?
盈利模式	你是如何赚钱的?
市场机会	你的目标市场是什么?市场容量究竟有多大?
竞争环境	还有什么其他企业占据着你的目标市场?
竞争优势	进入目标市场,你有哪些特殊的优势?
营销战略	你计划如何促销你的产品和服务?你打算怎样吸引目标客户关注?
组织发展	为了实现商业计划,企业需要采用什么类型的组织结构去落实计划?
管理团队	什么样的经历和背景对企业领导人来说是重要的?

研究和分析电子商务模式的分类体系,有助于挖掘新的电子商务模式,为电子商务模式创新提供途径,也有助于企业制订特定的电子商务策略和实施步骤。电子商务模式主要涉及企业经营的基本盈利方式、服务对象和服务内容,商务模式直接关系到企业构造电子商务系统所采取的策略。电子商务模式的研究维度比较多,按照不同的维度,我们可以将电子商务活动进行不同的分类,如:按照交易活动范围划分为本地电子商务、国内电子商务和跨境电子商务。按照商业活动的内容分为直接电子商务和间接电子商务。虽然电子商务模式的划分方式比较多,但目前最简单、常见的分类莫过于按照电子商务

系统中发生交易双方的相互关系即参与主体的不同来划分,一般可以分为 B2B、B2C、C2C、C2B 四种模式。这里我们将重点介绍这几种电子商务模式,其中 B2C 是最主要的,可具体分为门户网站、内容提供商、交易中介商、市场提供商、社区提供商。而 B2B 和 C2C 在这里一般指交易市场。C2B 包括创意收集、反向拍卖、口碑中心等。

(一)B2B 电子商务模式

1. B2B 电子商务的含义

B2B(business to business)的电子商务指的是企业与企业之间依托因特网等现代信息技术手段进行的商务活动。通俗的说法是指进行电子商务交易的供需双方都是商家,它们使用了互联网的技术或各种商务网络平台,完场商务交易的过程。

2. B2B 电子商务模式的分类

(1)B2B 电子商务按照所涉及的行业可以分为综合 B2B 和垂直 B2B。

1)综合性 B2B 网站:将买方和卖方集中到一个市场上来进行信息交流、广告、拍卖竞标、交易、库存管理等。这种网站涉及的行业范围广,很多行业都可以在同一个网站上进行贸易活动。如阿里巴巴、慧聪网、环球资源网、敦煌网等。

2)垂直类 B2B 网站:针对一个特定的行业、特定的专业领域的上游和下游企业交易提供服务。专业化程度高,需要较深的专门技能,需要投入昂贵的人力资本来处理很狭窄的、专门性的业务,才能发挥该虚拟市场的商业潜能。如中国服装网、中华水果网、中国水泥网等。

(2)B2B 电子商务按照平台建立者的性质又可分为:①企业自建 B2B 电子商务平台;②第三方 B2B 电子商务平台;③网络应用服务提供者创建的 B2B 电子商务平台。

1)企业自建 B2B 电子商务平台。一般是企业根据自身发展需要,自主筹资创建的电子商务 B2B 交易平台,用于同业务伙伴之间的业务往来和行业市场的开拓。如中国石油的"能源一号"网、宝钢旗下东方钢铁、安利易联网等。

2)第三方 B2B 电子商务平台。是由买卖企业之外的第三方设计、开发并搭建起来的中立的网上交易市场,提供交易场所、管理规则以及交易中的各种服务。其收入的来源主要是佣金、订阅费、服务费、信息费、广告收入等。目前第三方电子商务交易平台在我国的发展势头良好,拥有大量的客户和资源。各个第三方 B2B 电子商务交易平台的定位和运作方式也会有所差别。这一类的平台比较多,如阿里巴巴网络有限公司、慧聪网、敦煌网、中国制造网等。

3)网络应用服务提供者创建的 B2B 电子商务平台。这是网络应用服务公司为了向客户推介和提供各种网络应用服务创建的 B2B 电子商务平台。如:外贸整合营销解决方案提供商奥道,域名注册与云计算服务提供商中国万网,企业移动应用服务提供商新网互联等。

3. B2B 市场的特点

(1)业务国际化:无论产品或业务领域,都将拓展到海外。

(2)服务外延化:资讯是基础,将提供软件、支付物流、信用担保等更多服务。

(3)行业纵深化：海量商业信息淘金更困难，人们对商业信息质量要求越来越高，专、精、深、个性化服务更受欢迎。

(4)市场集中化：先发优势、赢者通吃、收购合并、整合资源、提高效率。

4. B2B 电子商务的主要优势

总的来说，B2B 模式会帮助企业开源节流，将会给企业带来更低的价格、更高的生产效率、更低的劳动成本和更多的就业机会。

(二)B2C 电子商务模式

1. B2C 电子商务的含义

B2C(business to customer)电子商务指的是企业与消费者之间依托因特网等现代信息技术手段进行的商务活动。B2C 是我国最早产生的电子商务模式，以 8848 网上商城正式运营为标志，因为它与大众的日常生活密切相关，所以被人们首先认识和接受。

通常认为 B2C 包括的范畴有网上购物、网上服务、网上文化消费及其他未开发的领域。

2. B2C 电子商务的分类

(1)按照交易商品范围划分。

1)综合类：在网上销售多种类型的商品。这些网站大多是由经营离线商店企业和网络交易服务公司建立的。如中国的当当网、麦考林、凡客诚品、红孩子、1 号店等。

2)垂直类：仅销售某一类适合网上销售的商品，如书刊、鲜花、礼品、软件等。这类网站大多是由没有离线商店的虚拟零售企业和商品制造商建立的。如上海书城、孔夫子旧书网、莎啦啦等。

(2)按照交易商品的性质划分。

1)虚拟服务类：以交易虚拟服务类商品为主，如电子预订和票务(春秋航空、携程等)，电子卡类(云网)，网络教育，数字产品下载等。

2)实物类购物：以交易实体商品为主。相比较而言，实物类商品的网上交易较虚拟类商品的网络交易流程更为复杂，且电子商务"四流"中的物流不能通过网络流转，必须要靠物流配送网络的支持，因此同物流、快递行业间的协同较为重要。

(3)按照运作模式的不同划分。

1)门户网站：是在一个网站上向用户提供强大的 Web 搜索工具，以及集成为一体的内容与服务提供者。具体又可分为垂直门户、水平门户和搜索门户。

2)电子零售商：是在线的零售店，其规模各异、内容丰富。在线零售商店的创办者一般包括制造商/品牌制造商、传统渠道商、新兴渠道商和个人。

3)内容提供商：是通过信息中介商向最终消费者提供信息、数字产品、服务等内容的信息生产商，或直接给专门信息需求者提供定制信息的信息生产商。

4)服务提供商：为用户提供网络交易及电子商务活动的相关性服务，如商务信息、支付、物流及企业建立电子商务系统提供的全面支持服务。

5)交易中介商：以网络为基础，在电子商务市场中提供中介服务，帮助买卖双方促成交易的新型中间商。

6)社区服务商:创建数字化在线环境的网站。有相似兴趣、经历以及需求的人们可以在社区中交易、交流以及相互共享信息。

3. B2C 电子商务的主要优势

B2C 的意义主要体现在改变了企业传统的销售服务观念,通过互联网为消费者提供一个新兴的购物环境——网上商店,消费者通过网络选购商品和服务,并通过自己喜欢的方式进行支付,足不出户就可以购买商品或享受资讯服务,既节省了客户和企业双方的时间和空间,大大提高了交易效率,也节省了不必要的开支。

(三)C2C 电子商务模式

1. C2C 电子商务的定义

C2C(Customer to Customer)是指消费者之间通过互联网开展的一切商务活动,这些活动主要是指个人交易,作为继 B2B、B2C 后兴起之后的电子商务模式,是电商所有模式中最热闹、最繁荣的模式。

C2C(Customer to Customer)的特点是消费者与消费者讨价还价进行交易。实践中较多的是进行网上个人拍卖。如淘宝网(www.taobao.com),淘宝网提供一个虚拟的交易场所,就像一个大市场,每一个人都可以在市场上开自己的"网上商店",不用事先交付保证金,凭借独有的信用度评价系统,借助所有用户的监督力量来营造一个相对安全的交易环境,使买卖双方能找到可以信任的交易伙伴。在淘宝网上可以交易许多物品,大到计算机和电视,小到邮票和电话卡。个人可以 24 小时自由地卖出、买入各种物品。

2. C2C 电子商务的主要优势

(1)C2C 网络平台大大节省了交易成本。主要体现在人与人沟通成本、货品展示成本、店面成本、商品折旧成本等。

(2)C2C 有安全的支付方式和成熟的信用机制。淘宝的支付宝,腾讯拍拍的财付通等第三方担保支付服务解决了网民网上交易的后顾之忧。各种基于经营的诚信体系也日臻完善,如淘宝的信用评级、消费者保障、先行垫付服务等。

(3)安全有保障的物流服务。一是随着我国电子商务的快速发展,第三方物流和快递公司也快速跟进,有效解决了电子商务交易过程中的商品配送问题。二是 C2C 平台针对物流提供的服务和保障。一般而言,淘宝网等 C2C 购物网站的市场定位均为第三方网络平台运营商,不直接参与物流活动。但保障物流环节的安全和服务水平也是网站提高自身竞争力的一个方向。如物流跟带服务、退运保险服务、物流服务评分等。

(四)C2B 电子商务模式

1. C2B 电子商务模式的定义

C2B(Customer to business)指消费者通过互联网主动与企业群体之间开展的一切商务活动,包括消费者通过互联网聚集起来采购各类组织的产品或服务,以及消费者通过互联网以竞标的方式为各类组织提供产品和服务。C2B 起源于美国,常见的形式就是消费者利用功能强大的网络传播平台自觉聚集起来,形成一股强大的力量获得最大的优惠利益。所以,人们又把C2B定义为"用户组团采购",即我们通常所说的"团购"。其实从严格的意义上讲,C2B只能是一种概念和理念,并非独立的电子商务发展模式。因为C2B并没有改变交易者双方的身份,只是更加强调了消费者和普通受众的主导地位。然而,C2B作为一种全新的理念,它的普及与推广对整个电子商务行业的发展依然有很大的积极作用。

2. C2B电子商务模式的分类

(1)按商品性质分类。

1)服务类:消费有地域性,无法批量生产,例如美团网、糯米网、拉手网等。

2)实物类:商品消费无地域性,可批量生产,例如聚美优品、优享团等。

3)混合类:既有服务类产品也有实物类产品,例如淘宝聚划算。

(2)按网站与商户的关系分类。

1)平台式团购网站:与商户合作组织团购活动,获得收入。团购网站只为团购活动提供交易平台,不介入团购商品的定价、配送等实际交易环节;收入来自佣金服务费收入。例如淘宝网聚划算、QQ团购等。

2)自主式团购网站:团购网站负责团购活动前后各个环节,包括商户联系、商品定价、商品配送与售后服务;收入来自于商户组织团购商品。例如拉手网、美团网、高朋网等。

(3)按照应用的类型分类。

1)消费者联盟:随着互联网的兴起,消费者能够以更低的成本获取和交换信息,大量的消费者通过低成本的网络聚合形成一个强大的消费者联盟,以此来改变B2C模式中用户一对一出价的弱势地位。消费者联盟具体表现有口碑信息共享平台和集体竞价、团购两种方式。如口碑网和妈妈网。

2)个性化、定制化产品:目前,网络商业模式大多是单向提供产品、造成消费者被动选择的局面。随着社会的发展和生活水平的提高,人们更乐于选择适合自己个人喜好的特色产品,追求个性化消费,甚至今后很大部分的产品将由消费者自己设计。在未来中国要产生大范围的应用和爆发式增长,还在于实现网络技术与传统资源的有效结合。国内个性化定制服务的网站有中国秀客网、UU定制网等。

3)个人经纪人:随着用户个人创造积极性的增加,将有很多个人创造出各类作品,比如文学作品、艺术设计、创意方案、应用模版等。用户会有各种独特的想法和需求,就会产生为用户个人服务的代理。C2B网站平台作为用户个人经理人,通过收集用户的作品寻找商业买家,尽力帮助用户实现目标,同时也获得自己的经济利益。如任务中国、威客中国、猪八戒网、中国创意交易网、淘宝装修平台等。

3. 网络团购的特征

(1)成交数量限制。团购交易成立的前提条件是购买数量须达到最低数量;由于生产、配送等方面的问题,通常团购活动也会设置数量上限。

(2)价格折扣低。团购交易的目的之一就是通过集体购买,获得较低的价格折扣。

(3)时间限制。团购交易属于阶段性的商业促销活动,不是商家持续性策略,因此一般团购活动都会有时间周期。

(4)小额支付。目前国内网络团购交易涉及的金额,多是小额支付;类似房子、汽车之类的大额支付交易,尚未发展起来,这与中国此类商品单价高、购物决策影响因素多有关。

(5)商品毛利高团购活动本身属于促销行为,目的在于吸引消费者的重复消费,因为商品生产的编辑成本低,或毛利水平高,才能支持低折扣销售。

六、电子商务的经济和社会效益

(一)电子商务的经济效益

企业作为一种为社会提供产品和服务的组织形式,是生产建设和商品流通的直接承担者,电子商务给企业带来了多方面的效益。与传统商务活动相比,电子商务具有以下明显的优势。

1. 使买卖双方信息交流低廉、快捷

信息交流是买卖双方实现交易的基础。传统电子商务活动的信息交流主要通过电话、电报或传真等工具,这与互联网信息的超文本传输不可同日而语。

2. 降低企业间的交易成本

买卖双方通过网络进行商务交易活动,除了可以减少信息成本、办公成本、营销成本、采购成本之外,还因减少了中间环节而减少了中间交易支付的费用,这对买卖双方而言都是有利的。

3. 减少企业的库存

以信息技术为基础的电子商务可以改善企业决策中信息不确切和不及时的问题。通过互联网可以将市场需求信息传递给企业决策生产,同时也把需求信息及时地传递给供货商,从而适时地补充供给,实现"零库存管理"。

4. 缩短企业生产周期

一个产品的生产是许多企业相互协作的结果,因此产品的设计开发和生产销售可能涉及许多关联企业,通过电子商务可以改变过去由于信息封闭而造成无谓等待的现象,大大缩短企业生产周期。

5. "7*24"无间断运作,增加了商机

传统的交易受到时间和空间的限制,而基于互联网的电子商务则是一周7天、一天24小时无间断运作,网上的业务可以扩展到传统营销人员和广告促销所达不到的市场范围。

(二)电子商务的社会效益

1. 全社会的增值

电子商务带来的最直接的好处就是因贸易范围的空前扩大而产生的全球贸易活动的大幅度增加,提高了贸易环节中大多数角色的交易量。因此,全球范围内的经济形势将朝着良性的方向去发展。

2. 促进知识经济的发展

信息产业是知识经济的核心和主要的推动者,而电子商务又是目前信息产业的最具潜力的发展趋势。因为电子商务的发展,必将直接或者间接推动知识经济的浪潮。

3. 带动新行业的出现

在电子商务的时代里,原来的业务模式发生了变化,许多不同类型业务过程由原来的集中管理变为分散管理,社会分工逐步变细,因而产生了大量新兴行业,以配合电子商务的顺利运转。比如新型配送中心的出现就是必然的趋势。

七、电子商务的发展

(一)全球电子商务发展

纵观全球电子商务市场,各地区发展并不平衡。美国是世界最早发展电子商务的国家,同时也是电子商务发展最为成熟的国家,一直引领全球电子商务的发展,是全球电子商务的成熟发达地区。欧盟电子商务的发展起步较美国晚,但发展速度快,成为全球电子商务较为领先的地区。亚洲作为电子商务发展的新秀,市场潜力较大,但是近年的发展速度和所占份额并不理想,是全球电子商务的持续发展地区。

日前,联合国贸易和发展会议(贸发会议)发布《2015年信息经济报告》称,目前全球"企业对企业(B2B)电子商务"每年高达15万亿美元交易总额,"企业对消费者电子商务"交易总额每年在1.2万亿美元左右。尽管后者比前者要小得多,但是"企业对消费者电子商务"正迅速发展,尤其在亚洲和非洲。2015年全球零售电商交易总额达到了1.74万亿美元,并在过去三年平均保持每年20%的增速。

预计到2018年,发展中经济体和转型经济体将占全球"企业对消费者电子商务"交易额的40%左右,而发达经济体的份额将从70%降至60%。在全球130个经济体中,小型欧洲经济体在"企业对消费者(B2C)电子商务"领域最为发达,发展中经济体则在迅速迎头赶上,中国实际上已经成为全球最大的"企业对消费者电子商务"市场。

(二)我国电子商务发展概况

同全球其他发达经济体国家相比,我国的电子商务起步较晚,但是,中国政府十分重视电子商务的发展,敏锐地意识到电子商务发展对国民经济增长和企业竞争力提升的战略意义。从20世纪90年代初开始,我国政府就加大力度,全力推动电子商务的应用和发展,并取得了可喜的成绩。

1. 我国电子商务的现状

我国电子商务发展呈现典型的块状经济特征,东南沿海属于较为发达地区,北部和中部属于快速发展地区,西部则相对落后。

自2005年以来,我国电子商务市场交易额稳定增长,2015年中国电商市场规模正式超越美国,成为全球第一大电商市场。2015年全年,电子商务市场交易规模为16.2万亿,增长21.1%。全国网上零售额38773亿元,比上年增长33.3%。未来3年,仍是我国电子商务投资规模持续增长和爆发的时期,我国电子商务投资市场将迎来新一轮的发展高潮。一方面,国家"十三五"电子商务发展规划将继续推动电子商务发展;另一方面,电子商务在企业的应用成效以及对经济、社会发展的推动作用日益明显。

2. 近期中央政府促进电子商务发展的政策

我国电子商务的快速发展与国家层面的大力支持是分不开的。仅2015年,国务院就出台了3个文件来指导电子商务发展。

2015年5月7日,国务院印发《关于大力发展电子商务加快培育经济新动力的意见》,要求推进电子商务企业税费合理化,减轻企业负担,进一步释放电子商务发展潜力,提升电子商务创新发展水平。

2015年6月20日,国务院办公厅印发《关于促进跨境电子商务健康快速发展的指导意见》,指出支持跨境电子商务发展,有利于用"互联网+外贸"实现优进优出,发挥我国制造业大国优势,扩大海外营销渠道;有利于增加就业,推进大众创业、万众创新,打造新的经济增长点;有利于加快实施共建"一带一路"等国家战略,推动开放型经济发展升级。

2015年11月9日,国务院办公厅印发《关于促进农村电子商务加快发展的指导意见》,指出农村电子商务是转变农业发展方式的重要手段,是精准扶贫的重要载体。通过大众创业、万众创新,发挥市场机制作用,加快农村电子商务发展,把实体店与电商有机结合,使实体经济与互联网产生叠加效应,有利于促消费、扩内需,推动农业升级、农村发展、农民增收。

国务院一年出台3个文件来促进电子商务发展,其在经济发展中的重要作用可见一斑。事实证明,电子商务确实不负众望,在促进经济发展过程中一枝独秀,成为拉动消费的重要推动力。

3. 我国电子商务发展趋势

(1)电子商务的发展环境将不断完善,发展动力持续增强。

随着市场经济体制进一步完善,推进经济增长方式转变和结构调整的力度继续加大,发展电子商务的需求将会更加强劲。电子商务将被广泛应用于生产、流通、消费等各领域和社会生活的各个层面。这将促使全社会电子商务的应用意识不断增强,有关电子商务的政策、法律、法规将不断出台,电子商务发展的政策法律环境将不断完善。同时,也促使物流、信用、电子支付等电子商务支撑体系建设更全面地展开,从而使得电子商务发展的内在动力持续增强。

(2)电子商务应用将达到新的广度和深度。

随着《电子商务发展"十三五"规划》的实施,电子商务在国民经济各部门中将得到进一步的推广和应用。电子商务交易额呈现稳定持续增长态势;在区域发展方面,长三角、珠三角和环渤海等东南沿海的电子商务在继续高速增长的同时,辐射力也逐渐提高,将促进东部和中西部地区之间的协调发展;在企业应用方面,在国家、各级政府的政策引导下,在电子商务服务业的协助下,将促进企业由非支付型电子商务向支付型电子商务发展、协同电子商务的发展,深化企业应用水平。

(3)电子商务与产业发展深度融合不断加大,加速形成经济竞争新态势。

2015年3月5日十二届全国人大三次会议上,李克强总理在政府工作报告中首次提出"互联网+"行动计划。"互联网+"代表一种新的经济形态,即充分发挥互联网在生产要素配置中的优化和集成作用,将互联网的创新成果深度融合于经济社会各领域之中,提升实体经济的创新力和生产力,形成更广泛的以互联网为基础设施和实现工具的经济发展新形态。在这个大环境下,电子商务将会与传统产业进行更加深入的融合,两者相互促进,协调发展。

(4)电子商务服务业蓬勃发展,逐步成为国民经济新的增长点。

随着企业供应链电子商务、国际电子商务的发展,将带动电子商务服务业的发展,围绕电子商务服务形成的从低端技术环节到中端支撑环节再到高端应用环节的电子商务服务链在我国结点饱满,一个全新视角的电子商务服务业群正在形成,将成为未来国民经济新的增长点。

(5)移动电子商务正成为电子商务新的应用领域。

随着智能终端的普及化和移动网络深度的覆盖,移动互联网的渗透,移动电子商务已经逐渐成为引领电子商务发展的主战场。2014年是我国移动电商大爆发的一年。微信和手机QQ购物、微店、天猫和京东移动端交易、网上支付、电商+虚拟运营商等成为移动电商的关键词。各大电商如阿里、京东、苏宁、唯品会等也在向移动电商倾斜。到2016年,我国移动电子商务的销售额占到中国所有网络零售额的一半以上。2017年,我国移动商务应用总人数将会超过PC端,移动电商的优势将进一步扩大。

(6)B2C与O2O双线融合。

线上线下一体化O2O和B2C全线贯通的电子商务与商圈经济结合的新服务模式,将会更好地惠及广大消费者和商家。O2O不仅可以使传统B2C企业更好地发挥自身服务与体验的差异化的竞争优势,在一定程度上抵御纯电商的分流影响,同时还能享受到线上销售带来的低成本和高效率,并能增强与消费者的互动,增强用户黏性。

(7)大数据和云计算大行其道。

中国拥有庞大的消费群体和大量互联网用户,这为大数据带来了前景无限的发展机会。在百度(网络流量数据)、阿里巴巴(供应链和交易数据)和腾讯(社交数据)等超大型互联网公司的带领下,大约25%的各类企业一直在寻求大数据的价值。云端大数据的运用可以有效提升电子商务企业的运营效率,借助大数据可以更精准锁定客户群体,进行产品和服务的精准推广与营销,最大程度提升企业品牌的商业价值。未来大数据仍将在中国大行其道,产生巨大价值。

☞任务实施

一、我国互联网最新发展状况调研

了解互联网最新发展状况,对互联网市场用户规模、地域分布、行为特征、收入状况、职业分布等要素进行调研是必不可少的技能之一。基本步骤如下。

(一)登录中国互联网络信息中心网站(http://www.cnnic.com.cn/)

中国互联网络信息中心(CNNIC)作为中国信息社会重要的基础设施建设者、运行者和管理者,以"为我国互联网络用户提供服务,促进我国互联网络健康、有序发展"为宗旨,负责管理维护中国互联网地址系统,引领中国互联网地址行业发展,权威发布中国互联网统计信息,代表中国参与国际互联网社群。中国互联网络信息中心(CNNIC)网站首页如图1-3所示。

图1-3 中国互联网络信息中心(CNNIC)网站首页

(二)下载"CNNIC第38次中国互联网络发展状况统计报告"

我国互联网上网计算机数、用户人数、信息流量分布、域名注册等方面情况的统计信息,对我国政府和企业动态掌握互联网在我国的发展情况,提供决策依据有着十分重要的意义。1997年,经原国务院信息化工作领导小组办公室和CNNIC工作委员会研究,决定由CNNIC联合四个互联网络单位来实施中国互联网络发展状况的统计工作。

中国互联网络发展状况统计调查依据统计学原理,同时参照国际惯例,主要采用抽样调查、网上计算机自动搜索和网上联机调查等三种方式来完成。统计报告发表后,受到各个方面的重视,被国内外用户广泛引用,并不断有用户要求CNNIC提供最新的统计报告。在调查过程中,得到信息产业部等国家主管部门的指导和各互联网单位、ISP/ICP等相关单位的大力支持。为了使这项工作制度化、正规化,从1998年起CNNIC决定将于每年1月和7月推出该统计报告,其即时性和权威性已得到了业界的公认。

(1)在中国互联网络信息中心(CNNIC)网站的导航栏的"互联网发展研究"的二级菜单下点击"报告下载"。如图1-4所示。

图1-4 在中国互联网络信息中心(CNNIC)网站找到要下载内容

(2)在打开页面的下载列表中找到"第38次中国互联网络发展状况统计报告"。如图1-5所示

图1-5 报告列表

（3）点击该链接，在浏览器中打开这个报告。此时可以在线浏览报告，也可以把报告下载下来。将鼠标移动到网页的右下角，页面会出现操作框，此时可以利用"保存"命令按钮打开下载任务的对话框，在"下载到："输入自己要保存文件的路径后点击【下载】，即可将报告保存到自己的本地存储空间。第38次中国互联网络发展状况统计报告全文浏览示意图如图1-6所示

图1-6 第38次中国互联网络发展状况统计报告全文浏览示意图

(4)同上步骤,可将中国互联网络信息中心发布的各项报告下载下来进行研读。

(三)阅读中国互联网络发展状况调查统计报告

全面、准确、深入认识我国互联网发展各项指标数据,对我国互联网市场的基本现状有完整、理性把握。截至2016年6月底,我国网民规模达到7.10亿,互联网普及率为51.7%,较2015年底提升了1.3个百分点。我国手机网民规模达6.56亿,网民中使用手机上网人群占比提升至92.5%,依然是拉动中国总体网民规模攀升的主要动力;我国网络购物用户规模达到4.48亿,增长率为8.3%,我国网络购物市场依然保持快速、稳健增长趋势。随着网络应用的大众化和纵深化发展,线上线下融合发展势头正猛,网上支付线下场景不断丰富,大众线上理财习惯逐步养成。与此同时,在线教育、在线政务服务发展迅速,互联网带动公共服务行业发展。最值得我们关注的是:当前,娱乐类应用在我国网民网络应用中呈现下滑趋势,电子商务类互联网应用则成为我国互联网经济发展最快、最迅速的主力军。

二、分析企业案例——小米公司

(一)阅读案例资料

2010年4月6日,北京中关村保福寺桥银谷大厦有一家小公司开张了,这家公司致力于设计和研发让中国人买得起的好产品,并选择使用电子商务平台直销的模式来销售自己的产品。这家公司就是四年后成为中国智能手机市场新龙头的小米公司。小米用互联网的优势,把市场、营销、渠道、店面这些成本全部重构,极大限度地改善中国的商业。小米公司在手机做好了之后,用同样的方法在很多领域都取得了巨大的突破,现在小米充电宝世界第一,手环世界第二,平衡车世界第一,空气净化器中国第一,在世界第一和中国第一的品类小米里有十几个。今天小米的产品遍布全球,小米不仅仅是一家手机制造商,还是中国第三大电商,小米的下一个目标是成为世界效率的零售连锁店集团。

小米公司于2010年成立,2011年开始通过网络直销对外销售,2013年开始走入国际市场。最早开拓的是香港、台湾和新加坡的市场,目前在积极推进印度和俄罗斯市场,未来则会往拉美发展,这也是全球化的一个进程。成立至今一直在快速增长,在2014年成为中国智能手机市场的领航者,也成为仅次于三星电子和苹果的全球第三大智能手机制造商。小米2015年年销量7100万部,来自应用软件和游戏的互联网服务营收为5.6亿美元。架构在整个MIUI系统上的各种各样的应用,规模已经超出大家想象。2016年5月,小米的激活用户数已经超过了2亿。其中,月活跃过1000万用户的,就有46个独立应用。日活跃1000万的有26个。

小米的战略是,将小米打造成一个可连接一切终端的大型硬件生态系统。这个战略足够宏大,小米用入股的方式投资100家各个领域的硬件初创企业,它们开发出新产品之后,经过小米的认可,被贴上"小米生态链产品"在小米网上出售。这些被小米选择的公司往往已经具备了在各自细分领域的技术和经验积累,它们来负责为小米做硬件产品的扩张。小米已经投资了55家智能硬件公司,覆盖了生活中的各种各样的东西。

小米为了完善自己的生态系统,一直在不断扩展自己的产品线,除了致力于智能手机的设计和开发,还涉足开发了电视、充电宝、空气净化器、电饭煲、插线板、空气净化器、网络摄像头、血压监护仪等产品。小米模式的鲶鱼效应,带动了小米产品所属各个行业的产品质量得到了整体提升和优化。

随着市场竞争的不断升级,最早开创了互联网化的小米,开始布局线下销售模式,寻求新的突破。站在十字路口,小米科技创始人、董事长雷军想了将近七个月。他的解决方案是小米之家,这是一种 Costco 和无印良品的结合体,所有的产品都来自于小米和米家,他希望小米之家能成为中国的 Costco。小米之家目前在全国已经开设了40多家店,覆盖到36个城市,其中大多数在一二线城市。小米之家现在已经做到了每平方米25万人民币的销售额,费用率现在在8%左右。小米之家预计会在三年内开到1000家,每个单店平均做到一亿人民币。随着商业模式理念的普及,今后无论是"互联网品牌",还是传统品牌厂商的模式都将趋于线上线下交融,最终比拼的是服务和产品体验。

(二)登录小米商城网站

(1)小米商城:(http://www.mi.com/)进行观摩和体验。小米商城首页如图1-7所示。

图1-7 小米商城首页

(2)了解小米商城网站的功能和作用,小米的产品分类、涉及的行业领域以及小米商城的业务流程。

(3)填写实训分析报告。分析报告的基本格式和要求见表1-2。

表1-2 案例分析讨论

小米商城的作用是什么	
小米商城有哪些功能模块	
网络直销给小米带来了哪些优势	
你认为小米成功的关键是什么	
小米的鲶鱼效应暴露了我国传统制造业的哪些不足?	
你是如何理解小米的"专注"的	
对于线上线下融合你有什么看法	
你对小米的发展前景有何看法	

三、认识我国电子商务最新发展状况

(一)目的

通过对相关信息和资料的整理、阅读、分析,对我国电子商务最新的发展状况有全面、高度、准确认识。

(二)相关网站列表

1. 中国电子商务协会网站:http://www.ec.org.cn

2. 中华人民共和国商务部网站:http://www.mofcom.gov.cn

3. 权威机构网站

(1)赛迪顾问::http://www.ccidconsulting.com

(2)易观国际:http://www.analysys.cn

(3)艾瑞咨询集团:http://www.iresearch.com.cn

(4)派代网:http://bbs.paidai.com

(5)亿邦动力网:http://www.ebrun.com

(6)互联网实验室:http://www.chinalabs.com

(7)正望咨询:http://www.iaskchina.cn

(8)中国国际电子商务中心:http://ciecc.ec.com.cn

4. 企业机构网站

(1)阿里集团研究中心:http://www.aliresearch.com

(2)淘宝大学:https://daxue.taobao.com

(3)慧聪网电子商务研究院:http://info.ceo.hc360.com/list/b2b.shtml

(4)敦煌大学:http://seller.dhgate.com/university

(5)中国服装品牌研究中心:http://cfw.efu.com.cn

(6)百度数据研究中心：http://data.baidu.com

5.电商媒体网站

(1)《互联网周刊》：http://www.ciweek.com

(2)《互联网天地》：http://www.chinainternet.cn

(3)《天下网商》：http://i.wshang.com

(4)《淘宝天下》：http://sheng.miiee.com/main.htm?t=201

(三)具体步骤

请大家利用课余时间尽可能多登录以上网站进行阅读和分析，对我国电子商务发展的宏观发展状况做全面了解，提高对电子商务的认知度，培养电子商务专业素养。网站里的内容非常丰富，有分析报告，有学者和专家观点，有文献资料，也有热点新闻。希望大家能够潜下心来认知阅读、精心思考。

☞任务评价

通过上述任务的实施，我们对电子商务和电子商务在我国的发展应用有了一个较为全面的认识。基于现代信息技术和网络基础之上的电子商务带来了人类商业活动新的革命，基于电子活动之上的新商业文明油然而生，其"开放、透明、分享、责任"的内涵正被现今社会所认同。

任务二 Internet 基础知识

【知识目标】

1. Internet 基础知识；
2. Internet 和电子商务的关系。

【能力目标】

1. 能进行网络连接和上网设置；
2. 熟悉域名注册的一般流程；
3. 掌握浏览器的基本操作。

【素质目标】

1. 扩展学科知识；
2. 提升操作技能。

任务引入

20世纪中期,人类发明创造的舞台上,降临了一个不同凡响的新事物,众多学者认为,这是人类另一项,可以与蒸汽机相提并论的伟大发明,这项可能创生新时代的事物,叫作互联网。它像一轮新生的太阳高悬天际,俯瞰和照耀地球上人类生活的所有层面。互联网极大地促进人类社会的进步和发展,这其中也包括商业的变革和电子商务的应用。虽然早在19世纪初期,人们就可以利用无线电以莫尔斯码的形式在大西洋两岸传输商务信息,开创了人类不断探寻将电子化手段用于商业活动的新纪元。但互联网的诞生成为电子商务发展的分水岭,借助于互联网的技术和应用,电子商务才有了更广阔的发展空间,才能够更大范围地、更深层次地应用到商务贸易活动的各个方面,才使得电子商务不再单纯是一种提高效率的工具,赋予了电子商务更加深刻的内涵。

任务分析

我们应该认识到,电子商务的很多应用和创新都是基于互联网技术的。我们要想更好地了解和应用电子商务,就必须对互联网的发展、互联网技术和互联网应用有个深刻的了解,并能够掌握互联网操作的基本技能,提升综合素质,为更好地了解和使用电子商务做好准备。

相关知识

一、网络基础知识

(一)网络的含义和功能

(1)含义:通过通信设备和传输介质将不同位置的计算机连接起来,在网络软件的管理下实现信息交流和资源共享的系统。

(2)功能:软件资源共享、硬件资源共享、数据资源共享。

(二)网络的分类

1. 按地理位置划分

(1)局域网(LAN)。一般限定在较小的区域内,小于10km的范围,通常采用有线的方式连接起来。局域网是组成其他两种类型网络的基础。

(2)城域网(MAN)。规模局限在一座城市的范围内,10～100km的区域。城域网一般都加入了广域网。

(3)广域网(WAN)。网络跨越国界、洲界,甚至全球范围。广域网的典型代表是

internet 网。

(4)个人网。个人局域网就是在个人工作地方把属于个人使用的电子设备(如便携电脑等)用无线技术连接起来的网络,因此也常称为无线个人局域网 WPAN,其范围在 10m 左右。

2. 按传输介质划分

(1)有线网。有线网指采用同轴电缆和双绞线来连接的计算机网络。

同轴电缆网是常见的一种联网方式。它比较经济,安装较为便利,传输率和抗干扰能力一般,传输距离较短。

双绞线网是目前最常见的联网方式。它价格便宜,安装方便,但易受干扰,传输率较低,传输距离比同轴电缆要短。

(2)光纤网。光纤网也是有线网的一种,但由于其特殊性而单独列出,光纤网采用光导纤维作传输介质。光纤传输距离长,传输率高,可达数千兆 bps,抗干扰性强,不会受到电子监听设备的监听,是高安全性网络的理想选择。不过由于其价格较高,且需要高水平的安装技术,所以尚未普及。

(3)无线网。目前无线网络主要采用 3 种技术:微波通信、红外线通信和激光通信。这 3 种技术均以大气作为传输介质,其中微波通信用途最广,目前的卫星网就是一种特殊形式的微波网络,它利用地球同步卫星作为中继站来转发微波信号,一个同步卫星可以覆盖地球 1/3 以上的表面,3 个同步卫星就可以覆盖地球表面上全部通信区域。无线网联网费用较高,还不太普及。但由于联网方式灵活方便,是一种很有前途的联网方式。全球四大卫星定位系统如表 2-1 所示。

表 2-1 全球四大卫星定位系统

美国""全球定位系统	1964 年投入使用,有 24 颗卫星组成,分布在 6 条交点互隔 60 度的轨道面上,精度约为 10 米,军民两用。1994 年,GPS 全球覆盖率已达 98%
俄罗斯"格洛纳斯"系统	由 24 颗卫星组成,精度在 10 米左右,军民两用,2009 年底服务范围拓展到全球
欧洲"伽利略"系统	由 30 颗卫星组成,定位误差不超过 1 米,主要为民用。2005 年首颗试验卫星已成功发射
中国"北斗"系统	由 5 颗静止轨道卫星和 30 颗非静止轨道卫星组成。定位精度 10 米。2008 年覆盖中国及周边地区,然后逐步扩展为全球卫星导航系统。根据计划,北斗卫星导航系统将在 2020 年完成,届时将实现全球的卫星导航功能

局域网常采用单一的传输介质,而城域网和广域网采用多种传输介质。

3. 按服务划分

(1)客户机/服务器网络。服务器是指专门提供服务的高性能计算机或专用设备,客户机是用户计算机。这是客户机向服务器发出请求并获得服务的一种网络形式,多台客户机可以共享服务器提供的各种资源。这是最常用、最重要的一种网络类型。不仅适合于同类计算机联网,也适合于不同类型的计算机联网,如 PC 机(personal computer 个人计算机)、MAC 机的混合联网。这种网络安全性容易得到保证,计算机的权限、优先级易于控制,监控容易实现,网络管理能够规范化。网络性能在很大程度上取决于服务器的性能和客户机的数量。针对这类网络有很多优化性能的服务器。银行、证券公司都采用这种类型的网络。

(2)对等网。对等网不要求文件服务器,每台客户机都可以与其他客户机对话,共享彼此的信息资源和硬件资源,组网的计算机一般类型相同。这种网络方式灵活方便,但是较难实现集中管理与监控,安全性也低,较适合于部门内部协同工作的小型网络。

4. 按使用目的划分

(1)共享资源网。使用者可共享网络中的各种资源,如文件、扫描仪、绘图仪、打印机以及各种服务。internet 网是典型的共享资源网。

(2)数据处理网。用于处理数据的网络,例如科学计算网络、企业经营管理用网络。

(3)数据传输网。用来收集、交换、传输数据的网络,如情报检索网络等。

需要注意的是,网络使用目的都不是唯一的。

5. 按网络拓扑结构划分

网络拓扑结构是指用传输媒体互连各种设备的物理布局,就是用什么方式把网络中的计算机等设备连接起来。网络拓扑是网络形状,或者是它在物理上的连通性。拓扑图给出网络服务器、工作站的网络配置和相互间的连接。它的结构主要有星形结构、环形结构、总线结构、分布式结构、树型结构、网状结构、蜂窝状结构等。

(三)常用的网络硬件

1. 网卡

网卡是工作在链路层的网络组件,是局域网中连接计算机和传输介质的接口,不仅能实现与局域网传输介质之间的物理连接和电信号匹配,还涉及帧的发送与接收、帧的封装与拆封、介质访问控制、数据的编码与解码以及数据缓存的功能等。

2. 中继器

中继器是网络物理层上面的连接设备。适用于完全相同的两类网络的互联,主要功能是通过对数据信号的重新发送或者转发,来扩大网络传输的距离。中继器是对信号进行再生和还原的网络设备。

3. 数字交换机

数字交换机是一种用于电信号转发的网络设备。它可以为接入交换机的任意两个网络节点提供独享的电信号通路。交换机在局域网中连接计算机和服务器,对工作站进行集中管理。

4. 网桥

网桥也叫桥接器,是连接两个局域网的一种存储/转发设备,它能将一个大的 LAN 分割为多个网段,或将两个以上的 LAN 互联为一个逻辑 LAN,使 LAN 上的所有用户都可访问服务器。网桥负责连接多个局域网络段,传送网间通信,隔离网内通信。

5. 网关

网关(Gateway)又称网间连接器、协议转换器。网关在网络层以上实现网络互联,是最复杂的网络互联设备,仅用于两个高层协议不同的网络互联。网关既可以用于广域网互连,也可以用于局域网互联。网关是一种充当转换重任的计算机系统或设备。使用于不同的通信协议、数据格式或语言,甚至体系结构完全不同的两种系统之间。网关是一个翻译器。

6. 路由器

路由器是互联网络的枢纽,是连接因特网中各局域网、广域网的设备,它会根据信道的情况自动选择和设定路由,以最佳路径,按前后顺序,将数据包通过一个个网络传送至目的地(选择数据的传输路径)。

二、Internet 介绍

Internet 并非某一完美计划的结果,其创造人也不会想到目前的规模和影响。一个值得思考的问题是尽管人类以电子化的手段进行商业活动很早就有,但在 Internet 普及之前人们却并不了解和认同电子商务。

(一)Internet 的发展

Internet 最早来源于美国国防部高级研究计划局 DARPA(Defense advanced Research Projects Agency)的前身 ARPA 建立的 ARPAnet,该网于 1969 年投入使用。1968 年,ARPA 为 ARPAnet 网络项目立项,这个项目基于这样一种主导思想:网络必须能够经受住故障的考验而维持正常工作,一旦发生战争,当网络的某一部分因遭受攻击而失去工作能力时,网络的其他部分应当能够维持正常通信。最初,ARPAnet 主要用于军事研究。

1972 年,ARPAnet 在首届计算机后台通信国际会议上首次与公众见面,并验证了分组交换技术的可行性,由此,ARPAnet 成为现代计算机网络诞生的标志。最初的阿帕网,只在四个大学设立了它的节点。一年后阿帕网扩大到十五个节点,众多的计算机跑步般被编织入网,平均每二十天就有一台大型计算机登录网络。分步交换网工作原理如图 2-1 所示。

1973 年,阿帕网跨越大西洋利用卫星技术与英国、挪威实现连接,世界范围的登录开始了。

1982 年,Internet 由 ARPAnet、MILNET 等几个计算机网络合并而成,作为 Internet 的早期骨干网,ARPAnet 试验并奠定了 Internet 存在和发展的基础,较好地解决了异种机网络互联的一系列理论和技术问题。

1983 年,ARPA 把 TCP/IP 协议作为 ARPAnet 的标准协议,TCP/IP 成为人类至今共同遵循的网络传输控制协议。同一年,原本意义上的阿帕网也寿终正寝,依照美国法律,

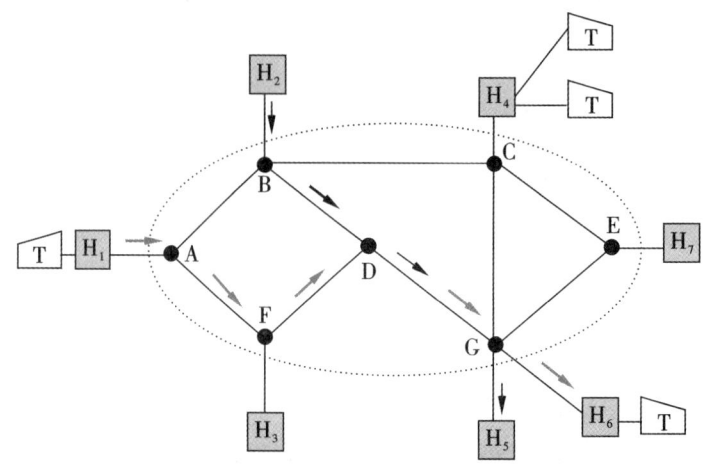

图 2-1 分步交换网示意图
H—主机　T—终端　ABC…G—结点机

所有政府出资的项目,因体现着纳税人的权利,都必须由纳税人分享,因此国防部出资并推动的阿帕网上与国防与军事无关的年轻科学家们蜂拥而入,担心军事机密安全问题的美国军方,从阿帕网分离出来,建立了自己的军网 MILNET。其后,互联网的资金来源,由阿帕变成了美国国家科学基金会,人们称呼这个以 ARPAnet 为主干网的网际互联网为 Internet。

1986 年,NSF 建立起了六大超级计算机中心,为了使全国的科学家、工程师能够共享这些超级计算机设施,NSF 建立了自己的基于 TCP/IP 协议簇的计算机网络 NSFnet。NSF 在全国建立了按地区划分的计算机广域网,并将这些地区网络和超级计算中心相连,最后将各超级计算中心互联起来。这一成功使得 NSFnet 于 1990 年 6 月彻底取代了 ARPAnet 而成为 Internet 的主干网。

1991 年,蒂姆·伯纳斯·李和他同伴的写作开辟出了所有人在键盘面前的康庄大道 ——"HTTP(超文本传输协议)和 HTML(超文本标记语言)"。此前,人类已经创造的关于文字、声音、图像的不同文本,在电脑硬盘的底层深处依然是无法沟通的不同符号世界,但在这里它们被共同的协议驾驭了。这就是所谓的超文本链接。此前,新生的网络世界里,只有专业人士才能通过复杂的代码程序,前往特定的地方,捕捉特定的信息,但蒂姆·伯纳斯·李编写的网页编辑程序,使普通人也不会迷路。伯纳斯·李贡献的超文本浏览器及相关协议就是我们每次键入网址时出现的 http,李命名的 WorldWideWeb 就是人所共知的 www,中文译为万维网。于是,网页的概念出现了,于是,所有人的登录开始了。

1994 年,所有的 Internet 软件几乎全是 TCP/IP 协议保,那时人们需要的是能兼容 TCP/IP 协议的网络体系结构;此时的 Internet 重心已转向具体的应用,如利用 WWW 来做广告或进行联机贸易。Web 成为 Internet 上增长最快的应用。

1994年4月20日,中国实现与互联网的全功能连接,成为接入国际互联网的第77个国家。

Internet市场具有巨大的发展潜力,它的应用已经涵盖从办公室共享信息到市场营销、服务等广泛领域。另外,Internet带来的电子贸易正改变着现今商业活动的传统模式,其提供的方便而广泛的互连必将对未来社会生活的各个方面带来更大的影响。

(二)Internet的普及

Internet广泛应用始于WWW技术出现之后。1990年蒂姆·伯纳斯·李发明了首个网页浏览器并在1991年3月,把这一发明介绍了给他在CERN工作的朋友。从那时起,浏览器的发展就和网络的发展联系在了一起。蒂姆·伯纳斯·李建立的第一个网站(也是世界上第一个网站)是http://info.cern.ch/,它于1991年8月6日上网,它解释了万维网是什么,如何使用网页浏览器,如何建立一个网页服务器,等等。蒂姆·伯纳斯·李后来在这个网站里列举了其他网站,因此它也是世界上第一个万维网目录。

1993年3月,NCSA发布了第一个面向普通用户的浏览器——Mosaic预览版,Mosaic仅针对当时少数的Unix操作系统,它的最大特色就是具有方便易用的图形界面。Mosaic是第一个被人普遍接受的浏览器,虽然它只存在了四年,却让许多人了解了Internet,促使了因特网的迅速发展。

网景公司(Netscape)在1994年10月发布了他们的旗舰产品Navigator(导航者,网景浏览器)。但第二年Netscape的优势就被削弱了。错失了因特网浪潮的微软在这个时候匆匆促促地购入了Spyglass公司的技术,改成Internet Explorer,掀起了软件巨头微软和网景之间的浏览器大战,这同时也加快了万维网的发展。

90年代后,Internet的应用范围已具国际性。目前,全球10亿多人使用互联网进行在线银行业务,收听或分享音乐以及寻找工作,超过20亿人使用互联网收发电子邮件或浏览新闻。连接互联网形式上的改变无疑会促进手机端电子贸易及广告的增长。2016年全球互联网用户数达到32亿人,约占全球总人口数的44%;其中,移动互联网用户总数达到20亿。如果没有新型联网设备出现,截至2020年移动互联网用户总数将以每年2%的比例增长。

(三)Internet的特点

Internet出现并普及后,电子商务、数字时代成为全球的热点问题。Internet具有两个本质特点:

(1)双向交互式。信息交流是双向的,在发布信息的同时,可以及时收到对方的信息,并对信息发布者的信息进行选择接收。

(2)开放式。Internet建立在开放式信息传输标准上,有一套支持是底层的共有属性的信息传输协议,上网者可采取任何多媒体方式,接受者也可以通过方便快捷的方式收集,不受技术操作、标准的约束。

以上两个特点为企业提供了全新的商务活动运作模式。前者使在线交易成为可能。

后者使 Internet 渗透到社会各层面,具有广泛的市场范围。

三、Internet 技术

(一)TCP/IP 协议

TCP/IP 协议是一组协议集(或协议栈)的总称,TCP/IP 是这组协议的核心。这组协议的功能是利用已有的物理网络互连起来,屏蔽或隔离具体网络技术的硬件差异,建立一个虚拟的逻辑网络,实现不同物理网络的主机之间的通信。

1. IP(Internet Protocol):网际协议

IP 是网络之间互连的协议也就是为计算机网络相互连接进行通信而设计的协议。在因特网中,它是能使连接到网上的所有计算机网络实现相互通信的一套规则,规定了计算机在因特网上进行通信时应当遵守的规则。任何厂家生产的计算机系统,只要遵守 IP 协议就可以与因特网互连互通。IP 控制网上的数据传输,负责将数据从一处传到另一处。

2. TCP(Transmission Control Protocol):传输控制协议

TCP 是一种面向连接的、可靠的、基于字节流的传输层通信协议,由 IETF 的 RFC 793 定义。TCP 和 IP 协同工作,在发送和接收计算机之间维持连接,提供无差错的通信服务,保证数据传输的正确性。

TCP/IP 协议的层次如表 2-2 所示。

表 2-2 TCP/IP 协议层次

应用层	负责向用户提供各种网络应用服务
传输控制协议层 TCP	把用户数据分解为 TCP 包(发信主机地址的包头、数据的信息、确保数据包不被中断的信息)
网间协议层 IP	从 TCP 层接收数据包,并进一步将包分解,确定路由。一个 IP 包包含:有地址信息的包头、TCP 信息和数据
网络接口层	控制寻址、处理计算机与网络之间的接口
物理层	定义在通信网络上传送信号的基本电子传送特征

(二)HTTP 和 HTML

1. HTTP(Hyper Text Transfer Protocol)

超文本传输协议是互联网上应用最为广泛的一种网络协议。所有的 WWW 文件都必须遵守这个标准。设计 HTTP 最初是为了提供一种发布和接收 HTML 页面的方法。

超文本传输协议,是我们浏览网页、看在线视频、听在线音乐等必须遵循的规则。正是在这样的规则下,浏览器(万维网客户)才能向万维网服务器发送万维网文档请求,然后服务器会将请求的文档发送回浏览器。在浏览器和服务器之间的请求和响应的交互，必须按照规定的格式和规则,这些格式和规则就构成了超文本传输协议。

2. HTML(Hyper Text Markup Language)

超文本标记语言是标准通用标记语言下的一个应用。"超文本"就是指页面内可以包含图片、链接，甚至音乐、程序等非文字元素。HTML 是一种规范，一种标准，它通过标记符号来标记要显示的网页中的各个部分。

网页文件本身是一种文本文件，通过在文本文件中添加标记符，可以告诉浏览器如何显示其中的内容（如：文字如何处理，画面如何安排，图片如何显示等）。浏览器按顺序阅读网页文件，然后根据标记符解释和显示其标记的内容，对书写出错的标记将不指出其错误，且不停止其解释执行过程，编制者只能通过显示效果来分析出错原因和出错部位。

（三）Internet 接入方式

1. PSTN 公共电话网

这是最容易实施的方法，费用低廉。只要一条可以连接 ISP 的电话线和一个账号就可以。但缺点是传输速度低，线路可靠性差。适合对可靠性要求不高的办公室以及小型企业。如果用户多，可以多条电话线共同工作，提高访问速度。

2. ISDN

目前在国内迅速普及，价格大幅度下降，有的地方甚至是免初装费用。两个信道 128kbit／s 的速率，快速的连接以及比较可靠的线路，可以满足中小型企业浏览以及收发电子邮件的需求。而且还可以通过 ISDN 和 Internet 组建企业 VPN。这种方法的性能价格比很高，在国内大多数的城市都有 ISDN 接入服务。

3. ADSL

非对称数字用户环路，可以在普通的电话铜缆上提供 1.5～8Mbit/s 的下行和 10～64kbit／s 的上行传输，可进行视频会议和影视节目传输，非常适合中小企业。可是有一个致命的弱点：用户距离电信的交换机房的线路距离不能超过 4～6km，限制了它的应用范围。

4. DDN 专线

这种方式适合对带宽要求比较高的应用，如企业网站。它的特点也是速率比较高，范围从 64kbit/s～2Mbit／s。但是，由于整个链路被企业独占，所以费用很高，因此中小企业较少选择。

这种线路优点很多：有固定的 IP 地址，可靠的线路运行，永久的连接，等等。但是性能价格比太低，除非用户资金充足，否则不推荐使用这种方法。

5. 卫星接入

目前，国内一些 Internet 服务提供商开展了卫星接入 Internet 的业务。适合偏远地方又需要较高带宽的用户。卫星用户一般需要安装一个小口径终端（VSAT），包括天线和其他接收设备，下行数据的传输速率一般为 1Mbit/s 左右，上行通过 PSTN 或者 ISDN 接入 ISP。终端设备和通信费用都比较低。

6. 光纤接入

一些城市开始兴建高速城域网，主干网速率可达几十 Gbit/s，并且推广宽带接入。光纤可以铺设到用户的路边或者大楼，可以以 100Mbit/s 以上的速率接入。适合大型企业。

7. 无线接入

由于铺设光纤的费用很高，对于需要宽带接入的用户，一些城市提供无线接入。用户通过高频天线和 ISP 连接，距离在 10km 左右，带宽为 2～11MBit/s，费用低廉，但是受地形和距离的限制，适合城市里距离 ISP 不远的用户。性能价格比很高。

8. cable modem 接入

目前，我国有线电视网遍布全国，很多的城市提供 cable modem 接入 internet 方式，速率可以达到 10MBit/s 以上，但是 cable modem 的工作方式是共享带宽的，所以有可能在某个时间段出现速率下降的情况。

（四）IP 地址和域名

1. IP 地址

IP 是英文 Internet Protocol 的缩写，意思是"网络之间互连的协议"，也就是为计算机网络相互连接进行通信而设计的协议。在因特网中，它是能使连接到网上的所有计算机网络实现相互通信的一套规则，规定了计算机在因特网上进行通信时应当遵守的规则。任何厂家生产的计算机系统，只要遵守 IP 协议就可以与因特网互连互通。正是因为有了 IP 协议，因特网才得以迅速发展成为世界上最大的、开放的计算机通信网络。因此，IP 协议也可以叫作"因特网协议"。

IP 地址被用来给 Internet 上的电脑一个编号。大家日常见到的情况是每台联网的 PC 上都需要 IP 地址，才能正常通信。

IP 地址是一个 32 位的二进制数，为了便于记忆，将这 32 位数字分为 4 组，每组 8 位，然后转换为其相对应的十进位制代码，又被称为"点分十进制"。"点分十进制"表示成 (a.b.c.d) 的形式，由四组被圆点隔开的数字组成的 32 位地址，每组都是 0—225 中的一个十进位数，如：(202.111.96.235)。"点分十进制"IP 地址（100.4.5.6），实际上是 32 位二进制数（01100100.00000100.00000101.00000110）。"点分十进制"IP 地址的前两组为网络标识，后两组为主机标识，即某一特定网络上的主机号码。如：CNT 的郑州节点的主机号是 211、84、99、34，那么它的网络号是 211、84，而在 Internet 上当地主机号码是 99、34。

互联网 IP 地址分配实行分级管理。全球互联网上的 IP 地址分配由因特网域名与地址管理机构（ICANN）负责，亚太互联网络信息中心（APNIC）则负责亚太地区国家的 IP 地址分配工作。国内第一级分配机构有两家，一家是中国互联网络信息中心（CNNIC），另一家是中国互联网服务商联盟（CNISP），另外运营商手中也有存量的地址可以分配使用。

随着互联网的迅速发展，IPv4 定义的有限地址空间将被耗尽，而地址空间的不足必将妨碍互联网的进一步发展。为了扩大地址空间,人们开始通过IPv 6重新定义地址空间。IPv 4采用32位地址长度,只有大约43亿个地址,而IPv 6采用128位地址长度,几乎可以不受限制地提供地址。按保守方法估算,IPv 6实际可分配的地址,整个地球的每平方米面积上仍可分配1000多个地址。

2. 域名

IP地址是Internet主机的作为路由寻址用的数字型标识,由于IP地址是数字标识,使用时难以记忆和书写,因此在IP地址的基础上又发展出一种符号化的地址方案,来代替数字型的IP地址。每一个符号化的地址都与特定的IP地址对应,这样网络上的资源访问起来就容易得多了。这个与网络上的数字型IP地址相对应的字符型地址,就被称为域名(domain name)。DNS最早于1983年由保罗·莫卡派乔斯(Paul Mockapetris)发明,DNS即域名系统。

域名是上网单位的名称,是一个通过计算机登上网络的单位在该网中的地址。一个公司如果希望在网络上建立自己的主页,就必须取得一个域名,域名由若干部分组成,包括数字和字母。通过该地址,人们可以在网络上找到所需的详细资料。域名是上网单位和个人在网络上的重要标识,起着识别作用,便于他人识别和检索某一企业、组织或个人的信息资源,从而更好地实现网络上的资源共享。除了识别功能外,在虚拟环境下,域名还可以起到引导、宣传、代表等作用。

域名的注册遵循先申请先注册原则,管理认证机构对申请企业提出的域名是否违反了第三方的权利不进行任何实质性审查。在中华网库每一个域名的注册都是独一无二、不可重复的。因此在网络上域名是一种相对有限的资源,它的价值将随着注册企业的增多而逐步为人们所重视。

DNS规定,域名中的标号都由英文字母和数字组成,每一个标号不超过63个字符,也不区分大小写字母。标号中除连字符(-)外不能使用其他的标点符号。级别最低的域名写在最左边,而级别最高的域名写在最右边。由多个标号组成的完整域名总共不超过255个字符。

DNS为Internet上的名字结构定义了一个样板。名字要从左到右结构,表示的范围从小到大。下面以一个常见的域名为例说明,如https://baike.baidu.com,这个网址由三个部分组成,最前面的"baike"是百度百科的服务器域名,是百度公司的二级域名。需要注意的是:二级域名及其以上级别的域名,统称为子域名,不在"注册域名"的范畴中。上例中间的"baidu"是百度公司的主域名,也被称为一级域名,是需要注册的。而最后的标号"com"则是该域名的后缀,代表这是一个com国际域名,是顶级域名。

Internet顶级域名除了国家代码顶级域名外,还有通用顶级域名,但这些顶级域名并非全部对所有国家开放。Internet注册的机构性域名如表2-3所示。

表2-3　Internet通用顶级域名(gTLD)

1985年注册域名	2001年注册域名	2005年注册域名	2007年注册域名
COM:商业机构组织 EDU:教育机构组织 INT:国际机构组织 GOV:政府机构组织 MIL:军事机构组织 NET:网络机构组织 ORG:非赢利机构	BIZ:商业 COOP:合作公司 INFO:信息行业 AERO:航空运输业 PRO:专业人士 MUSEUM:博物馆 NAME:个人	TRAVEL:旅游业 JOBS:人力资源管理 MOBI:移动终端服务 CAT:Catalan语言和文化	TEL:用于个人和组织发布自己的联系信息 ASIA:用于亚洲和太平洋地区

中国的域名代码是CN。1994年以前我国还没有独立的DNS系统,借用的是德国的电子邮件系统,中科院高能所、电子所、清华大学借用的是加拿大的域名系统。1990年9月我国正式在DDN、NIC上登记我国的最高域名CN,此时我国与Internet的电子邮件服务器连接的主服务器设在德国。1994年5月把CN下主服务器移回中国,设在中科院网络中心,由中科院网络中心登记CN网络域名。

我国由国务院信息化工作领导小组指定中科院网络中心成立中国互联网络信息中心CNNIC(China Internet Network Information Center)对国内用户接入Internet的域名系统实施统一管理。CNNIC是个非盈利的管理组织,负责统一协调、制订规则并负责全国最高层次域名CN下的所有域名注册服务,包括域名注册、IP地址分配、自治系统号码分配等。

CNNIC将我国的二级域名分为两类:即类别域名和行政区域域名。

中国顶级域名CN下的类别域名有七个。中国的类别域名如表2-4所示。

表2-4　中国的类别域名

ac.cn	适用于工、商、金融等企业
com.cn	适用于科研机构
edu.cn	适用于教育机构
net.cn	适用于网络运行中心和服务中心
gov.cn	适用于政府部门
org.cn	适用于各种非营利组织和机构
mil.cn	适用于军事机构

中国的行政区域域名有34个,适用于各省、自治区、直辖市和特别行政区。

图2-2为国际互联网域名体系示意图。

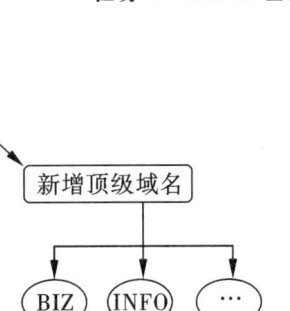

图 2-2　国际互联网域名体系

四、Internet 提供的服务

(一) 电子邮件 (E-mail)

电子邮件是一种最为重要的资源,90% 的网民主要目的是收发 E-mail。像普通邮件一样,所有的电子邮件也由两部分构成,即：收信人姓名和地址,信件的正文。在电子邮件中所有的地址信息称为信头,内容称为正文。

在网上将一段文本信息从一台计算机传到另一台计算机,可通过两个协议来完成,即 SMTP(Simple Mail Transfer Protocol,简单邮件传输协议)和 POP3(Post Office Protocol-Version 3,邮局协议版本了)。SMTP 是协议集中的邮件标准。在网上能够接收电子邮件的服务器都有 SMTP。电子邮件在发送前,发件方的 SMTP 服务器与接收方的服务器联系,确认接收方准备好了,则开始邮件传递；若没有准备好,发送服务器便会等待,并在一段时间后继续联系。这种称为"存储—转发"方式。而 POP3 主要是在客户机和服务提供商之间传递信息。可见 SMTP 和 POP3 职能不相同。

(二) WWW 服务

WWW 是 Internet 最为广泛的一个应用。World Wide Web 是一个专用术语,用于描述 Internet 上的所有可用信息和多媒体资源。可以使用一个被称为 Web 浏览器的应用程序来访问这些信息。Microsoft Internet Explorer 就是一个 Web 浏览器,它可以搜索、查看和下载 Internet 上的各种信息。"超文本"的加入使得 Web 很快成为一片能自由航行的信息海洋,它使用了一种被称为 HTML 的文件格式,在 Web 上通过跳转或"超级链接"从某一页跳到其他页,这些页可包括图像、动画、声音、3D 世界以及其他任何信息。页和文件可以放在 Internet 上的任何一个地方,通过"超级链接"将它们连在一起,形成巨大的 WWW。一旦与 Web 连接,您就可以使用同样的方式访问全球任何地方的信息,而不用支付额外的"长距离"连接费用或受其他条件的制约。

目前 Internet 上 90% 以上的信息放在 WWW 网站上,因此 WWW 成为上网用户查询信息最常用的工具。

(三)FTP(文件传输协议)

FTP 是用于通过 Internet 从一台计算机向另一台计算机进行文件拷贝的一种标准 Internet 协议,对许多文件的传输都是在后台完成的,使用起来很方便。

(四)Mailing lists

Mailing lists(邮件列表),利用电子邮件的广播功能,可将某一重要信息的数份拷贝传送至所有需要它的用户手中。

(五)Newsgroups(新闻组)

类似于邮件列表,也是为某一个问题感兴趣的各上网用户进行新闻、评论和其他信息交流提供一个场所。不同之处在于必须拥有一个 Newsreader 才能使用,而你只有进入 Newsgroups 才能查阅有关信息。好处在于使用者可以只显示和阅读其感兴趣的内容,丢掉不感兴趣的内容。

(六)Telnet(远程登录)

利用这种服务可以使自己的计算机暂时成为远程计算机的一个终端,这时候可以像自己的计算机一样去运行、访问、保存在远程计算机中的程序和信息。

一般来说,Telnet 是最难掌握的一种,因为当你成功登陆远程计算机后,你必须在没有任何帮助的情况下,自己决定如何使用你所进入的远程计算机,这需要一定的计算机操作专业水平。

(七)Bulletin Board System(BBS)

BBS 作为网上直接对话的窗口公告栏,有着社区性的功能,为情趣相近和有着共同需要的人提供了一个虚拟的开放式的广阔交流空间。BBS 有如下特点:

(1)社区性。这是由 BBS 的特性所决定的,它是个开放交流园地,只有相同点的人才可能在一起讨论。如同我们的社区一样,居住的人一般都有共同的社会属性。

(2)开放性。这是 BBS 的前提,所有的人只要愿意都可以参与讨论和交流,发表看法。当然开放性是有前提的,遵循相应的原则,这就是相互影响形成的不成文规则。

(3)时效性。BBS 上讨论的问题一般都是实时的,与当前热点问题相关。因此其讨论内容是在最近期间发生的。

☞ 任务实施

一、个人计算机接入网络配置

（一）向网络管理部门申请开通 Internet 服务

拿本人有效身份证明，到网络接入服务提供商处，或所在机构网络管理部门填写申请材料。

（二）用网线连接电脑并进行客户端设置

（1）将网线一端插在电脑机箱后面的网卡接口上，另一端插在墙上的网口上，连接起来即可。

（2）登录路由器后台。一般的路由器背面会印有路由器登录的 IP 地址，在网页地址栏输入该 IP 地址即可登录路由器后台，路由器后台默认的密码一般为 admin，登录后可及时进行修改。路由器后台登录界面如图 2-3 所示。

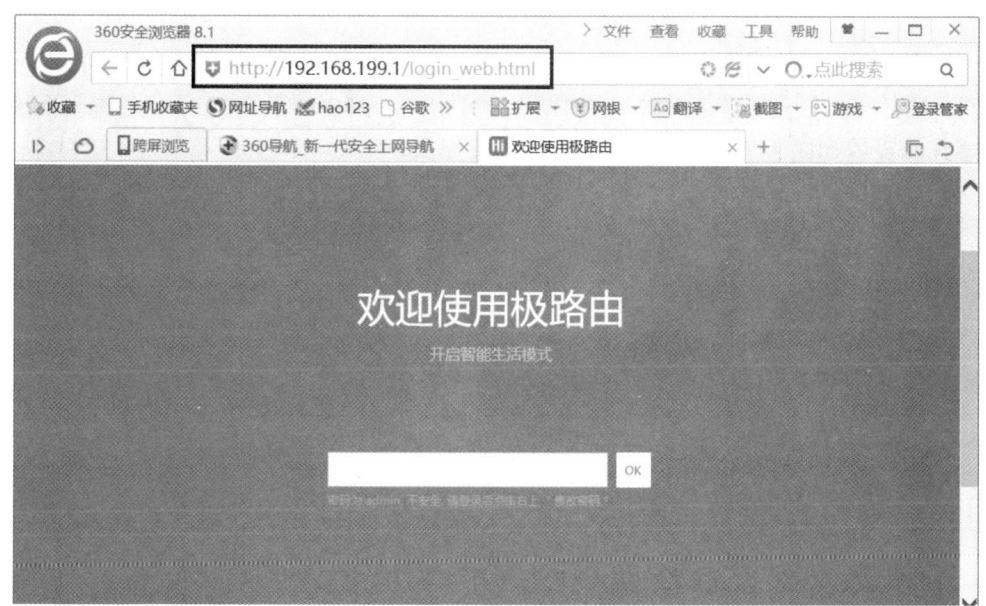

图 2-3　路由器后台登录

（3）在路由器后台进行账号设置，填写 IP 地址等信息。如果运营商提供接入服务，需要填写运营商分配的账号和密码。由于运营商的网络配置大多使用动态 IP，用户无须进行 IP 地址的设置。注意：此处由于所选的服务提供商不同，网络接入方式不同，使用的路由器不同，会有一定的差异。请向服务提供商索取网络接入账号和密码，并在服务提供商的指导下进行操作。路由器后台拨号上网的账号、密码设置如图 2-4 所示。

图 2-4 拨号上网的账号密码设置

如果用户使用的是静态 IP 上网,则须进行 IP 地址、子网掩码和 DNS 设置,需要在设置界面填写网络服务管理部门提供的 IP 地址等信息。路由器后台静态 IP 地址、子网掩码和 DNS 设置如图 2-5 所示。

图 2-5 静态 IP 地址、子网掩码和 DNS 设置

(4)进行无线网络设置。在路由器后台的 Wi-Fi 界面,可以设置自己的无线路由器显示的名称,选择加密类型,并进行密码设置。路由器后台 Wi-Fi 名称和密码设置如图 2-6 所示。

图 2-6　Wi-Fi 名称和密码设置

全部设置完成后就可以享受在网络空间畅游的快乐了。

(三)Windows 中的 IP 地址设置

在我们接入网络后,可能会有各种各样的原因需要在 Windows 操作系统中进行 IP 地址的设置。例如在电脑少的情况下手动设置静态 IP 地址,可以避免 IP 地址冲突。Windows 中设置 IP 地址的操作方法如下(此处以 Windows10 为例)。

(1)在 Win10 系统主菜单中选择"设置"(桌面左下角的小窗户图标)。Win10 系统桌面如图 2-7 所示。

图 2-7　Win10 系统桌面

(2)在"设置"窗口中选择"网络和 Internet"。Win10 系统"设置"窗口如图 2-8 所示。

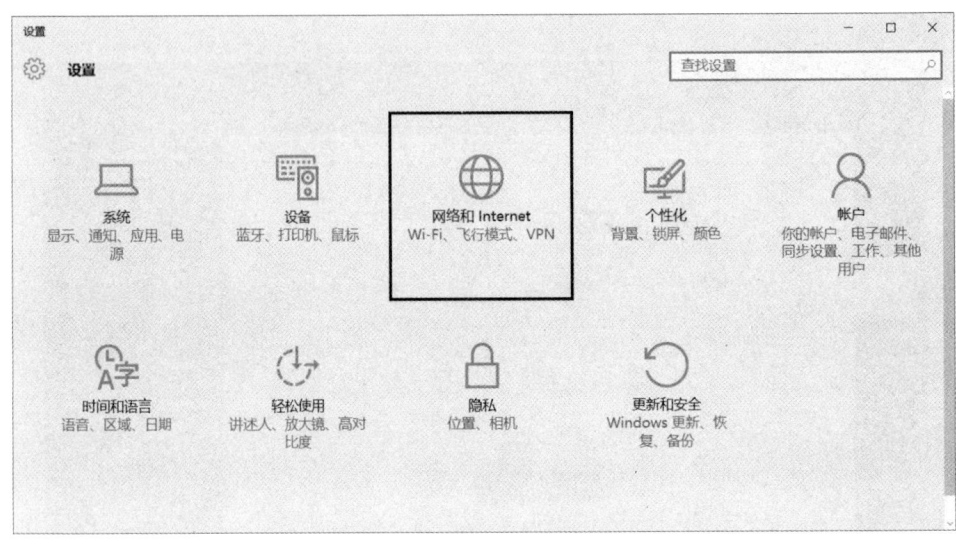

图 2-8　Win10 系统"设置"窗口

(3)在"网络和 Internet"窗口选择左侧的"以太网",再选择右侧的"网络和共享中心"。Win10 系统"网络和 Internet"窗口如图 2-9 所示。

图 2-9　Win10 系统"网络和 Internet"窗口

(4)点击"网络和共享中心"中的【本地连接】。Win10 系统"网络和共享中心"界面如图 2-10 所示。Win10 系统"网络和共享中心"如图 2-10 所示。

图 2-10　Win10 系统"网络和共享中心"

（5）点击"本地连接 状态"对话框左下方的【属性】。如图 2-11 所示。

图 2-11　Win10 系统"本地连接 状态"对话框

（6）在"本地连接 属性"对话框中找到"Internet 协议版本 4（TCP/IP）"并双击打开。如图 2-12 所示。

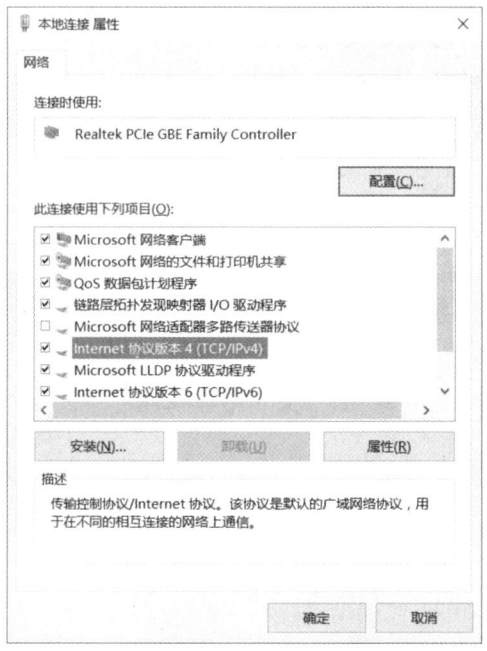

图 2-12　Win10 系统"本地连接 属性"对话框

(7)在弹出的"Internet 协议版本 4(TCP/IP)属性"对话框中勾选"使用下面的 IP 地址"和"使用下面的 DNS 服务器地址"的选项,即可设置静态 IP。如图 2-13 所示。

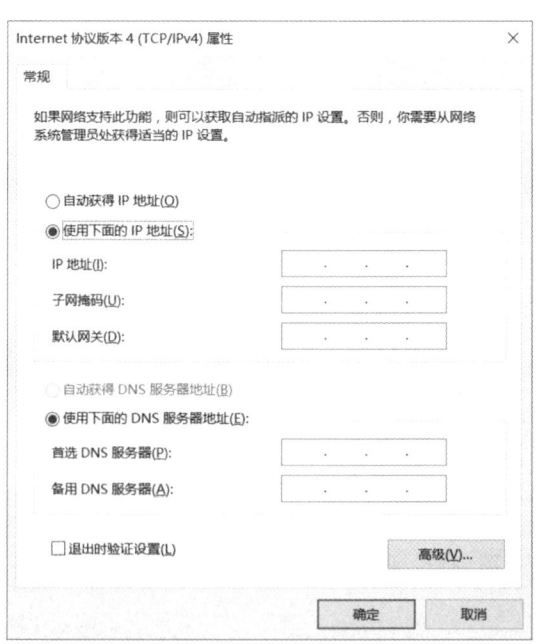

图 2-13　Win10 系统"Internet 协议版本 4(TCP/IP)属性"对话框

(8)根据自己的实际情况填写 IP 地址和 DNS 服务器,然后点击【确定】。

注意:如果是修改 IPV6 的设置,请选择"Internet 协议版本 6(TCP/IP)"进行相应的设置。

二、域名的查询和申请

(一)域名注册服务机构检索

(1)登录 CNNIC(http://www.cnnic.net.cn)网站,选择"注册服务机构"可以进行域名注册服务机构的检索。CNNIC 首页如图 2-14 所示。

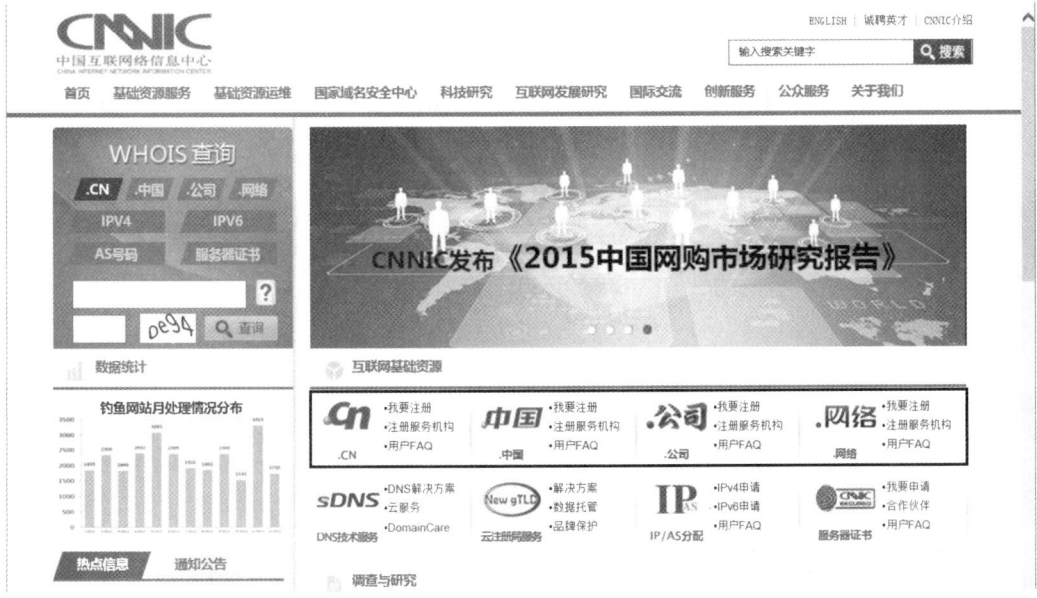

图 2-14　CNNIC 首页

(2)点击"域名注册服务机构"可以按区域检索服务提供商。"域名注册服务机构"分地区检索页面如图 2-15 所示。

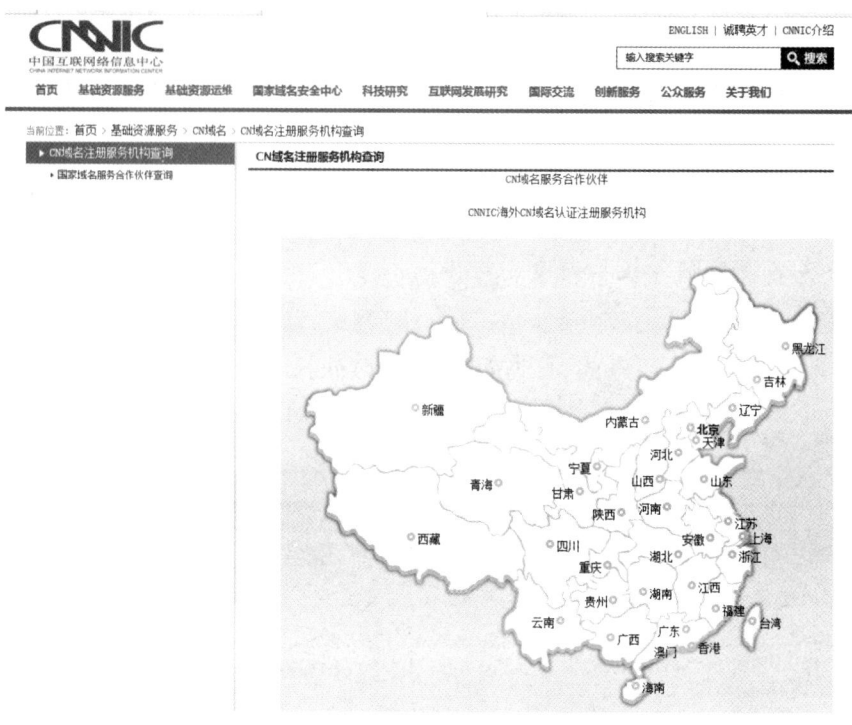

图 2-15 "域名注册服务机构"分地区检索页面

(3)选择要查询的地区,查看域名注册服务机构列表,当然我们注册域名不一定非要选择本地区的域名注册服务机构。在这里我们选择"河南",网页将显示河南地区的服务商列表。河南地区域名注册机构如表 2-5 所示。

表 2-5 河南地区域名注册机构列表

河南微创网络科技有限公司 (中网互联) 地址:郑州市高新区科学大道57号中原广告产业园2号楼 邮编:450000 电话:0371-65707878 传真:0371-56582398 email:web@cndns.cn 公司网址: http://www.cndns.cn	郑州紫田网络科技 有限公司 地址:郑州市金水区财富广场4号楼90D 邮编:450000 电话:0371-55555151 传真:0371-55555151 email:6371861@qq.com 公司网址: http://www.zitian.cn	郑州世纪创联电子科技开发 有限公司 地址:河南省郑州市二七区铭功路83号豫港大厦26楼 邮编:450000 电话:0371-55555558 传真:0371-65829106 email:4513627@qq.com 公司网址: http://www.reg.cn

(二)域名的查询和注册

(1)选择域名注册服务商,并进行网站登录。这里我们选择郑州世纪创联电子科技开发有限公司的网站进行尝试。登录网站后我们可以先进行域名的查询,看看我们想要注册的域名有没有被注册过。在下方页面的查询框内输入我们想查的域名后点击"域名查询"。如图2-16所示。

图2-16　郑州世纪创联电子科技开发有限公司的网站首页

（2）查看查询结果。没有被注册过的域名后面有注册价格,并显示有"加入购物车"的提示,已经被注册过的域名,可以通过点击后方的"查看"按钮,查看该域名注册的具体信息(包括域名的注册商、注册时间、状态等)。域名查询结果反馈页面如图2-17所示。

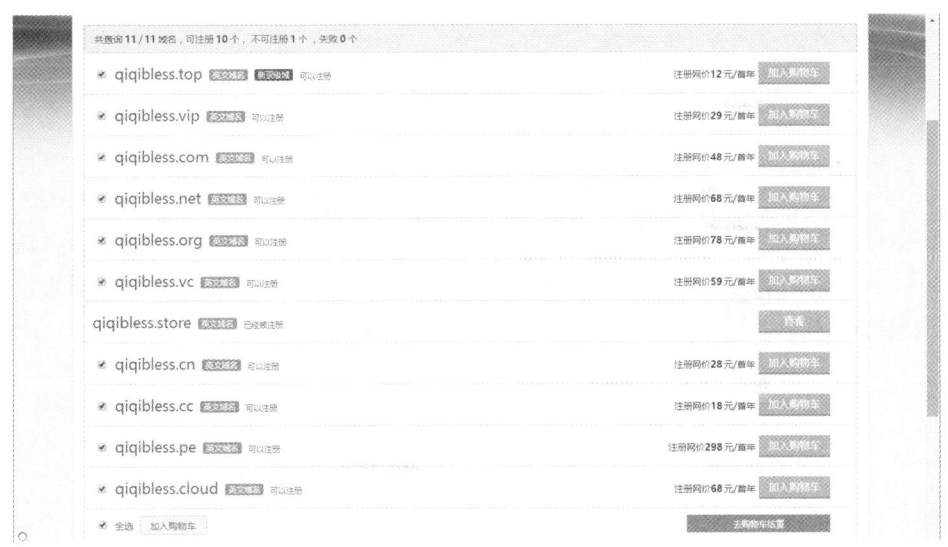

图2-17　域名查询结果反馈页面

(3)进行域名注册。在网站进行会员注册后,将我们需要的域名加入购物车,填写信息,确认信息,确定购买并付费,进行支付结算即可获取我们想要的域名。大家在需要的时候自行操作,这里不再做介绍了。

三、浏览器基本操作

(一)浏览器地址栏的使用

(1)在浏览器地址栏输入网址并确认即可连接到我们需要的页面。浏览器页面如图2-18所示。

图2-18 浏览器页面

(2)统一资源定位符URL是对可以从因特网上得到的资源的位置和访问方法的一种简洁的表示。统一资源定位符(URL)的标准格式为:(scheme)://(host):(port)/(path)。它最常用的模式是超文本传输协议(HTTP),这个协议可以用来访问网络。URL的协议模式如表2-6所示。

表 2-6　URL 的协议模式

http	超文本传输协议资源
https	用安全套接字层传送的超文本传输协议
ftp	文件传输协议
mailto	电子邮件地址
ldap	轻型目录访问协议搜索
file	当地电脑或网上分享的文件
news	Usenet 新闻组
gopher	Gopher 协议
telnet	Telnet 协议

（3）我们在资源地址栏输入"File://D:\Program Files\"，既可在浏览器中打开本地硬盘"D"盘下面的"Program Files"文件夹的检索目录，可以在浏览器中浏览本地硬盘的文件和文件夹。URL 中的 File 服务如图 2-19 所示。

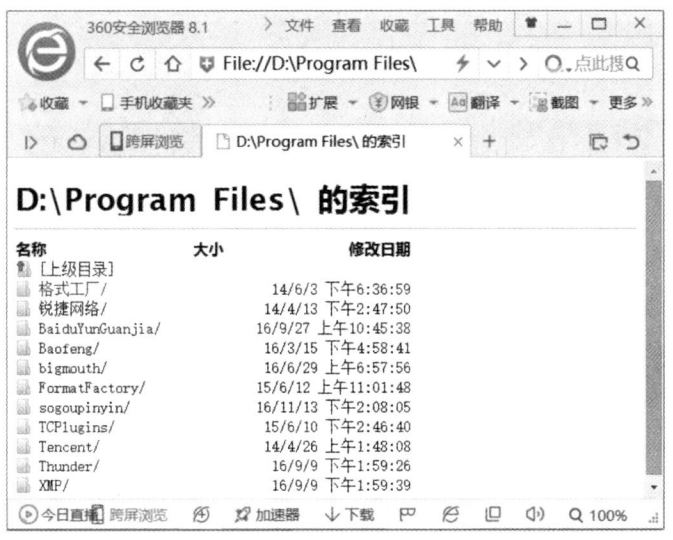

图 2-19　URL 中的 File 服务

（二）将网页文件保存到本地

点击网页右上方的【文件】，在弹出的子菜单中选择"保存网页"，之后在"另存为"对话框中选择网页要保存的位置，点击【保存】即可将网页保存到指定位置。也可以通过"保存网页为图片"将网页保存为图片。保存网页界面如图 2-20 所示，"另存为"对话框如图 2-21 所示。

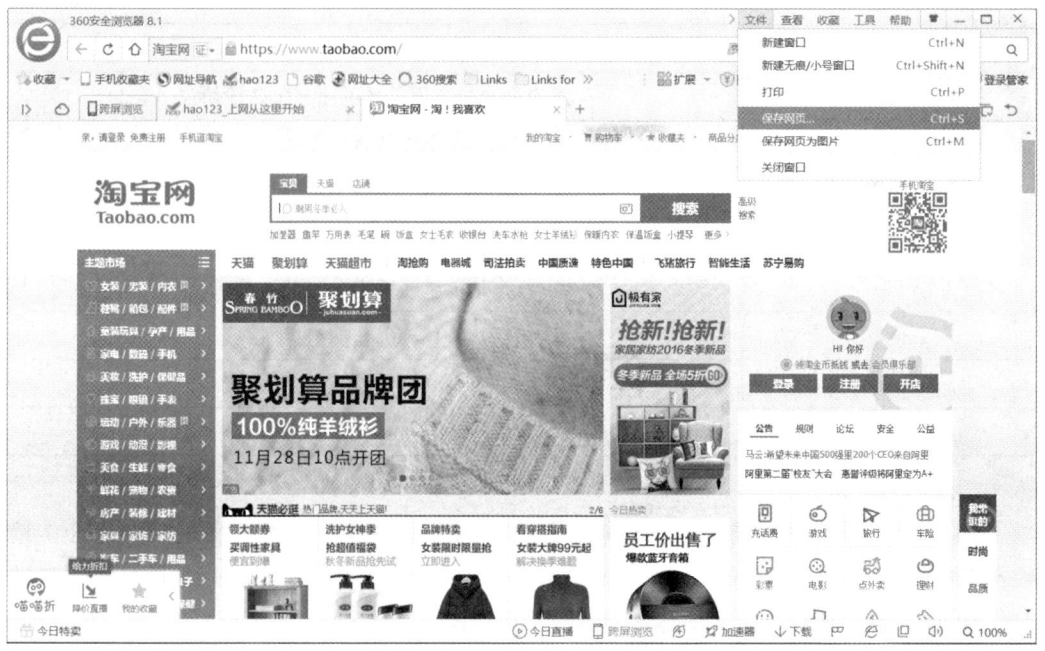

图 2-20　保存网页

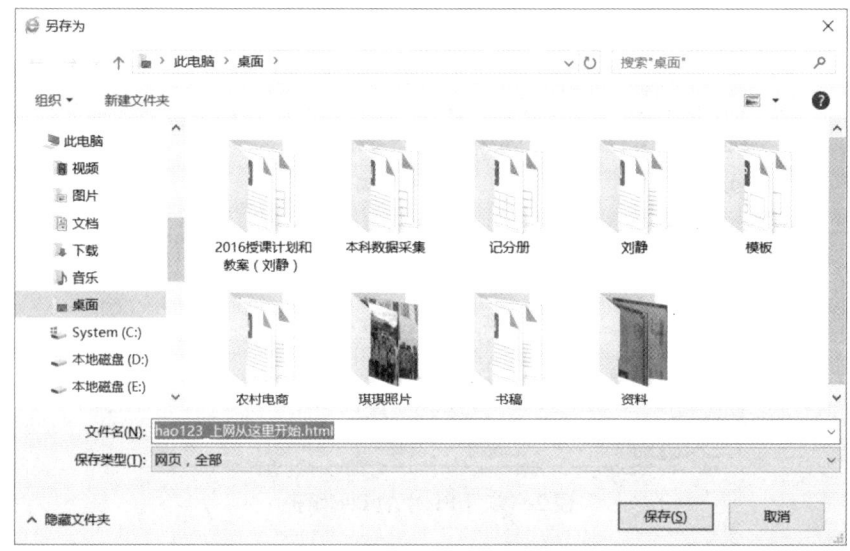

图 2-21　"另存为"对话框

（三）查看网页源代码

点击"查看"菜单，在弹出的子菜单中选择"查看网页源代码"，网页将会在一个新标签中以源代码的方式显示出来。查看网页源代码界面如图 2-22 所示，以源代码方式显示的网页如图 2-23 所示。

任务二　Internet 基础知识

图 2-22　查看网页源代码

图 2-23　以源代码方式显示的网页

四、任务扩展

为了更好地了解互联网的发展、互联网的应用以及互联网带给我们的机遇、威胁和挑战,推荐大家在课余时间观看 2014 年中央电视台录制的大型纪录片《互联网时代》。它是中国第一部,甚至也是全球电视机构第一次全面、系统、深入、客观地解析互联网的大型纪录片,全片共十集,每集 50 分钟。全片以互联网对人类社会的改变为基点,从历史出发,以国际化视野和面对未来的前瞻思考,深入探寻互联网时代的本质,思考这场变革对经济、政治、社会、人性等各方面的深远影响。

☞任务评价

通过上述任务的实施,大家一定会更准确、全面地认识和理解互联网,并对互联的基础技术应用有了一定的了解。互联网引领了我们这个时代的变革,深刻思考互联网有利于我们有准备地迎接一个新时代的到来。

电子商务应用

● 模块二

任务三  体验电子商务

【知识目标】

1. 批发零售行业电子商务应用；
2. 旅游行业电子商务应用；
3. 金融行业电子商务应用；
4. 生活服务类电子商务应用；
5. 农业电子商务应用；
6. 跨境电子商务应用；
7. 移动电子商务应用。

【能力目标】

1. 掌握电子商务基本交易流程；
2. 了解电子商务在各行业、各领域的应用和发展；
3. 理解电子商务的发展前景和应用的扩展。

【素质目标】

1. 提升理论联系实际的水平,提高实践能力；
2. 丰富电子商务体验,激发对电子商务课程的兴趣。

任务引入

神奇的电子商务不仅可以使人们足不出户,只通过互联网络就能以较低的价格买到自己想要的商品,而且可以为人们购物、休闲度假、家庭理财、教育、医疗等安排好一切。特别是随着移动互联网与电子商务的全面接轨,移动购物以其随时随地的便捷性和丰富的全球商品选购体验,获得众多消费者的喜爱。"互联网+"时代下,电子商务世界愈发精彩非凡,给广大消费者带来美好的体验和感受。

任务分析

随着互联网在中国的进一步普及应用,网上购物逐渐成为人们的重要消费行为之一。据中国互联网络信息中心(CNNIC)发布的第38次《中国互联网络发展状况统计报告》显示,截至2016年6月,我国网络购物用户规模达到4.48亿,较2015年底增加3448万,增长率为8.3%;商务交易类应用保持平稳增长,网上购物、在线旅行预订用户规模分别增长8.3%和1.6%;在线教育用户规模达1.18亿,较2015年底增加775万,增长率为7.0%。政府在推动消费升级的同时加大对跨境电商等相关行业规范,网上购物平台从购物消费模式向服务消费模式拓展。同时,移动互联网塑造的社会生活形态进一步加强,我国手机网络购物用户规模达到4.01亿,增长率为18.0%,手机网络购物的使用比例由54.8%提升至61.0%。"互联网+"行动计划推动电子商务向多元化、移动化发展,电子商务在购物、旅游、理财、教育等服务方面的优势逐渐被人们所认识和应用。在本任务中将通过完成以下五个子任务来体验和感受电子商务的魅力与神奇。

相关知识

一、电子商务网络购物应用

网上购物,就是通过互联网检索商品信息,并通过电子订购单发出购物请求,然后填上私人支票账号或信用卡的号码,厂商通过邮购的方式发货,或是通过快递公司送货上门。网络购物的主要流程如下。

(一)选择购物平台

网上购物要选择正规的购物网站,并且要选择信誉好、服务好的网商。在挑选卖家时,要考察商家的真实性、合法性,其次要考察商家的信誉度,浏览其他消费者给予的评价,综合考量,挑选合适的商家。

体验网络购物

(二)会员注册

购物网站一般都采取会员制,且注册会员是免费的。在会员注册时,应谨慎地选择账号密码,密码设置应尽量复杂,网站考虑到账号安全度,会要求设置的密码应包含大写、小写字母和数字,避免被网络不法分子破译。

(三)选购商品

购物网站均提供便捷的查询功能,只要在搜索栏输入一个特征词,可以是商品的名称、功能或者生产厂商,即可查询到相关联的结果,便于买家进行挑选。

(四)发货方式

在付款之前,要询问商家的发货方式、发货时间和到货时间。目前网上购物主流发货方式有两种:邮寄,快递。

(1)邮寄。对那些处于偏远地区的朋友来说,邮寄是最好的方式。大多数卖家会收取一定的邮寄费用,而小部分卖家实行免费邮寄。采用邮寄方式,客户收到货物需要的时间较长,一般要一周左右。

(2)快递。目前,国内的快递公司主要有:中国邮政 EMS、顺丰速运、圆通速递、申通快递、韵达快运、中通快递、百世快递等。

(五)支付方式

目前,可以选择的支付方式有:网上银行、第三方支付平台、移动支付、银行电汇、ATM 转账、邮局汇款和货到付款。

网上支付推荐使用第三方支付平台。在通过第三方支付平台的交易中,买方选购商品后,使用第三方平台提供的账户进行货款支付,由第三方通知卖家货款到达、进行发货;买方检验物品后,就可以付款给卖家,第三方再将款项转至卖家账户。这种支付方式安全性很高。国内常用的第三方支付平台主要有支付宝、贝宝(PayPal)、腾讯财付通、网银在线、快钱、汇付天下等,其中用户规模最大的是支付宝。

网络购物 C2C 第三方平台典型代表是阿里巴巴旗下的淘宝网站,如图 3-1 所示。在网站中可以选择你想进入的店铺,也可以查找你需要的商品。

网络购物
优质店铺筛选

图 3-1　淘宝网

二、电子商务在旅游业的应用

在线旅游是利用互联网和信通技术,对旅游信息收集和整合,实现旅游及其相关产业电子化运作的活动,主要包括旅游信息的发布、宣传营销、在线查询、预定旅游产品、支付相关费用、售前售后服务等。根据第 38 次《中国互联网络发展状况统计报告》显示,截至 2016 年 6 月,在网上预订过机票、酒店、火车票或旅游度假产品的网民规模达到 2.64 亿,较 2015 年底增长 406 万人,增长率为 1.6%。在网上预订火车票、机票、酒店和旅游度假产品的网民分别占比 28.9%,14.4%,15.5% 和 6.1%。其中,手机预订机票、酒店、火车票或旅游度假产品的网民规模达到 2.32 亿,较 2015 年底增长 2236 万人,增长率为 10.7%。我国旅游电子商务发展井喷式增长,在线旅行预订机票、酒店、旅游度假业务的竞争已进入"红海"。

旅游业应用电子商务的典型企业和网站是携程旅行网,如图 3-2 所示。

（一）在线旅游网站的基本功能

旅游网站的服务包括旅游信息的汇集、传播、检索和导航,旅游产品和服务的在线销售,个性化服务、在线预订服务等功能,系统概括起来主要有以下五种功能。

（1）信息查询服务功能。为用户提供便捷、及时、准确的旅游服务机构信息、旅游景点信息、旅游线路信息、旅游常识以及旅游目的地天气、环境、人文等信息查询服务。

（2）在线预订功能。主要提供酒店客房、民航班机机票、旅行社旅游线路和租车等服务。支持客户在线预订和网上支付服务,支持交易管理及网络社区互动等。

（3）客户服务功能。提供可实施在线旅游产品预订的客户端应用程序,客户可与旅游服务机构进行实时网上业务洽谈,管理自己的预订记录。

图 3-2 携程旅行网

(4) 代理人服务功能。通过酒店、旅行社、民航等多种旅游产品的代理端应用程序,实现代理人和客户实时网上洽谈业务,管理产品预订记录等。

(5) 个性化定制服务。从网上订机票、车票,预订酒店,查阅电子地图,到完全依靠网站的指导在陌生的环境中观光、购物,这种以自订行程、自助价格为主要特征的网络"自助游",日渐成为在线旅游的主导方式。提供个性化定制服务已成为在线预订旅游网站的必备功能。

(二) 在线旅游网站的类型

(1) 传统旅行社所建的旅游网站。这类网站主要是传统旅游企业开展网上经营的平台,主要服务包括信息发布、旅游线路预订,如中青旅网、春秋旅游网。

(2) 旅游中介服务商所建的旅游网站。其主要服务职能在于旅游服务支持与增强,通过直接介入旅游服务的某些环节,获得服务增值收益。如携程网、途牛网、驴妈妈旅游网。

(3) 复合性旅游网站。提供旅游路线、出国考察及时尚生活信息、旅游公司录入的旅游项目、旅游者查询业务。提供旅游预订中介服务。它们一般有风险投资背景,强调以其良好的个性服务和强大的交互功能强占网上旅游市场份额。它们为消费者提供大量丰富的、专业性旅游信息资源。如去哪儿网、飞猪网(阿里旅行.去啊)。

(4) 地方性旅游网站。该类网站趋于淘汰趋势,往往建设情况不如人意,存在信息内容少、更新周期长等问题,很难适应新经济的发展。

(5) 非专业性旅游网站。在门户网站中,几乎都不同程度地涉及旅游的内容,如新浪网生活空间的旅游频道、搜狐和网易的旅游栏目、中华网的旅游网站,显示出旅游信息的巨大生命力和市场空间,但仅仅是其网站的一部分,是对现有网站内容的补充。

(三)在线旅游行业的发展趋势

1. 旅游规划类个性定制平台借势崛起

随着年青一代消费群体的成长,出境自由行时代到来,旅游呈现移动化、散客化和个性化的趋势。自2015年以来,一批行程规划类个性定制平台纷纷获得资本市场的青睐,游谱旅行完成数千万人民币A轮融资;妙计旅行完成2000万美金的B轮融资;世界邦、定制网、跟谁游、6人游等都完成了新一轮的融资。

2. 旅游巨头跨界寻求发展新捷径

2015年底途牛旅游网宣布成立途牛影视传媒有限公司,希望运用影视节目输出的多元化旅游信息刺激用户的旅游决策,激发用户需求。在跨界金融方面,目前市场上旅游金融类产品呈多元化,像携程的"携程宝"、去哪儿推出的"拿去花"、驴妈妈曾推出"小驴分期"、途牛的"首付分发""途牛宝"等。在国家政策大力支持互联网金融的发展前提下,旅游业跨界金融无疑将成为旅游企业寻求创新的一种方式。

3. 旅游行业细分市场热点频出

亲子游、周边游、邮轮旅游迅速兴起。二孩政策的刺激,及一些亲子类综艺节目的热播,催热亲子游领域,包括携程、途牛等平台在内的OTA(Online Travel Agency)企业已开始重点布局亲子游市场。垂直类平台像麦淘亲子游、偶们、童玩儿、三只熊、童游、童子军户外网、多宝、宝贝走天下等,其中不少平台均获得了资本市场的青睐,亲子游市场将呈现稳步增长趋势。周边游产品在旅游领域中作为低价高频次的旅游产品,相对于游客而言更有忠诚度,其相对门槛低。同程旅行网、携程旅行网于2015年下半年相继成立关于周边游的事业部,拓展周边游市场,相信未来周边游将会成为在线旅游的新热点。近年来,国内邮轮的高速发展也让不少OTA巨头纷纷布局,根据中国交通运输协会邮轮游艇分会提供的数据显示,中国游客乘坐邮轮出境游预计2015年突破100万人,占亚洲邮轮市场总量的40%以上,中国已经跃升为全球第八大邮轮旅游客源国,并成为全球邮轮旅游发展最快的新兴市场。

4. 非标准住宿成为旅游经济新触点

2015年11月,国务院颁发《关于加快发展生活性服务业促进消费结构升级的指导意见》,表示要积极发展客栈民宿、短租公寓、长租公寓。意见的出台给予非标准住宿发展红利,可预见非标准住宿业将迎来一个黄金发展期。以小猪短租、蚂蚁短租、大鱼、度假客、住百家、自在客等为代表的垂直类非标准住宿平台发展迅速,不少OTA巨头开始布局,例如驴妈妈旗下度假酒店品牌"帐篷客",去哪儿推出的酒店住宿平台"去呼呼",对准非标准住宿领域。

三、电子商务在保险业的应用

网络保险是指实现保险信息咨询、保险计划书设计、投保、缴费、核保、承保、保单信息查询、保权变更、续期缴费、理赔和给付等保险全过程的网络化。实质上是指保险公司或新型第三方保险网以互联网和电子商务技术为工具来支持保险销售的经营管理活动的经济行为。

保险业应用电子商务模式的典型代表是太平洋保险公司,其官网如图3-3所示。

图 3-3　太平洋保险网站

(一)网络保险

网络保险即保险电子商务,是指保险公司或保险中介机构以互联网和电子商务技术为工具来支持保险经营管理活动的经济行为。从狭义上讲,保险电子商务是指保险公司或新型的网上保险中介机构通过互联网为客户提供有关保险产品和服务的信息,并实现网上投保、承保等保险业务,直接完成保险产品的销售和服务,并由银行将保费划入保险公司的经营过程。广义上讲,网络保险还包括保险公司内部基于互联网技术的经营管理活动,对公司员工和代理人的培训,以及保险公司之间,保险公司与公司股东、保险监管、税务、工商管理等机构之间的信息交流活动。

1. 网络保险服务模式

(1)企业对消费者(B2C)。即保险公司对个人投保人或被保险人的电子商务平台,它是针对个人销售保险产品和提供服务的平台,主要的产品包括人寿险、健康险、车辆险、家庭财产险等。

(2)企业对企业(B2B)。即保险公司对企业客户的电子商务平台,企业投保人通过互联网或各种专用商务网络向保险公司购买保险、支付保费并接受服务。涉及的产品主要包括货物运输险、小企业的责任险。

(3)消费者对企业(C2B)。即通过聚合为数庞大的用户形成一个强大的采购集团,在可以进行反向拍卖的保险网站上将自己的风险作为标的吸引投标者,然后再在他们中间挑选出最具竞争力的报价。这种保险电子商务模式关注投保人的需要,具有强大的生命力。

2. 国内保险网站的主要类型

（1）保险公司自己开发的网站。各大保险公司基本都开发了自己的网络销售平台。如平安保险、太平洋保险、泰康人寿、阳光保险等公司均开通了网上投保业务。

（2）专业的第三方保险网站。此类网站定位有三类：第一类为直销平台，它以代理的身份通过网络进行保险销售，从销售中提取佣金，如慧择网。第二类为保险业内容信息提供商，为保险从业人员提供咨询，为保险内勤人员提供从保险新闻到行业知识的各类专业信息，如中国保险网、中国保险资讯网。第三类为网络技术平台，这类网站定位于保险行业的技术服务提供者，在传统保险公司 E 化过程中担任提供技术保证和服务的角色，如易保网。

（3）第三方保险网络销售平台。指保险公司依托有成熟技术的第三方提供的网站平台进行保险产品的销售。如淘宝网、泛华金控。

（4）专业财经网站或综合门户网站开辟的保险频道。其目的在于满足其消费群的保险需求，如上海热线的保险频道正是为增加网上的财经内容而开设的。

3. 我国网络保险行业的发展趋势

我国网络保险正处在快速发展时期，在依靠新技术解决自身发展问题的同时，外部有利环境也将成为其发展的助力器，网络保险将拥有更广阔的发展前景。

（1）网上投保全程电子化。网络保险平台除了具有基本的销售功能外，还能实现更多的线上服务，包括充当保险公司与客户交互信息的渠道，实现多方的信息共享，提供财产管理与风险咨询服务等，实现投保全程电子化。据相关统计，应用传统方法办理一项保险业务，至少要花费 1 至 1.5 小时，而在网上办理只需要 3 至 5 分钟。

（2）开发针对网络销售的险种产品。保险公司就销售渠道对保险产品进行分类，开发出适合电销和网销渠道的专门产品，提高产品管理的效率。这类产品购买操作要像购买日用品一样简单易懂，客户在购买时不需要专家指导，减少传统销售的中间环节。

（3）生成新型电子商务模式。电子商务及其衍生市场高速发展，网络保险可能出现新型的业务模式。电子商务的价值创造力将渗透到保险产品的开发、销售、市场和客户服务等多个环节中。移动商务市场将为网络保险提供了更大的发展空间，有助于业务模式的创新。

(二) 网络证券

网络证券即证券电子商务，是证券行业以互联网为媒介向客户提供全新的商业服务，是一种全方位、系统化的新型证券经营模式，一种信息无偿、交易有偿的网络服务。网上证券包括有偿证券投资资讯、网上证券投资顾问、股票网上发行、买卖与推广等多种投资理财服务。

网络证券公司现在大都有自己的官网，用户可以在证券公司网站上获得证券行情、证券咨询等信息，为投资决策提供数据支撑。其典型代表有中国银河证券，图3-4 是中国银河证券官网的首页页面。

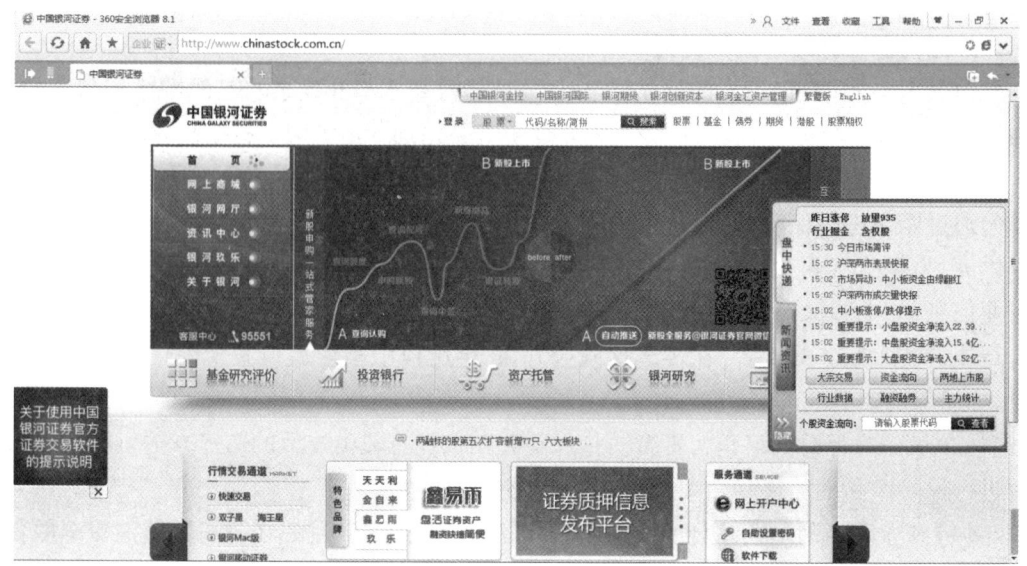

图 3-4 中国银河证券网

1. 网络证券的基本功能

（1）网上证券交易。一般提供即时行情、金融资讯、下单、查询成交回报、资金划转等一体化服务。

（2）网上投资顾问与投资经纪。为投资人提供互联网理财咨询、代理等服务，是我国证券电子商务未来发展的重要组成部分。

（3）网上证券投资交流社区。证券投资社区是将投资者通过网络虚拟社区组织在一起，为社区的会员提供综合的信息服务。

（4）网上全方位投资理财服务。主要包括国际经济分析、政府政策分析、企业经营管理分析、证券板块分析、证券静态动态分析等方面的服务。

（5）网上辅助服务。证券电子商务能够以每日国内外经济信息、证券行情、证券代理买卖、投资咨询、服务对象的辅助决策分析及提供特别专题报告等方式为投资者服务。

2. 网络证券的主要类型

（1）单一证券营业部开展网上交易模式，我国最初出现网上证券交易时采用这种模式，现已不多见。

（2）总部转发模式。在该模式下，投资者的委托请求首先访问总部的委托转发服务器，再由总部将分属不同的营业部客户的请示转发至各营业部的服务器。

（3）集中交易模式。通过基于互联网技术的集中交易系统，将传统的分散经营转变为集中交易，并实现集中管理，从而加强总部监管，有效降低经营风险。

（4）网上虚拟营业厅。通过先进的信息通信技术，跨越时空的限制，传送到中心信息处理系统,以完成有形营业厅的所有功能和服务,使现有交易营业部无形化。

3. 我国网络证券行业的发展趋势

网络证券的发展改变了传统证券业赖以生存的经营环境,也必将给证券业的发展带来巨大的机遇。未来我国证券电子商务的发展趋势将向纵深化、专业化和国际化方向发展。

(1)向纵深化发展。随着网络通信技术的发展,图像通信网、多媒体通信网将建成使用,三网合一潮流势不可挡,高速宽带互联网将扮演越来越重要的角色,制约我国网络证券发展的瓶颈有望得到缓解和逐步解决。电话委托、网上交易、经纪委托、手机、掌上计算机、有线电视机顶盒等多种终端将满足不同客户在不同时间的需要。

(2)向专业化发展。网络证券不仅要满足消费者个性化的要求,而且要充分挖掘现有服务手段、业务内容及信息系统的潜力,以提高服务质量为主要特征,更好地适应市场的需求。

(3)向国际化发展。依托于互联网的网络证券能够超越时间、空间的限制,有效地打破国家和地区之间各种有形、无形的壁垒,这是适应经济全球化、提升我国企业国际竞争力的需要。证券电子商务对国内企业开拓国际市场、利用国外各种资源是千载难逢的时机。

四、电子商务在生活服务类的应用

近年来,我国互联网生活服务类应用用户规模迅速增长,在线教育、网络约车用户规模不断扩大,多元化、移动化特征明显,互联网和信息化技术的载体作用发挥明显,极大丰富和优化了用户体验。

(一)在线教育

近年来,国家在宏观政策层面对教育行业予以高度重视,云计算等相关技术被在线教育行业广泛应用和推广,终身学习的理念激发人们对知识和技能的渴求,在众多因素的作用下,在线教育市场快速发展。截至2016年6月,我国在线教育用户规模达1.18亿,较2015年底增加775万,增长率为7.0%。手机在线教育用户规模为6987万,与2015年底相比增长了1684万,增长率为31.8%。在线教育领域不断细化,用户边界不断扩大,服务朝着多样化方向发展。同时,移动教育提供的个性化学习场景以及移动设备触感、语音输出等功能性优势,促使其成为在线教育的主流。图3-5是极客学院的官网首页页面。

1. 在线教育类型

(1)基础网络教育。主要为中小学网络教育,一般称为"中小学网校",作为辅助性教育活动,不提供学历。如北京四中网校、学而思网校等。

(2)高等网络教育。主要提供非学历的专业教育以及专升本或者本科学历教育,与基础网络教育的不同在于,可以通过相关考试获得国家认可的学历,如中国人民大学网

图 3-5　极客学院网站

络教育学院。

（3）企业网络培训。针对企业员工的新型培训方式，为跨地域性企业提供服务，如北大青鸟。

（4）网络职业认证、技能培训。针对出国语言类考试、资格考试、职称考试、公务员考试、研究生入学考试等开展应试类培训；还包括职业技能的提升等各类专业培训，范围非常广泛。如新东方在线、中华会计网校、极客学院等。

（5）网络教育服务。该类网络教育服务主要为教育门户、教育平台、平台提供商、内容提供商等为网络教育提供的相关服务。如网易公开课、慕课网等。

2. 在线教育发展趋势

（1）发展空间广阔。随着经济的发展、知识更新换代速度加快，在社会对技能型人才的需求以及各路人才为提升自身竞争力要求的双重因素下，在线职业教育用户需求愈发旺盛，目标用户群趋于明确，产业盈利模式日渐成熟，市场前景十分乐观。

（2）移动化成为主流。移动教育能提供个性化的学习场景，借助移动设备的触感、语音输出等方式，构建出更加个性化的人机交互场景，提升学习本身的趣味性，具有 PC 端无法比拟的优势。

（3）大数据技术助力在线教育体验改善。在线教育平台通过大数据挖掘技术，掌握用户个人属性、教育水平、收入、消费等情况，帮助了解用户需求和学习动机，针对具体人群进行精准定位，推荐定制化的学习内容，同时增加平台的商业变现能力。此外，随着 VR、AR 技术的发展和相关硬件设备的开发，将为在线教育提供真实场景的教学体验，增强互动性，提升学习效率。

（二）网络约车

网络约车是指基于移动互联网，以手机 APP 为主要服务平台，为具有出行需求的顾客和具有出行服务资格与能力的驾驶员提供信息沟通和有保障连接服务的新型商业运行模式。该模式除了提供预约租车服务之外，还创新性地利用信息技术、大数据分析技术和管理优化技术来开发整合一系列综合服务，包括驾驶员服务质量与信用评价、导航、拼车等，甚至还发展到城市交通自动化调度、交通拥堵治理等。

从 2012 年 3 月，"摇摇招车"正式上线，在之后 4 年多的时间里，滴滴打车、UBER（优步）、易到用车、神州专车等网络约车软件相继在全国各大城市出现，通过网络平台约车的人数迅速增加。网络约车领域基于庞大的市场需求和日益完善的技术应用，行业规模不断扩大，2016 年上半年，网络约出租车用户规模为 1.59 亿人，网络预约专车类用户规模为 1.22 亿人。网络约车让人最便利的是通过移动端的 APP 实现，如图 3-6 所示，你出门时只要记住带上手机，运动你的手指，就可以约到车。

图 3-6　网络约车 APP

1. 网络约车的优势

（1）促进传统市场转型。网络预约出租车服务推动传统出租车市场转型升级。网络预约出租车提升了叫车效率，弥补了传统出租车模式无法覆盖的服务区域。

（2）智能化提供更人性化服务。网络预约出租车 APP 软件实时分享行车路线的功能，提供了更多的安全保障。出租车行业在共享互联网技术的同时，也在用市场化的方式谋求创新突破，使服务更加贴合用户需求。

（3）丰富行业细分市场。网络预约专车类服务的出现丰富了用车行业细分市场，成为分享经济发展的典型业态。网络预约专车类服务包括专车、快车和顺风车等服务，是传统用车市场的良好补充，用户使用习惯已经逐步养成。

（4）节约社会资源。网络预约专车系列在满足用户个性化出行需求的同时，也有效节约社会资源，对于促进绿色出行、发展低碳经济有良好示范作用。

2. 网络约车的发展趋势

（1）走向规范化。2016 年 7 月 26 日，国务院办公厅印发了《关于深化改革推进出租汽车行业健康发展的指导意见》。交通运输部等7个部门联合颁布了《网络预约出租汽车经营服务管理暂行办法》，明确要求作为网约车不能有不正当的价格行为，也不得排除和限制竞争，因为只有通过正当的竞争、正当的价格才能真正实现市场上的优胜劣汰。网约车作为新业态，平台掌握了大量参与方的信息，所以还规定了平台不得违规采集、利用和泄露乘客的个人信息以及事关国家安全的一些信息。各地纷纷出台细则，有的对驾驶员户籍、车辆牌照、车辆排量与轴距等制定了较为详细的限制性条款。国家和地方针对网约车管理有关规定的出台，将引导网约车行业向规范化、专业化健康发展。

（2）用户体验纵深化。网约车已成为中国移动互联网用户的常用出行方式之一，当前中国各大主流网约车服务商经过了长期的高速扩张，在市场体量上已经拥有了长足的进步，但服务与体量之间仍然存在断层。2015年，中国主流网约车服务提供商纷纷上线了虚拟号码、堵车赔付等服务差异化产品，力求通过增强服务水平，提高竞争实力。未来我国主流网约车服务商将继续在原有基础上强化服务质量，以优质的服务保证其服务下活跃用户数的稳定增长。

（3）服务覆盖向三四线城市扩张。除了继续提升用户体验以外，主流网约车服务商亦将开始继续挖掘新的市场机会。2016年初，滴滴出行将旗下专车服务覆盖城市扩展至400个。未来主流互联网专车服务商将继续挖掘三四线城市的互联网出行潜力，大力拓展市场。

（4）网约车与出租车融合化发展。出租车作为城市综合交通运输体系的组成部分，是城市公共交通的补充，为社会公众提供个性化出行服务。网约车新规赋予网络约车合法身份，将此类车辆登记为"预约出租客运"。统筹传统出租车和网络预约出租车的发展，促进两个业态都能健康发展，是下一步网约车平台及监管部门将共同努力推进的发展方向。

五、农业电子商务的应用

农业电子商务是指利用现代信息技术（互联网、计算机、多媒体等）为从事涉农领域的生产经营主体提供在网上完成产品或服务的销售、购买和电子支付等业务交易的过程。农业电子商务是一种全新的商务活动模式，它充分利用互联网的易用性、广域性和互通性，实现了快速可靠的网络化商务信息交流和业务交易。

2015年"互联网+"上升为国家战略，也为中国的第一产业——农业的发展提供了千载难逢的历史性发展机遇。国家"十三五"规划中提出，要大力推进农业现代化。以移动互联网、云计算、大数据、物联网技术为支撑和手段的一种现代农业形态，是继传统农业、机械化农业、信息化农业之后进步到更高阶段的产物。2016年8月农业部出台《"互联网+"现代农业三年行动实施方案》，明确指出我国要大力发展农业电子商务，带动农业市场化，推动农业转型升级、农村经济发展、农民创业增收。可见发展农业电子商务已上升为国家战略，借此可以预判我国农业电子商务快速发展时代来临。

(一)农业电子商务的优势

1. 削减农产品流通环节
通过电子商务平台,生产者能直接和消费者进行交流,可迅速地了解市场信息,自主地进行交易,增强生产者信息获取、产品自销和风险抵抗的能力,并减低对传统中介的依赖性,从而减少中间环节。

2. 降低经营成本
通过电子商务平台,生产者能直接、迅速、准确地了解市场需求,生产出适销、适量的农产品,避免因过剩而导致超额的运输、储藏、加工及损耗成本等,促进"订单式农业"的发展。

3. 拓宽销售渠道
发展农业电子商务,建立农业电子商务网站,构建网上交易平台,可以实现农产品流通的规模化、组织化,一方面可以使交易双方处于信息对等的地位,避免了因信息不对称而造成的利益损失;另一方面,还提供一种新的农产品的销售渠道和方式,让供求双方最大可能地直接进行交易,可减少交易环节,降低交易成本。

4. 健全市场价格机制
通过电子商务网络平台,各地的农产品批发市场能相互连通,形成全国性的农产品流通大市场。让每个交易者都享有平等的信息获取和交易机会,保证了市场高度的透明性和公平性。

(二)农业电子商务发展趋势

1. 政府扶持下发展前景广阔
政府会继续加大对农业电商的支持,"互联网+农业"背景下,农业电商不仅能够催生巨大数据搜集、信息平台建设等技术服务需求,同时也打开了更大的农资产品销售空间。

2. 移动化、社区化
移动端仍是发展重心,手机的普遍和简便的操作优势,为解决农村信息"最后一公里"问题带来信息的契机,移动端涉农电子商务占主体地位。随着城镇化和农业现代化加速推进,社区电商将扮演重要的角色,社区电商的便捷性使农产品的性价比提升,比传统渠道购买具有优势,生鲜农产品电商也将逐步被消费者接受,生鲜电商物流冷链等问题可以得到很好地解决。

3. 复合型新业态是发展方向
集农业电子商务、高品质绿色食品原产地直供、体验式旅游等于一体的现代农业产业模式,将给农业带来新的发展机遇,产生农村休闲旅游、体验、民宿、产品销售等复合型新业态。

4. 智能化新技术的广泛应用
互联网的信息集成、远程控制、数据快速处理分析等技术优势在农业中将得到充分发挥,3G、云计算、物联网等最新技术也日益广泛地运用于农业生产之中,集感知、传输、控制、作业于一体的智能农业系统不断涌现和完善,自动化、标准化、智能化和集约化的精细农业深度发展。

5. 成为国际资本投资热点

我国的互联网经济已成为国际资本的投资热点,国际资本的直接注入,将加速我国农业电子商务的发展实力,形成国际化趋势。

六、跨境电子商务的应用

跨境电子商务(CBEC),是电子商务应用过程中一种较为高级的形式,是指不同国别或地区间的交易双方通过互联网及其相关信息平台实现交易。实际上就是把传统国际贸易加以网络化、电子化的新型贸易方式。

在全球贸易增速放缓情况下,中国跨境电子商务却在逆势增长,进出口贸易中的电商渗透率持续提高。PayPal 和调研公司 Ipsos 联合发布的第二届全球跨境贸易报告显示,2015 年全球 19% 的网购者有从中国网站购物的经历,中国也成为全球第二大最受欢迎的跨境电商出口国。

(一)跨境电子商务类型

(1)按交互类型划分,跨境电子商务主要通过 B2B、B2C、C2C 等平台开展进出口贸易活动,如图 3-7、3-8、3-9 所示,其中 B2C、C2C 都是面向最终消费者的,因此又可统称为跨境网络零售。

图 3-7 跨境 B2B 网站

图 3-8 跨境 B2C(出口)

图 3-9 跨境 B2C(进口)

(2)从经营主体划分,跨境电子商务分为平台型、自营型、混合型(平台+自营)。
(3)按照货物移动方向划分,跨境电子商务分为出口和进口。

(二)跨境电子商务发展趋势

(1)仍将继续保持高速增长。进口方面由3C等低毛利率标准品向服装、户外用品、健康美容、家居园艺和汽配等新品类扩展,将为我国出口电商发展提供新的空间。出口方面,除了传统的服饰、3C类产品外,互联网服务与科技创新等品类占比不断扩大,使得出口跨境电商产品品类更加丰富。随着巴西、俄罗斯等新兴市场的不断加入,以及互联网技术普及、基础设施不断完善、政策不断放开,我国出口电商的空间将进一步拓展。随着国际人均购买力不断增强、网络普及率提升、物流水平进步、网络支付改善,未来几年我国跨境电商仍将保持高速增长。

(2)超前谋划海外布局。具备条件的跨境电商企业将在国外建设或租赁更多的海外仓,完善物流与售后服务,降低企业的物流成本,缩短订单周期。业内要向国际一流服务商看齐,开展规范化经营,提升服务品质,探索跨境电子商务切实可行的交易模式。

(3)跨境电商反向整合供应链。跨境电商运营类企业开始反向整合供应链,从代运营服务转向研发设计销售一体化。这些代运营企业通过大数据技术优化销售,加之本身掌握了大量的消费者数据,具备了信息积累和市场分析优势,可以反向整合供应链,从单纯运营转向研发设计销售业务的全面覆盖,开发自主产品品牌,对跨境电商产业链掌控得更为纯熟。

(4)电子商务的B2B具有更大的发展潜力。新时期B2B将成为跨境电商的重头戏,这也是助力"中国制造"出口转型的重要机遇。特别是通过推动制造型企业上线,促进外贸综合服务企业和现代物流企业转型,从生产、销售端共同发力,成为跨境贸易电子商务发展的主要策略。

七、移动电子商务的应用

移动电子商务是一个新的产业,同时也是一个新的经济潮流。从短讯的产生到浏览器的发展,以致到现在的3G技术、智能移动终端、数据库发展、身份认证及信息处理等技术的发展,无论是通讯效果还是安全性都得到全面的提升,它是社会现代化高速发展的见证。移动电子商务主要应用于网络银行、网络购物、在线订票、在线教育、股票交易等方面。

(一)移动电子商务的主要特征

移动电子商务除具备电子商务的一般特征外,还具有以下特征:

(1)移动性。移动购物不受互联网光纤的限制,只要有wifi覆盖的地区,用户可以随身携带手机、PDA等移动通信设备随时随地进行购物。

(2)便捷性。用户可以在工作、学习间歇或者旅游等活动中,随时打开移动设备浏览商品和购物,而不耽误主业。

(3)传播性。零售商可以通过无线网络向该区域的移动用户推送特定商品信息,增加营销精准度和覆盖面,扩大营销影响力。

(二)移动电子商务的类型

根据移动电子商务服务模式的不同主导方,将移动电子商务划分为电信运营商、传统电子商务服务提供商、软件提供商和新兴移动电子商务提供商主导的四大服务模式。

1. 电信运营商主导模式

这是一种"通道+平台"的移动电子商务服务模式。注重凭借用户入口优势搭建移动电子商务平台,强调对移动电子商务产业价值链的控制。移动电子商务平台的建设方面,电信运营商负责平台内容、用户服务和交易服务,对入驻商户进行管理,并为消费者提供信誉保障。如中国移动广东移动商城,主要提供生活信息查询、应用程序购买与下载、日用及电子商品的购买、手机银行、手机钱包等服务。

2. 传统电子商务提供商主导模式

传统电子商务提供商主导的移动电子商务主要采取了"品牌+运营"的服务模式,注重品牌影响力和运营实力的发挥,强调对移动电子商务客户消费个性化需求的把握。如淘宝旗下手机淘宝网,京东旗下手机京东,当当旗下手机当当网,1号店旗下手机1号店,主要提供搜索、比价、商品购买、收藏、即时通讯、彩票、社区、资讯、客户端、在线充值等服务。其运作模式与传统电子商务网站类似,多支持货到付款软件。

3. 软件提供商主导模式

由软件提供商主导的"软件+服务"的移动电子商务服务模式,注重软件在电子商务服务中的应用,强调对移动电子商务商户的运营多样化需求的满足。如用友移动旗下移动商街,主要提供移动商铺、电子折扣券、移动社区、移动支付、移动搜索等服务,其专为电子商务企业提供软件服务,并搭建移动电子商务平台。

4. 新兴移动电子商务提供商主导模式

由新兴移动电子商务提供商主导的"专注+创新"的移动电子商务服务模式,注重对移动电子商务特殊性的专注,强调对移动电子商务专有服务模式的创新。如腾讯公司推出的手机通信软件,其实现了通信、社交、平台化三位一体,作为移动端的一大入口,随着其用户规模的增长,已由社交平台发展成为移动商业交易平台。微信商城是基于微信研发的社会化电子商务服务系统,消费者可通过微信平台,实现商品查询、选购、体验、互动、订购与支付的线上线下一体化服务。除此B2C商城模式外,微信卖家还可以利用朋友圈功能发布产品信息,以C2C模式向微信客户进行销售。

(三)移动电子商务的发展趋势

1. 移动购物占比扩大

移动智能终端的普及和网络基础设施的完善将逐步引导消费者,改变消费习惯。随着移动端的普及,各电商企业纷纷发力移动端布局,移动端购物在整体网购中所占的比例将进一步扩大。

2. 向三四五线城市渗透

很多三四五线城市的消费者接触互联网是靠手机、Pad等移动端来上网的,这些地区经济收入近年来有所提高,但由于本地购物不便,利用移动端进行网购的需求迫切。加之,随着一二线城市网购渗透率接近饱和,移动电商城镇化布局将成为电商企业们发展的重点,三四线城市、乡镇等地区将成为电商"渠道下沉"的主战场。

3. 细分化、垂直化

在PC时代,海量商品的呈现方式一般都是"大而全",而在移动购物时代有所不同。因为移动端屏幕不像PC端那么大,所以消费者停留在商品浏览页面的时间很短,移动端用户的行为具有明显的碎片化特征。因此,"小而美"的电商就迎来了发展契机,移动购物应用的细分化、商品品类的垂直化将是移动端购物的重要发展趋势。

4. 与社交媒体紧密结合

移动端购物是以APP使用为主的,其表现出流量碎片化、去中心化明显的特征。移动端的消费与PC端最大的不同,在于其场景化和社交化的特质。移动电商可以借助社交媒体与消费者互动,将关注、分享、沟通、讨论、互动等社交元素应用于移动电商交易过程中,建立信任关系,通过内容维护客户,增加粉丝量,不知不觉中完成了营销过程,从而实现销量增长。

5. 线上线下进一步融合

O2O方式将实现线上线下的对接成为可能,将解决传统电商商品过剩、匹配度低、客户流失的问题。近两年来,移动APP呈井喷状态。从消费者角度来看,餐饮外卖、旅游、打车是目前最为流行的O2O模式,超市便利店代购和生鲜是发展O2O的重要方向,零售O2O的未来发展潜力巨大。

6. 闪购比例持续提升

闪购是指利用移动端扫描附在平面、网络及电视上的二维码,自动下单。消费者可以自主选择,借助移动端,随时随地实现购物。因为其便捷性,移动端闪购行为将越来越频繁,企业对闪购业务的布局也将逐步完善,因此闪购模式在移动购物市场中的比例必将持续提升。

7. 丰富跨平台体验

跨平台购物体验的无缝衔接是未来发展趋势,从PC端、手机、平板到可穿戴设备,在各类创新APP的支撑下,为客户提供跨越各种设备的完美体验。

8. 安全问题日益重要

移动终端会成为黑客的一个新的目标,黑客们将通过网络破坏他人的利益。增强安全防范意识,保护好个人在移动端的数据安全至关重要。

☞任务实施

一、电子商务在批发业中的应用体验

根据上述各种电子商务模式的相关知识和网络购物的一般流程,本次网络购物体验以 B2B 为例,通过以点带面,掌握网上购物的基本流程。

目前,国内的 B2B 网站种类繁多,有综合类的 B2B 网站,也有行业性的 B2B 网站,选择具有代表性的国内排名第一的 B2B 网站阿里巴巴 1688.com 进行网络批发的演示。

(一)登录阿里巴巴网站

通过 www.1688.com 进入阿里巴巴中国站首页。如图 3-10 所示。

图 3-10　阿里巴巴中国站首页

(二)会员注册

为了更好地满足淘宝网会员通过阿里巴巴中国站批发进货需求,以及中国站会员在淘宝网的销售和个人消费需求,阿里巴巴中国站在 2012 年 9 月 5 日实现了和淘宝网互通,即:淘宝网、天猫、一淘会员账号可以直接登录阿里巴巴中国站。也可单独注册,在阿里巴巴网上单击【免费注册】,呈现会员注册分为企业账号和个人账号两种。较之注册个人账号,注册企业账号可以享受创建企业旺铺、发布企业供求信息、升级企业诚信通三项优势,使企业享服务、促交易。

1. 注册企业会员

(1)设置用户名,在注册对话框中填写电子邮箱,并通过邮件验证。所填邮箱可为登录名。如图3-11所示。

图3-11　阿里巴巴企业账号注册页面设置用户名页面

(2)填写账号信息,完成设置登录密码,填写国籍、手机号码、联系人姓名、企业名称,以及设置会员登录名,选择贸易身份等注册信息,方完成注册。如图3-12所示。

图3-12　阿里巴巴企业账号注册填写账号信息页面

2. 注册个人账户

(1)设置用户名,须填写手机号码,并通过验证,所填手机号码可为登录名。如图 3-13 所示。

图 3-13　阿里巴巴个人账号注册设置用户名页面

(2)完成设置登录密码、设置会员登录名,即完成注册。如图 3-14 所示。

图 3-14　阿里巴巴个人账号注册填写账号信息页面

3. 注意事项

在会员注册时要注意以下几点要求:

(1)登录名。企业账号所填电子邮箱为网站登录名的,电子邮箱验证须及时激活链接完成验证,激活链接在 24 小时内有效。个人账号所填手机号码为网站登录名的,手机验证码15分钟内有效。

（2）密码。密码由6—20个字符组成，只能包含字母、数字以及标点符号（除空格），且字母、数字和标点符号至少包含2种。建议不要使用自己的生日、手机号码、姓名以及连续的数字作为密码，以防被盗取。

（3）企业名称。应填写营业执照上的名称，要准确、完整。

（三）浏览及搜索产品

在搜索栏中填写需要搜索的产品，如羽绒服，单击"搜索"按钮即可开始找寻自己需要的产品。在列表中将显示羽绒服的各种分类和羽绒服图片信息，如图3-15所示。也可根据产品分类查看和浏览所需要的产品。

图3-15 阿里巴巴搜索商品信息

（四）通过网站买卖双方磋商

在阿里巴巴网站找到合适的商品和供应商后，进入商品详情页面，了解供应商和商品信息，如决定购买，单【立即订购】；如还需要继续查看或搜寻其他商品，则单击【加入进货单】，继续浏览。如买家对于产品有疑问，可单击左侧【点此洽谈】，进行在线沟通。如图3-16所示。

图 3-16　阿里巴巴商品详情页面

（五）确认订购信息

（1）查看进货单，确认货品信息，进行收货地址、交易方式、订单信息的确认，确认无误后订购，如图 3-17 所示。

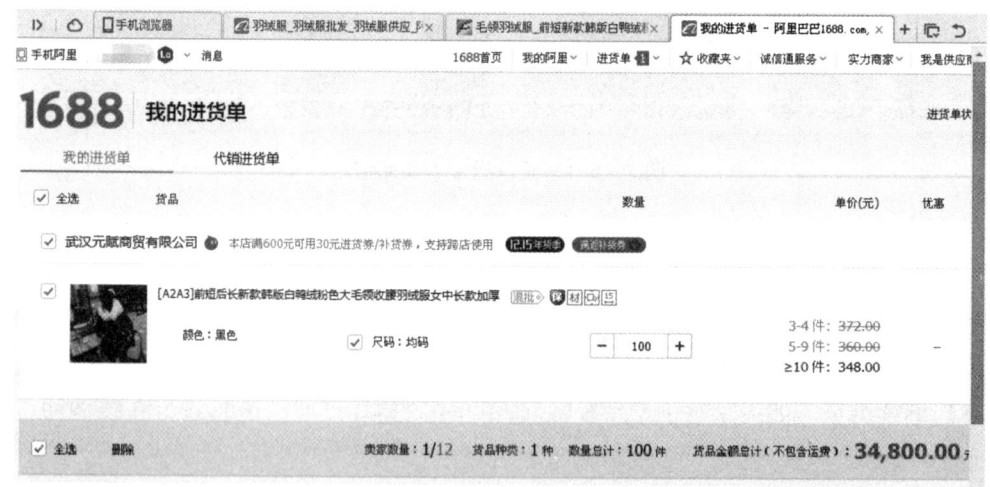

图 3-17　阿里巴巴进货单页面

（2）确定下单后，填写收货地址，并确认收货信息，如图 3-18 所示。

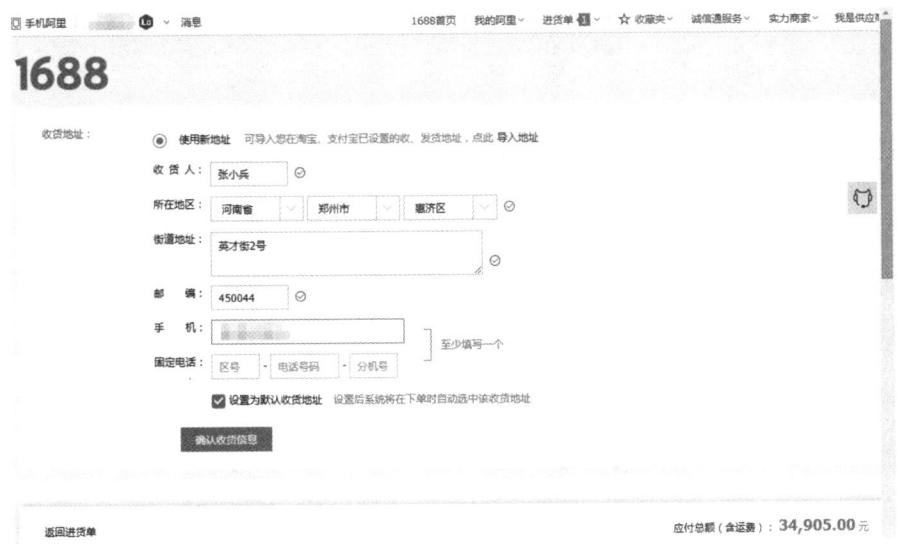

图 3-18　阿里巴巴输入收货地址页面

(3) 再次确认订单信息无误后，提交订单，如图 3-19 所示。

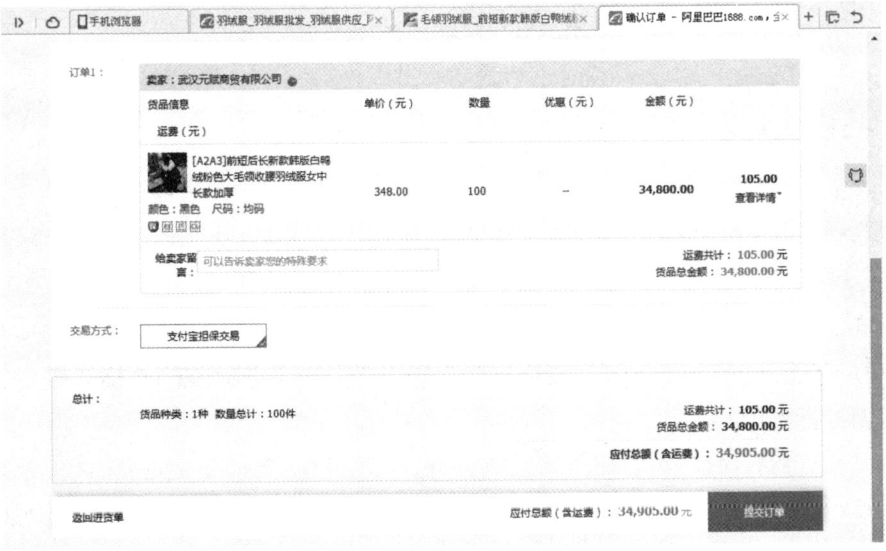

图 3-19　阿里巴巴确认订购页面

(六) 付款

点击【提交订单】后，进入支付宝页面进行支付，查看已买到的货品，点击【付款】，如图 3-20 所示。到支付宝付款页面进行支付，可用银行信用卡、储蓄卡支付，银行卡快捷方式支付，还可用支付宝余额及蚂蚁花呗支付。

图 3-20 阿里巴巴付款页面

（七）物流查询

可通过网站运单信息进行物流跟踪，或者通过物流单号到相应的物流公司官网对订单进行跟踪，相关信息可以直接通过快递回执上的条形码进行查询。

（八）收货及评价

收到货物后，先验货再签收，可要求承运人当场监督并打开包装查看，在检查货物完好、无质量问题后再签收。进入"我的阿里"查看已买到的货物，点击【确认收货】，然后对供货商进行评价。

如发现货物有破损、污染或者错发等问题，可以拒签，要求直接退货，并注意拍照保存证据；或者要求在签收单上加注详细情况并让承运人签字确认。须及时与卖家联系，说明货物问题，并在网站申请退货，必要时可申请客服介入。

二、电子商务在旅游业的应用体验

为更直观地感受电子商务在旅游行业的应用，演示一次从郑州到成都的在线旅行安排，全方位的体验电子商务带来的物美价廉、便捷、安全的旅行服务。

（一）机票预订

1. 登录携程旅行网：http://www.ctrip.com

作为中国领先的综合性旅行服务公司，携程成功整合了高科技产业与传统旅行业，向超过2.5亿会员提供集无线应用、酒店预订、机票预订、旅游度假、商旅管理及旅游资讯在内的全方位旅行服务，被誉为互联网和传统旅游无缝结合的典范。此次体验选择携程旅行网预订机票，首先登录到官网首页（http://www.ctrip.com），如图3-21所示。

图3-21　携程旅行网首页

2. 搜索机票

通过之前所学知识注册成为会员，在携程旅行网的机票搜索框选择自己出发城市——郑州，到达城市——成都，出发日期2016年12月30日，高级搜索中还有航空公司以及舱位等级的选项供选择；基础信息选好后，可以选择"搜索机票"或者"搜索机票+酒店套餐"，如图3-22所示。

图3-22　携程旅行网机票预订

3. 机票检索

通过按照价格排序,选择了价格最低的成都航空公司 EU2228 次航班,如图 3-23 所示。航班为 4.1 折经济舱,机票价格为 450 元,机场建设费 50,捆绑销售的酒店优惠券 28 元。此次网上购票将节省近 570 元。

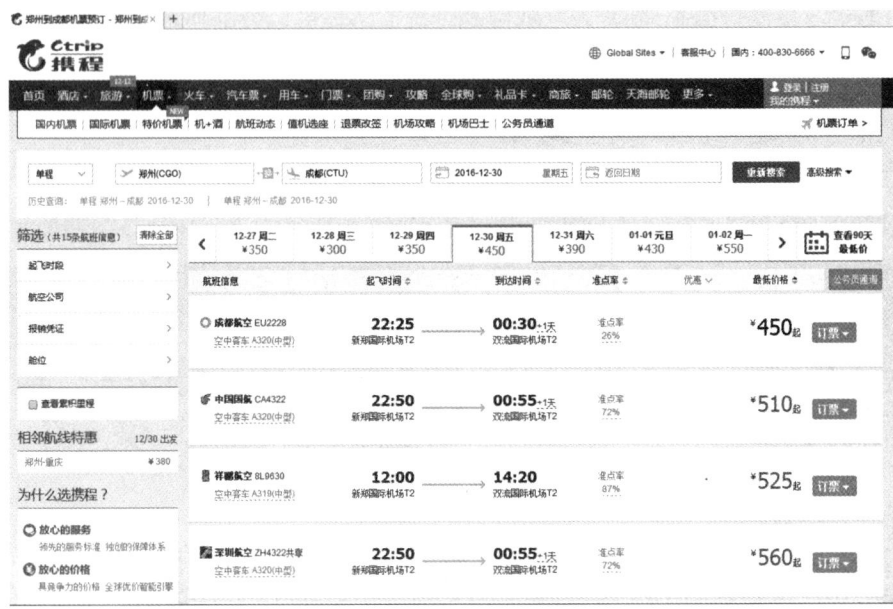

图 3-23 携程旅行网机票搜索

4. 填写机票订单

在页面上填写乘客的基本信息,选择微信、储蓄卡或者信用卡等支付方式支付机票款项,完成购买机票。如图 3-24,3-25 所示。

图 3-24 预订机票填写订单

图3-25 携程网购买机票

(二)酒店预订

旅行中选择一家舒适的酒店住宿非常重要,去哪儿网是一个旅游搜索引擎中文在线旅行网站。去哪儿网为消费者提供机票、酒店、会场、度假产品的实时搜索,并提供旅游产品团购以及其他旅游信息服务。下面将通过去哪儿网酒店板块,预定旅游目的地酒店。

(1)登录到去哪儿网首页(https://www.qunar.com)。在酒店预订搜索框输入目的地、入住日期和离店日期,如图3-26所示。如对当地情况比较熟悉,则可通过"地图搜索"直接查找。

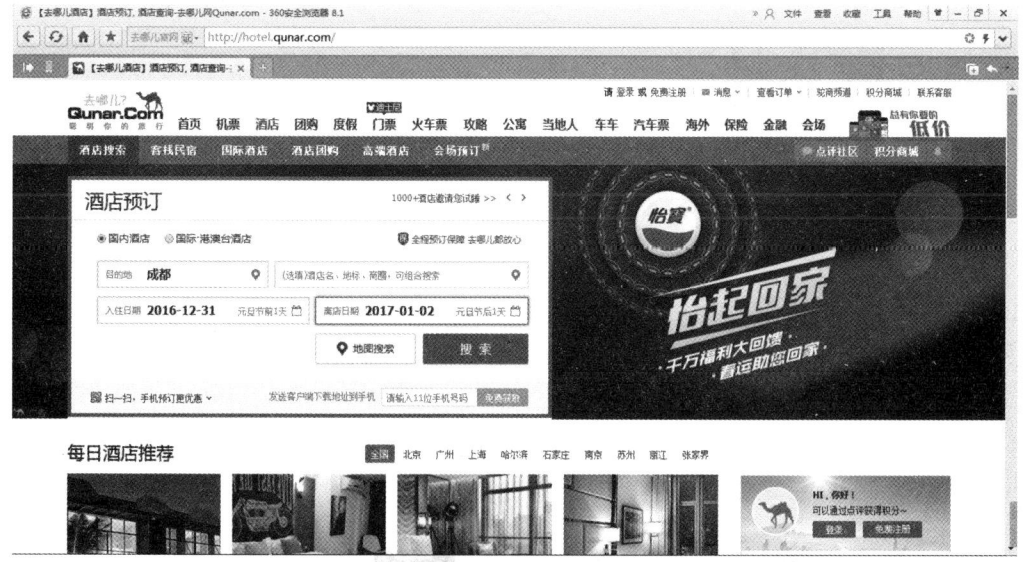

图3-26 去哪儿网酒店预订页面

(2)将酒店级别限制在经济型,酒店品牌范围限定于如家快捷、国际青年旅舍、七天酒店、锦江之星、格力豪泰等价格适中的连锁酒店,如图3-27所示。

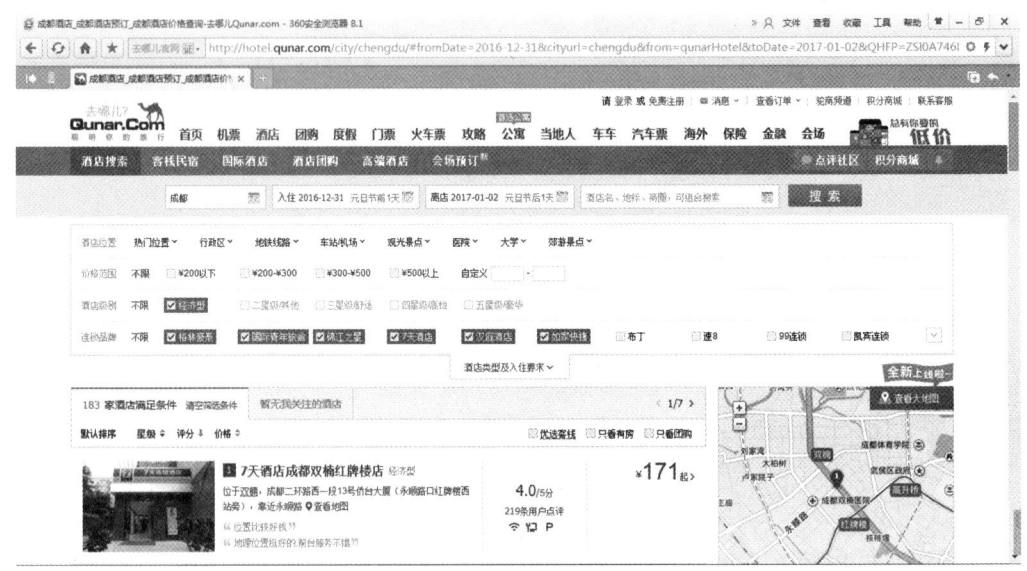

图3-27 去哪儿网酒店搜索

(3)通过查看酒店在去哪儿网上传的客房房型和住宿环境的图片,对客户评价进行分析,经过地点、价格和评价的比较,最终选择了成都金陵路4号国际青年旅舍,如图3-28所示。

图3-28 去哪儿网选择酒店

(4)利用网站搜索引擎。去哪儿网具备旅游搜索引擎功能,可选择酒店直销、去哪网代理商、乐在旅途、Agoda 旗舰店等多家代理预订房间。通过对住宿环境、价格、退订政策等因素的综合对比,选择了由酒店直销的性价比较高的八人床位间,如图 3-29 所示。

图 3-29 国际青年旅舍客房价格

(5)填写订单各项入住信息后,提交订单,并支付款项,完成酒店预订,如图 3-30,3-31 所示。

图 3-30 填写客房信息

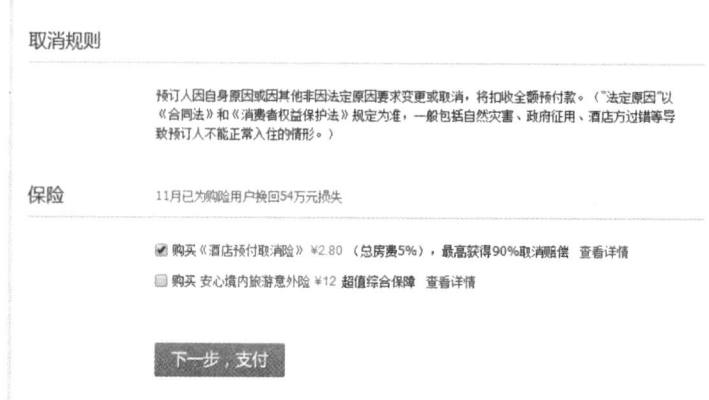

图 3-31　提交订单

（三）火车票预定

我国高速铁路网的布局，使沿线城市的距离大大缩短，城市之间的休闲活动更加密集，将高铁或者动车作为旅游交通工具成为越来越多游客的选择。下面对查询和购买由成都至郑州的高铁票进行演示。

（1）登录中国铁路客户服务中心（http://www.12306.cn），如图 3-32 所示。

图 3-32　中国铁路客户服务中心首页

（2）查询余票并购买车票，如图 3-33 所示。

任务三 体验电子商务

图 3-33 成都到郑州高铁余票查询

(四)旅游门票预订

在线预订旅游目的地景点门票是节省旅行时间和费用的有效途径。途牛旅游网是我国知名在线旅游预订平台,提供跟团游、自助游、邮轮旅游、自驾游、定制游以及景点门票预订、机票预订、火车票预订服务,还有牛人专线、首付出发旅游等品质高端、价格实惠的旅游路线。

下面我们通过途牛旅行网预订旅游目的地成都市的景区门票,首先登录途牛旅行网首页(http://www.tuniu.com),如图 3-34 所示。

图 3-34 途牛旅游网

进入网站首页门票栏目,确定搜索景点地区、景点城市等检索条件,选择并预订所需景点门票,如图 3-35,3-36 所示。

87

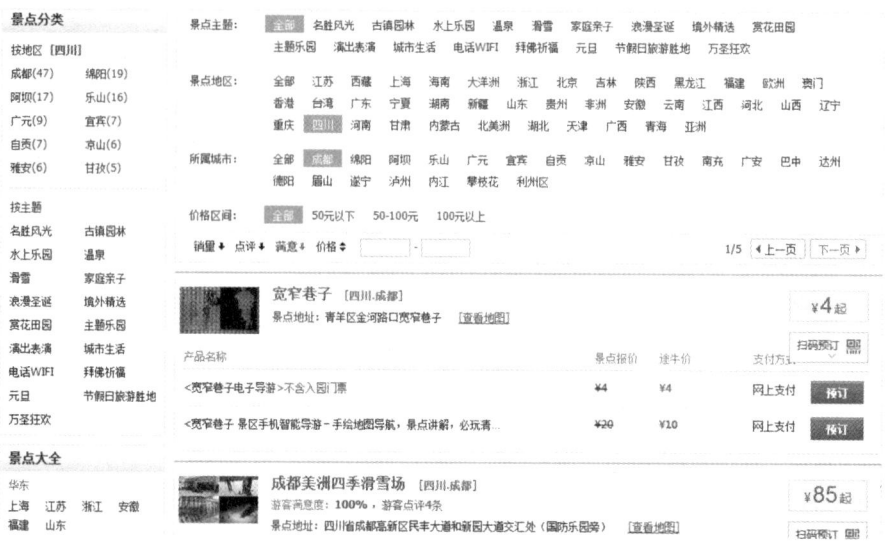

图 3-35　途牛旅游网成都景点门票搜索

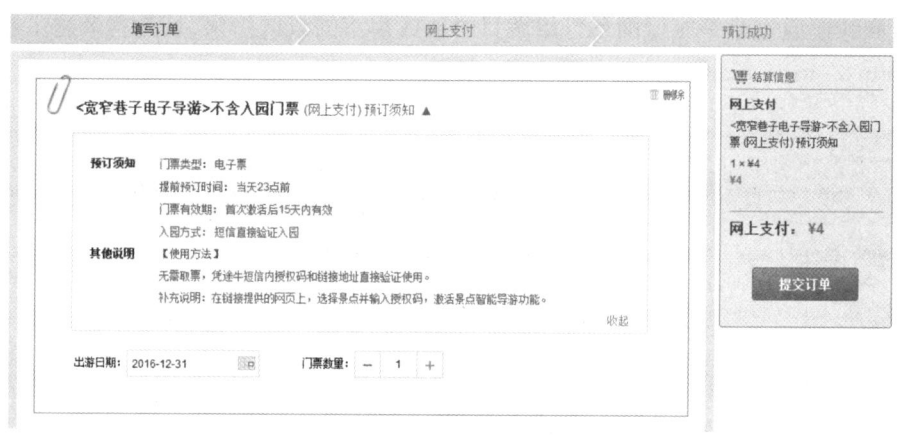

图 3-36　途牛旅游网成都景点门票预订

三、电子商务在保险业的应用体验

（一）网络保险

选择具有代表性的中国平安保险官网进行应用体验。中国平安保险官网是世界500强中国平安集团旗下网站,提供一站式各类金融保险服务,涵盖车险、意外险、旅游险等各类保险套餐。

（1）登录网站。经过多家在线保险的对比选取平安保险,并登录平安保险官方网站（http://www.4008000000.com）,如图3-37所示。

任务三 体验电子商务

图 3-37　平安保险官方网站

（2）选取旅游保险品种。进入旅游保险栏目,经对比选取了境内自助游险,如图 3-38,图 3-39 所示。

图 3-38　平安保险官方网站旅游保险栏目

图 3-39　国内旅游自助游保险

(3)填写保单。填写投保日期,选择投保种类,并投保。如图3-40所示。

图 3-40　填写保单

(二)网络证券

中信证券股份有限公司(英文名称:CITIC Securities Company Limited)是中国证监会核准的第一批综合类证券公司之一。中信证券至信全能版网上交易系统是中信证券公司为广大投资者提供的新一代网上交易系统。下面以中信证券旗下交易系统为例,演示在线证券买卖的操作。

(1)登录到中信证券网站(http://www.cs.ecitic.com),如图3-41所示。

图 3-41　中信证券官方网站首页

(2)下载并安装中信证券至信全能版,并登录软件,如图3-42,3-43所示。

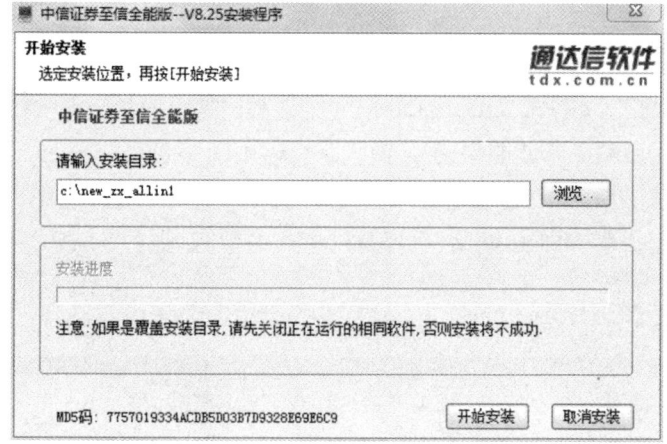

图3-42　安装中信证券软件

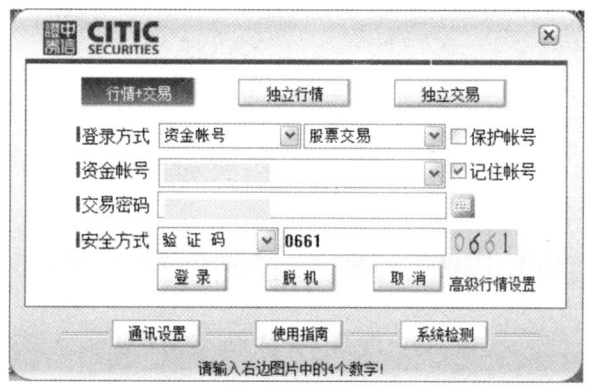

图3-43　登陆中信证券至信全能版软件

(3)使用软件查询、浏览证券信息。
(4)使用软件进行委托买卖交易,感受证券电子商务的方便快捷,如图3-44所示。

图3-44　使用软件进行委托交易

四、电子商务在生活服务类的应用体验

(一)在线教育

中国大学 MOOC(www.icourse163.org)是爱课程网携手网易云课堂打造的在线教育平台,承接教育部国家精品开放课程任务,向大众提供中国知名高校的 MOOC 课程。让每一个有提升愿望的人,都可以在这里学习中国最好的大学课程,学完还能获得认证证书。

(1)登录中国大学 MOOC 网站,选择自己喜欢的课程,如图 3-45,3-46 所示。

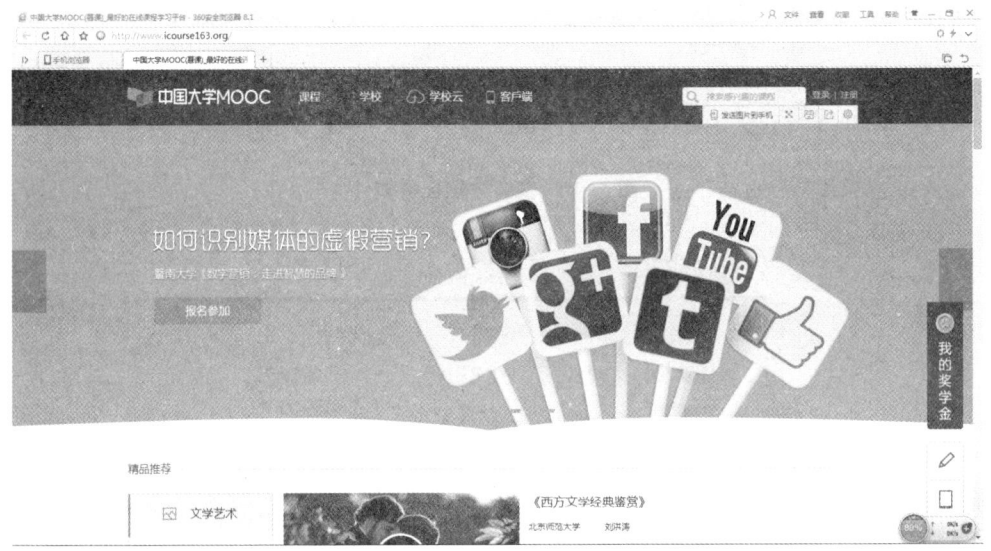

图 3-45　中国大学 MOOC 网站首页

图 3-46　中国大学 MOOC 网站课程选择

(2)从右上角登录名处进入"我的课程"栏目,查看自己所选课程,如图 3-47 所示。

任务三　体验电子商务

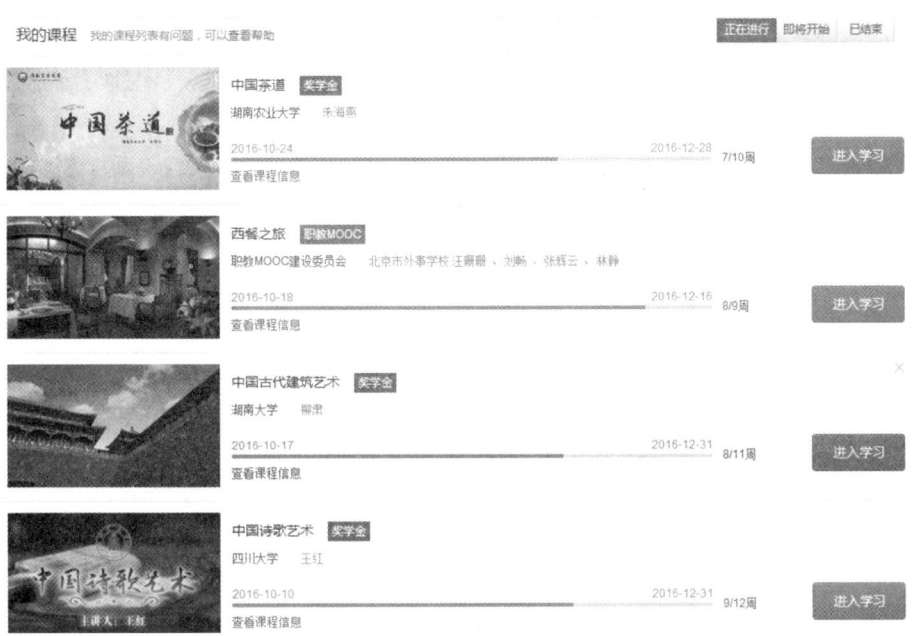

图 3-47　中国大学 MOOC 网站我的课程界面

（3）选择一门课程，开始学习，如图 3-48 所示。

图 3-48　中国大学 MOOC 网站课程学习

（4）课程学习后每章节有在线习题，如图 3-49；每阶段有阶段测验与作业，如图 3-50；有的课程还安排了期中、期末考试。按照课程要求完成全部课程学习并考试合格后，可向课程教师申请课程证书。

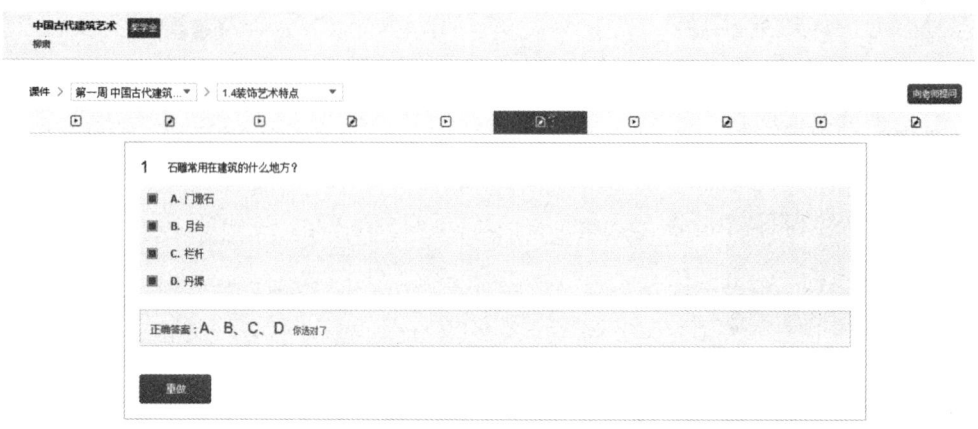

图 3-49　中国大学 MOOC 网站课程在线习题

图 3-50　中国大学 MOOC 网站课程测验与作业

(二)网络约车

网络约车的出现给旅途带来便捷、舒适的感受,是自驾游必不可少的交通工具。神州专车是国内领先的租车连锁企业神州租车联合第三方公司优车科技推出的互联网出行品牌。2015 年 1 月 28 日,神州专车在全国 60 大城市同步上线,利用移动互联网及大数据技术为客户提供"随时随地,专人专车"的全新专车体验。下面以神州专车网站为例,演示在线预约专车。

(1)登录到神州专车首页(http://www.10101111.com),如图 3-51 所示。

任务三　体验电子商务

图 3-51　神州专车首页

（2）进入在线约车菜单，可选择立即叫车、预约用车、接送机、租车等服务，如图 3-52 所示。

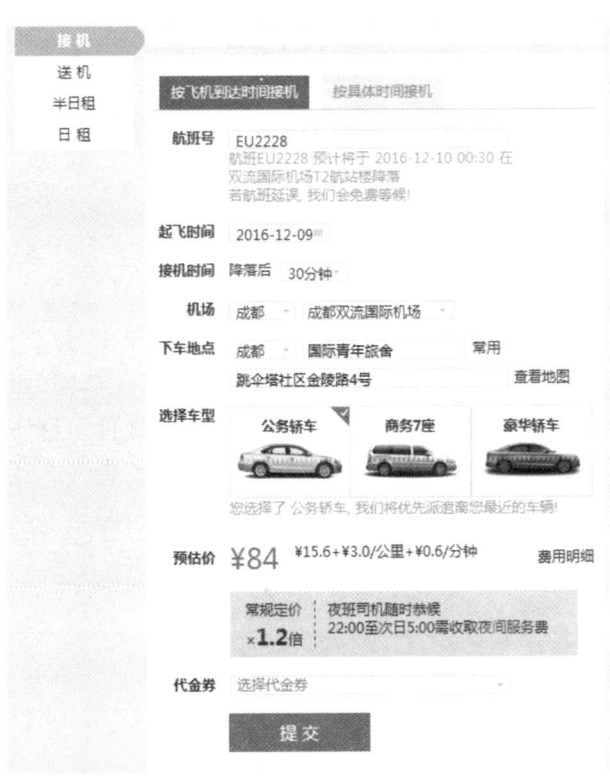

图 3-52　神州专车在线约车界面

（3）该网站一般可提前4天预约用车，如选择接机服务，须填写航班信息、下车地点等信息，并选择车型，最后提交订单。如图3-53所示。

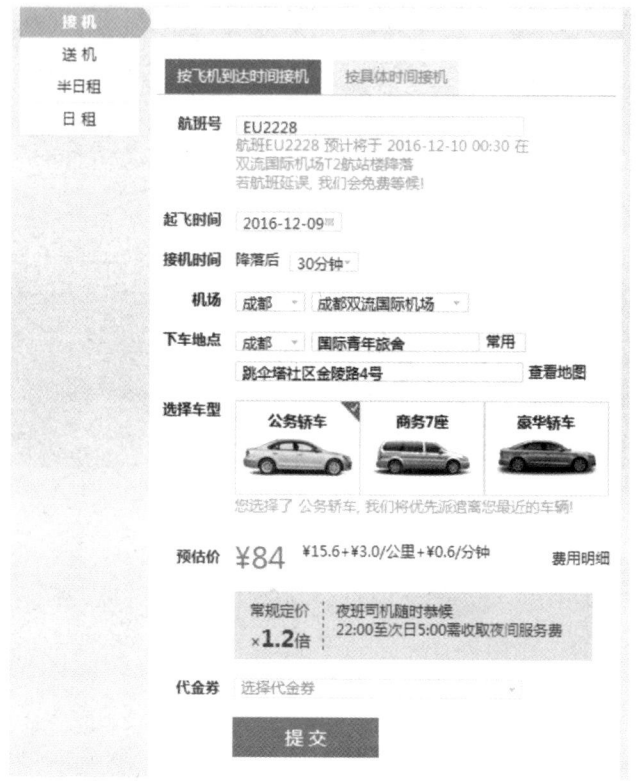

图3-53 神州专车在线预约接机车辆

五、移动电子商务的应用体验

有赞是帮助商家在微信上搭建微信商城的平台，2012年11月27日，在杭州贝塔咖啡馆孵化。有赞主要从事移动电子商务系统研发、运营，提供店铺、商品、订单、物流、消息和客户的管理模块，同时还提供丰富的营销应用和活动插件。目前旗下有：有赞微商城、有赞收银、有赞供货商、有赞微小店、有赞批发、有赞买家版等产品，以及全员开店移动分销解决方案。下面以有赞微商城为例，演示移动购物流程。

（1）打开微信手机APP，登录账号，如图3-54，3-55所示。

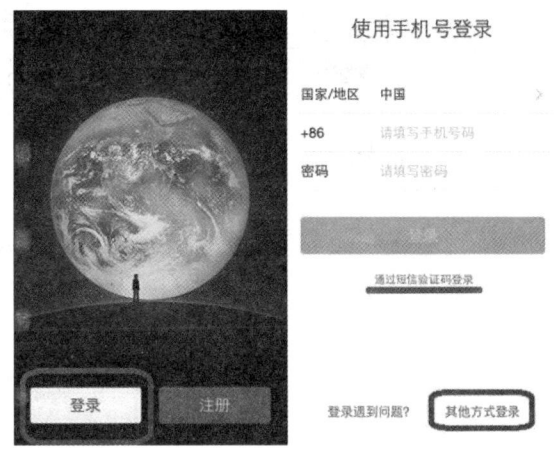

图 3-54　手机微信 APP 界面　　　　图 3-55　登录微信账号

（2）进入微信公众号，添加公众号"有赞"，点击进入主界面，并点开左下角"朋友圈的赞"，查看 TOP 店铺榜，如图 3-56，3-57 所示。

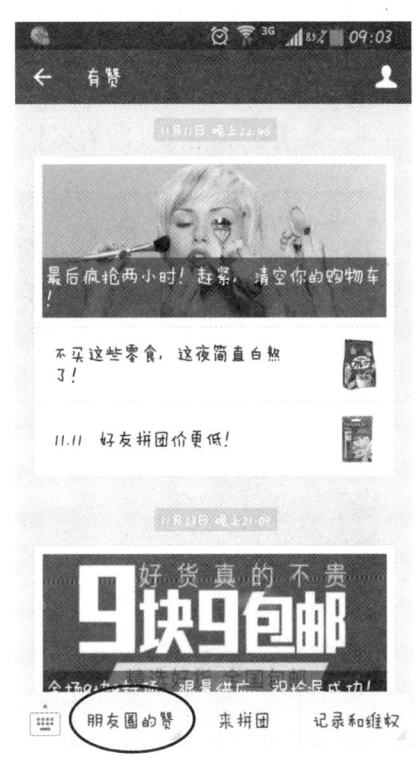

图 3-56　添加微信有赞公众号　　　　图 3-57　微信有赞公众号界面

（3）可选择排名靠前的微店购物，也可在搜索框自行检索需要的店铺或商品。以蛋糕店——卡卡小米商城购物为例，进行购物演示，如图 3-58，3-59 所示。

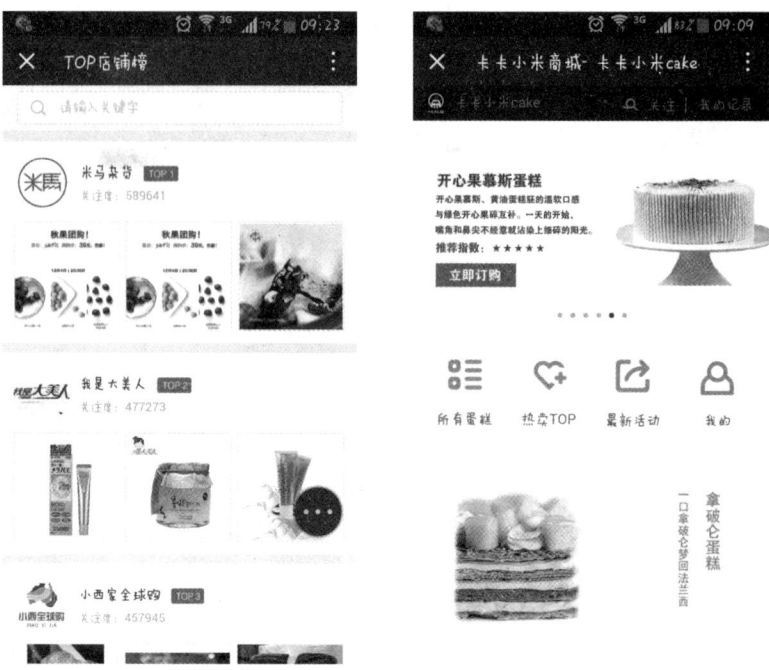

图 3-58 微信有赞 TOP 店铺榜   图 3-59 微信卡卡小米商城

(4) 挑选一款蛋糕,点击【立即购买】下单,如图 3-60,3-61 所示。

图 3-60 卡卡小米商城挑选商品   图 3-61 卡卡小米商城下单

（5）使用微信支付货款，完成购买，并在"我的订单"中查看交易情况。如图3-62,3-63所示。

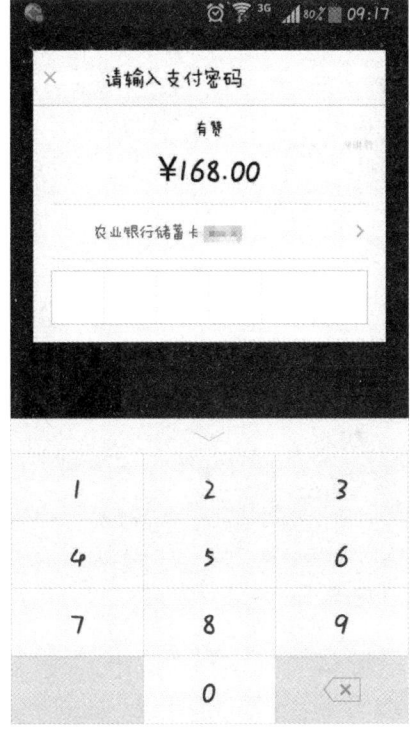

图3-62 微信支付货款

图3-63 微信有赞"我的订单"

☞任务评价

　　电子商务给人们的生活带来更多的选择和便利，改变着人们的生活方式、消费观念和娱乐形式，使人们的生活质量得到空前的提高。电子商务所蕴含的巨大潜力和带动力开始显现，电子商务在行业、企业以及百姓生活等方面的普及、深化和渗透日益增强。通过对电子商务在批发零售、旅游、金融、教育领域以及农业、跨境和移动电商应用方面知识的学习，进一步体验了电子商务在上述领域的具体应用，使大家对电子商务有了更深的感性认识，对网上购物、网上订票、网上理财、网上学习的基本规范、流程和技巧加深了理解，并提高了实践能力。

任务四 网上开店

【知识目标】

1. 网上开店流程；
2. 店铺整体设计装修知识；
3. 网店推广和运营知识。

【能力目标】

1. 能进行网上商品的调研和选择；
2. 能开设淘宝店铺和淘宝手机店铺；
3. 能对网店进行整体定位。

【素质目标】

1. 养成科学、严谨的作风；
2. 培养开展电子商务的能力。

任务四 网上开店

☞任务引入

2016年的"双十一购物节",各大电商平台和各路卖家齐聚发力,共同创造了又一个销售神话,全网(16家平台)在2016年双十一期间总销售额达到1770.4亿元,较比去年增长近44%。互联网经济已成为驱动中国经济的重要引擎,发展前景十分广阔。在网购市场中,C2C电子商务平台为网民主要购物平台之一,交易规模增速平稳,这些网购平台为个人卖家提供了开设个人网店的服务,而且有很多功能都是免费提供的,这就更为广大学生以及个体经营者在网上开店提供了方便。

本任务将以网上创业为例,详细对开设网店的全过程进行介绍,并对每个环节的总结进行分析。那么如何利用网店相关知识,在网上开设网店呢?

☞任务分析

在网上开店首先要对店铺进行初步的定位和规划,即为网店选择适宜销售的商品;其次要选择合适的开店平台,在完成了开店前初步准备工作之后,就可以着手进行店铺开设的相关设置。虽然店铺是在网络上虚拟建立的,但是它整个的设置流程也跟实体开店有类似之处。本任务在实施过程中的主要工作将包括开通网店、商品拍摄、商品美化、店铺装修、售后服务、店铺推广等。

☞相关知识

一、网上开店前的准备

网上开店,具体来说就是经营者在互联网上注册一个虚拟的网上商店,将待出售的商品信息发布到网站上,对商品感兴趣的浏览者通过网上或者网下支付方式向经营者付款,经营者通过邮寄等方式,将商品发送至购买者手中。

(一)网上开店的流程

目前,在互联网上有多家购物平台,无论是企业还是个人想要在这些购物平台上开设自己的店铺,需要按照一定的流程操作,主要包括店铺定位规划、选择开店平台、提出开店申请、进货与发布商品、营销推广、交易与售后服务这六大方面。

1. 店铺定位规划

要在网上开店,首先要有适宜网络销售的商品,这就是对自己网上店铺定位的前期规划,并非所有适宜网上销售的商品都适合个人网店销售。例如,可以利用地区价格差异来赚钱,因为许多商品在不同的地区,价格会相差很多。

2. 选择开店平台

目前可供店主选择的网上开店平台比较多，就当前来说，不管是知名度还是安全性，适合个人开设网络店铺的电商平台首选就是淘宝网，随着移动电子商务的发展，目前也涌现出了一大批微店服务平台可供个人开店者选择。

3. 店铺开通和装修

确定开店平台以后，就需要了解该平台的开店申请规则。比如淘宝网就规定，注册账号并通过实名认证、网上销售产品必须遵守淘宝网开店四大规则等。同时，还应该通过各种手段，来学习如何装修自己的店铺，将自己的店铺打造得更有特色。

4. 进货与登录商品

最好是从熟悉的渠道和平台进货，控制成本和低价进货是关键。有了商品就准备登录到自己的网店，注意要把每件商品的名称、产地、所在地、性质、外观、数量、交易方式、交易时限等信息填写清楚，最好搭配商品的图片。商品名称也要尽量全面，突出其优点。

5. 进行营销推广

为了提升网店的人气，在开店初期适当地进行营销推广是非常必要的，而且要线上线下多种渠道一起推广。比如，通过购买"热门商品推荐"的广告位、与其他店铺和网站交换链接等方式，来扩大自己店铺被消费者关注到的可能性。当然，如果有条件的话，最好的推广方式还是使用如淘宝网提供的直通车、阿里妈妈等手段。

6. 交易与售后服务

顾客在购买商品时会通过多种方式和店主沟通交流，这时就应充分做好交流工作，具体交易方式则可根据双方交流约定办理。而售后服务则是体现自己店铺形象的无形资产，需要店主在建店初期即规划到位，力争为顾客提供最好的售后服务。

（二）网上销售模式和商品属性

想要在网上开店，首先应了解目前的流行趋势，买家喜欢购买的商品类别等，然后确定自己网店的销售模式，这样有利于店主更好地开始和管理自己的网上店铺。

1. 网上销售商品的种类

目前，网店销售的商品从属性上可以分为虚拟商品和实物商品两类，随着电子商务的发展，又衍生出一些其他可销售的商品种类。

（1）实物商品。所谓实物商品，就是目前市场上能够看到的，并且能够通过交易进行正常接触使用的商品。它的范围广，基本覆盖了人们生活的方方面面，大到汽车、电器，小到螺丝刀、纽扣都囊括其中。目前，淘宝上网上商家最多的就是销售实物类商品的卖家，占据了相当大的份额。

（2）虚拟商品。所谓虚拟商品，就是不可见的物品，通常是指网络游戏点卡、游戏装备、Q币、手机话费、票据等。淘宝网对虚拟商品的定义为：无邮费，无实物性质，通过数字或者字符发送的商品。由于虚拟商品无实物性质，所以一般在网上销售时默认无法选择物流运输，通常是自动发货，也正因为如此，一般销售虚拟物品的网店店主，通常都能够快速积累较高的店铺信誉。

(3)服务类商品。这类商品比较特殊,通常作为虚拟类商品中的一种,但又可以作为食物商品,简单而言,服务类商品就是一些专门针对买家或者卖家尽心服务的商家所出售的宝贝。图2-1所示,就是淘宝本地生活一些商家提供的服务,通常情况下,进入的条件都要求是实体经营企业才行。

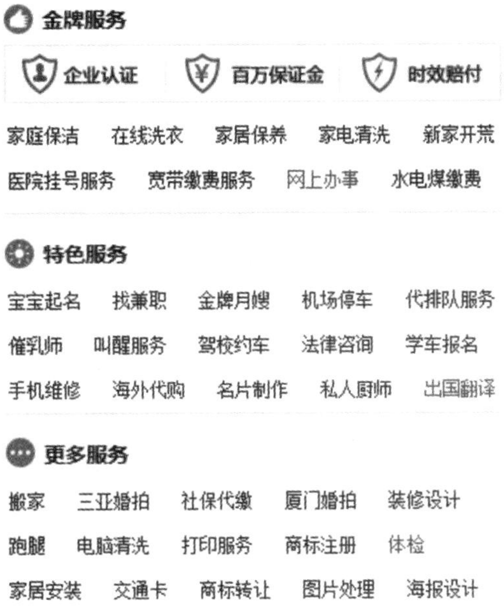

图2-1 淘宝生活服务平台提供的服务

2.网店的销售模式

(1)出售自有商品。这类商品很容易理解,就是完全拥有自主权的商品,包括自己工厂的商品,去批发市场批发的商品,甚至自家产的实物、自己手工打造的织物等,可以完全自己定价、自己控制库存容量。

(2)代理平台商品。这类商品主要是虚拟商品,目前,很多平台提供了统一的接口对市场上的各种话费、游戏、Q币等商品进行管理,只要代理了这个平台,就可以使用这类平台进行虚拟商品控制,在淘宝网或者其他微店平台进行出售,目前在市场上流行的有捷易通、第五代平台商品等。

(3)分销供货商品。分销商品是指帮助供应商销售其商品,自己从中赚取差价利润。代理销售属于零投资零库存的销售方式,专门的供应商为代销卖家们提供了商品货源、商品发货以及商品的售后服务,代销卖家只要在自己的店铺中发布所代理商品的信息,当有买家下单后,代销卖家同步与供应商下单,供应商就会根据代销卖家提供的地址将商品发送给买家,而这个过程中产生的利润差价,就是代销卖家所能赚取的利润。

(三)网上开店平台的选择

网上开店需要一个好的平台,一般是通过大型网站注册会员进行售卖,创业者通过注册成为网站会员,然后依靠其网站开设店铺。在人气高的网站上注册建立网店是目前国内最火的开店方式,随着平台之间竞争的加剧,腾讯拍拍网、百度有啊网、易趣网已经暂停服务,目前个人网上开店的平台主要是淘宝网,企业在第三方电子商务平台开店的选择主要有天猫、京东、当当等。另外,随着移动商务的发展,微店也如火如荼地发展起来,目前支持个人开通微店业务的平台主要有微店、有赞平台的微小店、微盟平台的萌店等。

(四)网上店铺的定位

1. 店铺定位

准确定位自己的网店,就是确定要卖什么商品。在考虑卖什么的时候,一定要根据自己的兴趣和能力而定,尽量避免涉及不熟悉、不擅长的领域。同时,要确定目标买家,从他们的需求出发选择商品。

(1)以卖家为导向进行定位。无论是店铺定位还是商品定位,都要以用户为导向,认真分析受众的需求和喜好,用心经营才能有所回报。同时,也要注意从事自己擅长什么领域,做自己擅长的产品或服务,做到物尽其用、财尽其用无疑也是一种竞争优势。

(2)契合时尚又品味独特的店铺。目前主流网民有两大特征,年轻化和白领化。我们需要根据自己的资源、条件和爱好来确定店铺风格,是追随主流网民喜好还是另辟蹊径拥有自身特色。当然,特色店铺到哪里都是受欢迎的,如果能找到既时尚又独特的商品,将是网上店铺定位的不错选择。

(3)充分挖掘网购人群的需求。先确定店铺主要面向哪类消费人群,然后再把人群细分,分析这类人群的消费需要。不仅要满足这些消费人群的物质需求,还要关注他们的心理需求。例如,对希望实惠的买家而言,就要用"特价"活动来吸引他;对更看重物品方便性的买家来说,商品在使用和保养上一定要尽量简单。

2. 商品定位

(1)商品的体积与重量。网店销售的商品多是通过邮寄或者快递发送到买家手里,因此卖家在选择销售的商品时,体积是必须要考虑的,网店销售的商品不宜太大,而且要易于包裹,从而方便运输,节约费用。

(2)商品价格和附加值。在淘宝网上购物,消费者图的就是价格便宜,在选货的时候,一定要选择利润高的商品,尽量把利润让给买家,把商品的售价降下来。另外,好的商品还能带来附加值,而不是通常人们说的便宜无好货。

(3)商品的独特性与时尚性。在网上销售的商品,基本都具有独特性和时尚性。所谓独特性,就是商品本身具有特色,有亮点,这样才能吸引买家的注意,如果商品太过普通,那么其在网上的销量就会很低。所谓时尚性,就是商品能跟上时代潮流,是当前买家追捧的类型,如服装的商品是否流行,数码类商品是否为当前主流配置等。广大卖家在选择商品的时候,要分析所选择的商品是否具备一定的独特性和时尚性,尽量让商品不要太过于平庸。

(五)网上开店的软硬件准备

1. 硬件条件

兼职型卖家,准备电脑、打印机、扫描仪、网银、数码相机或者高像素手机即可。

专业型卖家,由于全力投入网上开店,且交易额比较高,其硬件要求就相对复杂一些,则还需要办公场所、笔记本电脑、固定电话、传真机等。

2. 软件条件

(1)支付工具:支付宝、财付通、网银等。

(2)安全工具:网店安全主要包括账号安全与交易安全。

(3)管理工具:淘宝助理、网店小秘书、网店管家、网店管理专家。

(4)即时通信工具:阿里旺旺、QQ、微信等。

(5)制图工具:光影魔术手、美图秀秀、Photoshop 等。

二、货源选择

网上开店首要的问题就是能否找到合适的商品供货渠道,在形形色色的批发商和商城之间,需要网店店主根据自己的经营状况来选择真正适合自己销售的货源渠道。

(一)本地货源选择

1. 依靠大型批发市场

基本上每个省级城市都有这样的大型市场,比如浙江义乌的小商品批发市场、成都的荷花池批发市场、重庆的朝天门批发市场、郑州的小商品批发中心等。一般这类综合市场都云集了服装、化妆品、首饰、饰品、餐饮用具以及各种生活用品,基本上覆盖了人们日常生活所需要的各种商品,因此有一定经济基础的卖家,可以选择去这类批发市场进货。

2. 本地厂家货源

厂家货源永远是第一手货源,通常情况下也是市面上能拿到的最便宜的价格。因此有实体店铺或者其他分销渠道的商家或者个人,可以直接联系相关厂家进行货源的寻找。

3. 外贸商品

目前,许多工厂在生产外贸商品或者为一些知名品牌进行贴牌生产时会有一些剩余商品需要处理,价格通常十分低廉,通常为市场价格的 2—3 折,品质做工有保障。但一般要求进货者全部购进,所以要求卖家具备一定的资金实力。

4. 外国打折商品

一般欧美和日韩的商品都走在流行的前线,国内很多商品都是跟风或者仿制,因此如果能在国外采购到第一手的商品,快速引进国内进行销售,生意通常会十分火爆。

5. 品牌积压仓库

有些品牌商品的库存积压很多,所以每到节假日的时候,都会在商场进行低价促销。

所以每逢节假日,大家可以留意自己所在城市是否有商场进行促销打折,通过现场实地购货,然后转战网络进行销售,也会有很大的利润空间。

6. 代理品牌商家

开网店不光可以卖普通商品,同时也可以关注一些品牌专卖店,一般这些品牌商品价格都很稳定,而且利润较高,越是大品牌,其折扣也就越高。当然,如果直接联系品牌经销商,还需要一定的进货量,如果自己的网店发展到一定规模,就可以走正规化路线,实体兼网店同时经营。

7. 民族特色商品

此类商品在进货渠道上有一定的限制。首先需要具备一定的民族文化底蕴,才可能有相应特色的民族商品;其次也需要买家能够发掘和拓展出这些民族特色商品的独特性来。

(二)网上货源选择

阿里巴巴是目前国内最大的网上货源批发中心,里面商品种类众多,也是厂商进驻最多的一个在线供需平台。用户可以在阿里巴巴的首页以关键字或者网站分类来搜索想要批发的商品;如果没有在网站上找到合适的商品,也可以通过阿里巴巴网站来发布进货需求,符合条件的厂家会自动跟你联系,以完成网上进货。

(三)实物分销和虚拟代理

新手开店,由于资金和经验限制可以选择实物分销或者虚拟代理来进行开店的初步尝试,通过不断积累经验和资金,然后逐步做大做强,形成自己的网络品牌。

1. 实物分销

网络分销是如今很多兼职卖家选择的网店经营方式,它通过商品分销与市场营销的差价来赚取利润。通常情况下,只有选择好的分销服务商,才能为自己的店铺带来更好的销量。

(1)阿里集团分销。目前主流的分销网站,包含阿里巴巴的"代理加盟"频道、进宝网、淘宝分销频道。阿里巴巴的"代理加盟"频道并非完全的分销网站,部分商家只提供线下加盟,而不支持网络代销发货。淘宝分销是由淘宝网研发提供的分销平台,用于帮助供应商搭建、管理及运作其网络销售渠道,并且帮助分销商获取货源的品台。

(2)第三方分销平台。除了阿里集团的分销网站以外,还有很多其他网站提供分销服务,通过百度可以发现目前这类网站很多,正是由于数量的巨大,质量参差不齐,新手卖家一定要仔细筛选。第三方分销平台又分为综合性分销网站和独立性分销网站。综合性服务分销网站是介绍一些供货商的商品,帮助自己的会员实现分销;独立性分销网站是自己的货源,直接架设的分销网站,主要提供直接的货源让代理销售自己的商品。

2. 虚拟代理

虚拟货源投资少、收付款便捷、不用耗费人力时间,而且能够快速积累卖家信誉度,因此备受新手卖家的青睐。目前,淘宝开店的卖家主要都是通过代理虚拟充值平台来实现话费、游戏、QQ商品的充值,而且目前网络充值市场最流行、最稳定的主要有捷易通和第五代这两个产品。

三、网上开店申请

在淘宝网上开店,首先要做的就是开通相关账户,其中包括网上银行的开通、邮箱的申请、淘宝账号的注册以及支付宝账号的开通和认证。

(一)开通网上银行

目前在网络平台上开店不一定非要开通网银,但必须有银行卡。开通网银以后查款、支付会方便一些。申请开通网络银行直接到银行柜台办理即可。

(二)注册免费邮箱

无论是开通网上商店还是到购物平台购买商品,都需要先注册成为网站会员。如注册淘宝网会员时,用户需要通过手机或者邮箱进行注册。电子邮箱便于接收来自淘宝的各种信息,因此在开通网店之前要完成个人邮箱的注册。

(三)注册淘宝店铺

1. 注册淘宝会员

在淘宝网买卖商品,成为会员是必要条件,游客状态是无法完成任何交易的。因买卖双方的交易由第三方"支付宝公司"担保,淘宝账号必须绑定支付宝账号才能付款,所以注册淘宝会员时默认开通并绑定一个支付宝网站会员。绑定个人类型支付宝账户为个人开店,绑定企业类型支付宝账户为企业开店。

注册淘宝网会员有三步,如图2-2所示。第一步为"设置用户名",用手机号码作为登录名注册成功后,手机号码为默认的支付宝账户登录名;第二步为"填写账户信息",是设置淘宝会员名,作为开店卖家,选择简单、通俗、好记的名字。会员名一旦设置确定,具有唯一性且不能修改,需要慎重想好;第三步为"设置支付方式",主要是选择绑定支付宝账户的类型,需要填写资料。整个注册过程按照要求填写即可注册成为淘宝用户。

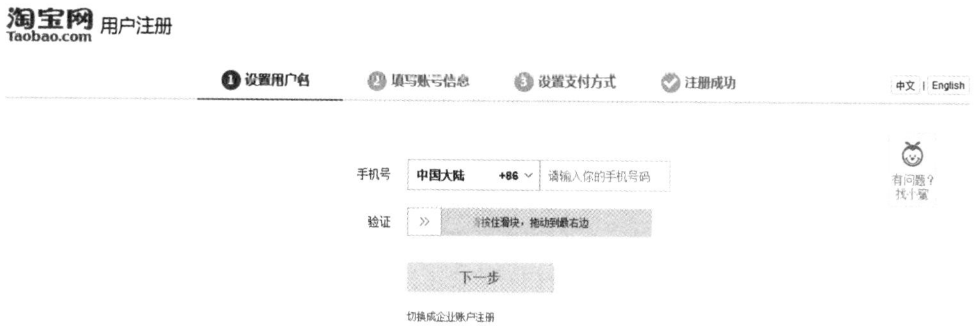

图2-2 注册淘宝会员步骤

2. 实名认证

注册好淘宝会员后,继续进行拥有店铺的第二步——实名认证。一张身份证只能开一家个人店铺,一张营业执照只能开一家企业店铺。

实名认证包含两项:支付宝实名认证和淘宝开店认证。

个人支付宝实名认证需要实现准备一张未经过实名认证且身份证信息和银行开户名为同一人的银行卡(该卡最好已经开通网上银行,进行支付宝实名认证的时候,填写银行卡信息后淘宝网会向填写的银行卡内转入一笔1元以下的资金,准确无误地输入这笔金额后才能通过认证)。

个人淘宝开店认证需要提前准备的材料如下:

(1)身份证正反彩色扫描或者照片。照片要求:扫描件或者照片,正反面彩色,所有文字信息清晰完整。

(2)本人手持身份证正面的上半身照片。照片要求:证件的头像清晰,身份证号码清楚可辨识,身份证照片必需和手持身份证照片中的身份证为同一人,要求为原图,无修改。

当所有提交信息准确无误后,就可以顺利通过认证,如未通过审核,在淘宝网用户页面"卖家中心—我要开店"的界面可以根据淘宝小二返回的不通过原因,重新按照要求准备材料,重新提交认证,直到审核通过。

3. 创建店铺,发布宝贝

通过实名认证以后,登录到淘宝网后台,进入"卖家中心—我要开店—实名认证"页面,单击【创建店铺】,新弹出的窗口显示三大协议条款"诚信经营承诺书""淘宝网服务协议"和"消费者保障服务协议",认真阅读无误后,单击【同意】。至此,淘宝店铺就创建成功了。

在后台点击【发布宝贝】,填写宝贝相关信息后就可以正常开门营业了。关于如何填写商品信息、如何经营网店等知识,在随后的章节以及"网店运营""商品信息化"等课程中会进行详细介绍。

四、商品拍摄与处理

(一)选择拍摄器材

1. 选择合适的数码相机

数码相机是拍摄商品的必需设备,目前主流的家用数码相机像素都在2000万以上,完全可以拍摄出非常清晰的照片。当然,如果拥有专业或者准专业的单反相机,那么拍摄出的照片的质量会更好。选购家用数码相机的时候,主要考虑以下因素。

(1)像素。相机的像素越高,拍出照片的分辨率就越高,在像素的选择上,可以根据自己的喜好或者预算来选择。

(2)CCD尺寸。CCD即相机的感光元件,这是衡量一款相机性能的重要标准,CCD

尺寸越大,拍摄的照片就越细腻,目前主流家用相机的CCD尺寸多为1/2.3英寸,部分相机甚至达到了1/1.6英寸。

(3)感光度。相机的感光度决定着相机在一些特殊环境中拍摄照片的质量。感光度越高的相机,即使在较为黑暗的环境下,也能拍摄出清晰的照片。目前,主流家用相机多支持一定感光度范围,甚至在不同范围内可以手动或者自动调节。

(4)微距距离。在拍摄商品实物图时,不可避免地要拍摄商品的细节大图,这就要求相机具备较好的微距拍摄功能,目前主流家用相机都支持微距拍摄,在选购时可以实际对比拍摄效果。

(5)品牌。常用单反/卡片/微单相机的品牌有佳能、尼康、索尼、松下及徕卡等。

2. 选择拍摄巧用灯光

要获得更好的拍摄效果,光是必需的。一般商品的拍摄,我们可以有效利用环境中的光源,如白天在取光线较好的位置拍摄,在室内利用灯光拍照等。目前市场上的数码相机都带有内置闪光灯,不过其性能通常不能满足拍摄的需要,这时候就需要人造灯光辅助,来达到最佳的拍摄效果。

3. 备好拍摄辅助器材

对于拍摄网店商品而言,拍摄的辅助器材主要有三脚架、灯光设备以及摄影棚。其中三脚架是必备的,我们拍摄的商品图片都是静态的,三脚架可以有效地稳定相机,避免出现由于手拿相机细微的颤抖而影响拍摄质量的情况出现,尤其对于需要拍摄大量商品图片的卖家而言,这一点尤为重要。如果没有三脚架可以利用栏杆桌角等稳定的设备来充当固定点。

4. 搭建简易的摄影棚

关于摄影棚的设备,简易初期开店的朋友不用选择太专业的,大家完全可以根据自己商品的体积和类型,购买静物台或者制作简易摄影棚。

(二)宝贝拍摄常用技巧

1. 摄影常用术语

对于商品拍摄来说,掌握一些比较常见的摄影术语,有利于提升自己的拍摄技巧,以便获得更好的商品图片。下面就介绍一些较为常用的拍摄术语。

(1)有效像素。有效像素的英文名称为 Effective Pixels,与最大像素不同的是,有效像素是指真正参与感光成像的像素值。我们在选购数码相机的时候主要就是看有效像素而不是最高像素数值。

(2)焦距。透镜中心到焦点的距离就叫作焦距。焦距的单位通常用mm(毫米)来表示,一个镜头的焦距一般都标在镜头的前面,如f=50mm(这就是我们通常所说的"标准镜头")、28—70mm(我们最常用的镜头)、70—210mm(长焦镜头)等。

(3)快门。快门是用于控制曝光时间长短的装置。快门一般可以分为帘幕式快门、镜间叶片式快门以及钢片快门3种。目前最高快门速度可以达到1/12000s以上。

(4)景深。景深是指镜像相对清晰的范围。景深长短取决于3个因素:镜头焦距;相机与拍摄对象的距离;所用的光圈。

2. 拍摄宝贝的常用技巧

(1)保证相机的稳定性。这是拍摄商品图片的基础关键点。手持相机按动快门的时候最容易晃动相机造成画面模糊,所以建议使用三脚架辅助拍摄。三脚架的价格从几十元到几百元甚至上千元不等,可以根据实际情况进行选购。

(2)对焦要准确。通常数码相机有多种对焦方式,分别是自动对焦、手动对焦和多重对焦方式。对于初学者来说,只需要将镜头的中心对着拍摄物的主要部位,轻按快门,等在显示屏上看到显示最清晰的时候按下快门即可。

(3)拍摄环境。拍摄的环境也很重要,拍摄环境的相关注意事项,如下:①不要在阳光下拍摄,这样拍出的物品会发红发黄;②拍摄物品的时候,如果要用其他一些物品衬托,要注意颜色的协调和摆放的主次;③商品拍摄背景要统一,如不是同一场景拍摄,需要利用相同元素使视觉上统一。

(4)商品摆放有策略。

单个商品摆放需要标签向前,呈 30°—45°角度倾斜,也可以适当增加辅助产品以衬托;系列产品需要创意摆放,或者烘托场景,或渲染主题。模特参与拍摄要注意性别年龄的不同特征,搭配商品进行创意拍摄。

3. 商品图片的处理和美化

众所周知,商品图片对淘宝店铺起着至关重要的作用,一张视觉度高的商品图片可以直接刺激到顾客的视觉感官,让其产生了解兴趣和购买的欲望。商品图片在拍摄好之后,往往还需要进行一些处理、美化以及特殊效果的设计,从而以最佳效果呈现在顾客的眼前。

商品图片的基本处理一般包括:修改图片尺寸、调整曝光、调整照片的清晰度、调整图片的色调等。商品图片的美化设计一般包括:为图片替换背景、图片排版、添加水印等。

五、网店装修

店铺的门面决定买家对店铺的第一印象,网店首页的视觉美观也直接影响买家的决策。网店采用哪种装修风格,需要卖家认真考虑不断尝试,网店的装修既要符合商品的风格又要考虑购买群体的喜好,也可以符合店主的个性。

(一)店铺装修的整体思路

无论是传统的网店还是移动端店铺,装修的思路都差异不大,以下将介绍店铺装修的整体思路。

1. 选风格定色系

店铺装修的常用风格有:时尚、简约、古典、非主流、酷炫、可爱、小清新、欧美、中国风、奢华、手绘、甜美、商务、节日庆典等。不同风格常用的色彩搭配也有讲究,店铺装修常用的主色系有:黑色、红色、绿色、橙色、粉色、紫色、棕色、黄色、金色、蓝色、黑白、青色、灰色和炫彩。不同颜色有着不同的情感特征,能给人各种丰富的感觉联想。

不同的行业、类目、企业、店铺都要结合自身商品属性定色系风格。给店铺定色时可以选择用冷暖色系(暖系:红橙黄;冷系:紫蓝绿),或借用淘宝官方常用的色系(红色、橙色、橙黄、蓝色),还可以根据特定的行业选择色系(例如食品医药类多用绿色)等。色彩搭配时可以选用单一色、互补色或者邻近色。

2. 店铺首页购物路径设计,模块布局排版

装修店铺最终目的是卖出更多的商品,装修店铺除了图片精美以外,还需要注意购物路径设计和排版布局。网店首页从上到下要通常包含5类要素:店铺页头店招/导航;欢迎模块;促销图;分类;搜索/客服。

店招/导航属于店铺页头区域,是全店通用、曝光量最大的区域,不管从哪个位置进入,都能够被消费者第一时间浏览到,其主要功能就是让买家用最短的时间找到想要的商品,建议做商品分类时尽量不要交叉,一个产品只放一个类目,把店内主推、热卖、爆款、UV价值高的商品或者最重要的店内活动放在首页最关键的第一屏。促销图的展示方向分为服务、品质、价格、特殊效果、品牌效应、店内促销活动等,作图时尽量主题明确。全店通用的店铺页头导航旨在让买家到达店内任何一个页面都能够顺畅进出,首页分类模块主要是提供多种分类方法,供买家检索自己想要的商品,比如按照价格、收藏、人气等。搜索也是方便买家查询,客服中心方便买家随时发起对话。

3. 宝贝详情页模板、宝贝分类页模板、搜索页、自定义页面、活动页面的排版设计

整个店铺最重要的有两类页面:宝贝详情页描述页和首页。无论装修、编辑宝贝、处理图片还是排版等都需要店主花很多心思,很多卖家做完这两类页面后往往会忽略其他页面的装修,比如宝贝分类页模板、搜索页、自定义页面、活动页面等。装修可以归纳为前期准备阶段和后期推广运营阶段。后期推广运营阶段分析经营状态时会特别关注几组数据:访问深度、跳失率、关联销售订单占比、人均店内停留时间,而这些数据的直接影响因素就是除宝贝详情描述页、首页外其他页面的装修质量,建议卖家对此类页面也要精致装修。

4. 装修效果备份

待网店全部装修好,建议卖家及时备份,以便后期随时调用。备份分为两种:第一种是装修后台备份,第二种是装修过程中所有的素材备份。

(二)网店装修的注意事项

由于所销售的产品类型、风格不同,卖家在装修店铺时,也需要结合自己销售商品的类型与风格,不论卖家如何准备装修,都要遵循"简洁明快、清晰直观"的原则,以下对网店装修提供一些建议。

1. 店铺与商品相得益彰

很多卖家在装修店铺时,并没有考虑到自己销售的是何种商品,而是单纯从店铺美观的角度来进行设计,这是非常大的误区。装修店铺前,店家应该先根据自己销售的商品种类来规划店铺的整体风格和特色,让店铺与商品相得益彰,才会让买家觉得店铺十分专业。

2. 店铺布局的简洁性

店铺装修不仅是为了吸引买家,也是为了便于买家浏览商品,因此店铺布局不宜设置得太复杂。店铺装修不宜为了美观大量使用图片,避免店铺过于杂乱,影响买家浏览商品。

3. 店铺风格的协调性

网店通常都包含了不同的区域,在装修的时候都是要单独设计的,最后放到页面中是将各个单独设计的区域拼合到一起,因此在单独设计的时候,就先要考虑整体的协调性,包括风格、配色以及采用的图片等。否则即使单个区域设计得再好,如果整体风格杂乱也只会适得其反。

六、网店推广

网店开张、商品上架只说明我们有了进行网上宣传与销售的平台,并不意味着赚取利润就指日可待。要实现真正意义上的网上销售,是离不开宣传的。只有不断地进行线上和线下的宣传与推广,才能提高网店的销售量。以下将介绍推广前网店的诊断方法,并以淘宝网为例介绍网店推广的常用方法。

(一)推广前店铺诊断

推广前的店铺诊断的目的是将后续流量进行最大化利用,避免浪费,主要诊断两方面内容:宝贝详情页和整店。

1. 宝贝详情页诊断

多数推广及引流的方法都是以单个宝贝为单位,比如直通车、淘宝客、淘宝各类活动报名、聚划算等,买家了解网店的第一窗口就是宝贝详情页描述,通过详情页再继续了解店内其他商品、整个店铺。宝贝详情页的诊断主要包括:宝贝主图、宝贝标题、宝贝卖点、宝贝价格、促销手段、分享/收藏/加入购物车、销售/评价、消保承诺、宝贝详情描述、店内关联入口。网店卖家要从宝贝详情页的各个细节入手,综合分析,持续改善各个细节,为店铺推广奠定基础。

2. 整店诊断

整店诊断主要包括首页装修布局、分类页面装修布局、其他自定义页面活动页面装修布局三大类。诊断找问题的时候要参考一定的数据指标:生意参谋经营分析中的装修分析,通过"点击分布"和"装修趋势"可以找出买家在店内浏览时的喜好和关注热点,重新装修调整展示入口。

生意参谋自助软件中重点关注以下指标:访客数、跳失率、访问深度、人均停留时间、店铺首页浏览量/访客数、商品详情页访客数/浏览量、客单价、支付买家数、人均支付商品数等数据。通过这些数据找出店铺目前存在的主要问题,以便制定科学合理的推广方案。

（二）线上推广

除了采用特色店招、网店公告、店铺装修等自身资源的宣传推广方式外,还可以采用免费登录网店到搜索引擎、网店间交换链接互动、利用聊天工具状态,以及通过论坛、博客、微博等方式发起外部营销宣传活动。另外,还可以选用交易平台提供的各类付费营销工具。线上营销推广的详细内容可以参看本书的任务五。

（三）线下推广

线下店铺推广主要指利用传统媒介进行推广,一般包括印刷并散发广告传单、向杂志等媒体投稿、参与活动派发名片,以及不断地与客户保持联系,做好客户管理工作等。

七、物流服务

卖家在保证服务质量的同时,应当尽可能地降低物流成本。普通商品可利用 EMS 快递、其他快递公司进行运输;大件物品尽量使用物流快运和铁路托运。

（一）如何选择快递公司

对于新开店的卖家,在开店初期选择快递公司应当慎重。要想掌握较好的快递价格以节约成本,应当找一家价格和速度都比较有优势的快递公司长期合作。在挑选快递公司的时候,应当注意以下方面:

(1)价格方面。查找快递公司的网站,根据网店分布查询到离自己最近范围的快递点的电话。一般快递公司在每个区域,都有一个负责接件的快递员。可以找他直接洽谈价格事宜。

(2)速度方面。除了价格之外,货运速度也要考虑,不要一味追求价格低廉的快递公司。快递公司的网店都是独立核算的,全国各地每个地方情况都不同,所以应当尽量找规模大一些的快递公司,从服务态度、质量和速度方面进行全面比较。

(3)安全方面。选择安全性较高的公司进行合作,避免货物丢失或损坏等事故发生。

(4)数量方面。至少选择两家公司合作,可以在价格和投递区域方面实现优势互补。

(5)诚信方面。卖家的诚信会带来更多的生意,选择快递公司也是如此,选择诚信度高的快递公司合作,给交易带来安全保障,使买卖双方都放心。

（二）国内主要快递公司

1. 自建网点

EMS、顺丰快递、联邦快递的网点都是自建的,员工经过统一的培训体系合格上岗,价格相对其他快递较贵,如果要寄价值较高的物品这三家是最好的选择。

2. 加盟网点

圆通、申通、宅急送、中通、韵达、天天等其他国内民营快递很多是加盟网点,所以包裹安全性大打折扣,但就网点数量、服务质量上说,上述快递公司旗鼓相当,价格相差不大,所以寄一般商品也是不错的选择。

八、网店的服务与运营

(一)网店服务

网上开店既是一个销售行业,又是一个服务行业,到底是价格重要还是服务重要,每个人的着眼点不同,选择也会不同。优质的商品、合理的价格,再加上一定的销售技巧和完善的服务,形成网店的核心竞争力。网店服务的主要工作如下。

1. 树立售后服务的理念

好的售后服务会带给买家非常好的购物体验,可以使买家成为店铺的忠实客户。做好售后服务,首先要树立正确的售后服务观念,卖家要梳理一种"真诚为客户服务"的观念,尽管服务很难做到让所有买家都百分之百满意,但只要在"真诚为客户服务"的指导下,做好售后服务,就一定能得到回报。

2. 交易中的耐心解答

在交易的过程中,客服人员要主动问好,礼貌周到,体现自身职业素养;及时回复买家问询,不要让人久等;如果暂时不在电脑旁,也应该使用自动回复告诉对方;客服人员要对买家的提问有问必答,关于商品的问题要详细、客观地回答。同时,要及时总结顾客经常问询的一些问题,以方便网店运营各环节能及时调整、及时改进。

3. 交易后的及时沟通

卖家应该重视和充分把握与买家交流的每一次机会,在交流中增进了解、增强信任。所谓交易后沟通,是指与买家在付款后要及时进行沟通,主动进行售后沟通,是提升客户购物体验、提升客户满意度和忠诚度的法宝。当买家因为不满意而找上门来进行沟通的时候,卖家就会变得很被动,即使通过沟通解决了问题,但客户的购物体验也很难变好。

4. 发货后告知买家已经发货

买家付款之后,货到手之前,心里难免有牵挂。发货后卖家可以把发货日期、快递公司、快递单号、预计到达时间及签收注意事项及时告知买家,让买家放心等待的同时,也体现了卖家的专业。

5. 买家签收后主动回访

买家签收后,要第一时间尽快回访,主动收集客户的意见,遇到客户不满的情况要及时道歉、及时处理、及时解释,要把危机化解在爆发前,可以进一步提升客户购物体验,提升客户满意度和忠诚度。

6. 管理买家资料

随着信誉的增长,买家会越来越多,卖家要认真总结买家的群体特征,建立买家资料库,及时记录每个交易的买家的各种联系方式。只有在全面了解买家情况的基础上,才能确保进货能够满足消费者需求,以确保更好的发展。

7. 定期联系买家

交易结束后,要定期给买家发送有针对性、买家感兴趣的邮件和旺旺信息,把忠实买家设定为你的 VIP 买家群体,在店铺内制定出相应的优惠政策,定期回访买家,用电话、旺旺或者 E-mail 的方式关心客户,可以与他们建立良好的客户关系,同时也可以从他们那里得到很好的建议和意见。

(二)网店运营

网店运营通常会从产品、流量、转化、会员这几方面入手,根据自身情况去操作,落实执行力,解决具体问题,店铺都会朝好的方向发展。不管以卖货赚钱思维运作,还是以打造品牌知名度思维运作,建议集中力量把一个或者几个单品的销量从无到有打造成爆款,通过关联销售、店内活动、促销辐射全店,拉升店内其他商品的长效率。接着布局好产品规划,把握营销节奏,根据产品的周期和市场环境及客户需求的变化,在每个时期打造出不同的爆款群。另外,网店运营也要注重移动手机端店铺的推广、运营和引流。

☞任务实施

一、网上商品的调研和选择

在学习完开网店的相关知识后,同学们开始按照步骤建立自己的网店,要完成的第一项子任务就是着手开店准备工作。

在全面了解了淘宝网、微店、有赞等交易平台后,对目前比较热门的五个领域的商品,进行了分析对比。一是充值卡、网络游戏点卡等易于网上交易、成交迅速、资金回流快的虚拟产品;二是各地的风味小吃和地方特产等具有地区优势的特色产品类;三是化妆品、服装、饰品等消费群体庞大的热销产品;四是传统市场难以买到的一些玩具类或者服饰类的奇特产品;五是具备专业知识的业内资深人士作为卖家销售自己熟知或者喜欢的产品。

就商品类型来看,虚拟类商品比实物商品更容易保障货源和增加小店的信誉增长速度,但是利润微薄,待转销售实物商品时还会有一些客户损失,需要重新建立起客户对于网店的信任。食品和服装类商品属于消费人群广、交易量大热销品种,目前店铺数量庞大,但因为市场需求量大,就算做的人再多,也能分到自己的那块蛋糕。对于奇特产品虽然有着不错的市场销量,但如果卖家本身不能深入把握产品特性,就容易带来销售方面的风险。我们地处河南,河南的土特产品种类比较丰富,特别是好想你红枣、逍遥胡辣汤等在网上有很好的销量,是一个不错的货源选择。另外,附近有几个古玩市场做手串饰品生意,店里面有些手串的价格低廉且外观设计美观,也是一个比较有优势的货源选择。综合考虑各种因素,以下就以手串类产品,作为网店主营项目来进行任务的实施。

二、开通淘宝店铺及安装网店常用工具

通过对淘宝、有赞、微店等交易平台在经营成本、经营模式、经营能力等方面的综合

比较,选择在人气最旺的淘宝网开设网店,随后再逐步开设移动端店铺。

淘宝网创建店铺需要具备四个条件:一是注册淘宝会员账号;二是开通银行卡网上支付功能;三是注册支付宝账号,通过实名认证并与会员号绑定;四是发布一定量的商品。本子任务中将围绕开店认证、安装工具软件等卖家必须具备的条件展开。

(一)开通淘宝个人店铺

在淘宝网首页登录会员账号后,点击右上角的【卖家中心】,即可进入"卖家中心"界面,如图2-3所示。

1. 熟悉"卖家中心"界面并创建个人店铺

如图2-3所示,界面左侧区域是卖家专用的"店铺管理""交易管理""物流管理""宝贝管理""客户服务"等子栏目。界面中间区域将显示左侧功能栏目的具体操作,初次进入卖家中心,界面的中间区域将显示"免费开店"的操作环节。点击位于个人店铺下方的【创建个人店铺】,在阅读开店须知后进行"申请开店认证"环节。如需开通企业店铺,可点击【创建企业店铺】,并按照提示进行操作并上传相关资料。

图2-3 淘宝网卖家中心界面

任务四　网上开店

图 2-4　申请店铺认证

2. 申请开店认证

在"申请开店认证"环节,需要进行支付宝实名认证和淘宝开店认证。对于没有进行支付宝实名认证的同学,可以点击【支付宝实名认证】进行操作,在实名认证的过程中按照操作提示提供身份信息和银行卡信息即可完成认证。

完成支付宝实名认证后,进行淘宝开店认证。在图 2-4 中"淘宝开店认证"右侧点击【立即认证】后进入淘宝网身份认证页面,如图 2-5 所示,点击【立即认证】后即可进入认证资料提交环节,目前,阿里巴巴最新推出了"钱盾 APP",通过在手机端下载"钱盾"APP并完成安装后,打开"钱盾"客户端,点击右上角的扫描按钮,扫描图 2-6 中的二维码开始进行认证。

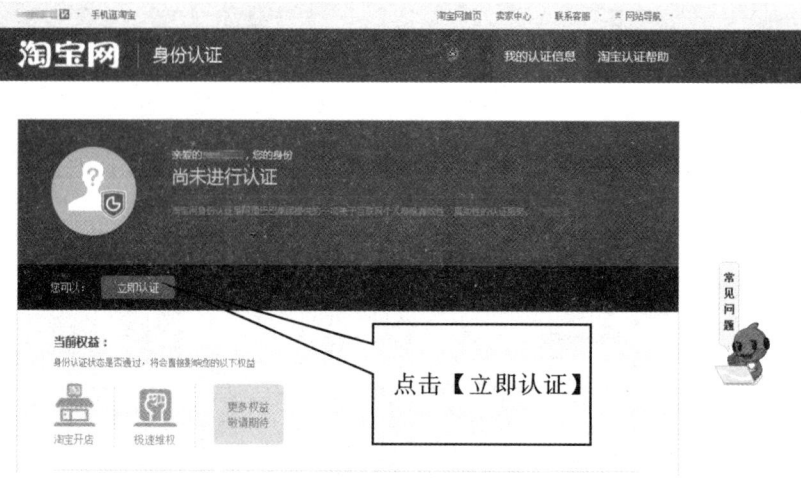

图 2-5　淘宝网身份认证页面

图 2-6　淘宝开店身份认证

在"钱盾"APP中首先要进行淘宝会员登录,随后按照要求进行面部扫描、身份证正反面拍摄上传,即可完成认证资料的上传。如图2-7所示。上传完成后"钱盾"将会进行资料的审核(时间大约 1 分钟),如资料审核通过,在电脑端将显示身份认证通过页面,如图 2-8 所示,如未通过审核,请按照提示进行资料的二次提交,直至资料审核通过。

图 2-7　使用"钱盾"APP 提交淘宝开店资料

图 2-8　淘宝店铺身份认证通过页面

通过"淘宝开店认证"以后,回到"淘宝卖家中心",如图 2-9 所示,点击【下一步】,在弹出的"阅读开店协议"窗口中认真阅读淘宝开店四大协议(诚信经营承诺书、消费者保障服务协议、支付服务协议、国际支付服务协议),如图2-10所示,点击【同意】,即可开通淘宝个人店铺。

图2-9　淘宝卖家中心

图2-10　阅读开店协议窗口

(二)安装淘宝工具软件

1. 安装阿里旺旺卖家版

阿里旺旺是淘宝和阿里巴巴为用户量身定做的免费进行网上商务交流与沟通的软

件,帮助卖家轻松找客户、发布和管理商业信息,随时洽谈生意。它分为买家版和卖家版,如果开店售卖商品需要重新下载并安装最新版本的阿里旺旺卖家版(现已改名为"千牛工作台")。千牛工作台目前有 PC 端和手机端,为了方便在手机端进行店铺管理,也可以在手机端安装千牛 APP,登录后如图 2-11 和 2-12 所示。

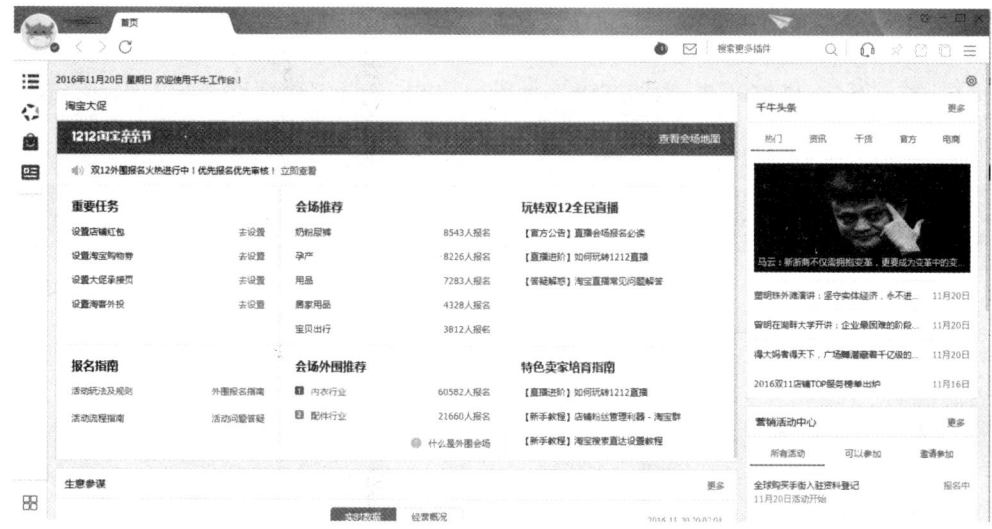

图 2-11　千牛工作平台 PC 端界面

图 2-12　手机端千牛界面

2. 安装淘宝助理

淘宝助理是淘宝网免费提供的一款功能强大的客户端工具软件,它可以帮助卖家更方便地编辑宝贝和更快捷地进行交易管理。点击进入淘宝服务页面,找到卖家服务板块,点击下载"淘宝助理",安装进入后界面如图2-13所示。通过对淘宝助理各项功能的学习,发现这款软件最大的特点就是"批量",为卖家管理网店提供方便、快捷的服务。它具有通过模板快速创建新宝贝,批量编辑宝贝信息,修改后批量上传,批量打印快递单、发货单,批量发货,批量好评,数据库修复等多项功能,并且支持本地图片上传、支持视频和动画。

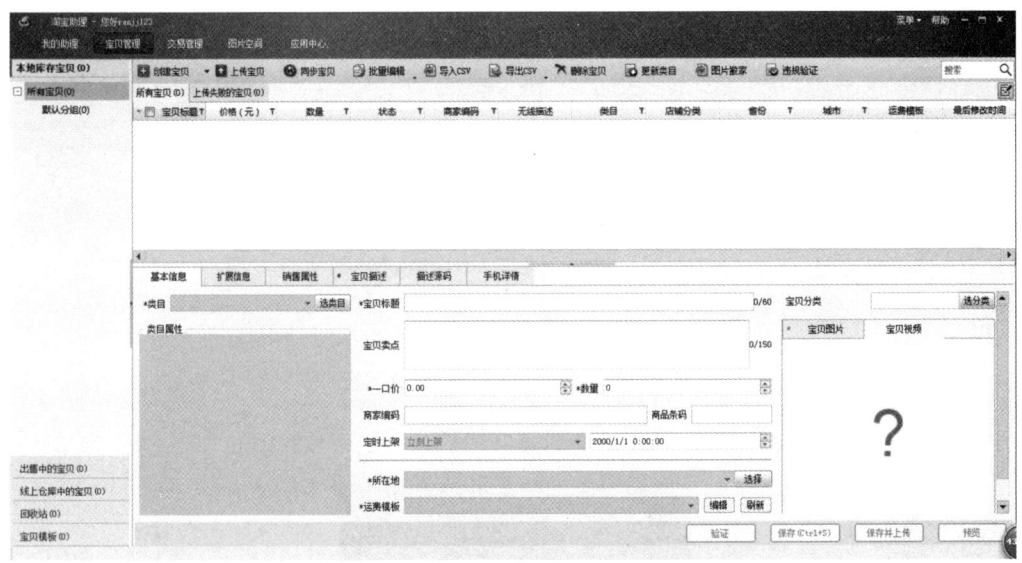

图 2-13 淘宝助理 PC 端界面

三、商品的拍摄与美化

淘宝为通过实名认证的会员提供了免费开店的机会,会员账户已绑定通过实名认证的支付宝账户,创建店铺后方可发布全新商品。通过完成前两项子任务,现已经具备了开店的部分条件,成为一个准卖家,现在只需要将商品发布出来。

(一)商品图片的拍摄

网店销售最重要的特点就是商品通过图片的形式来展现,拍出精美、真实的图片是网店销售的一个重要环节。下面我们来进行实物拍摄。

以浅色背景作为衬托,进行拍摄。拍摄时注意突出主题,在图片的放置和拍摄方式上,采取了较为普遍的以长方形或者正方形,实物居于中间,完成了三张商品照片的拍摄,如图2-14所示。

任务四　网上开店

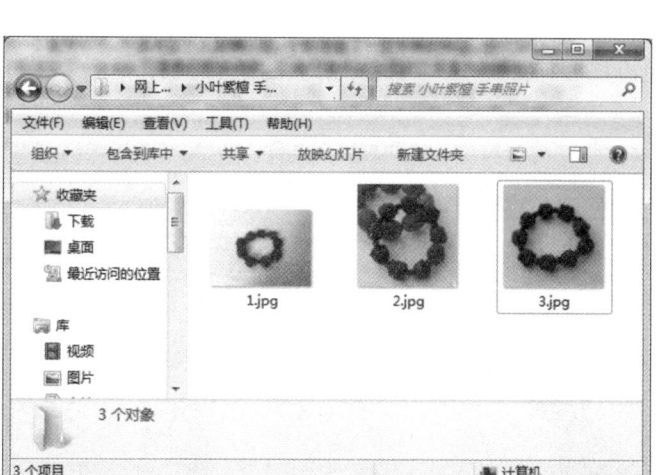

图 2-14　商品拍摄图片文件夹

（二）商品图片的基本处理

照片拍摄完成以后，为弥补照相技术欠缺和光线等方面的不足，可以利用 Photoshop 软件对拍摄的原始照片进行色阶、清晰度的调整，如图 2-15 所示，调整以后的照片的色彩丰满度和精细度都有了很大的提高。由于数码相机的像素为 1200 万像素，拍摄出来的照片幅面较大，为了便于后期的美化处理，在保留原始照片的前提下，分别将照片的大小进行初步调整，一方面缩小了图片的尺寸，另一方面降低图片的大小，以提高消费者通过浏览器浏览图片的速度。

图 2-15　利用 Photoshop 调整照片的色阶

由于后期要对手串的宝贝图片进行美化设计,为了方便在设计时能够达到良好的效果,需要利用钢笔矢量工具将手串从画面中精确地提取出来,抠图效果如图2-16所示。

图2-16 利用Photoshop对商品进行抠图

(三)商品图片的美化设计

宝贝抠图技巧

随着人们生活水平高的提高,越来越多的人都喜爱手串或佛珠。有的是做装饰,有的是希望平安,有的是寄托念想,有的是念经记数,慢慢地形成了一种手上的珠串文化,人们在选择手串除了受到材质、外形的影响,也对手串的寓意、文化产生浓厚的兴趣。

为了更好地传达这款"小叶紫檀双面雕刻罗汉手串"的特色,我们需要构思如何在页面中利用图片介绍这款产品,整体的设计思路是:首先展示这款手串的整体,用一段有意境的文字传达手串的文化,赋予一定的文化寓意;第二,在对手串整体展示的基础上,要展示手串的材质以及对尺寸进行介绍;第三,要将手串的制作过程通过一系列图片进行展示,让浏览者能够感受到这款产品是手工匠人精心制作出来的产品;最后,对这款手串的各个细节进行局部放大,让浏览者能够全方位地感受商品的细节。图2-17、2-18、2-19三张图片展示了对手串进行美化设计后的宝贝图片。

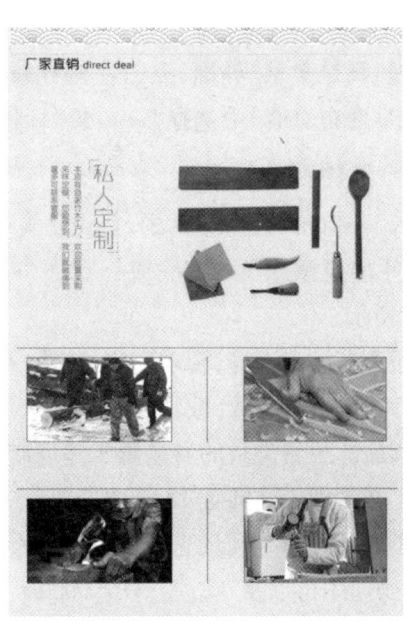

图 2-17　手串细节展示图　　　　图 2-18　手串制作过程展示图

图 2-19　手串材质展示图

四、发布宝贝

发布商品是经营网店的基本功,商品的名称、图片和描述这三个基本要素包含着很多销售技巧。

如何制作宝贝主图

（一）选择发布方式

通过"我是卖家"界面，点击左侧导航栏的"发布宝贝"菜单，在打开的"宝贝发布页面"中选择"一口价"标签。

（二）选择商品类目

进入"一口价"发布界面中，首先是类目选择，按照上传宝贝的类型，分别进行了类目选择，该手串应该选择"饰品/流行首饰/时尚饰品新→佛珠/木质手串→佛珠/念珠"，如图2-20所示。

对于商品类目选择，要求真实、准确，避免商品放错类目。商品属性与发布商品所选择的属性或类目不一致，或将商品错误放置在淘宝网推荐各类目下，淘宝网将判定为放错类目商品。放错类目的商品属于违规商品，将被下架。商品违规发布累计扣分到一定幅度淘宝网将做店铺屏蔽12天的处罚。

对于商品发布时间的选择，有一定的技巧和规律。一般选择在黄金时段内商品上架，具体操作中可以从11：00—16：00，19：00—23：00，每隔半个小时左右发布一个新商品。因为同时发布商品，也容易到期同时消失。如果分开来发布，在整个黄金时间段内，每个时间段都有即将下架的商品获得较靠前的搜索排名，为店铺带来流量。

完成商品类目选择后，请阅读在浏览器下方的"淘宝规则"，并点击【我已阅读以下规则，现在发布宝贝】。

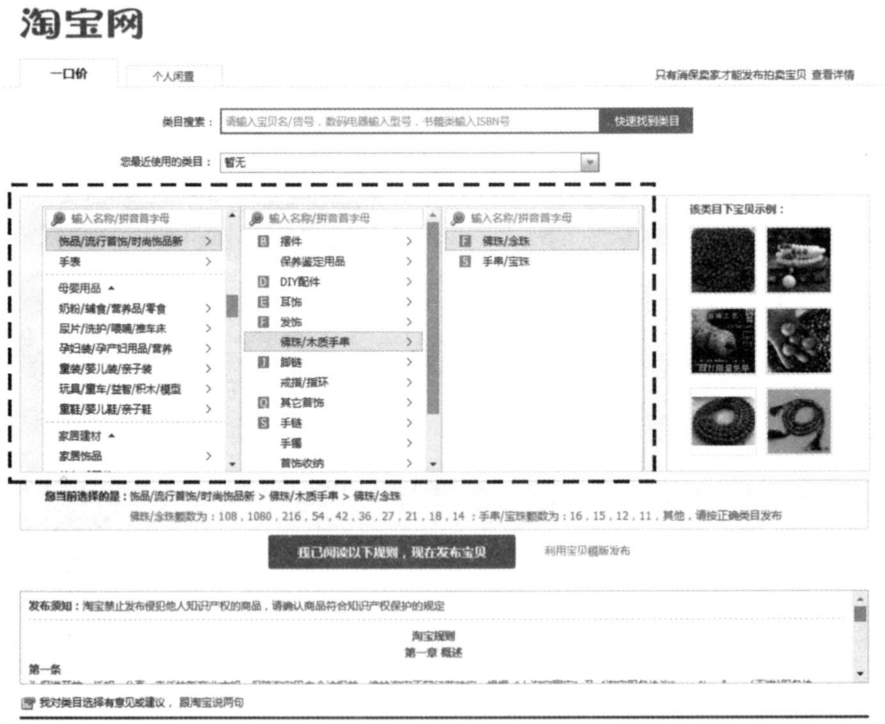

图2-20　宝贝发布类目选择

（三）写商品信息

进入宝贝基本信息页面填写相关信息，主要分为宝贝基本信息、宝贝物流信息、售后保障信息和其他信息四栏。

1. 填写宝贝基本信息

根据提示输入发布宝贝的类型、标题、一口价、数量、图片和描述等项目。

（1）所售为全新的商品，宝贝的类型选择为"全新"。

（2）宝贝的标题设置为"手工制作 小叶紫檀双面雕刻罗汉手串"，使用了品牌、材质、特性、促销加上商品属性关键字的组合方式确定了商品的名称。

（3）填写宝贝的基本属性信息，如图2-21所示。

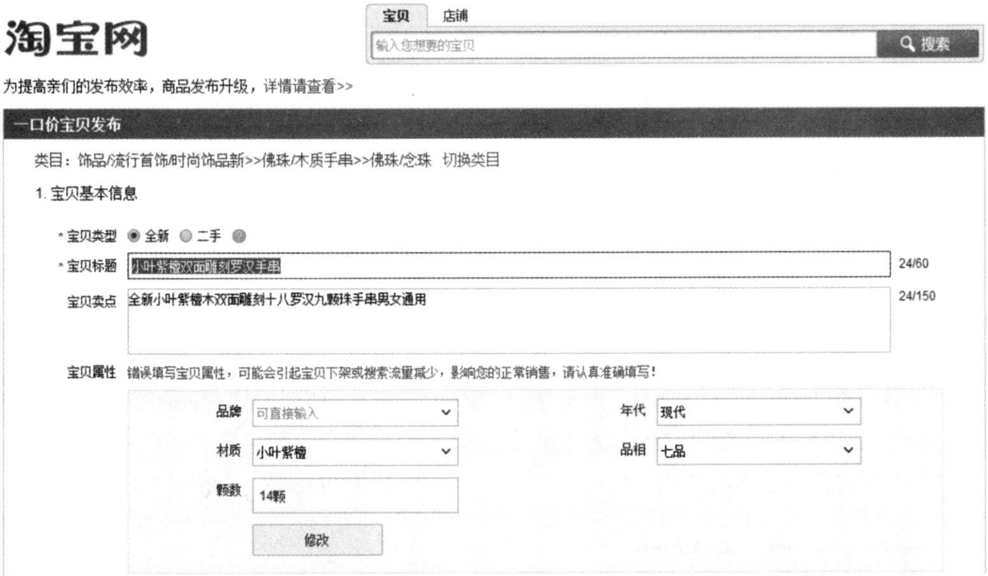

图2-21 填写宝贝名称、卖点以及属性信息

（4）上传宝贝主图，宝贝主图大小不能超过3MB；700*700以上图片上传后宝贝详情页自动提供放大镜功能，第五张图发商品白底图可增加手淘首页曝光机会，如图2-22所示。

（5）设置宝贝规格。在宝贝规格的过程中，需要设置手串的颜色、尺寸、销售规格、一口价及库存情况。由于这款"小叶紫檀双面雕刻罗汉手串"只有一种规格，因此在设置宝贝规格的时候只需要输入一款规格的信息，如果商品规格较多，可根据实际情况进行设置即可，如图2-22所示。

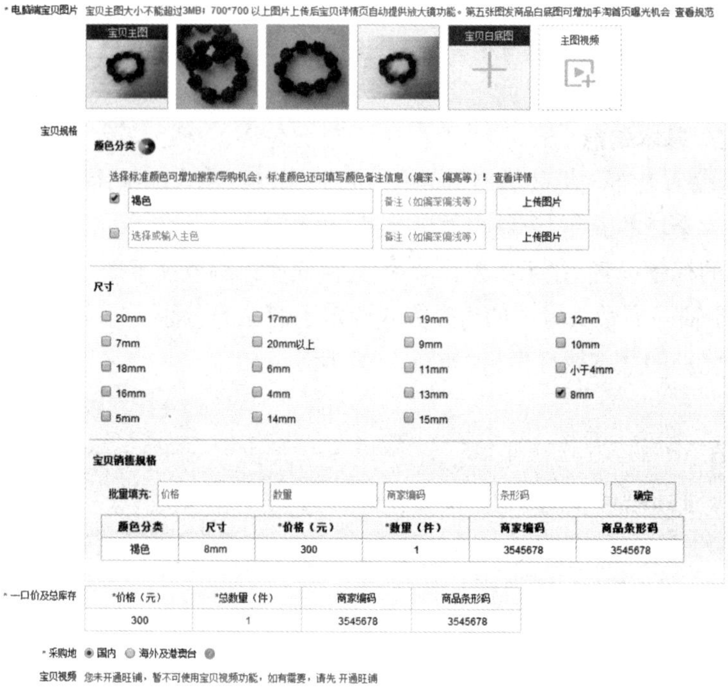

图 2-22　上传宝贝主图、设置宝贝规格

（6）填写电脑端宝贝描述，在"宝贝描述"文本框输入对商品的详细描述，包括商品的规格、尺寸、使用说明等信息，使买家对商品的状况一目了然，在这里，为了更好地传达宝贝信息，可以将设计好的宝贝图片以图片的形式上传至宝贝描述中，如图 2-23 所示。

图 2-23　填写电脑端宝贝描述

(7)填写手机端宝贝描述,如图 2-24 所示。

图 2-24　填写移动端宝贝描述

2. 填写宝贝物流信息

宝贝物流服务填写部分,如图 2-25 所示,为了提升消费者购物体验,淘宝要求全网商品设置运费模板,点击【新建运费模板】,打开"物流运费模板"设置页面,如图 2-26 所示,根据宝贝情况设置物流配送信息进行设置,根据提示输入所在地、运费等信息等。

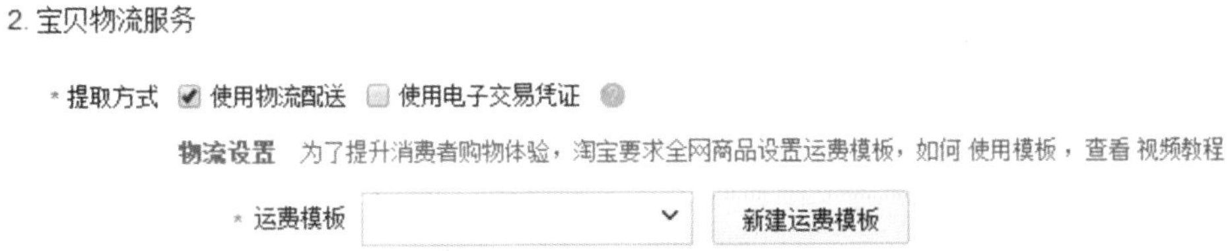

图 2-25　输入宝贝物流服务信息

图 2-26　设置物流运费模板

3. 设置售后保障信息

填写售后保障信息,视卖家参加的服务项目选择发票、保修、退换货承诺等服务信息。如图 2-27 所示。

4. 设置宝贝其他信息

填写有效期、开始时间和橱窗推荐等信息,如图 2-27 所示。

橱窗推荐位是淘宝的特色功能,是淘宝网提供给卖家展示宝贝的位置之一。快下架的宝贝会展现在最前面,合理利用这些橱窗推荐位将大大提高宝贝的点击率。把商品的发布周期设为 7 天一个周期,这样有利于及时下架,注意橱窗推荐的商品要从最后面开始推荐,也即快要结束的宝贝开始。网页要不断更新,发现有下架的宝贝要随时调整上架推荐。

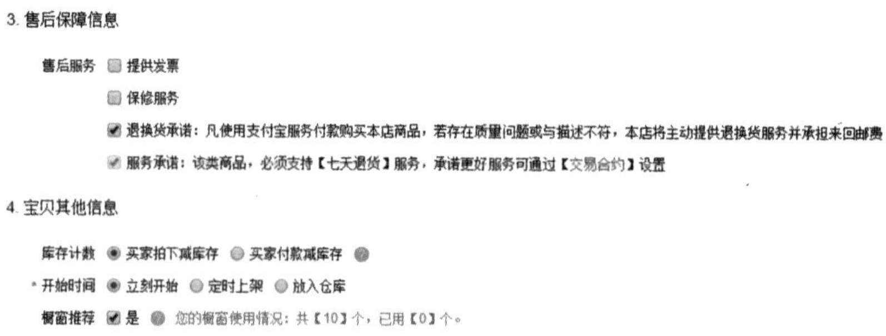

图 2-27　设置售后保障信息 宝贝其他信息

5. 发布宝贝

填写完以上信息以后,在页面底部点击【发布】即可发布宝贝。

五、设置网店基本信息

店铺基本信息主要包括店铺名称、卖家类型、店铺类目、主要货源和店铺介绍几方面。

这里按照规范起名法为店铺起名为"Mona 的个人小铺",并专门为店铺设计了标志,以加强品牌文化。如图 2-28 所示。依次为店铺设置了"店铺简介""经营地址""主要货源""店铺介绍的信息",如图 2-29 所示。

图 2-28　Mona 个人小铺的 Logo

图 2-29　设置淘宝店铺的基本信息

六、网店装修

（一）熟悉店铺装修页面

从"我是卖家"左侧栏找到"店铺装修"，点击进入店铺装修页面，如图2-30所示。

目前，淘宝旺铺分为旺铺基础版、旺铺专业版和旺铺智能版。目前，为店铺选择了旺铺专业版，可以根据风格为店铺设计店招、自定义内容、掌柜推荐、宝贝分类、新品上架和人气宝贝等模块，每个模块的右上角都有"编辑"按钮，可以进行文字、图片的修改以及上传商品。

图2-30 店铺装修界面

（二）选择网店模板

示例店铺主营手串饰品，目标消费群主要是对手串等木质饰品感兴趣的、有一定审美的人士。由于资金有限，网店暂时在旺铺专业版的免费模板中选择了"官方免费的橙色模板"，在后期的店铺装修中，将会在此模板基础上结合产品特点进行设计。如图2-31所示。

任务四　网上开店

图 2-31　店铺模板选择界面

(三) 装修网店首页

1. 制作店招

店招图片是店铺的标志,一个好的店招可以提高店铺的浏览量。围绕着店铺装修的风格,以及店名主打颜色,制作了中国人喜好的古典红色为主的店招。为了展示店铺的特色,使用 Photoshop 为店铺设计了店招,如图 2-32 所示。

如图 2-33 所示,在"店铺装修"界面的"店招设计"区域右上角点击"编辑"按钮,在弹出的店招上传界面中,将设计好的店招图片上传保存即完成店招制作,如图 2-34 所示。

图 2-32　使用 Photoshop 设计网店店招

133

图 2-33　在网店装修界面设置店招

图 2-34　上传店招图片

2. 设置导航栏

经过对网店整体内容的规划,除了淘宝提供的默认栏目"首页"以外,又为网店设置了三个栏目:店铺活动、会员制度、品牌制度。在"导航设置"区域的右上角点击"编辑"按钮,在弹出的窗口中对网店导航栏目进行添加,如图 2-35 所示。为了达到良好的显示效果,需要设置导航栏的显示效果,如图 2-36,CSS 代码如下:

body{background-repeat:no-repeat;

background-position:center 150px;

background-attachment:scroll;}

如果不会制作代码,可以将设计好的图片放置在 DW 中制作链接生成代码,或者是利用网络中的一些软件将图片转换代码,然后再拷贝到网店中。

需要注意的是,系统会自动给 css 选择器统一添加前缀:#page#content .tshop-pbsm-shop-nav-ch,用户在设置的时候无须额外添加选择器前缀,另外,css 里不能包含外链图片,否则保存的时候,编辑内容会丢失。

图 2-35　导航栏目设置

图 2-36　导航栏显示效果设置

3. 添加图片轮播

　　为了达到良好的展示效果,效果在导航下方为网店设置了图片轮播区域,将网店中有特色的产品和促销活动在此区域进行展示,首先对"小叶紫檀双面雕刻罗汉手串"设计了宣传图片,随后又对网店纯手工打造手串的理念设计了宣传图片,设计图如 2-37 所示。在图片轮播区域右上角的"编辑"区域,将设计好的 2 张宣传图片上传,并设置显示方式,如图 2-38 所示。

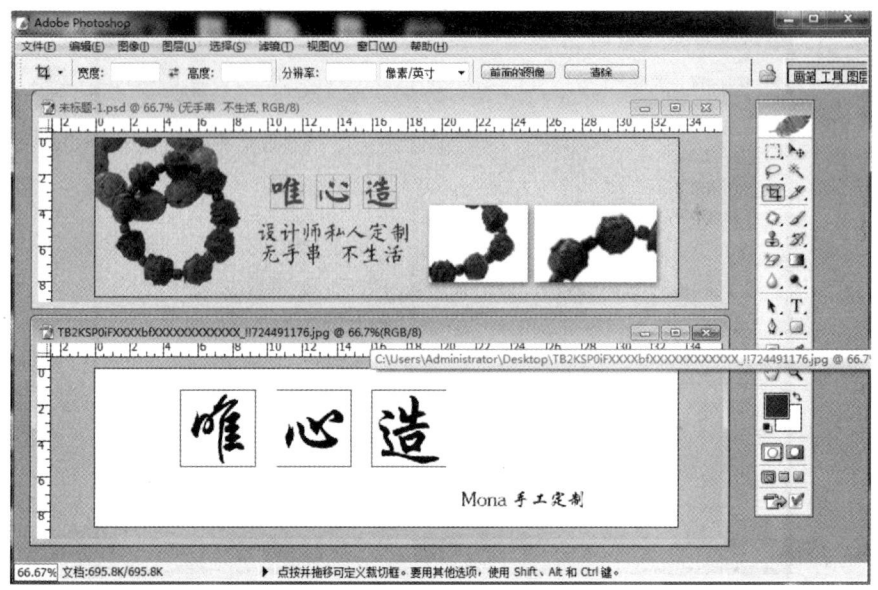

图 2-37　轮播图片设计

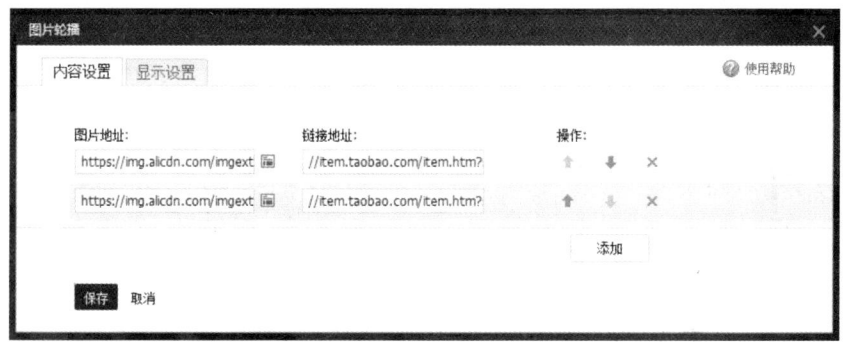

图 2-38　轮播图片设置

4. 设置自定义区域

为了吸引客户进店浏览,提高转化率。可以在店内开展"发放优惠券"优惠促销活动,因此在图片轮播区域下方添加一个自定义区域,并设计了相应的展示图片,如图 2-39 所示。在"自定义"区域的右上角点击"编辑"按钮,在弹出的"自定义区域"编辑窗口将设计好的优惠券图片进行上传,即可完成自定义区域的设置,如图 2-40 所示。

为了将手串的特色展示出来,案例专门为手串设计了三大主题:以"灵"为主题设计了"人气热卖·进店必选",以"禅"为主题设计了"高端原创·原创设计",以空为主题设计了"孤品珍藏·一物一拍",分别以自定义的方式在首页进行展示,由于自定义区域的设置在设置"优惠券"区域已经做过展示,在此仅对"灵""禅""空"三大主题的设计图做出展示,如图 2-41、2-42、2-43 所示。

任务四　网上开店

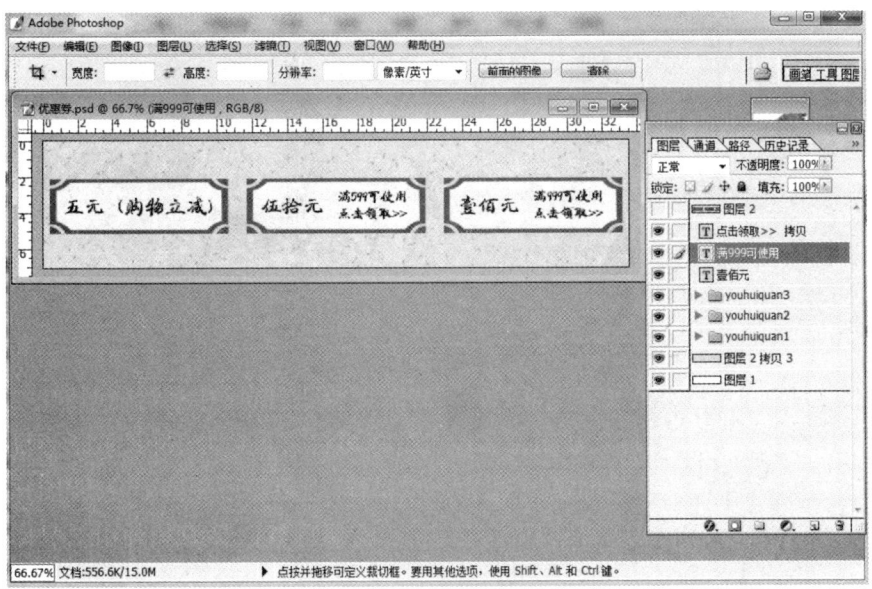

图 2-39　优惠券图片设计

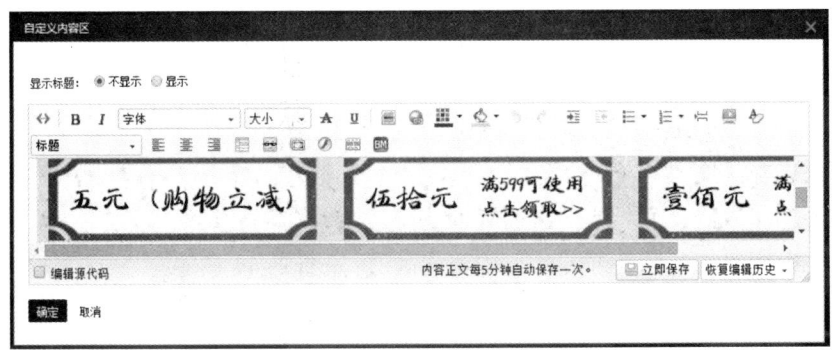

图 2-40　设置"优惠券活动"自定义区域

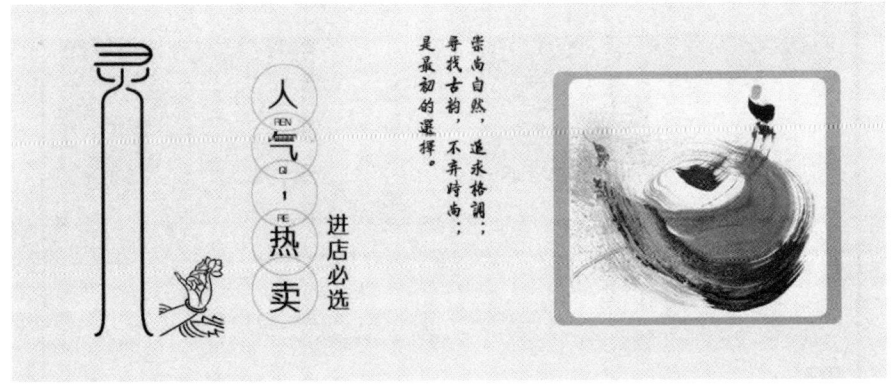

图 2-41　"灵"——人气热卖·进店必选主题宣传图片设计

137

图 2-42 "禅"——人气热卖·进店必选主题宣传图片设计

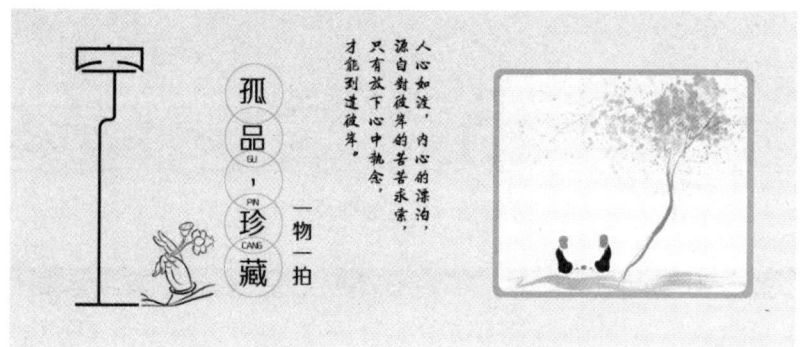

图 2-43 "空"孤品珍藏·一物一拍主题宣传图片设计

5. 装修底部区域

网店底部区域通常是一些网店的基本信息说明,或者是返回顶部的快捷链接。将设计好的具有中国风特色的底部图片上传至该区域,如图 2-44 所示。

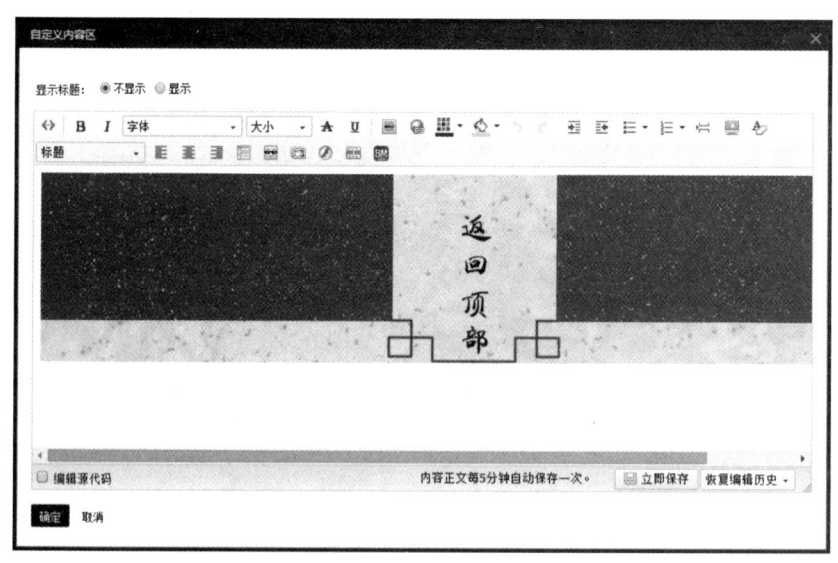

图 2-44 装修底部区域

6. 发布店铺

完成了店铺设立和初步的装修,点击【确认发布】,焕然一新的店铺出现在眼前。图2-45 展示了网店首页的整体效果。

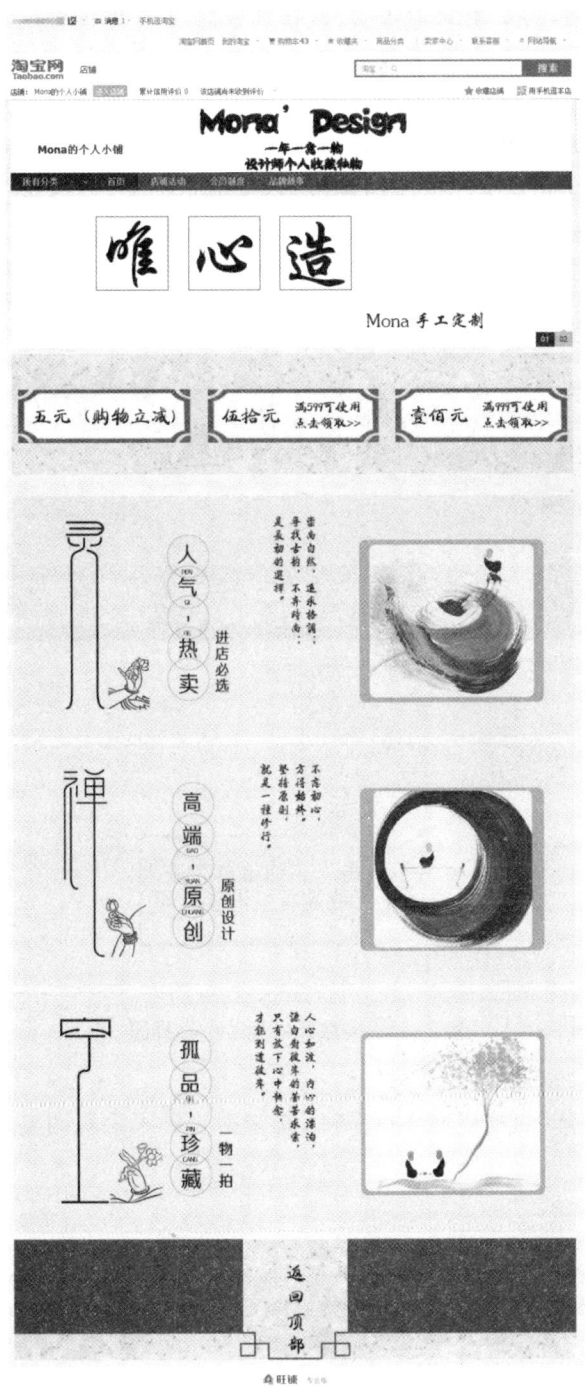

图2-45　网店首页整体装修效果

七、开通移动端店铺

随着智能手机的普及和移动网络的发展,消费者越来越多地选择使用手机或其他移动终端设备进行网购,为了拓展销售渠道,在开设淘宝店铺的同时,需要开通淘宝手机(无线)店铺。

淘宝手机店铺后台内置了一套永久免费的模板,这套模板由宝贝类、图文类、营销互动类免费模块自由组合而成,只需要掌握模块的添加、编辑、删除方法,即可完成手机店铺的设置和装修。由于手机淘宝店铺首页、自定义页面添加/编辑/删除模块的方法一致,由于篇幅有限,本任务将以首页的装修和设置为例进行讲解。

(一)熟悉淘宝无线店铺设置页面

通过"淘宝卖家中心—店铺管理—手机淘宝店铺"进入"无线运营中心"设置界面,如图2-46所示。

图2-46 淘宝无线运营中心界面

在"淘宝无线运营中心"界面下点击"店铺首页",进入手机淘宝店铺设置页面,如图2-47所示。

图 2-47　手机淘宝店铺首页设置界面

（二）设置手机淘宝店铺店招

如图 2-47 所示，在虚线框的店招区域用鼠标点击，在手机淘宝店铺设置界面的右侧打开店铺头模块设置，在右侧虚线框区域用鼠标点击即可在弹出窗口中设置无线端店铺的店招图片，如图 2-48 所示。

需要注意的是，无线端店招对图片的大小有严格的规定，即 642 * 200px，最好按照淘宝规定的图片大小进行设计，避免因为图片大小的偏差造成显示效果不佳。

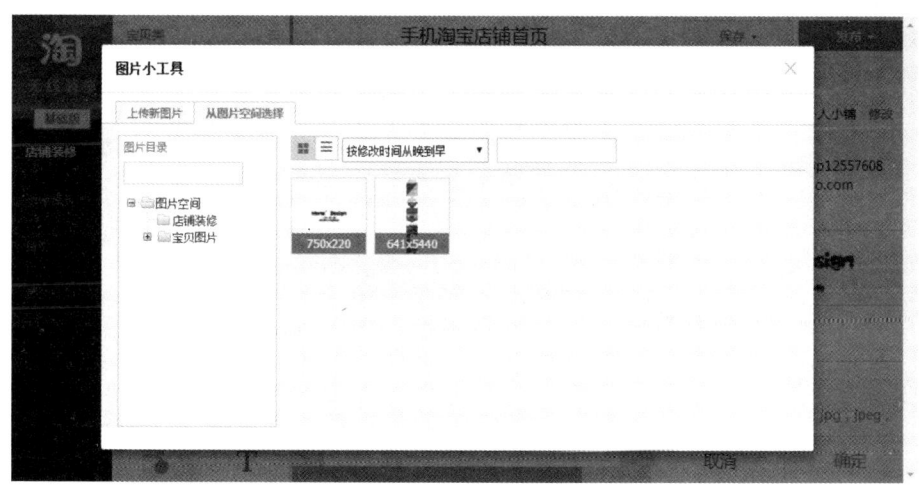

图 2-48　手机淘宝店铺店招设置界面

（三）设置图片轮播模块

淘宝手机店铺添加图片轮播模块的方法十分简单，如图 2-49 所示，在左侧模块选择区域点击图片轮播模块,并将其拖放到导航栏下方,鼠标点击该区域,可以在图片右侧虚线框内设置轮播图片及图片的超链接。需要注意的是,轮播图片的大小需要控制在3M以内,并且无线端的图片尺寸是608﹡304px,设置完成后,点击【确定】进行发布。

图2-49　手机淘宝店铺图片轮播模块的设置界面

(四)添加单列图片模块

单列图片模块可以用大型的宣传图片进行单品或者活动的宣传,该模块的添加方法也比较简单,如图2-50所示,在图片的左侧找到单列图片模块,用鼠标将其拖拽到需要添加的区域,然后点击该区域,在图片的右侧虚线框内进行图片的上传、超链接的设置和说明文档的输入。需要注意的是,单列图片模块的图片尺寸为608﹡336px,图片大小需要控制在3M以内,为了达到一定的效果,图片都需要事先进行设计,设置完成后,点击【确定】进行发布。

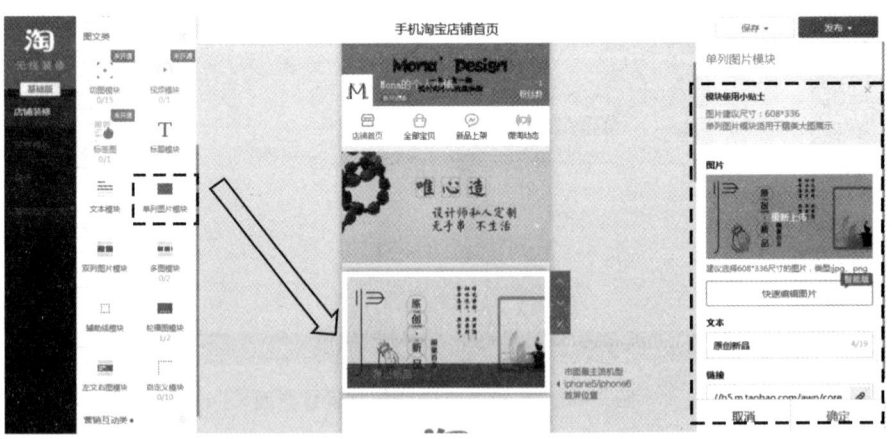

图2-50　手机淘宝店铺单列图片模块设置界面

(五)发布手机淘宝店铺

如图 2-50 所示,在图片的右上角点击【保存】,随后点击【发布】,即可发布页面。点击【发布】后,即可显示图 2-51 的界面,根据弹出窗口在点击【去设置首页】,在打开的链接中将该页面设置为首页即可,如图 2-52 所示。

发布完成以后,浏览者就可以通过手机淘宝客户端进行店铺浏览,淘宝手机端店铺首页显示效果如图 2-53 所示。

图 2-51 手机淘宝店铺单列图片模块的设置界面

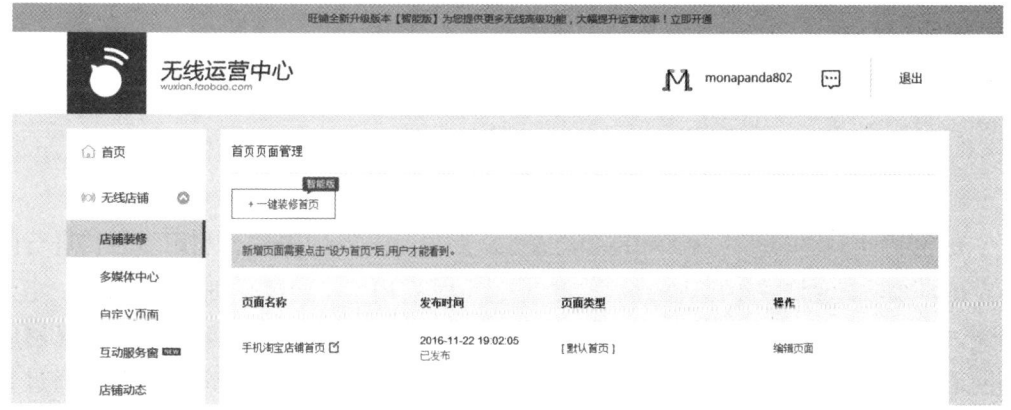

图 2-52 设置无线端首页界面

图 2-53　淘宝手机店铺首页浏览图

八、网络店铺的宣传和推广

网上小店开张了，宝贝也上架了，特色也有了，可是一段时间过去了成交量还是很低，浏览量和买家留言都很少，所以需要给小店进行营销推广。

（一）网上店铺推广

1. 论坛推广

在论坛宣传的主要方法就是在社区、论坛、贴吧通过发广告帖和利用签名档进行网店宣传。如果有允许发布广告的板块，可以发广告帖，内容一定要详细，商品图片一定要精美，并保持定期更新和置顶。利用签名档可以在论坛上更改签名档，更改为自己网店的网址、店招、宣传语以及店名等。发布一些精美的帖子，以便让有兴趣的网友，通过签名档访问网店。

2. 在购物群中进行宣传

QQ 群和微信群营销是比较常见的网络推广方法，但是，如果操作方法不合适也很容易造成效果的差强人意。现在的都市基本都是以单位、小区组成的社群结构。为了达到良好的宣传效果，首先从同学群、朋友群入手，并通过搜索进入一些购物的群，积极参与各个群里面的一些话题讨论，并在合适的时候在群里发布了自己的店铺广告，如图 2-54

和图 2-55 所示。通过在购物群中的宣传,为店铺带来了一定的流量,并成交了几笔订单。

3. 利用微信朋友圈进行宣传

集文字、语音、视频于一体的微信,已经深刻地改变了我们的社交与生活。目前,微信已拥有 7 亿用户,当微信圈成为人们晒心情、晒活动的社交圈的同时,以微信朋友圈口碑传播为主要表现形式的微信营销,因为拥有了海量用户和实时、充分的互动功能,正成为营销利器。为了给店铺带来流量,增加销售渠道,也可以将产品通过朋友圈进行分享,如图 2-56 所示。

4. 在微博中进行分享宣传

微博营销以微博作为营销平台,每一个听众(粉丝)都是潜在的营销对象,营销者利用更新自己的微型博客向网友传播产品信息和组织信息,树立良好的企业形象和产品形象。也可以将产品信息不断地在微博上进行发布,如图 2-57 所示。

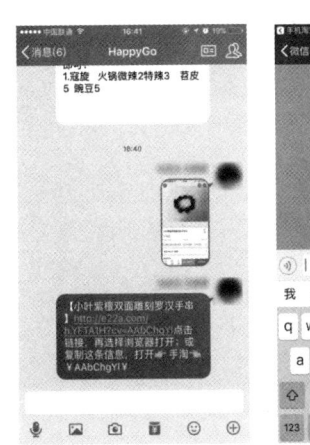 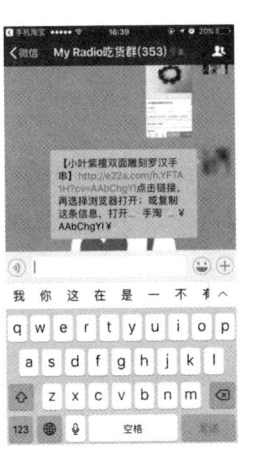 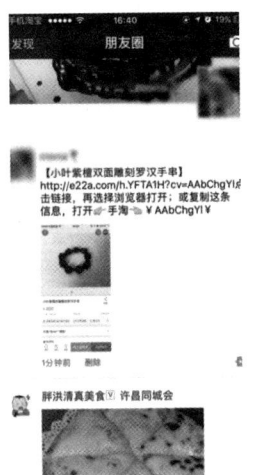 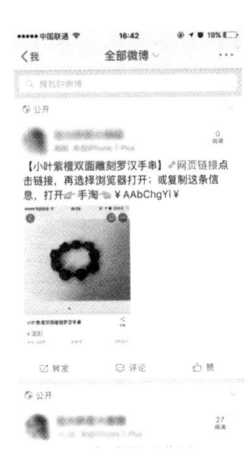

图 2-54　QQ 群营销　　图 2-55　微信群营销　图 2-56　微信朋友圈营销　图 2-57　微博营销

(二)网下店铺推广

建店初期,为扩大网店知名度,可以制作了一些会员卡派发给朋友和家人,并放在买家的快递包裹里,扩大宣传。如果网店尚未设立会员功能,此时派发的会员卡实际起到了名片宣传作用。

还可以利用业余时间到有潜在消费者的社区开展产品现场促销活动,向消费者介绍小店产品,派发会员卡,为今后在社区开展网络团购营销打下基础。

☞任务评价

本任务实施过程中,在准备开店前首先确定了准备交易的商品种类及进货渠道的挑选,选择淘宝网作为交易平台并注册店铺,并选择了具有市场优势的货源保障。通过广泛学习开店各项基础知识,掌握了给商品拍照、描述、定价、店铺装修、售后服务等技能后,顺利将淘宝店铺开张。在提升网上店铺的人气方面,于线上线下做了大量营销推广工作,提高了店铺的知名度。同时注重与客户的沟通技巧,不断提高服务质量,为后期客户群的维护和开发打下了良好的基础。

通过网上开店任务的实施,同学们应该掌握如下技能:

(1)能进行网上商品的调研和选择;

(2)能开设淘宝店铺和淘宝手机店铺;

(3)能对网店进行整体定位;

(4)能进行产品的拍摄;

(5)能进行图片的处理和美化;

(6)能对网店进行装修;

(7)能进行网店的推广。

任务五 网络营销

【知识目标】

1. 网络营销的基本概念;
2. 网络营销常用的方法和工具;
3. 网络营销的基本理念。

【能力目标】

1. 熟悉网络营销的环境和特点;
2. 熟悉网络营销的工作流程和技术手段;
3. 能熟练运用各种网络营销工具。

【素质目标】

1. 养成求真务实、认真全面的职业道德和工作作风;
2. 养成举一反三、触类旁通的职业能力。

☞ 任务引入

随着互联网的普及和发展,国内外很多企业通过网络获得了很大的成功,像裂帛、欧莎、七格格、御泥坊等,短短几年成为国内外知名的网络品牌。传统的企业虽然有完整的线下分销渠道,有众多的消费群体,有一定的品牌知名度,但是随着互联网日益渗透到人们生活的方方面面,政府也高度重视互联网的发展,提出了互联网+的发展战略,传统的企业也渐渐地认识到互联网的巨大力量,认为网络营销是必然的发展趋势,也想利用互联网开拓网上销售渠道并提高自己品牌的知名度,为此,传统企业纷纷试水互联网开展营销活动,在探索和策划适合自己企业发展的网络营销方案。

☞ 任务分析

对于传统企业来说,虽然有着先天的优势——对消费者需求较为了解,对整个行业的发展现状较为了解,并且有熟悉的生产资源可以为自己所用;但是传统的企业要想做好网络营销,就要正确认识网络营销。对于该企业来说,首先要明白以下几个问题:

(1)什么是网络营销?网络营销有哪些功能特点?
(2)网络营销的环境及对象是怎样的?
(3)开展网络营销的手段有哪些?
(4)开展网络营销应有哪些基本理念?

☞ 相关知识

一、网络营销解析

(一)网络营销的产生

网络营销(On-line Marketing 或 E-Marketing)是建立在互联网基础之上,借助于互联网特性来实现一定营销目标的新型营销方式,产生于20世纪90年代,发展于20世纪末。真正的网络营销诞生于1994年,1996年以后网络营销进入了高速发展时期。

网络营销产生的标志性事件

◆ 1971年,汤姆林森发明了电子邮件。但电子邮件在70年代并没有应用到营销领域。

◆ 1994年10月,网络广告诞生。当年10月14日,美国著名的Wired杂志推出了网络版Hotwired,期主页上开始有AT&T等14家客户的旗帜广告。这是广告史上里程碑式的标志。1997年3月,中国第一则商业性的网络广告出现,其传播网站是天极网。

◆ 1994年,基于Internet的知名搜索引擎Yahoo!、WebCrawler、Infoseekd等诞生,从此人们可以搜索互联网。

◆ 1995年7月,贝索斯建立起了世界上最大的网上商店——亚马逊网上书店。

◆ 1994年4月12日,坎特和希格尔夫妇把一封"绿卡抽奖"的广告信发到了他们可以发现的每个新闻组,这在当时引起了轩然大波。他们的"邮件炸弹"使许多服务商的服务处于瘫痪状态。尽管这种未经许可的电子邮件与正规的网络营销思想相去甚远,但自此以后,人们开始认真地思考并研究与网络营销有关的问题,网络营销的思想也逐渐形成。

(二)网络营销的基本概念

迄今为止,学术界对网络营销还没有一个统一的定义。

在国外使用过的词有 Cyber Marketing、Internet marketing、E-Marketing、Network Marketing、Online Marketing 等。这些不同的概念没有本质的区别,只是从不同的角度反映了网络营销的特点,而网络营销的外延和内涵还在不断发展之中。其中,Cyber Marketing 主要是指在计算机平台构成的虚拟空间进行营销;Internet Marketing 是指在 Internet 开展营销活动;Nerwork Marketing 是指包括 Internet 在内的可在计算机网络上开展的营销活动,这些网络可以是专用网或增值网;而 E-Marketing 是目前比较习惯和采用的表述方法,是指在电子化、信息化、网络化环境下开展的营销活动。

总而言之,网络营销就是以国际互联网络为基础,利用数字化的信息和网络媒体的交互性来辅助营销目标实现的一种新型的市场营销方式。简单地说,网络营销就是以互联网为主要手段进行的,为达到一定营销目的的营销活动。

广义的网络营销是指以互联网为主要手段(包括 Intranet 企业内部网、EDI 行业系统专线网及 Internet 国际互联网)开展的营销活动。

狭义的网络营销是指组织或个人基于开放便捷的互联网络,对产品、服务所做的一系列经营活动,从而达到满足组织或个人需求的全过程。

营销的核心是商家与客户的沟通。网络营销并不能完全替代传统营销,只是对传统营销的扩展和延伸,因为有了互联网以后,作为一种新的媒体,新的信息发布渠道,使得很多传统企业可以通过这种新兴的活动媒体可以更有效地开展营销手段。

(三)网络营销的特点

作为一种新型的营销方式,网络营销具有传播范围广、速度快、不受时空限制、成本低等特点。如图5-1所示。

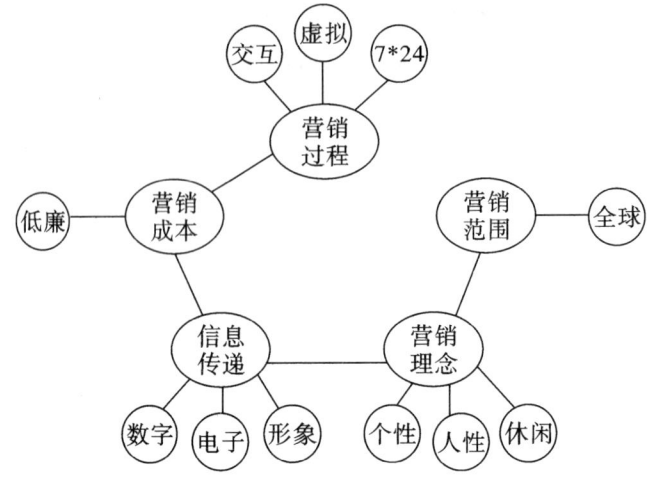

图 5-1 网络营销的特点

(四)网络营销的历程

根据企业对网络作用的认识及应用能力,从国内外一些企业网络营销实践看,企业网络营销大致经历了 5 个阶段,如图 5-2 所示。

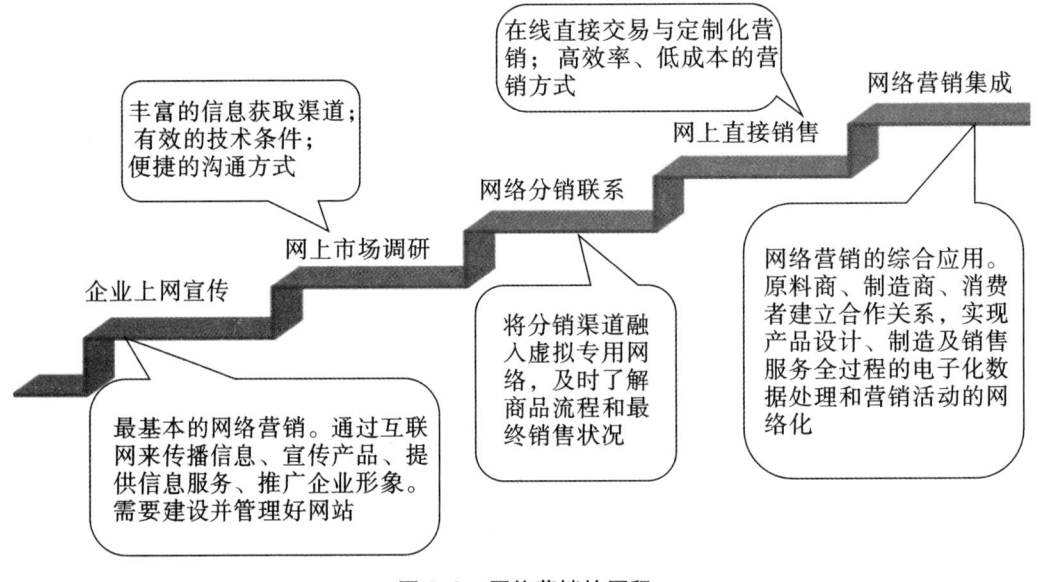

图 5-2 网络营销的历程

(五)网络营销的内容

网络营销作为新的营销方式和营销手段实现企业营销目标,它的内容非常丰富。一方面,网络营销要针对新兴的网上虚拟市场,及时了解和把握网上虚拟市场的消费者特征和消费者行为模式的变化,为企业在网上虚拟市场进行营销活动提供可靠的数据分析和营销依据。

另一方面，网络营销作为在 Internet 上进行的营销活动，它与传统营销的基本营销目的是一致的，传统营销中的产品品牌、价格、渠道和促销等要素都会在网络营销中体现，但与传统营销相比，又有很多变化。

1. 网上市场调研

相对传统市场调研，网上调研具有高效率、低成本的特点，因此，网上调研成为网络营销的主要职能之一。它包括直接在网上通过在线调查表或者电子邮件等方式进行调研，通过网络来收集市场调研中需要的一些二手资料。其方式有：简单调查设计、收集资料和初步分析，主动地了解商情，研究趋势，分析顾客心理，在线生成网上市场调研的分析报告，趋势分析图表和综合调查报告。如图 5-3 所示：

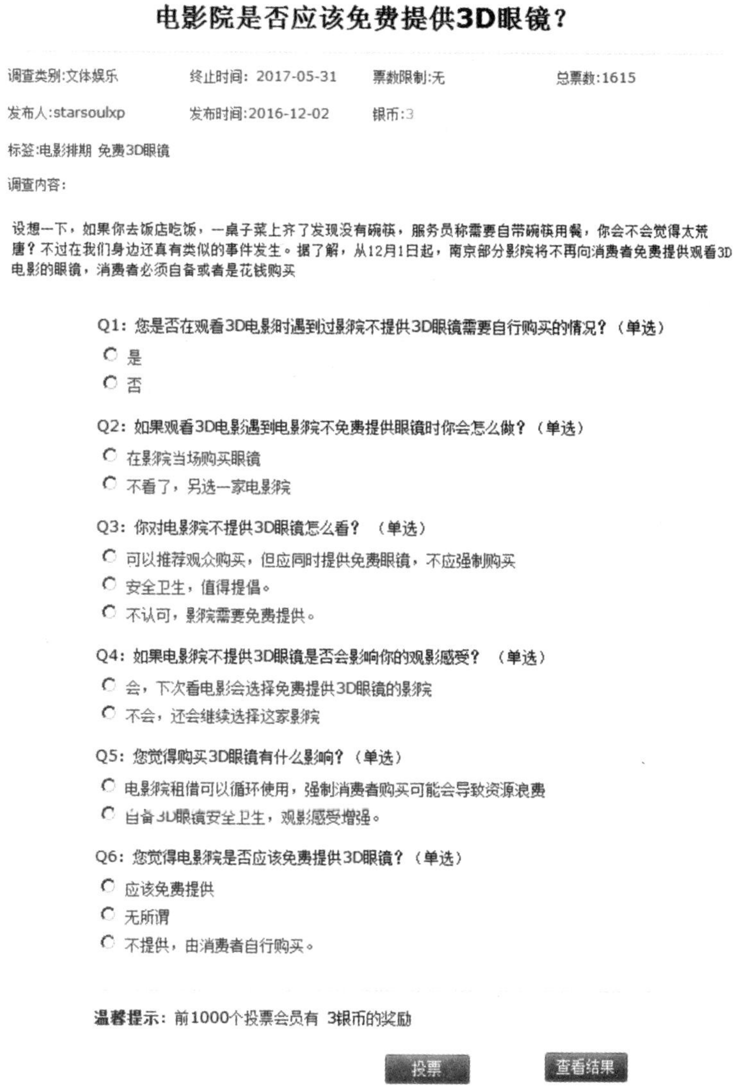
电影院是否应该免费提供3D眼镜？

调查类别:文体娱乐　终止时间：2017-05-31　票数限制:无　总票数:1615

发布人:starsoulxp　发布时间:2016-12-02　银币:3

标签:电影排期 免费3D眼镜

调查内容:

设想一下，如果你去饭店吃饭，一桌子菜上齐了发现没有碗筷，服务员称需要自带碗筷用餐，你会不会觉得太荒唐？不过在我们身边还真有类似的事件发生。据了解，从12月1日起，南京部分影院将不再向消费者免费提供观看3D电影的眼镜，消费者必须自备或者是花钱购买

Q1：您是否在观看3D电影时遇到过影院不提供3D眼镜需要自行购买的情况？（单选）
- 是
- 否

Q2：如果观看3D电影遇到电影院不免费提供眼镜时你会怎么做？（单选）
- 在影院当场购买眼镜
- 不看了，另选一家电影院

Q3：你对电影院不提供3D眼镜怎么看？（单选）
- 可以推荐观众购买，但应同时提供免费眼镜，不应强制购买
- 安全卫生，值得提倡。
- 不认可，影院需要免费提供。

Q4：如果电影院不提供3D眼镜是否会影响你的观影感受？（单选）
- 会，下次看电影会选择免费提供3D眼镜的影院
- 不会，还会继续选择这家影院

Q5：您觉得购买3D眼镜有什么影响？（单选）
- 电影院租借可以循环使用，强制消费者购买可能会导致资源浪费
- 自备3D眼镜安全卫生，观影感受增强。

Q6：您觉得电影院是否应该免费提供3D眼镜？（单选）
- 应该免费提供
- 无所谓
- 不提供，由消费者自行购买。

温馨提示：前1000个投票会员有 3银币的奖励

投票　查看结果

图 5-3　商业调查问卷

2. 借助网站创建网络品牌

网络营销为企业利用互联网建立品牌形象提供了有利条件,网络品牌建设是以企业网站建设为基础,通过一系列的推广措施,达到顾客和公众对企业的认知和认可,让企业的网下品牌在网上得以延伸和拓展。在一定程度上说,网络品牌的价值甚至高于通过网络获得的直接收益,图5-4是相宜本草的官方网站,网站的主要功能就是树立企业品牌形象,宣传产品。

图5-4 相宜本草的官方网站

3. 网上销售

如果说Internet对企业营销影响最大的是什么,那应该是对企业营销渠道的影响最大。Dell公司借助Internet的直接特性建立的网上直销模式获得巨大成功,改变了传统渠道中的多层次的选择和管理与控制问题,最大限度降低渠道中的营销费用。网上销售是企业销售渠道在网上的延伸,网上销售渠道建设并不限于企业网站本身,还包括建立在专业电子商务平台上的网上商店,以及与其他电子商务网站不同形式的合作等,不同规模的企业都有可能拥有适合自己需要的在线销售渠道。图5-5、图5-6分别是联想商城的直销页面和在天猫上开设的旗舰店页面。

图 5-5　联想官方网站的直销页面

图 5-6　联想公司在天猫商城上的官方旗舰店

4. 销售促进

市场营销的基本目的是为最终增加销售提供支持，网络营销也不例外。Internet 作为一种双向沟通渠道，最大优势是可以实现沟通双方突破时空限制直接进行交流，而且简单、高效和费用低廉。因此，在网上开展促销活动是最有效的沟通渠道。各种网络营销方法如网络广告、折扣、抽奖、积分、免费下载、竞赛和推广等大都直接或间接地具有促进销售的效果，图 5-7 是淘宝"双十二"促销活动的宣传信息。

图 5-7　淘宝"双十二"促销活动

5. 信息搜索

在网络营销中,可以利用多种搜索方法,主动地、积极地获取有用的信息和商机。进行信息搜索通常需要借助于知名搜索引擎和相关网站的专业搜索引擎。

(1)信息查找。我们想知道什么信息,可以在百度搜索引擎中输入关键词搜索相关结果。如要搜索"哪种苹果好吃",在百度搜索引擎进行搜索,其结果如图 5-8 所示。

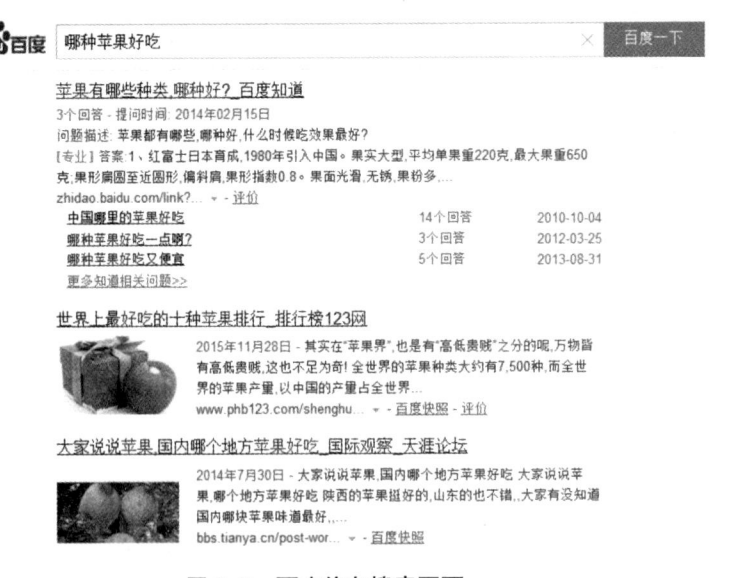

图 5-8　百度信息搜索页面

(2)采购信息搜索。如果要采购商品,可以去电子商务平台如阿里巴巴等网站上输入商品关键词进行搜索和选择供应商。如以"红富士苹果"为关键词,在阿里巴巴中搜索,如图 5-9 所示。

图 5-9 1688 批发采购平台产品搜索页面

6. 网上客服

互联网提供了更加方便的在线顾客服务手段,从形式最简单的 FAQ(常见问题解答)到电子邮件、微博以及 QQ、微信、聊天室等各种即时信息服务,将原本疏于管理、各自为战的销售、市场、售前和售后服务与业务统筹协调起来。图 5-10 是中国移动官方网站的客户服务页面。

图 5-10 中国移动官方网站客户服务

7. 网络信息发布

通过企业网站、其他互联网资源或网络信息发布系统,可以把营销信息发布到全球任何一个地点,既可以实现信息的广覆盖,又可以形成地毯式的信息发布链,而且还可以进行跟踪、获得回复,可以进行回复后的再交流和再沟通,如图 5-11 在阿里巴巴上发布供求信息。

外部链接发布技巧

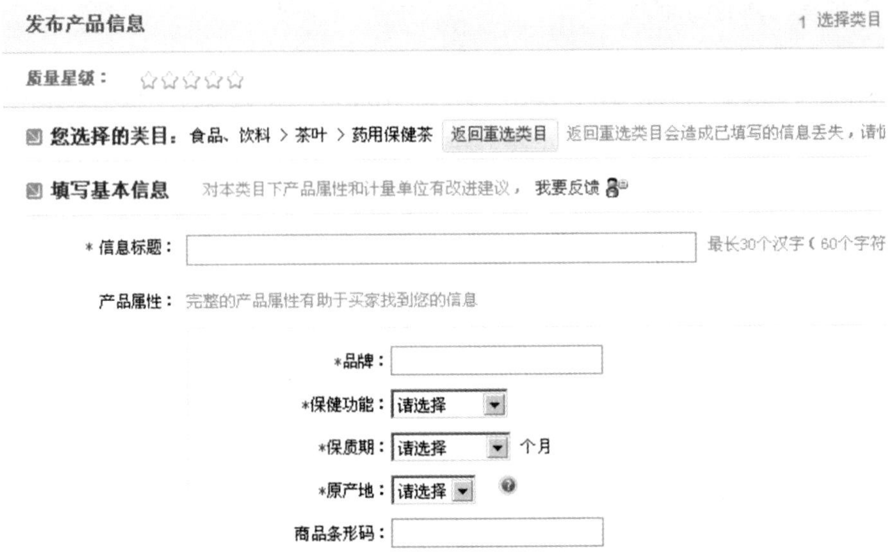

图 5-11　发布供求信息填写详细信息页面

8. 网站推广

访问量和点击率是网站的生命,信息时代"酒香不怕巷子深"的经商之道已经不再适用,所以,网站推广是网络营销的核心工作。由于经营资源的限制,发布新闻、投放广告、开展大规模促销活动等宣传机会比较少,因此通过 Internet 手段进行网站推广的意义显得尤为重要。

开展网络营销的意义就在于充分发挥各种职能,让网上经营的整体效益最大化,因此,仅仅由于某些方面效果欠佳就否认网络营销的作用是不合适的。网络营销的职能是通过各种网络营销方法来实现的,网络营销的各个职能之间并非相互独立的,同一个职能可能需要多种网络营销方法的共同作用,而同一种网络营销方法也可能适用于多个网络营销职能。

二、网络营销与传统营销

网络营销是建立在互联网基础上借助于互联网手段来实现一定目标的一种营销手段,与传统营销方式相比具有无可比拟的优势,它的出现对传统营销产生了重大的冲击和影响。

（一）网络营销对传统营销策略的冲击

传统营销致力于建立并维持和依赖层层严密的渠道,在市场上投入大量的人力、物力和财力,在网络时代,人员推销、市场调查、广告促销、经销代理等传统营销手法将与网络相结合,并充分运用互联网上的各种资源,形成以最低成本投入,获得最大市场销售量的新型营销模式。网络营销对传统营销策略的冲击主要表现在以下几个方面。

1. **对标准化产品的冲击**

网络营销借助于因特网可以在全球范围内进行市场调研,通过因特网厂商可以迅速获得关于产品概念和广告效果测试的反馈信息,也可以测试顾客对产品的认同水平和评价,从而更加容易地了解消费者行为方式和偏好。因此,在因特网大量使用的情况下,网络营销将发挥出传统营销没有的优势,它将会迅速地给不同的消费者提供不同的产品,以更好地满足消费者的需求。

2. **对品牌全球化管理的冲击**

与现实企业的单一品牌与多品牌的决策相同,开展网络营销的公司主要的挑战是如何对全球品牌和共同名称或标志识别进行管理。在实际执行时,对公司的品牌管理采取不同的方法会产生不同的情况。

3. **对定价策略的冲击**

互联网先进的网络浏览功能会使变化不定且存在差异的价格水平趋于一致,这将对有分销商分布在海外并在各地采取不同价格的公司产生巨大冲击。

4. **对营销渠道的冲击**

在网络环境下,生产商可以通过因特网与最终用户直接联系,这样,不但缩短了营销渠道,而且降低了成本。

(二)网络营销对传统营销方式的影响

随着网络技术迅速向宽带化、智能化、个人化方向发展,用户可以在更广阔的领域内方便地实现声音、图像、动画和文字一体化的多维信息共享和人机互动功能。正是这种发展将使得传统营销方式发生革命性的变化,其结果将可能导致大众市场的逐步终结,并逐步体现市场的个性化,最终将会以每一个用户的需求来组织生产和销售。

1. **重新营造顾客关系**

网络营销的企业竞争是一种以顾客为焦点的竞争形态,争取新顾客、留住老顾客、扩大顾客群、建立亲密的顾客关系、分析顾客需求、创造顾客需求等,都是最关键的营销课题。因此,在基于网络时代的目标市场下,顾客形态、产品种类与以前传统的一切会有很大的差异,如何进行跨越地域、文化和时空的差距重新营造企业与顾客的关系,将需要许多创新的营销行为。

2. **对营销战略的影响**

互联网所具有的平等性、自由性和开放性等特征,使得网络时代企业的市场竞争是透明的,人人都能掌握竞争对手的产品信息与营销作为。因此,适时地运用在网络上获得的信息来研究并采用具有优势的竞争策略可以使中小企业更易于在全球范围内参与竞争,这一点是跨国公司所不能忽视的。无论怎样,网络营销都将降低传统营销环境下跨国公司所拥有的规模经济的竞争优势。

3. **对跨国经营的影响**

在网络时代,企业开展跨国经营是非常必要的。在过去分工经营的时期,企业只需专注于本行业和本地区的市场,而将其在国外的市场委托给代理商或经销商去经营。但互联网所具有的跨越时空性和全球性,使得进行全球营销的成本低于地区营销,因此企业将不得不进入跨国经营的时代。可见,尽管因特网为现存的跨国公司和新兴公司(或他们的消费者)提供了许多利益,但对于企业经营的冲击和挑战也是令人生畏的。

（三）网络营销与传统营销的整合

网络营销作为新的营销理念和策略,凭借互联网特性对传统经营方式产生了巨大的冲击,但这并不等于说网络营销将完全取代传统营销。由于网络营销的有效运作是以企业能够引导消费者进入企业网站为前提,而这一工作不可避免地要由传统营销来完成。所以,我们必须将传统营销与网络营销加以有效整合,才能为企业更好地服务。

第一,互联网作为新兴的虚拟市场,它覆盖的群体只是整个市场中某一部分群体,许多的群体由于各种原因还不能或者不愿意使用互联网,如老人和落后国家地区,因此传统的营销策略和手段则可以覆盖这部分群体。

第二,互联网作为一种有效的渠道有着自己的特点和优势,但对于许多消费者来说,由于个人生活方式不愿意接受或者使用新的沟通方式和营销渠道,如许多消费者不愿意在网上购物,而习惯在商场上一边购物一边休闲。

第三,互联网作为一种有效沟通方式,可以方便企业与用户之间直接双向沟通,但消费者有着个人的偏好和习惯,愿意选传统方式进行沟通,如报纸有网上电子版本后,并没有冲击原来的纸张印刷出版业务,相反起到相互促进的作用。

第四,互联网只是一种工具,营销面对的是有灵性的人,因此一些传统以人为主的营销策略所具有的独特的亲和力是网络营销没有办法替代的。

网络营销与传统营销是相互促进和补充的,企业在进行营销时应根据企业的经营目标和细分市场,整合网络营销和传统营销策略,以最低成本达到最佳的营销目标。网络营销与传统营销的整合,就是利用整合营销策略时先以消费者为中心的传播统一、双向沟通,实现企业的营销目标。

三、我国网络营销的发展现状

（一）网络营销的现状

在中国,网络营销相对国外一些发达国家起步较晚,直到1996年才开始被我国企业尝试。1997至2000年是我国网络营销的起始阶段,电子商务快速发展,越来越多的企业开始注重网络营销。2000年至今,网络营销进入应用和发展阶段,网络营销服务市场初步形成,企业网站建设迅速发展,网络广告不断创新,营销工具与手段不断涌现和发展。据CNNIC的最新数据显示,截至2016年6月30日,中国网民人数达到7.09亿,居世界第一位。目前,各种网络调研、网络分销、网络服务等网络营销活动,正异常活跃地介入到企业的生产经营中。虽然我国的网络营销发展速度很快,但比起一些发达国家,我国的网络营销还存在一些问题。

1. 我国企业对于网络的利用率不是很高,营销方式也相对单一

经常浏览网页的人们或许会发现,大部分上网企业的网络营销只是仅仅停留在网络广告与网络宣传促销上,而且网络促销也只是将企业的厂名、品名、地址、电话显示在网上而已,很少有企业拥有自己独立的域名网址,更不用说拥有一套自己企业完整的网上客户服务系统。还有不少企业只是简单地为了顺应时代潮流,但网络调研、网络分销、网络新产品开发、网络服务等营销活动,涉足者寥寥无几,由此可见,网络对企业营销的巨大优势与潜力在我国远远没有被挖掘出来。

2. 采用网络营销的企业管理方面存在问题

当今我国企业开展网络营销,内部管理还存在一些问题。首先,管理体制不够完善,没有一套规范系统的管理体系。大多数企业都是出现了问题,然后才做出相应的反应,制定新的措施。

3. 国内企业与发达国家企业相比,技术人才极其匮乏

人才的培养是企业的无形资产不断增长的基础。企业开展网络营销,需要各种人才,尤其是一些具有新信息观念和新型知识结构的复合型人才。目前,我国的企业还急需这方面的人才。

4. 网络营销存在技术与安全性问题

虽然我国的网络近几年有了飞速发展,但是仍存在一些技术与安全性的问题,例如:如果通过电子银行或信用卡付款,一旦密码被人截获,消费者损失将会很大。因此,在网络安全支付方面存在的技术与观念是网络营销发展的核心与关键障碍。

5. 人们对网络营销缺乏信任

在传统的营销活动中,人们都是看得见、摸得着的商品,即便如此,买回去以后有时都难免产生不满甚至有上当受骗之感,虚拟的网络更是让人难以信任。事实上也存在许多商家信誉不好,虽是承诺多多,却无法兑现,让消费者不得不三思而后行,只怕买回家的和介绍的不同,要退货换货时却求告无门。

6. 价格问题

网上信息比较充分,消费者不必四处比较价格,只需坐在电脑前面就可以货比三家,而对商家而言,则易引发价格战,使行业的利润率降低,或是导致两败俱伤。对一些价格存在一定灵活性的产品,如有批量折扣的,在网上不便于讨价还价,可能贻误商机。

7. 网络营销存在一定的被动性

网上的信息只能是被动等待顾客上门索取,不能主动出击,实现的只是点对点的传播,并且它不具有强制收视的效果,主动权完全掌握在消费者的手中,他们可以选择看还是不看,商家无异于在守株待兔。

(二)网络营销的发展趋势

随着互联网技术的不断发展完善,网络营销的发展趋势也渐渐变得更加明朗。在未来的几年当中,以下几个方面将是网络营销发展的重点。

1. 营销型网站将成为企业网站建设的主流

以前,企业网站一般都被赋予了形象展示、促进销售、信息化应用等使命。经过这些年的发展,大量的中小企业都明白了企业网站还能够为他们带来客户,促进销售。基于这种大的市场环境,营销型网站的理念浮出水面,并很快被市场和客户接受。营销型网站一句话概括就是以能够帮助企业获得目标客户,并使其充分了解企业的产品或者服务,最终使交易变成可能。

2. 搜索网站是最主要的网络营销工具

在当前的互联网世界,搜索网站也早已成为人们上网获取信息必不可少的工具之一,据统计,有超过7成的用户每天都会通过搜索引擎去寻找自己需要的信息,这使得搜索引擎成为互联网上最大的流量集散中心。因此在没有出现更好的网络方式前,搜索引擎营销无疑仍将是最主流、最重要的网络营销方式。

3. 网络视频广告更加突出

视频网络广告分两个部分:一种是传统网站的广告形式变化;另一种是针对视频网站以及视频网络应用软件的广告。对于一些视频网站而言,由于忠实的客户群越来越大,吸引了不少广告主的目光。与传统的网站相比,视频网站中的广告更直接、更有效。把广告安放在视频当中,当客户在观看视频的时候,就会看到里面的广告。而不会像其他普通网站那样,客户可以选择忽略广告或是用某些软件屏蔽掉广告。

4. 更多适用于中小企业的网络广告形式

传统的展示类 BANNER 网络广告和 RichMedia 广告由于广告制作复杂、播出价格高昂,至今仍然只是大企业展示品牌形象的手段,传统网络广告难以走进中小企业。不过随着更多分类信息、本地化服务网站等网络媒体的发展,以及不同形式的 PPA 付费广告模式的出现,将有更多成本较低的网络广告,为中小企业扩大信息传播渠道提供了机会。

随着网络技术的进一步成熟与发展,必然为网络营销提供功能更为强大、技术更为完善的物质载体。市场营销与网络技术的结合,必将随着网络实践活动的深入开展而不断得到深化,新的结合空间和领域将不断被发现。我国企业由于一些自身的原因,使得其在发展网络营销上产生了诸多问题,正因为这些问题,我国网络营销的功能无法更好地发挥。如果企业能够有针对性地采取对策,那么网络营销一定会帮助企业提升企业营销能力,更好地满足消费者的需求。因此,我国企业必须积极利用新技术,变革经营理念、经营组织和经营方式,搭上技术发展的快速列车,实现企业的飞速发展。

四、网络营销理念

(一)网络软营销

所谓网络软营销理论,实际上是针对工业经济时代的大规模生产为主要特征的"强势营销"而提出的新理论,它强调企业在进行市场营销活动时,必须尊重消费者的感受和体验,让消费者乐意地主动接受企业的营销活动。

传统营销活动中最能体现强势营销特征的是两种促销手段:传统广告和人员推销。在传统广告中,消费者常常是被迫地被动地接受广告信息的"轰炸",它的目标是通过不断的信息灌输方式在消费者心中留下深刻的印象,至于消费者是否愿意接收、需要不需要则不考虑;判断强行展开推销活动。

在互联网上,信息交流是自由、平等、开放和交互的,强调的是相互尊重和沟通,网上使用者比较注重个人体验和隐私保护。因此,企业采用传统的强势营销手段在互联网上展开营销活动势必适得其反,如美国著名 AOL 公司曾经对其用户强行发送 E-mail 广告,结果招致用户的一致反对,许多用户约定同时给 AOL 公司服务器发送 E-mail 进行报复,结果使得 AOL 的 E-mail 邮件服务器处于瘫痪状态,最后不得不道歉平息众怒。网络软营销恰好是从消费者的体验和需求出发,采取拉式策略吸引消费者关注企业来达到营销效果。

软营销和强势营销的一个根本区别就在于:软营销的主动方是消费者,而强势营销的主动方是企业。个性化消费需求的回归使消费者在心理上要求自己成为主动方,而网络的互动特性又使其实现主动方地位成为可能。他们虽不欢迎不请自到的广告,但他们会在某种个性化需求的驱动之下自己到网上寻找相关信息和广告。此时的情况是企业在那儿静静地等待消费者的寻觅,一旦消费者找到你了,这时你就应该使出浑身解数把他留住,设法取得他的忠诚。

传统的强势营销和网络的软营销并不是完全对立的,二者的巧妙结合往往会收到意想不到的效果。这里有一个经典的案例:原以亚洲地区为主要业务重心的国泰航空公司,为了扩展美国飞往亚洲的市场,拟举办一个大型抽奖活动,并在各大报纸上刊登了一个"赠送百万里行"抽奖的广告。与众不同的是,这个广告除了几个斗大的字"奖 100 万里"及公司网址外没有任何关于抽奖办法的说明,要了解抽奖办法的消费者只有登录公司网站。结果是众多的消费者主动登录企业网站以获得相关活动信息,这样就为企业下一步运作网络营销奠定了基础。因此,与传统的做法相比,这种整合的运作方式,在时效上、效果上都强化了许多,同时也会更经济。另外,从长远的角度来看,通过这种方式该公司一方面提高了公司网站的知名度和消费者登录公司网站的积极性,另一方面收集到为数众多的 E-mail 地址和顾客信息,这为公司开拓市场提供了绝佳的资源。

(二)网络关系营销

所谓"网络关系"营销,是指企业借助联机网络、电脑通信和数字交互式媒体的威力来实现营销目标。它是一种以消费者为导向、强调个性化的营销方式,适应了定制化时代的要求;它具有极强的互动性,是实现企业全程营销的理想工具;它还能极大地简化顾客的购买程序,节约顾客的交易成本,提高顾客的购物效率。并且,网络化营销更多地强调企业应借助于电子信息网络,在全球范围内拓展客源,为企业走向世界提供基础。现代企业应充分发挥"互联网络"的互动优势,灵活开展网络营销,促进企业的持续发展。

在网络关系营销理论中互联网是作为一种有效的双向沟通渠道,企业与顾客之间可以实现低费用成本的沟通和交流,它为企业与顾客建立长期关系提供有效的保障。这是因为,首先,利用互联网企业可以直接接收顾客的订单,顾客可以直接提出自己的个性化的需求。企业根据顾客的个性化需求利用柔性化的生产技术最大限度满足顾客的需求,为顾客在消费产品和服务时创造更多的价值。企业也可以从顾客的需求中了解市场、细分市场和锁定市场,最大限度降低营销费用,提高对市场的反应速度。其次,利用互联网企业可以更好地为顾客提供服务和与顾客保持联系。互联网的不受时间和空间限制的特性能最大限度方便顾客与企业进行沟通,顾客可以借助互联网在最短时间内以简便方式获得企业的服务。同时,通过互联网交易企业可以实现对整个从产品质量、服务质量到交易服务等过程的全程质量的控制。

通过互联网企业还可以实现与相关企业和组织建立关系,实现双赢发展。互联网作为最廉价的沟通渠道,能以低廉成本帮助企业与企业的供应商、分销商等建立协作伙伴关系。如联想电脑公司,就是通过建立电子商务系统和管理信息系统实现与分销商的信息共享,从而降低库存成本和交易费用,同时密切双方的合作关系。

(三) 后续销售

后续销售(backend sales)就是客户第一次购买产品之后,商家采用一些策略技巧吸引用户继续购买其他产品的方式。比如在当当、卓越等网站上,用户第一次买了几本书后,网站会通过后续销售向同一个客户推销其他书籍,且在节假日或者企业有促销活动时,向用户发 E-mail 进行问候和反馈。

当企业开发一个新产品,那么只需发个群邮件,就让一大批高质量的目标客户知道,为企业省去了不少的宣传成本。

很多网站的赢利模式是建立在强大的后续销售的基础上,第一次销售不赚钱,甚至赔本都没关系,但是用户的后续购买,会让企业获得更多利润。

(四) 提升销售

提升销售(Up-selling)指向客户促销比他正在考虑购买的更强大、档次更高的产品和服务。用户在选定产品就要付款时是最好的提升销售的时机。网上提升销售的方式主要有以下几种。

1. 加价购

多用在 B2C 网络购物平台,当用户确定了需要购买的产品后,在用户决定购买基本款产品时,网站只需在旁边多提问一句:加多少就可以得到更多的产品,您将多拥有某某新产品。比如:在京东商城购买物品的时候的提示,如图 5-12 所示。

2. 捆绑加量

一些日常消耗品,为了给客户更多的选择,如袜子、牙膏、牙刷之类的常用消耗性产品,捆绑加量是非常好的提升销售的方法。如一打袜子价格 50 元。本来用户想买一打,放入购物车再去收银台时,网站系统友好地适时提示一下:"想不想以更优惠的价格购买两打袜子价格 80 元、三打袜子价格 100 元。"

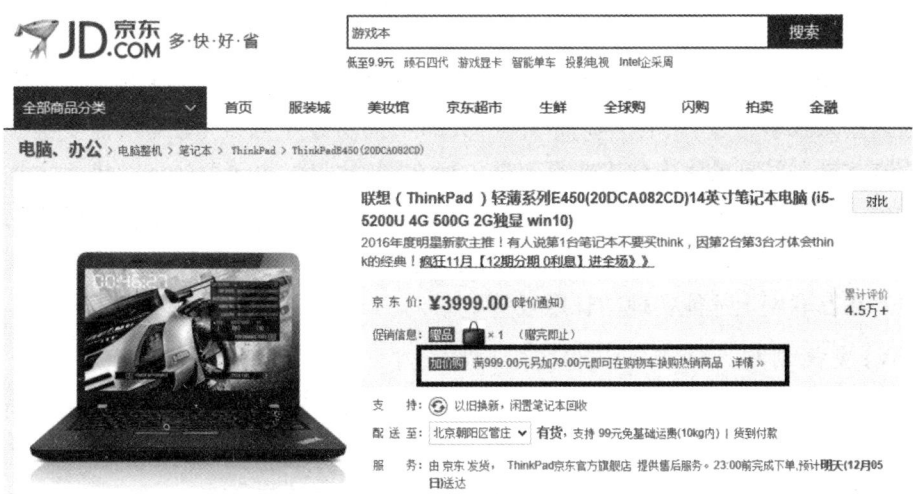

图 5-12　京东商城具体产品页面

3. 销售相关及辅助产品

卖电脑的一般会提示用户买打印机。许多网上商店在用户买了某个产品后会提示用户："购买了这本书的其他读者还买了这些书,要不要一起购买？这本书的作者还有其他这些作品,要不要一起购买？看过本商品的顾客会买……"等等。如图 5-13 所示购买电脑推荐相关配件。

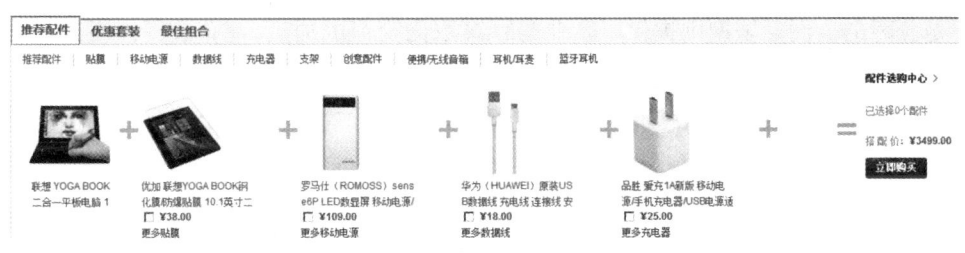

图 5-13　推荐配件

提升销售是非常有效地在营销成本不变的情况下,使销售额及利润最大化的方法。提升销售不能做得太急切,不要让用户产生排斥心理,要做得柔和自然,在恰当的时机以提醒或者给用户提供更多选择的语气,并且明确列出提升产品后的好处。

(五) 长尾市场

长尾(The Long Tail)是《连线》杂志主编 Chris Anderson 在描述诸如亚马逊和 Netflix 之类网站的商业和经济模式时提出来的。长尾理论认为,由于成本和效率的因素,当商品储存、流通、展示的场地和渠道足够宽广,商品生产成本急剧下降,以至于个人可以进行生产,并且商品的销售成本急剧降低时,几乎任何以前看似需求极低的产品,只要有卖都有人买。这些需求和销量不高的产品加起来所达到的总销售额可以和热门产品的销售额不相上下,甚至更大。

传统营销中人们迫于营销成本只能生产主流群体和主流产品,如果用正态分布曲线来描绘这些人或事,人们只能关注曲线的"头部",而将处于曲线"尾部"、需要更多的精力和成本才能关注到的大多数人或事忽略。而在网络时代,由于营销的范围大大增加而营销的成本并不随之增加,人们有可能以很低的成本关注正态分布曲线的"尾部",虽然长尾部分每个产品销量不多,但因为长尾很长,总的销量及利润甚至会超过"头部"。这就是只有在互联网上才能实现的长尾效应

(六)重视创意

营销的第一步就是争夺眼球,吸引注意。所谓注意力,是指人的心理活动指向和集中于一定对象的能力,也即一个人关注一个主题、一个事件、一种行为和多种信息的持久尺度。如何在众多网站中脱颖而出,赢得网民的青睐变得至关重要。

要想吸引人们的眼球,必须有好的创意。创意就是找出特定的问题,然后以意想不到的方式解决这个问题,它是网络营销的核心竞争力。

五、网络营销策略

网络营销就是企业在互联网上进行的市场营销活动。现代市场营销的主旨是用户导向,然而迄今为止,大多数企业的市场营销都是单向的,即依赖各种各样的媒体广告来促进顾客的接受,再以各种各样的调查研究方式了解顾客的需求。两种过程在大多数场合下是分离的。而互联网则提供了企业与顾客双向交流的通道,使企业得以发展规模化的交互式的市场营销方式。这种交互式的市场营销方式一方面让企业更直接、更迅速地了解顾客的需求;另一方面,使企业有更多的空间,为用户提供更具价值的售前服务和售后服务。互联网的商业应用改变了传统的买卖关系,带来了企业市场营销方式的变革,对市场营销提出了新的要求。随着互联网广泛的信息技术和市场营销相互结合,相互作用,形成了网络营销的产品、价格、促进和渠道组合。

(一)产品策略

中小企业要使用网络营销方法必须明确自己的产品或者服务项目,明确哪些是网络消费者选择的产品,定位目标群体,因为产品网络销售的费用远低于其他销售渠道的销售费用,因此中小企业如果产品选择得当可以通过网络营销获得更大的利润。

在基于互联网的网络营销中,企业的产品和服务要有针对性,其产品形态、产品定位和产品开发要体现互联网的特点。

1. 产品形态

在互联网上,信息产品和有形产品的销售是不一样的。信息产品直接在网上销售,而且一般可以试用,而有形产品只能通过网络展示,尽管多媒体技术可以充分生动地展示产品的特色,但无法直接尝试,而且要通过快递公司送货或传统商业渠道分销。因此,

网络营销的产品和服务应尽量是信息产品和服务、标准化的产品、在购买决策前无须尝试的产品,才能有利于在网上销售。

2. 产品定位

在消费者定位上,网络营销的产品和服务的目标应与互联网用户一致,网络营销其产品和服务的消费者首先是互联网的用户,产品和服务要尽量符合互联网用户的特点。在产品特征定位上,互联网用户的收入水平和教育水平都较高,喜欢创新,对计算机产品和高技术产品情有独钟,因此,要考虑产品和服务是否与计算机有关,是否属于高技术。

3. 产品开发

由于互联网体现的信息对称性,企业和顾客可以随时随地进行信息交换。在产品开发中,企业可以迅速向顾客提供新产品的结构、性能等各方面的资料,并进行市场调查,顾客可以及时将意见反馈给企业,从而大大地提高企业开发新产品的速度,也降低了开发新产品的成本。通过互联网,企业还可以迅速建立和更改产品项目,并应用互联网对产品项目进行虚拟推广,从而以高速度、低成本实现对产品项目及营销方案的调研和改进,并使企业的产品设计、生产、销售和服务等各个营销环节能共享信息、互相交流,促使产品开发从各方面满足顾客需要,以最大限度地实现顾客满意。

(二)价格策略

网络营销价格策略是成本与价格的直接对话,由于信息的开放性,消费者很容易掌握同行业各个竞争者的价格,如何引导消费者做出购买决策是关键。中小企业者如果想在价格上网络营销成功应注重强调自己产品的性能价格比以及与同行业竞争者相比之下自身产品的特点。

除此之外,由于竞争者的冲击,网络营销的价格策略应该适时调整,中小企业营销的目的不同,可根据时间不同制定价格。例如,在自身品牌推广阶段可以以低价来吸引消费者,在计算成本基础上,减少利润而占有市场。品牌积累到一定阶段后,制定自动价格调整系统,降低成本,根据变动成本市场供需状况以及竞争对手的报价来适时调整。

网络营销中产品和服务的定价要考虑以下因素。

1. 国际化

由于互联网营造的全球市场环境,企业在制定产品和服务的价格时,要考虑国际化因素,针对国际市场的需求状况和产品价格情况,确定本企业的价格对策。

2. 趋低化

由于网络营销使企业的产品开发和促销等成本降低,企业可以进一步降低产品价格。同时由于互联网的开放性和互动性,市场是开放和透明的,消费者可以就产品及价格进行充分比较、选择,因此,要求企业以尽可能低的价格向消费者提供产品和服务。

3. 弹性化

由于网络营销的互动性,顾客可以和企业就产品价格进行协商,也就是可以议价。另外,企业也可以根据每个顾客对产品和服务提出的不同要求,来制定相应的价格。

4. 价格解释体系

企业通过互联网,向顾客提供有关产品定价的资料,如产品的生产成本、销售成本等,建立价格解释体系,为产品定价提供理由,并答复消费者的询问,使消费者认同产品价格。

此外,网络营销中提供产品和服务的价格依然要根据产品和服务的需求弹性来制定,同时又要考虑网络营销的特点。企业在网上可以向顾客提供价格更低的产品和服务,但向顾客提供更多的方便和闲暇时间是不可忽视的重要因素。

(三)促销策略

营销的基本目的是为增加销售提供帮助,网络营销也不例外,大部分网络营销方法都与直接或间接促进销售有关,但促进销售并不限于促进网上销售。事实上,网络营销在很多情况下对于促进网下销售十分有价值。以网络广告为代表,网上促销没有传统营销模式下的人员促销或者直接接触式的促销,取而代之的使用大量的网络广告这种软营销模式来达到促销效果。这种做法对于中小企业来说可以节省大量人力支出、财力支出。通过网络广告的效应可以与更多人员到达不了的地方挖掘潜在消费者,可以通过网络的丰富资源与非竞争对手达到合作的联盟,以此拓宽产品的消费层面。网络促销还可以避免现实中促销的千篇一律,可以根据本企业的文化,以及与帮助宣传的网站的企业文化相结合来达到最佳的促销效果。

网络促销的目的是使促销更合理,消费者可以通过互联网主动搜索信息,企业可以把注意力更集中于目标顾客。

1. 企业要为顾客提供满意的支持服务

随着市场的发展和竞争的加剧,消费者变得越来越挑剔,企业间的竞争也从产品延伸至服务。无论是售前还是售后的服务,都变得日益重要,能否为顾客提供满意的支持服务往往成为企业胜负的关键。网络营销在提供支持方面具有优越性。通过互联网,全球的消费者也能与企业联系和交流,顾客可直接向企业咨询有关产品和服务的问题,同时企业应用文字、图片和图像等技术向顾客展示产品和服务的内容,解释、答复顾客的咨询,使整个售前和售后服务及时清晰。

2. 企业要为每个消费者提供不同的产品和服务

通过网络营销,企业可以较低的成本,让消费者提出自己的要求,然后根据不同的要求提供不同的产品和服务。虽然每个消费者的需求都存在差异,但企业能分别予以满足,必然能提高顾客的满意程度,从而增加了产品和服务的销售。

3. 企业要与顾客和上下游企业建立伙伴关系

合作是相互的,企业要想从顾客那里获得信息,也应该为顾客提供帮助,不仅为顾客提供产品和服务,还要帮助顾客实现这些产品和服务的价值。同上下游企业建立伙伴关系,其目的也是促进企业间的合作,开展更大规模的市场营销活动,进而为顾客提供更完善、更便利的服务,也给合作的企业带来竞争优势。

（四）渠道策略

为了促进消费者购买,应该及时在网站发布促销信息、新产品信息、公司动态,为了方便购买还要提供多种支付模式,让消费者有更多种选择,在公司网站建设时应该设立网络店铺,加大销售的可能。

网络营销的渠道应该本着让消费者方便的原则设置。为了在网络中吸引消费者关注本公司的产品,可以根据本公司的产品联合其他中小企业的相关产品为自己企业的产品外延,相关产品的同时出现会更加吸引消费者的关注。

1. 会员网络

网络营销中一个最重要的渠道就是会员网络。会员网络是在企业建立虚拟组织的基础上形成的网络团体,通过会员制,促进顾客相互间的联系和交流,以及顾客与企业的联系和交流,培养顾客对企业的忠诚,并把顾客融入企业的整个营销过程中,使会员网络的每一个成员都能互惠互利,共同发展。

2. 分销网络

根据企业提供的产品和服务的不同,分销渠道不一样。如果企业提供的是信息产品,企业就可以直接在网上进行销售,需要较少的分销商,甚至不需要分销商。如果企业提供的是有形产品,企业就需要分销商。企业要想达到较大规模的营销,就要有较大规模的分销渠道,建立大范围的分销网络。

3. 快递网络

对于提供有形产品的企业,要把产品及时送到顾客手中,就需要通过快递公司的送货网络来实现。规模大、效率高的快递公司建立的全国甚至全球范围的快递网络,是企业开展网络营销的重要条件。

4. 服务网络

如果企业提供的是无形服务,企业可以直接通过互联网实现服务功能。如果企业提供的是有形服务,需要对顾客进行现场服务,企业就需要建立服务网络,为不同区域的顾客提供及时的服务。企业可以自己建立服务网络,也可以通过专业性服务公司的网络实现为顾客提供服务的目的。

5. 生产网络

为了实现及时供货,以及降低生产、运输等成本,企业要在一些目标市场区域建立生产中心或配送中心,形成企业的生产网络,并同供应商的供货网络及快递公司的送货网络相结合。企业在进行网络营销中,根据顾客的订货情况,通过互联网和企业内部网对生产网络、供货网络和送货网络进行最优组合调度,可以把低成本、高速度的网络营销方式发挥到极限。

六、网络营销常用的方法和工具

无论企业是否有自己的网站都可以进行网络营销活动,但在网络营销的具体使用方法上既有区别又有联系。网络营销的方法体系如图 5-14 所示。

在现阶段的网络营销活动中,常用的网络营销工具包括企业网站、搜索引擎、电子邮件、网络广告、论坛、社区、即时通讯、博客、微博、微信、客户端专用软件、电子书、RSS 等。借助于这些手段,才可以实现营销信息的发布、传递和与用户之间的交互,以及为实现销售创造良好的营销环境。

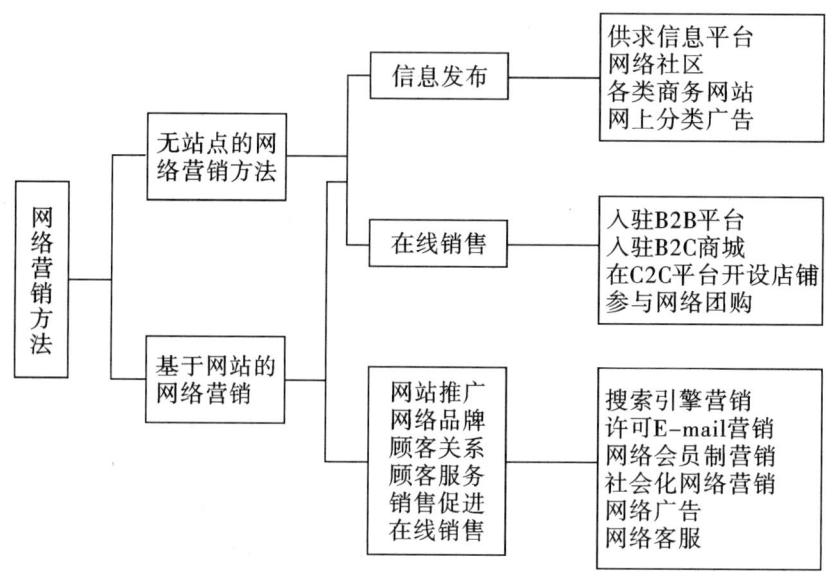

图 5-14 网络营销方法体系示意图

(一)企业网站

在所有的网络营销工具中,企业网站是最基本、最重要的一个。没有企业网站,许多网络营销方法将无用武之地。企业网站作为企业对外宣传的重要阵地已经受到越来越多的企业关注,网站已成为企业对外宣传的窗口。特别是那些以网络营销为导向的企业网站不仅仅体现了企业历史文化,也帮助企业开拓了网上商机,建立了全新形象,提升了企业整体实力。

企业建立网络销售渠道,不仅可以在自己官方网站进行直销,也可以选择第三方电子商务平台搭建公司的官方旗舰店,目前国内网民常去的第三方电子商务平台有淘宝网、天猫商城、京东商城、拍拍网、当当网、亚马逊、唯品会等,企业可以根据自己产品的特性以及目标消费人群选择合适的第三方平台,以便更有效地进行产品推广和在线销售,并能通过第三方平台更好地维护客户关系。

(二)搜索引擎

搜索引擎(Search Engine)是指根据一定的策略,运用特定的计算机程序从互联网上搜集信息,在对信息进行组织和处理后,为用户提供检索服务,将用户检索相关的信息展示给用户的系统。在网络营销方法体系中,搜索引擎营销一直是最重要的内容之一,对于企业在网上开展网络营销具有极其重要的价值。

搜索引擎营销(Search Engine Marketing),我们通常简称为"SEM"。就是根据用户使用搜索引擎的方式利用用户检索信息的机会尽可能将营销信息传递给目标用户。简单来说,搜索引擎营销就是基于搜索引擎平台的网络营销,利用人们对搜索引擎的依赖和使用习惯,在人们检索信息的时候将信息传递给目标用户。搜索引擎营销的基本思想是让用户发现信息,并通过点击进入网页,进一步了解所需要的信息。企业通过搜索引擎付费推广,让用户可以直接与公司客服进行交流、了解,实现交易。

常见的搜索引擎营销的方式有三种:网站登录,搜索引擎推广,网站优化。

(1)网站登录。企业通过各大搜索引擎提供的登录入口,根据相关要求,将网站信息一一手动提交给不同的搜索引擎。网站登录是比较传统的推广手段,目前,这种搜索引擎营销的效果日渐降低。

(2)搜索引擎推广。企业根据公司网站名称及公司经营产品类型,参与搜索引擎的推广。使介绍企业产品的网页能够出现在相应搜索结果最靠前的位置,让浏览者直接看到企业产品的介绍,以便更容易达成交易,如图5-15所示。

目标关键词在网页中的分布

图5-15 搜索引擎推广

(3)网站优化。通过对网站进行内容优化、关键词优化、外部链接优化、内部链接优化、代码优化、图片优化等,使得网站在搜索结果中靠前。

理论上,搜索引擎可以为用户带来互联网上的所有信息,但是用户对检索结果信息的关注程度是有限的。这就意味着,同样一个关键词在检索页面中被用户发现的机会是有限的,即搜索引擎推广资源的相对稀缺性。利用这一特点,可以合理地设计地域策略,避免让竞争者在搜索引擎中获得更多的推广机会。

（三）电子邮件

电子邮件是一种用电子手段提供信息交换的通信方式，是互联网应用最广的服务。通过网络的电子邮件系统，用户可以以非常低廉的价格（不管发送到哪里，都只需负担网费）、非常快速的方式（几秒钟之内可以发送到世界上任何指定的目的地），与世界上任何一个角落的网络用户联系。电子邮件可以是文字、图像、声音等多种形式。同时，用户可以得到大量免费的新闻、专题邮件，并实现轻松的信息搜索。电子邮件的存在极大地方便了人与人之间的沟通与交流，促进了社会的发展。

电子邮件营销是将企业信息、产品信息或者促销信息直接发送到客户邮箱，是一种精准营销。电子邮件作为网络营销的主要工具之一，如果运用得当，完全可以成为企业网络营销最有效的手段。

但在当前垃圾邮件泛滥导致营销效果较差以及全球整治垃圾邮件力度不断加大的情况下，企业主动向用户的邮箱发送大批量的广告邮件，很容易被认定为垃圾邮件而被用户直接删除，甚至可能也被认定为违法行为而遭受处罚，所以如果运用电子邮件进行营销一定要获得用户的许可。得到收信人许可而发送的商业邮件，不仅不会受到指责，而且邮件内容被关注的可能性也较高。许可电子邮件营销已经成为企业继网站建设、供求信息发布之后的第三大网络营销工具。

（四）社会化网络

社会化网络，顾名思义是在虚拟的网络中所存在的一个个小型的社会，这些小型的社会里面彼此之间发生真实存在的社会活动，为达到某种或者多种目的，拥有共同兴趣的群体所成立的一个个社区而以网络的形式存在。

社会化网络给越来越多的用户带来社交新乐趣。用户使用社会化网络的服务，创建诚信安全的个人社交圈，从结交朋友、休闲娱乐、商务投资、学习探讨等一系列交流活动中获得乐趣。社会化网络的社交圈拓展模式不但帮用户净化了网络社交空间，而且为用户构建了诚信安全的社交圈氛围。

社会化网络营销就是基于社会化媒体平台进行的营销推广活动，企业可以利用社会化媒体参与到用户的交流中去，倾听消费者的心声，监控网络上对企业及相关产品的评论，策划相应的社会化媒体活动进行品牌宣传、企业文化传播、产品促销、客户沟通服务等。

目前常见的社会化网络服务种类繁多，大致可以分为以下几种。

（1）博客类：如新浪博客及其他独立域名的博客，以及近两年风靡大众的新浪微博、腾讯微博等。

（2）维基类：如维基百科、百度百科。

（3）论坛类：如百度贴吧、猫扑、天涯、西祠胡同等。

（4）SNS（社交网络类）：如西祠胡同、Facebook、Myspace等。

（5）内容分享类：如豆瓣、百度文库、优酷网等。

(6)书签网摘类:如天极网摘、365key、QQ 书签等。

(7)即时通讯类:如 QQ、微信、飞信、百度 HI、阿里旺旺等

随着社会化网络的盛行,用户接触信息的渠道越来越广泛,而且越来越主动通过社会化网络收集信息。同时,用户不完全相信直接来自广告商的信息,而更加信任来自其他社会化网络用户的切身体验。企业可以利用社会化媒体来开展网络营销活动。在微博、微信、博客、豆瓣、优酷等社会化媒体平台注册企业账户,利用社会化媒体平台发布一些企业信息或者产品信息,如企业新产品的样式等,或者制造一些话题,让跟进者讨论。

(五)网络广告

网络广告,简单地说就是在互联网上发布和传播的广告。它以数码为载体,采用先进的电子多媒体技术设计制作,具有良好交互功能的广告形式。

网络广告是常用的网络营销策略之一,在网络品牌、产品促销、网站推广等方面均有明显作用。随着多媒体技术的不断更新、用户对网络的应用越来越多样化,网络广告也出现了多种多样的形式。以 Banner 广告为代表的传统网络广告形式所依托的媒体是网页,关键词广告属于搜索引擎营销的一种形式,E-mail 广告则是许可 E-mail 营销的一种。可见,网络广告本身并不能独立存在,需要与各种网络工具相结合才能实现信息传递的功能,也可以认为,网络广告存在于各种网络营销工具中,只是具体的表现形式不同。

(六)网络会员制

网络会员制营销(Affiliate Program),简单地说是一种按效果付费的广告方式。网站站长注册参加广告商的网络会员制营销,获得一个特定的只属于这个站长的网络会员链接,站长把这个链接放在自己的网站上,或者通过其他方式推广这个链接。当有用户通过这个网络会员链接点击来到广告商的网站后,网络会员程序会对用户的点击、浏览、销售进行跟踪。如果用户在广告商的网站上完成了指定的行动(销售及引导),广告商将按预先规定好的数额支付佣金(也可以叫回扣、提成)给站长。

网络会员制营销是一种非常有效的网络营销方法,其主要参与主体是广告商、网站及网络用户(消费者),对于网络营销环境中的各个参与主体而言,网络会员制营销真正意义上实现了多方共赢的效果。

(七)在线客服

在线客户服务是以网页为载体,运用各种网络技术为网站访客提供服务或者与网站客服即时通讯的一种网页通信技术。在线客户服务通过在线客服沟通工具,实现网民在访问网站或者网页时,可以直接与服务营销人员进行文字实时交流和语音点击呼叫互动沟通的一种网络营销方法。

在线客户服务从表现形式和所采用的手段来看,主要包括用户自助服务和人工服务两种基本形式。

自助服务是用户通过网站上的说明信息寻找相应的解答,或者自己通过搜索引擎等

方式获取自己感兴趣的信息。自助服务常见的方式有 FAQ、引擎搜索等；人工服务则是需要根据客户提出的问题，通过人工回复的方式即时给予回答，如 TQ 即时沟通工具，talk99、53kf 等；或者电子邮件、论坛等形式。

总结起来，在线客户服务常用方法有：电子邮件咨询服务，网络论坛 BBS，免费网络电话，网上在线客服，网站 FAQ 和搜索引擎式查询等。

七、深入理解网络营销

综上所述，可得出结论：网络营销的实质就是"营造网上经营环境"，即基于营销导向的企业网站，综合运用网络资源、技术和手段，与顾客、网络服务商、合作伙伴、供应商、销售商等建立良好关系，从而提升品牌形象、增进顾客关系、改善服务、开拓网上销售渠道，并最终扩大销售。

（一）网络营销是手段而不是目的

网络营销具有明确的目的和手段，但网络营销本身不是目的，网络营销是营造网上经营环境的过程，及时综合利用各种网络营销方法、工具、条件，并协调其间的相互关系，从而有效地实现企业营销目的的手段。

（二）网络营销不是孤立的

网络营销是企业整体战略的一个组成部分，网络营销活动不可能脱离一般营销环境而独立存在，在很多情况下网络营销是传统营销在互联网环境中的应用和发展，也是互联网时代市场营销必不可少的内容。

（三）网络营销不是网上销售

网络营销的效果表现在多个方面，除了促进销售之外，还可以提升企业品牌价值。加强客户关系、拓展信息发布渠道等

网站推广手段不仅仅靠网络营销，往往还要采取许多传统的营销方式，如在传统媒体上做广告、召开新闻发布会、印发宣传册等。

网络营销的目的并不仅仅是促进网上销售，很多情况下，尤其是不具备网上销售能力的，可能促进线下销售，并增加顾客忠诚度。

（四）网络营销不等于电子商务

网络营销本身并不是一个完整的商业交易过程，而只是促进商业交易的一种手段。电子商务主要是指交易方式的电子化，强调的是交易行为和方式。网络营销是电子商务的基础，开展电子商务离不开网络营销，但网络营销并不等于电子商务。

（五）网络营销不是"虚拟营销"

网络营销是传统营销的一种扩展，即向互联网上的延伸，所有的网络营销活动都是实实在在的。网络营销的手段也不仅限于网上，应注意线上线下相结合的营销策略。网上营销与传统营销不是相互独立的，而是一个相辅相成、互相促进的营销体系。

任务实施

一、美玉公司产品可行性网络调研

美玉是一家生产并经营美容化妆产品的公司,拥有护肤、洗发、美容等系列产品。现已有企业网站和官方旗舰店,虽然产品种类齐全,但是原有产品在技术含量、配方、添加成分等方面由于缺乏竞争力,所以网上销售业绩一般。为改变这一不利局面,公司决定推出新产品。在众多的市场信息中,了解到了一个重要的线索:欧莱雅、宝洁、雅诗兰黛、资生堂等行业巨头正在开发纳米珍珠粉系列化妆品。其中,添加了纳米珍珠粉的防晒霜、护发素、面霜等新产品已经推向市场。决策层经过初步分析,认为这是美玉公司产品创新的一个突破口。但是消费者对纳米珍珠粉实际功能的认可程度还不高。为稳妥起见,公司决定首先进行网络市场调研,以分析其可行性。基本步骤如下。

(一)确定市场调研的内容

为有计划、有步骤地进行详细的网络市场调研,首先要确定本次调研的目的及内容。根据美玉公司所面临的问题,本次网络市场调研的内容可以细分为以下几个方面。

(1)社会环境:化妆品行业标准、政策与制约规定,化工行业产品技术标准,原材料市场状况,化妆品行业投资机会等。

(2)行业市场状况:行业运行状况,面临的挑战与变革,行业发展趋势,市场竞争状况及其重点,纳米化妆品细分市场等。

(3)目标市场需求状况:消费习惯,消费者购买趋势,消费者对纳米产品的认可度,消费者对纳米产品的评价及产品体验。

(4)竞争对手状况:现有的竞争对手及其实力状况,竞争对手的产品系列、销售状况、营销手段等。

(5)特定信息:珍珠粉在化妆品研发中的应用情况,珍珠粉的特点、功能及效果,现有珍珠粉化妆品的原材料组成、生产工艺等。

(二)化妆品的行业状况

(1)登录中国产业信息网(http://www.chyxx.com)、中国科技信息网(http://www.chinainfo.gov.cn)等,全面了解化妆品行业应用情况的相关信息、行业政策及新闻。

(2)登录中国化妆品网(http://www.c2cc.cn)、中国报告大厅(http://www.chinabgao.com)、阿里研究中心(http://www.aliresearch.com/)、中国行业研究网(http://www.chinairn.com/)、智库在线(http://www.zikoo.com)等专业数据调查网站,查找、购买、下载化妆品行业市场调查报告。在中国报告大厅网站的搜索框内输入"化妆品行业调查报告",会给出相关调查报告列表,如图5-16所示。

电子商务基础与应用

图 5-16 中国报告大厅网站搜索的化妆品行业报告

（3）在专业网站查找信息。分别登陆中国化妆品网（http://www.zghzp.com/）、中国化妆品行业网站（http://www.hzpnews.com/）、中国美容化妆品网（http://www.mrhzp.cn）和化妆品贸易网（http://www.cc-a.cn/），详细查找收集行业动态、行业政策、媒体报道、新闻咨询、流行趋势、供需状况、新品讨论等相关市场信息。图 5-17 所示是中国化妆品网中搜索"珍珠粉"信息的结果列表。

图 5-17 中国化妆品网"珍珠粉"搜索结果页面

从众多的信息平台和行业网站发现,珍珠粉化妆品可防止皮肤衰老、起皱,具有镇心安神、加深睡眠、消除紧张疲劳的作用,可以广泛用在化妆品领域。

(三)目标市场调研

市场需求量最直观的表现是:产品主关键词的关注度或被搜索的次数多少。通常情况下,某一主关键词被搜索次数越多,说明用户对该关键词的产品关注度越高,市场需求也就越大。由于美玉公司的产品主要面对中国市场,所以,所用的搜索引擎工具以百度为主。

1. 目标群体的基本特征

据第 38 次《中国互联网络发展状况统计报告》数据显示:截至 2016 年 6 月,我国网民仍以 10—39 岁群体为主,占整体的 74.7%;其中 20—29 岁年龄段的网民占比最高,达 30.4%,10—19 岁、30—39 岁群体占比分别为 20.1%、24.2%。网民中学生群体占比仍然最高,为 25.1%;其次为个体户/自由职业者,比例为 21.1%;企业/公司的管理人员和一般职员占比合计达到 13.1%。

从网购人群的消费水平上看:用户网上消费呈现常态化的趋势,整体消费水平提升迅速。从网购商品类别上看,网络购物商品生活化趋势更加明显,服装、家居用品、日常生活用品的网购消费群体扩大。

2. 目标群体需求状况

(1)百度指数。在网址搜索框中输入:http://index.baidu.com 进入百度指数,在输入框里输入"珍珠粉""纳米珍珠粉"及"化妆品"等关键词来查看互联网用户在最近 1 个月、3 个月、6 个月、1 年以及全部时间的关注程度,并查看指定时间段与该关键词最相关的 10 条热门新闻。如图 5-18 所示、5-19 所示。

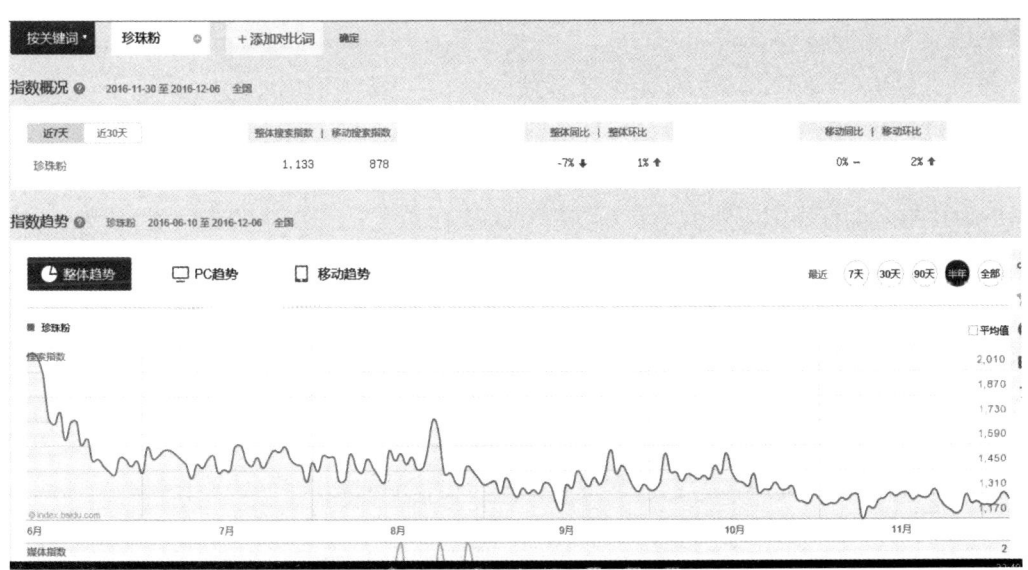

图 5-18 "珍珠粉"近半年百度指数

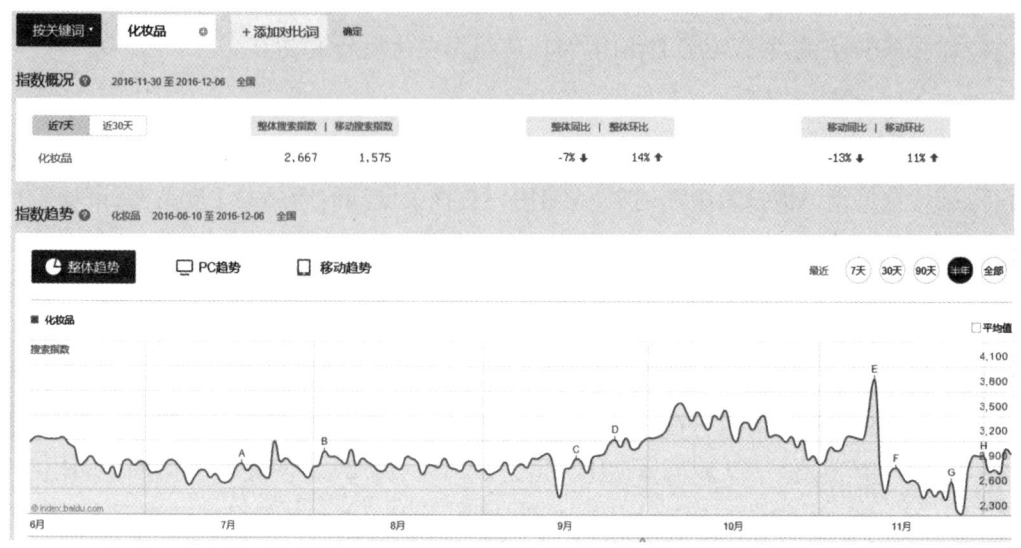

图 5-19 化妆品近半年百度指数

从搜索引擎的搜索状况来看,该类化妆品搜索量即市场需求量和竞争程度都偏低。

(2)查看社区网站。登录相关论坛、社区、博客、微博等网站查看相关关键词的言论,了解用户对相关化妆品的产品或服务的评价,用户期望得到什么样的解决方案,并在这些论坛或社会化网站中发帖子,来征求用户的意见,比如:对该产品是否感兴趣,定价应该是怎样的,该产品使用效果如何,有什么需要改进的地方,应该如何改进,等等问题。常用的该类社会化网站比如:美容化妆品论坛(http://bbs.mrhzp.cn/)、百度的美容贴吧(http://tieba.baidu.com/)、开心520美容论坛(http://www.happy520.com/)、草莓派护肤论坛(http://bbs.caomeipai.com/)、艾美化妆品论坛(http://bbs.aimeiy.com/)、杭州19楼社区(http://www.19lou.com/)、泊薇网(http://www.popovivi.com/)等。

(3)设置在线问卷调查。通过在自己的网站上设置相关的在线调查问卷,并以一定的优惠或奖励吸引用户填写问卷。在其他相关专业网站或论坛上设置调查问卷,并以链接的形式指向设置详细问卷的平台。在专业调查网站上设置在线调查问卷,比如:在态度8上设置关于"珍珠粉化妆品"的在线调查问卷,并通过不同的方式发送给用户。

通过设置调查问卷,可以了解用户对"珍珠粉系列化妆品"的认可程度、产品价位接受程度以及用户购买化妆品的消费属性等。

(4)查看具体产品用户评价。登录电子商务交易平台,比如:淘宝(http://www.taobao.com)、当当(http://www.dangdang.com)、京东(http://www.360buy.com)、聚美优品(http://www.jumei.com/)等,搜索纳米珍珠粉化妆品的相关产品,并查看产品的成交额及用户评价信息。通过搜索发现,该系列产品成交量比较少,但是用户评价很高。如图 5-20、5-21 所示。

图 5-20　淘宝平台珍珠粉相关化妆品产品数量和成交量

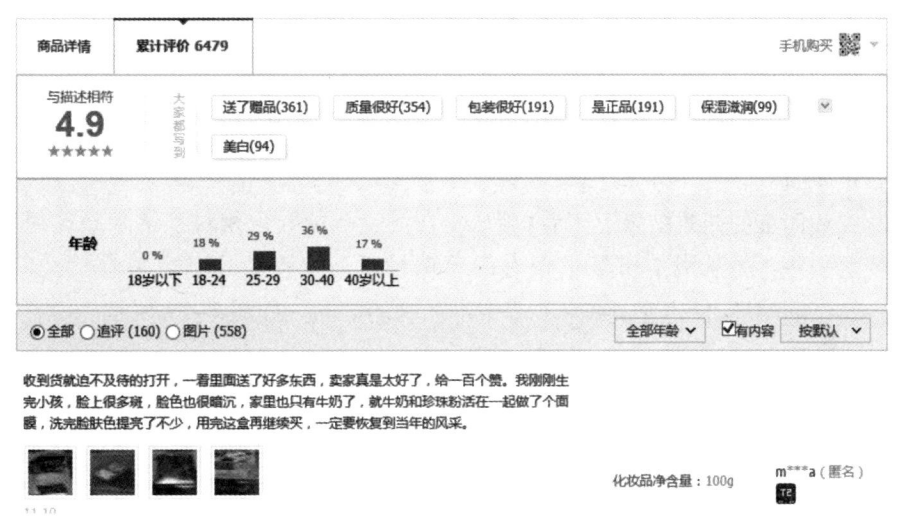

图 5-21　产品评分和用户评价

通过查看相关社区和电子问卷调查,发现大多数消费者尽管对珍珠粉还不是特别了解,但鉴于珍珠粉的药用价值和护肤价值,用户还是非常愿意尝试的。

(四)竞争对手调研

1. 搜索引擎搜索

在常用的搜索引擎比如:百度中分别输入"珍珠粉""纳米珍珠粉"或"珍珠化妆品"等相关关键词,进行搜索。如图 5-22 所示。

图 5-22　百度搜索结果对比

通过搜索结果出现的相关信息数量,了解该市场的竞争程度。通过搜索结果的排名顺序,了解竞争对手的实力情况。通过搜索结果的相关文章内容及信息来源,了解竞争对手的营销能力。

从百度和淘宝的搜索结果上来看,珍珠粉在淘宝上的数量相对于纳米珍珠粉和珍珠化妆品要多一些。另从淘宝市场上现有的珍珠粉系列化妆品的卖家来看,大多是长生鸟、欧诗漫、京润珍珠、资生堂、FANCL 等中端品牌的产品。如图 5-23 所示。

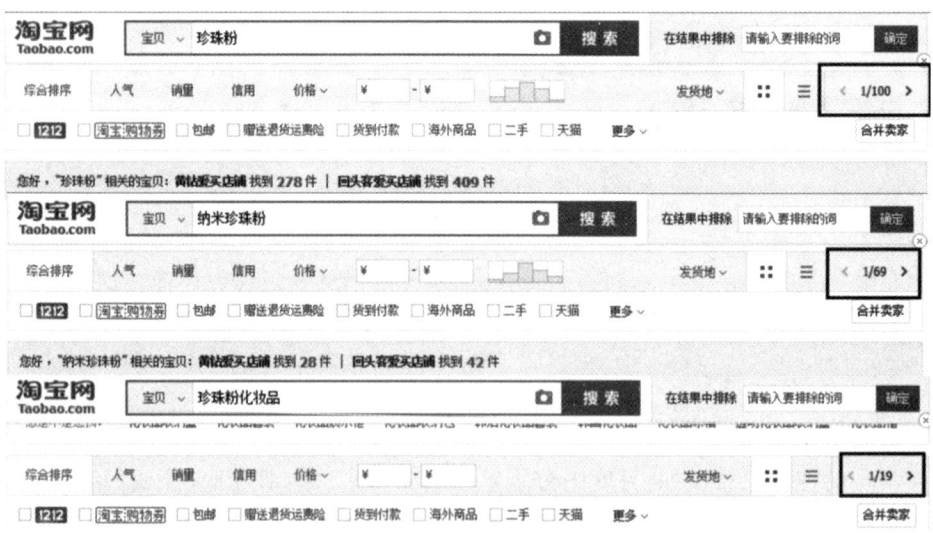

图 5-23　淘宝搜索结果对比

2. 查看竞争对手网站

进行搜索后,排名比较靠前的几家竞争对手分别是:长生鸟、欧诗漫、京润珍珠、欧莱雅、FANCL、迪奥、资生堂等众多知名化妆品品牌。将竞争对手一一记录下来并注意查看和分析,了解其网站的 PR 值、消费人群对产品的关注度、消费人群属性、企业信息、产品信息、企业新动向等。

从用户需求上来看,虽然珍珠粉化妆品目前在网络市场上不是太多,但是用户对珍珠粉系列化妆品的需求欲望还是比较强的。从市场供给上来看,大多数企业所提供的珍珠粉化妆品以面霜居多。虽然也有部分国际品牌商生产其他系列的产品,但是产品价位异常昂贵,不是一般消费群体所能承担起的。鉴于此,美玉公司决定开发添加了纳米珍珠粉的中端价位防晒霜。

二、画眉鸟服饰有限公司第三方网络营销平台选用

经过充分的调研分析,郑州画眉鸟休闲服饰有限公司网络营销团队在进一步做好官方网站优化、加大网络推广的基础上,将工作重心放在选用第三方电子商务平台,建立完备的网络营销间接渠道体系上。为此,该团队计划在初期阶段选用 B2C 平台搭建官方旗舰店进行网络销售。具体步骤如下:

(一)搜索备选的第三方电子商务平台

1. 确定备选方案

按照 1∶3 的比例确定备选平台,分别搜集有价值的 B2C 交易型平台,作为备选对象。

2. 确定备选平台

考虑到第三方电子商务平台的数量众多,且均建立了自己的网站,因此该团队主要根据平台的知名度,借助于平时掌握的资料选择合适的备选 B2C 平台。经过信息搜索和比较分析,分别确定天猫、京东商城、当当网、唯品会为 B2C 类备选平台。

(二)搜集相关的评价数据

1. 考察备选平台的基本情况

为了便于对比,分别访问 4 个备选的交易型 B2C 平台,详细查阅平台简介、用户指南、查阅网站地图和卖家(买家)服务简介,分别了解四个平台的基本情况。详细记录搜集到的相关资料,制作如表 5-1 所示的平台基本情况统计表。

表 5-1　备选 B2C 平台基本情况统计表

B2C 平台名称	京东商城	天猫	唯品会	当当
主营产品	家电、手机、电脑、母婴、服装等	服装、家电、电脑、手机、母婴、汽车等	名品服饰、鞋包、美妆、母婴、居家等	图书、音像、家居、服装、鞋包、美妆等
影响力	中国最大的自营式电商平台,产品品类从3C家电拓展到服装百货	原名淘宝商城,中国地标性的线上综合购物平台	国内专门做特卖的网站	综合性网上购物商城,产品品类从图书、音像拓展到服装百货
服务费用	平台使用费1千元/月;保证金5千～10万;扣点不等	服务年费3万～6万;保证金1万～30万扣点不等	无入驻费用;30%扣点	平台使用费6千～3万;保证金5千～10万;扣点不等
附加功能	京东支付、在线支付、邮局汇款、货到付款、京东白条、京东JIMI、京东社区、在线读书	在线支付、支付宝、蚂蚁花呗、阿里旺旺、淘宝社区、爱逛街、全球购、余额宝	七天无理由退换货、退货返运费、正品保证	支付宝、货到付款、在线支付、当当读书

2. 调查备选平台的实力

(1)调查平台的有效用户数和信息量。使用"服装"作为关键词,对注册用户数量及其地区分布、信息数量进行检索。以天猫为例,在其首页搜索框中,输入"休闲服装",搜索类别选择"店铺",即可得到注册会员数量(图5-24)。将搜索类别改为"大图"或者"小图",则为发布的休闲服饰信息数量(图5-25)。

图 5-24　店铺数量的搜集方法(天猫)

图 5-25　产品发布信息数量的搜集方法(天猫)

(2)调查备选平台的实力。登录世界网站排名权威网站(http://www.alexa.cn),在"Search"框中分别输入要分析的平台的域名(如 tmall.com、360buy.com、dangdang.com、vip.com 等),单击【综合查询】,即可得到各平台的全世界排名,如图 5-26、5-27 所示。

图 5-26　Alexa 网站综合查询页面

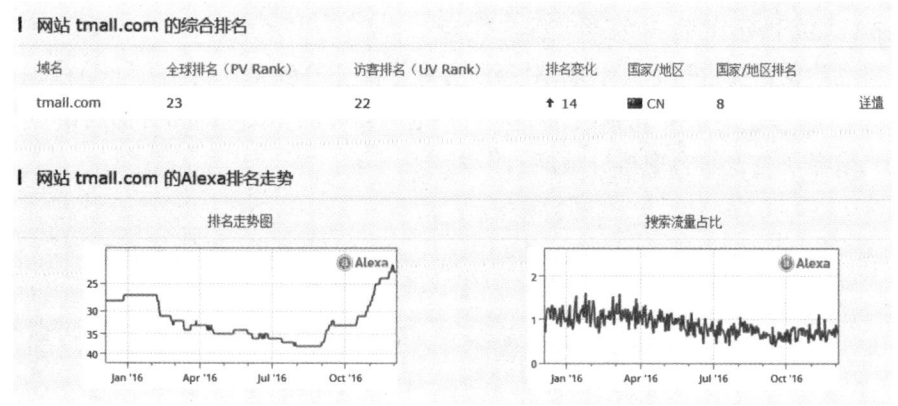

图 5-27　在 Alexa 查看平台的排名(天猫)

3. 调查备选平台的可信度

随机在备选平台中选择5条注册会员信息、5条供求信息和5条客户分布的信息,根据各信息中预留的联系方式,与信息发布人进行联系,核实信息的真实性。按照真实信息数/10的方法,计算出每个平台上两种信息的真实性的百分比,将结果制作成表5-2。

表5-2 _____电子商务平台信息真实性评价表

	选择样本	联系方式	真实性结果	真实性比例
注册会员信息	A	******	真实	
	B	#####	虚假	
	……	……	……	
供求信息	A			
	B			
	……			
客户分布信息	A			
	B			
	……			
总体评价				

4. 搜集用户对平台的评价

在各个平台内部的论坛和家电类专业论坛内,查阅近半年来的有关帖子,对网民关于备选平台的评价信息进行汇总,同时在百度、谷歌两大搜索引擎中用"(平台名称)怎么样"等关键词进行搜索,分析、汇总有关评价信息。依据上述两方面的情况,对各平台的用户评价进行优劣排序。

(三)评估和选择第三方电子商务平台

根据上述调查资料和汇总结果,对第三方电子商务平台评分表(表5-3)中的各项指标进行打分,按照$\Sigma Ai * Bi$计算出每个平台的总分(Ai为二级指标的得分,Bi为该指标的权重),取各类备选平台中得分最高的作为选用平台。

表 5-3 第三方电子商务平台评分表

一级指标	二级指标	权重	数据（描述）	优劣排序	得分
基本情况	服务领域	0.08			
	基本功能	0.08			
	附加功能	0.08			
	收费情况	0.06			
	服务区域	0.08			
实　力	会员注册数量	0.08			
	供求信息数量	0.08			
	会员的地区分布	0.06			
	平台的 Alexa 排名	0.10			
	页面浏览量	0.06			
可信度	信息的真实性	0.06			
	诚信管理	0.10			
用户评价	论坛、搜索引擎的评价	0.08			
合　计		1.00			

（四）基于第三方电子商务平台开展网络营销

天猫是中国地标性的线上综合购物平台，拥有超过 1.2 万国际品牌，18 万知名大牌，8.9 万旗舰店。产品涵盖服装、鞋包、家居、百货、美妆、电脑、手机、数码产品等。因此，公司打算入驻天猫，通过建立天猫旗舰店快速提升在线销售额。经过比较，公司资质等方面均符合该平台入驻条件，于是按照如下流程入驻了天猫开放平台。

（1）入驻申请。登录天猫，点击首页上方的"商家中心"，在打开的页面中点击【立即入驻】，按要求完成"开店申请"。如图 5-28 所示。

图 5-28　天猫招商首页

（2）等待审核。天猫会评估企业和品牌的实例，审核提交材料的真实性、生产经营范围等是否符合国家规定等。

（3）完善店铺信息。激活账号，填写手机号码及邮箱，完成支付宝实名认证；与天猫签署入驻协议，学习平台规则，完善店铺信息，按照产品类别资费标准缴纳技术服务年费和保证金。图5-29是天猫资费组成，图5-30是服饰类资费标准。

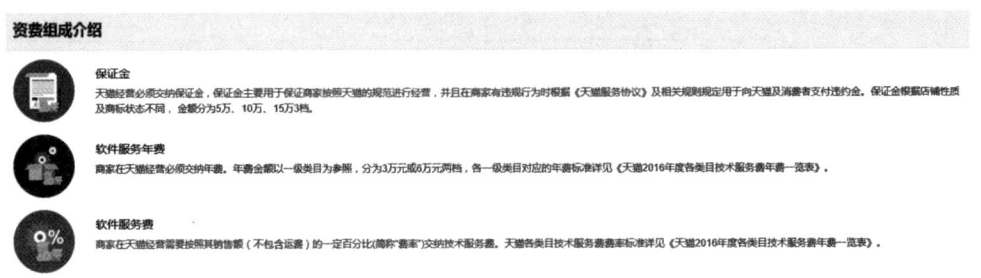

图5-29 天猫入驻资费组成

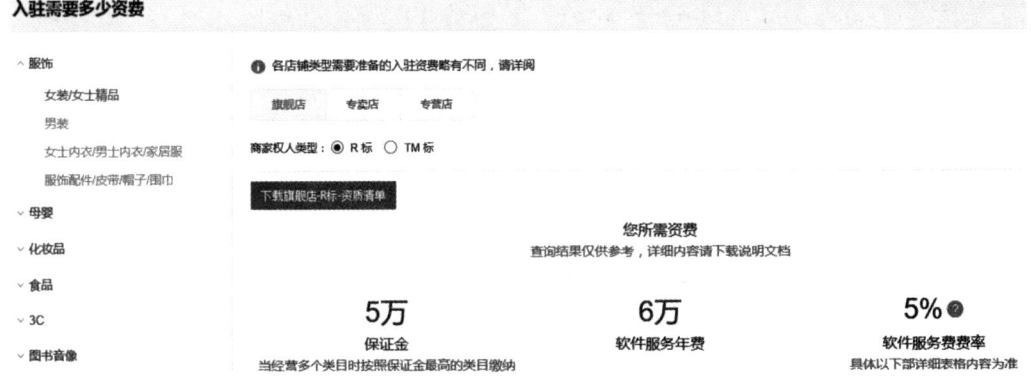

图5-30 天猫服饰（女装）资费标准

（4）开店。装修店铺，发布商品，上线店铺。

三、"户外飞仙"旅游公司推广型邮件营销

"户外飞仙"旅游公司营销部准备在"元旦"前夕利用电子邮件开展营销活动。该公司目前没有多少网络营销经验和专业人员，在营销预算方面也比较谨慎；建站两年多，但网站功能单一，主要是公司介绍、景点介绍等，无网上预订服务；网站上有一个会员社区，拥有用户约1000人。因疏于管理，半年多没有向会员发送过信息了，最后一次是在元旦前，曾向会员发送过公司新增旅游线路的信息。考虑到公司的网络营销经验较少，缺乏许可邮件营销的专业人员，邮件地址资源非常有限，只是偶尔与自身网站的注册会员联系，因此决定借助于专业服务商来进行。具体的操作流程如下。

（一）选择专业 E-mail 营销服务商

（1）用"邮件营销服务商"作为关键词，在网上进行搜索，经过详细的对比分析后初步选定如图 5-31 所示的三家专业服务商作为候选。

图 5-31　三家专业 E-mail 营销服务商

（2）确定本次邮件营销服务商。从服务商的可信任程度（如品牌形象、用户口碑、用户 E-mail 地址来源的合法性、是否发送垃圾邮件等）、拥有的用户数量和质量、用户定位程度、服务的专业性、费用和收费模式等方面进行综合评价，"户外飞仙"网络营销团队选择了网易作为其邮件营销服务商。因为网易邮箱是互联网第一邮箱品牌，截至 2016 年 3 月，网易邮箱已经拥有 8.6 亿用户，用户集中于中高收入群体，相比全体网民消费潜力更大，其中 5000～8000 元占比 23.3%，8000 元以上占比 23.5%，它提供的邮箱直邮服务能够根据性别、年龄、学历、地域、收入、兴趣爱好等定向条件来圈定目标人群，实现精准投放，同时其登录默认页面和发信成功页面的大画面广告以及霸王邮文字链推广，具有曝光充分、信息传播广泛的特点。

（3）谈判与签约。向服务商说明本次许可邮件营销的目的和选择目标用户的基本要求，就邮件发送数量、发送频率、发送载体、费用以及数据收集与反馈、效果评价等事项进行协商。由服务商根据"户外飞仙"旅游公司的要求，筛选潜在目标人群实施精准的邮件营销，并负责提供营销效果评价的相关数据。

（二）确定主动推广型邮件营销的总体策略

（1）以邮件营销为主，配合网络广告；

（2）建立网上牵手俱乐部，吸引更多用户，积累用户群体数据库，持续进行网上营销；

（3）采用一对一邮件定向发送，直接接触并反复影响目标受众；

（4）应用 Flash 连续剧、辅以优惠促销、网络广告等形式，将影响更加扩大化；

（5）邮件发送分为三个阶段，如图 5-32 所示。

（三）设计主动推广型邮件营销的实现步骤

（1）开始发送邮件之前的准备工作。完善或升级收集用户访问、浏览等数据的统计功能；更新网站内容；在公司网站上开设"旅游系列 Flash"在线播放、"户外飞仙俱乐部"会员注册以及有奖调查等栏目；加强对电子邮件系统的监控，配备专职人员负责活动期间与用户的沟通交流。同时，在网易旅游频道首先推出 1 天的中下小通栏广告。

（2）从网易邮箱用户中，选择全国各省会城市、年龄在 18～40 岁之间、大专以上文化程度、喜欢旅游和户外活动、电子邮件活跃程度较高的 20000 名用户为本次活动的目标用户。

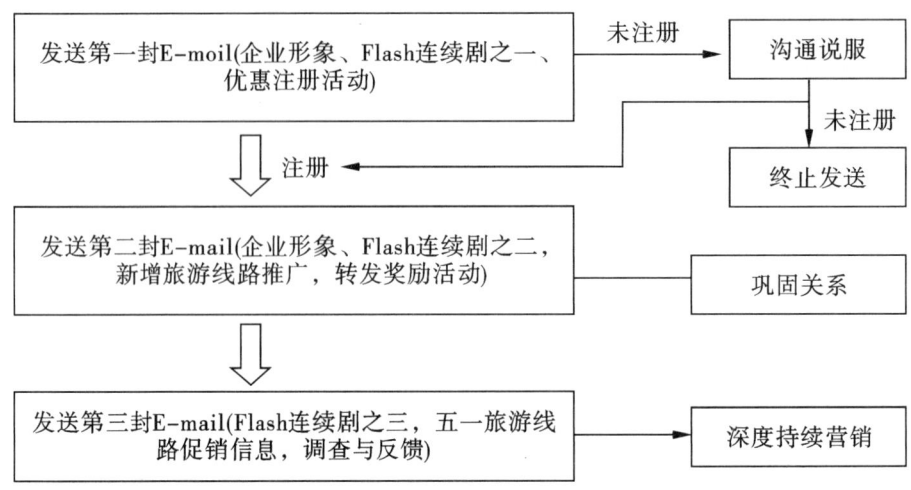

图 5-32　邮件发送的三个阶段

(3) 由服务商向符合上述条件的用户发送主题为"加入新江南,免费游苏杭"的第一封邮件,在邮件中设置公司简介、FLASH 系列旅游短剧第一集链接、有奖注册链接等,如图 5-33 所示。

图 5-33　"加入户外飞仙,免费畅游海南"邮件设计

(4) 收集数据,根据第一次邮件发送情况进行再次营销。根据服务商提供的邮件营销效果数据,向第一次打开信件、点击链接而没有注册的人,进行再次说服营销;对于注册为"新江南俱乐部"会员的用户,兑现相应奖励,并结合其注册的个人信息,在次日向其发送"一对一"的第二封 E-mail,主题为"元旦出游全攻略"。以感谢用户成为会员为纽带,继续设置 FLASH 系列旅游短剧第二集链接,同时向会员介绍公司新增的精品旅游线

路及公司的服务体系,并附奖励性质的"告诉朋友,结伴出游",鼓励会员转发该邮件,参见图5-34。

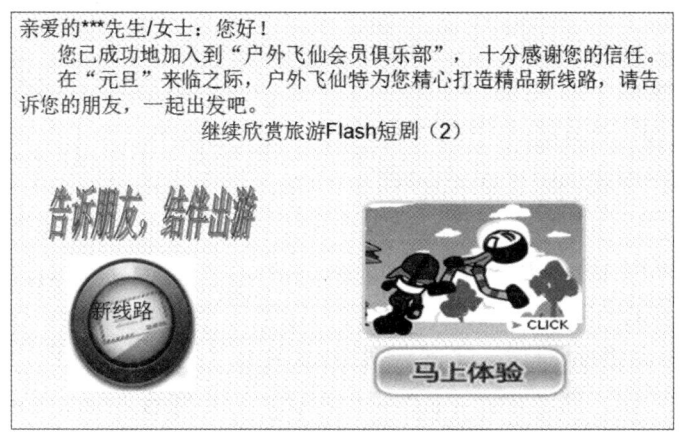

图5-34 "元旦出游全攻略"邮件设计

(5)跟踪分析用户打开、注册、转发前两封邮件的情况,三日后向活跃用户发送主题为"新江南会员五一大礼包"的第三封邮件。除了企业标识、Flash系列短剧第三集链接之外,营销重点放在填写调查问卷和赠送"五一大礼包"上,内容参见图5-35。

图5-35 "元旦大礼包"邮件设计

(四)跟踪监测许可邮件营销的效果

电子邮件营销的效果监测需要通过相应的技术方法才能实现。户外飞仙网络营销团队结合邮件营销的目的和实施方法,采用相应的技术手段,重点对邮件打开率/阅读率、链接点击率、直接销售率进行跟踪监测,并根据这些数据的变化情况,对许可邮件营销的工作进行反思可动态调整。

1. 邮件送达率

发送邮件总数(通常就是数据库中的订户总数)减去接收到的退换邮件数目,就是送达的邮件数。以送达邮件数除以发送总数即为邮件的送达率。

送达率显示邮件已进入用户邮箱的比例。不过进入邮箱却不定意味着用户能看到这封邮件。邮件有可能直接就进了垃圾文件夹,用户有可能只看了标题就删除了,但这些邮件也都是被计算入已送达数字之内的。所以实践中送达率是一个必须知道但实际意义却比较小的数字。用它来衡量用户看到邮件的真实情况,误差比较大。在实践中,邮件打开率或者阅读率,比送达率更有意义。

2. 邮件打开率/阅读率

邮件打开率/阅读率即打开(阅读)邮件的次数与送达总数的比值,它直接表明用户真正打开邮件的比例。测量方法是在邮件的 HTML 版本中嵌入一个像 1×1 像素的跟踪图片文件。当用户打开邮件,邮件客户端就会调用位于网站服务器上的这个跟踪图片文件。因此,从服务器日志中记录的跟踪图片文件被调用的次数就是相应邮件被阅读次数。

户外飞仙网络营销团队在发送的每封邮件中都嵌入了名称各不相同的跟踪图片文件,追踪图片文件总调用次数往往会更高,因为同一个用户可能多次打开同一封邮件。为了更精确地获取邮件的打开率或阅读率,他们每周都从服务器中提取跟踪图片文件被独立 IP 调用的次数,并用该数值除以成功发送的总数值来统计邮件的打开率/阅读率。

需要注意的是,用户打开邮件后是否真正阅读,在目前是没有技术能监测的。另外,如果用户选择订阅纯文本格式的邮件,或者其邮件客户端因某种原因只能显示纯文字版本,这样的阅读次数从技术上来说也是无法统计的。不过,现在所有的邮件客户端及免费 Web 邮件都支持 HTML 邮件,除非用户特意设置成只阅读纯文字版本。

3. 链接点击率

为了有效地适当推广产品或服务,户外飞仙网络营销团队在每一封邮件中都提供一个指向公司网页的链接,以吸引用户点击链接来到网站,从而产生销售。

但邮件中的链接不是普通的 URL。如果在邮件中放上普通的 URL,是无法把来自电子邮件的点击与直接在地址栏输入 URL 或从浏览器书签访问网站区别开的。在网站流量统计中,这些访问都是有来路的,都被算作直接流量。

为此,他们在每封 E-Mail 中都给予一个特定的跟踪代码。如图 5-36 所示。

同时,因为电子邮件中的 URL 链接通常需要在服务器端做转向处理。考虑到"户外飞仙"旅行社的电子邮件营销系统后台具备点击统计功能,因此他们将邮件中的点击链接均作了定向处理,通过这样的方法,他们详细分析订阅者是更喜欢点击邮件头部的链接,还是更喜欢点击正文中的链接,还是邮件结尾处的链接。有了这些统计数字,再查看分析邮件的布局和内容,逐步了解了用户的目光通常会被吸引在什么地方,什么样的措辞和内容更吸引用户点击链接。

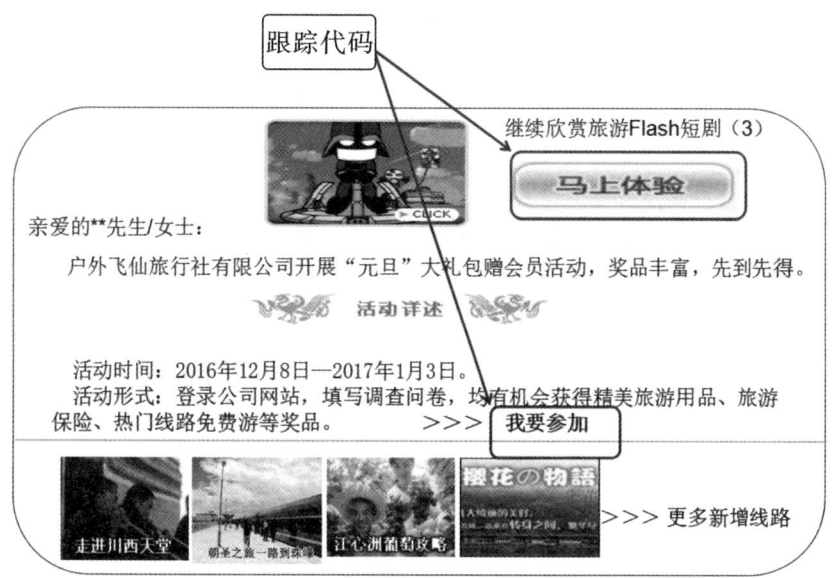

图 5-36　电子邮件中链接点击的跟踪代码示意图

4. 直接销售率

最有效的电子邮件营销是要产生销售。要统计从电子邮件产生的具体销售数据，就需要综合运用上面所讨论的链接点击统计和网络会员制营销。

户外飞仙网络营销团队对每一封电子邮件里面的所有链接，都置入一个特定的网络会员制营销程序。这样，凡是电子邮件带来的销售数字都会被程序准确记录。通过这种强有力的电子邮件营销效果监测手段，他们及时掌握了实际销售数字，了解电子邮件营销带来的实际销售金额和利润率，并能精确统计出电子邮件营销的投资回报率。

☞任务评价

网络营销是企业以现代营销理论为基础，利用 Internet 技术和功能，最大限度地满足客户需求以达到开拓市场、增加盈利目标的经营过程。随着信息技术与市场营销的相互结合、相互作用，形成了网络营销的产品、价格、渠道和促销的组合。网络营销是企业营销战略中的一个重要组成部分。一方面，企业需要根据信息化社会的营销环境和技术特点，将网络营销与传统营销进行有效整合，将人员推销、市场调查、广告促销、经销代理等传统营销手法，与互联网相结合；另一方面，企业特别是中小企业，必须结合自身实际，确定适宜的网络营销模式、目标，选择相应的网络营销方法，充分利用网络营销工具和互联网资源，以最低的成本投入，获得最优的营销效果。

任务六 电子商务网站开发

【知识目标】

1. 认识电子商务网站;
2. 了解电子商务网站的类型;
3. 熟悉电子商务网站的内容;
4. 掌握电子商务网站策划书的内容。

【知识目标】

1. 能设计电子商务网站的功能和栏目;
2. 能设计电子商务网站的风格;
3. 能布局电子商务网站的页面;
4. 能策划设计电子商务网站策划书;
5. 能发布和测试电子商务网站。

【知识目标】

1. 具有电子商务网站开发的耐心细致和团队协作精神;
2. 树立电子商务网站开发的系统意识和创新精神。

☞ 任务引入

数码驿站科技有限公司是一个经营数码产品的公司,其在淘宝平台的网店已经有一定规模,公司准备拓展新的渠道,借助公司的网站,开展宣传、商务、营销活动。

数码驿站科技有限公司的技术部经理找到帮你做IT网络服务公司,希望帮他们搭建一个小型的企业商务网站,在网上展示手机、电脑、摄像机等数码产品,通过网站进行营销宣传推广,提高知名度。双方通过沟通,明确了公司建设网站的目的和宗旨,帮你做IT网络服务公司组建了一个由技术人员+学生的数码驿站网站开发团队,开始对网站进行策划和设计。

☞ 任务分析

电子商务网站是一个集商务、管理、技术、视觉于一身的庞大复杂的有机体,因而,网站建设不仅仅是做一些网页的事情,是一个涵盖策划、设计、实施、测试、运营和维护的系统工程,建设网站的首要工作是对网站进行规划和定位,拿出策划方案,对网站内容、功能、风格等进行沟通;然后网站的开发公司才能设计制作;然后是测试、优化、发布、推广和维护服务。

☞ 相关知识

一、电子商务网站内涵

(一)电子商务网站的概念

电子商务的运营需要以互联网为载体,以商务网站为平台,是一个企业以电子商务为模式开展网上商务活动的最重要的工具和窗口。关于电子商务网站,迄今尚没有明确的定义。对于企业来说,它好比"媒体""中介""经销商";对于商家来讲,它好像是"商店""商场""门店";对于政府机构来说,它好像是"宣传栏""接待处""服务窗口"等。在电子商务中,网站是其拥有者与用户交流、沟通和开展业务的窗口,是买方和卖方信息交汇与传递的渠道,是企业展示其产品与服务的舞台,是企业体现其企业形象和经营战略的载体。

对企业来说,通过自己的电子商务网站,不仅可以创建虚拟和现实结合的门户,建立企业的CI(Corporate Identity System)形象,开展商务活动和服务,而且有助于塑造企业的网上品牌,扩大企业品牌的覆盖范围和影响力,同时有助于企业利用网络传播速度快、无地域、无时空限制的特点和电子商务的新模式,创新企业的经营模式,提高企业的直接和间接效益,丰富企业战略规划的内涵。

因而本书将电子商务网站概括为:电子商务网站是企业开展电子商务的基础设施和信息平台,是实施电子商务的公司或商家与服务对象之间的交互界面,是电子商务系统运转的承担者和表现者。其本质是在软、硬件基础设施的支持下,由一系列网页、文档、编程技术和后台数据库等构成的,具有实现电子商务运营的各种功能的集合。

(二)电子商务网站的类型

电子商务网站划分标准不同,类型不同,比如:按照电子商务模式分为 B2C、B2B、C2C、B2G 等类型;按照产品线宽度和深度分为水平型、垂直型、专门店型和公司型;按照网建的拥有主体分为行业型、企业型、政府型和服务型;按照商务目的和业务功能分为宣传型、客户服务型、平台型、商务型。在实际运营中,一个网站可能兼具几种类型,如果要做标准的电子商务,其网站必须能够满足商务活动的信息流、资金流、商流和物流等环节的所有需求。因而,本书重点介绍宣传型、客户服务型、商务型和平台型的电子商务网站,目的是让读者对电子商务网站有一个初步的全面认识。

1. 宣传型商务网站

这类网站建立的目的是通过网站宣传企业自身,推广产品和服务项目,提升企业的形象,扩大品牌影响,拓展潜在市场。适用于各类企业,特别是中小企业或已有外贸业务或意欲开拓外贸业务的企业。

这类网站的特点是:页面结构清晰,内容简要,具备基本的网站功能,突出企业、产品和服务的宣传功能,在网站页面上的信息大都是公司介绍、公司的联系方式、公司的网点分布、活动信息、产品的性能和价值介绍、产品图片和简捷文字说明等。

典型网站:河南省百泉制药有限公司官方网站,http//www.bqzy.com,如图 6-1 所示。该网站属于河南省百泉制药有限公司。该公司是一个中药生产和制造企业,依托于中国医学科学院、中国药科大学、哈尔滨汉方研究所、河南中医学院,先后开发 4 个国家中药保护品种、6 个国家级新药,建有新乡市中药制剂工程技术研发中心,拥有 10 万级标准厂区和 7 个剂型的 GMP 认证车间,能生产 160 个中西药品种;按照 GAP 标准,开发柴胡种植基地万余亩。

2. 客户服务型商务网站

这种类型商务网站的建立是通过宣传公司形象与产品,达到客户实时沟通以及为产品提供技术支持的目的,从而降低成本,提高工作效率,适用于各类企业。

这类网站的特点是:以企业宣传和客户服务为主要功能,一般通过公司领导、公司历程、公司荣誉、公司理念等宣传公司,通过提供专业技术服务和行业解决方案为客户服务。

典型网站:cisco 网站,http://www.cisco.com/c/zh_cn/index.html,如图 6-2 所示,属于思科系统公司(Cisco Systems, Inc.)。该公司是一个提供网络数据分析、咨询、托管、优化等网络技术服务和云解决方案、移动解决方案、安全解决方案等专业解决方案的公司。页面中主要介绍自己的网络产品路由器、服务器、交换机等,云和系统管理服务、协作服务、交换服务等技术服务,云解决方案、移动解决方案、物联网解决方案、安全解决方案等各种网络解决方案。

任务六　电子商务网站开发

图6-1　河南省百泉制药有限公司宣传型网站

图6-2　Cisco思科系统公司服务型商务网站

3. 商务型网站

这种类型商务网站建立的目的是通过网站宣传公司整体形象,展示产品和信息,对产品和服务进行推广,实现网上客户服务和产品在线销售,为公司创造直接效益和间接效益,提高企业或公司的竞争力。

该类网站的特点是:具备商品展示、信息检索和管理、商品订购、网上支付和形象宣传等电子功能,实现商务活动、交流沟通、用户体验、网上支付和网络营销的网络化。

典型网站:贵州茅台酒股份有限公司网站,http://www.moutaichina.com/,如图6-3所示。

贵州茅台酒股份有限公司网站由网站首页、企业概况、产品中心、新闻资讯、服务中心、投资者关系、茅台商城等主要栏目构成,茅台商城栏目下的页面主要承载网上一系列商务活动,实现在线交易和支付。其他栏目主要是宣传、推广和提供信息和客户服务。

图6-3 贵州茅台酒股份有限公司商务型网站

4. 平台型网站

这种类型网站的目的是为企业、商家或个人提供网上交易洽谈的平台,为企业或商家在Internet网上进行商务活动提供虚拟网络空间和保障商务顺利运营的管理环境,协调、整合信息流、货物流、资金流有序、关联、高效流动。企业、商家可充分利用电子商务平台提供的网络基础设施、支付平台、安全平台、管理平台等共享资源有效地、低成本地开展自己的商业活动。按照交易主体的不同分为:B2B、B2C、C2C、O2O、B2M、M2C、B2G、C2G等类型。

该类网站的特点是:为电子商务模式建设网络空间,提供商品信息展示的平台、商品交易的场所和工具、网上支付工具、网上交流沟通工具、行业咨询与运营服务,建立电子商务运营的管理环境。

典型网站:马可波罗网站,http://china.makepolo.com/,如图6-4所示。

图6-4 马可波罗B2B采购商网站平台

该网站2006年12月由闽商财团投资组建,2011年获得英特尔及LG电子联合注资,现已成为B2B电子商务采购搜索,是全球领先的精准采购搜索、流量第一的专业搜索引擎,是中国最大的采购商聚集平台,主要以大数据为基础,以数据分析技术为驱动力,以全方位综合服务为中心,不断向中小企业提供价值。其不根据第三方权威咨询机构艾瑞咨询公开数据显示,马可波罗网在B2B行业综合排名已位居第二,仅次于阿里巴巴。

马可波罗网站通过首页、热词直通车栏目向有需求的采购商提供机械类型的产品信息;营销服务、全网推广栏目向企业提供营销和推广服务;金融栏目为中小企业提供融资渠道和融资服务;惠采购栏目是基于移动端的服务;行业资讯栏目通过大数据云计算搜集、分析行业信息,为企业的预测和决策提供支撑;商机库栏目提供求购和供给信息,企业可以捕获自己的合作伙伴和营销对象,减少商品流动的中间环节,让企业精准营销,降低成本。

二、电子商务网站开发方式

目前流行的网站建设方式主要有外包定制、托管自助和独立建设三种方式,由于公司规模、部门组织、资金和人力资源构成等差异,加上互联网改变整个行业价值链上市场和渠道的速度之快,使得企业或公司要想更好地适应信息时代经营环境的瞬息万变,必须结合自身的特点选择适合自己的网站开发方式。

（一）外包定制建设网站

外包定制建设网站就是由建站方的设计师和技术人员为企业构建整个网站，网站设计、开发、实施和运作等网站建设环节中的工作，域名的设计、注册等外包给第三方IT类公司。服务器可以自己购买并建设网站机房，也可以自己购买然后托管在ISP（Internet Service Provider）网络服务提供商的机房中，还可以租用ISP的服务器，网站的维护和管理可以自己组织人员进行，也可以让ISP提供维护和管理服务。

此类网站由ISP负责提供网络接入设备，企业自己在主机上安装、配置需要的各项服务，并且可以享有较高的接入带宽，技术人员为主机的硬件环境和软件环境进行远程维护。网站开发时间一般在数月内完成，价格在数万元到几十万元，适合对网站建设有一定预算，但又不想在网络服务器等网站硬件和技术人员上投资的大中型公司或企业。

（二）托管自助建设网站

托管自助建设网站也叫虚拟主机建设网站，是指在自助建站服务商的网站平台上租用网络空间，企业或公司的相关人员，根据给定的模板在网页中填入自己的相关信息、文本和图片等内容，快速生成网页建设网站，并自行打理网站的开发方式。

此类网站客户无须自己购置服务器，而是直接采用服务提供商准备的服务器以及软件系统，带宽、安全、稳定、系统维护等问题都由服务商技术人员来打理。网站开发时间短，几天甚至几个小时就能建成一个网站，费用低廉，数百元就可以拥有企业网站所需的功能。

（三）独立建设网站

公司企业自己购买、管理服务器等网站硬件和软件建设网站机房，组织内部技术人员，对网站进行策划、设计、制作、测试、维护和管理，自己负责商务网站运营的建站方式称为独立建设网站。

此类网站需要配备专业人员，申请专线、购买服务器、路由器等硬件设备，并安装相应的网络操作系统，开发使用Web程序，设定Internet服务的各项功能，包括DNS服务器及WWW、FTP服务设置等，但是可以自由设置功能，自由使用软件，自行配置网站环境。由于建设成本高，从几十万到上千万不等，需要专门技术人员和机房场地，因而适合有实力的大型企业。

三、商务网站建设与运营的流程

电子商务活动已经成为企业拓宽市场渠道、节约经营成本的重要途径，活动中的PR（Page Rank）、PV（Page View）、提供率、流量转化率和网站黏度等成为衡量企业开展电子商务活动水平的有效指标。商务网站的风格、视觉效果、内容、功能、结构等是影响这些指标的关键因素之一，作为企业战略规划一部分的网站建设是一个系统工程，其结构复杂、动态性强，因而商务网站的建设运营需要有计划、有步骤地按照一定的方法和流程，对网站进行分析规划、构建运行环境、设计制作、测试发布以及推广维护，才能建设高质量的满足电子需要的电子商务运营平台,其流程如图6-5所示。

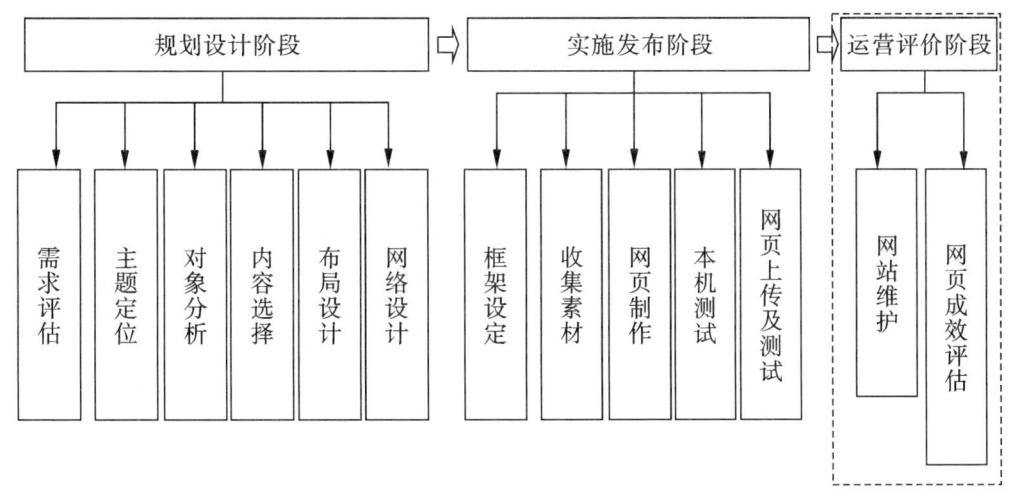

图6-5 网站建设与运营流程

从图中看出,商务网站建设一般分为规划设计、实施发布和运营评价三个阶段。规划设计阶段是整个网站开发的基础和保障,该阶段为后两个阶段提供指导性和方向性的方案。实施发布阶段是第一个阶段方案的呈现,也是第三个阶段的保证。运营评价阶段是对前两个阶段工作的验证和肯定,也是对前两个阶段工作的再优化。本任务主要对商务网站规划设计的重要成果——商务网站策划书、商务网站的主要功能和内容、网站的实施制作、网站的测试发布、网站的推广和维护进行重点介绍。

(一)网站规划设计

网站规划是指在网站建设前对市场进行分析,确定网站的目的和功能,并根据需要对网站建设中的技术、内容、费用、测试、维护等做出规划。网站规划对网站建设起到计划和指导的作用,对网站的内容和维护起到了定位的作用。实质就是网站建设前确定网站的主题和目标,对网站内容、网页风格、页面布局及功能等策划设计。

在网站规划阶段,需要对商务网站建设和运营过程中涉及的方方面面进行统筹规划和思考,以便网站在实施阶段少走弯路,提高开发效率和质量。商务网站规划设计的结果是提交商务网站建设运营策划书,内容包括网站定位,市场分析,网站功能、内容、布局、风格等,同时还要描述网站制作的技术和手段,对网站后期的维护、推广等也要有所体现。

1. 建设网站前的市场分析

(1)相关行业的市场分析。目前市场状况的调查分析,市场有什么样的特点和变化,目前是否能够并合适在因特网上开展公司业务。

(2)市场主要竞争者分析。例如竞争对手上网情况及其网站规划、功能的参考和分析。

(3)公司自身条件分析。包括公司概况、业务及行业特点,可以利用网站提升哪些竞争力,建设网站的能力(费用、技术、人力等)。

2. 建设网站的目的及功能定位

(1)为什么要建立网站。开发者需要和企业一起思考建站的目的,是为了宣传产品,进行电子商务,还是建立行业性网站,是企业的需要还是行业的延伸等。

(2)整合公司资源,确定网站功能。根据公司的需要和计划,确定网站的功能。产品宣传型、客户服务型、电子商务型等网站因网站建设和运营的目的不同,其功能也有所不同,电子商务网站的功能主要有产品宣传、广告、沟通交流、商品浏览搜索、电子支付、新闻管理、商品管理、订单管理、客户关系管理等。

(3)网站的目标。根据网站的功能,确定网站应该达到的目的和作用。

3. 网站技术解决方案

根据网站的功能来确定网站技术解决方案。

(1)采用自建服务器还是租用虚拟主机或者主机托管的方式。

(2)选择操作系统,用 UNIX、Linux 还是 Windows 2000/2003 Server。分析投入的成本、功能开发、稳定性和安全性等。

(3)采用系统性的解决方案(如 IBM、HP 等公司提供的企业电子商务解决方案)还是自行开发。

(4)相关的程序开发。如使用的开发工具 Dreamweaver、Flash、Photoshop、ASP 以及数据库等。

4. 网站的内容规划

(1)根据网站的目的和功能规划网站内容。一般企业网站应包括的内容有:公司简介、产品介绍、服务内容、价格信息、联系方式、网上订单等。

(2)电子商务类网站要提供会员注册、详细的产品服务信息、信息搜索查询、订单确认、付款、个人信息保密措施、相关帮助等栏目和内容。

注意:网站内容是网站吸引浏览者的最重要的因素,无内容或者不实用的内容都不会吸引匆匆浏览的访客。可以事先对人们希望阅读的信息进行调查,并在网站发布后调查人们对网站内容的满意度,及时调整网页内容。

5. 网页设计

(1)网页美术设计要求。网页美术设计一般要与企业整体形象保持一致,要符合企业形象规范。要注意网页色彩、图片的应用以及版面的规划,保持网页的整体一致性。

(2)新技术采用要结合目标群体的地域、年龄阶层、网络带宽、阅读习惯等。

(3)制订网站更新和改版的计划,如半年到一年的时间进行较大规模更新或改版。

6. 网站维护

(1)内容的更新和调整等。

(2)服务器及相关硬件的维护,对可能出现的问题进行评估。

(3)数据库维护,有效利用数据是网站维护的重要内容,因此数据库的维护和备份需要得到高度的重视。

（4）制定相关网站维护的规定，将网站维护制度化、规范化。

7. 网站测试

网站发布前要进行细致周密的测试，以保证正常的浏览和使用。主要测试内容有：服务器的稳定性、安全性、程序及数据库测试、浏览器兼容测试、网页兼容测试，如浏览器、显示器的分辨率等。

8. 网站的发布与推广

网站测试后，进行域名的选择与注册，然后通过 FTP 上传至网络空间进行网站的发布。网站可通过搜索引擎、广告宣传进行推广。

9. 网站建设日程表

各项规划任务完成的时间以及负责人等。

10. 费用明细

列出各项事宜所需的费用清单。

网站规划书应该尽可能涵盖网站规划中的各个方面，网站规划书的写作要科学、认真、实事求是。以上为网站策划书范文中应该体现的主要内容，根据不同的需求和建站目的，内容也应增加或减少。在建设网站之初一定要进行细致的规划，才能达到预期建站目的。

（二）网站的内容设计

网站不仅是企业电子商务活动的空间，同时也是企业宣传产品和服务的窗口，是树立企业形象的前沿。赋有创意的网站就如同构思精巧的广告，能让人欣然接受，也必定吸引大量的浏览者，使更多人认识企业，进而喜爱你的企业，因此内容设计在网站开发中起着至关重要的作用。网站内容设计包括以下几个方面。

1. 网站信息内容及功能模块

建立企业网站主要是为了让外界了解企业自身，树立良好的企业形象，并提供一定服务。不同企业要根据行业和自身特点进行信息内容和功能模块设计，以下内容仅供企业建站参考。

（1）企业信息要素模块。在这一模块中应包含三个方面：企业概况（企业背景、发展历史、经营理念、主要业绩、主要业绩、组织机构）；认识信息；企业动态。通过这一模块展示企业的完整形象。

（2）产品信息模块。企业应该把自己主要的产品全貌反映在网站上，让客户能够查询到产品的主要技术规格、照片和其他公开的信息。

（3）服务信息模块。该模块主要包括营销网络信息、售后服务信息、技术支持信息和联系信息。

（4）其他信息模块。该模块根据企业的特点自行设计，一般包括财务信息、互动栏目等。

2. 网站目录结构设计

电子商务网站目录结构是指网站组织和存放站内所有文档的目录设置情况。不同的网站有不同的目录结构,目录结构的好坏对浏览者来说没有太大的影响,但是对于站点本身的上传和维护、内容扩充有着重要的影响。所以,在网站设计中要合理定义目录结构和组织好所有的文档。目录结构设计有以下建议:

(1)不要将所有文件都存放在根目录下。

(2)按内容分类建立子目录。

(3)在每个主目录下都建立独立的 images 图片目录。

(4)目录的层次不要太深,一般不要超过 3 层。

(5)目录的命名要使用可识别的英文。

3. 网站的链接结构规划

网站的链接结构是指页面之间相互链接的拓扑结构,建立在目录结构的基础之上,每个页面都可以做一个节点,链接是在两个节点之间的连线,可以是一对一的链接,也可以是一对多的链接,形成一个立体的空间。常用的链接方式如下。

(1)树状链接结构。树状链接结构是首页指向一级页面,一级页面指向二级页面,立体结构看起来就像是楼梯,这样的链接结构浏览时一级一级进入,一级一级退出,浏览效率较低。如图 6-6 所示。

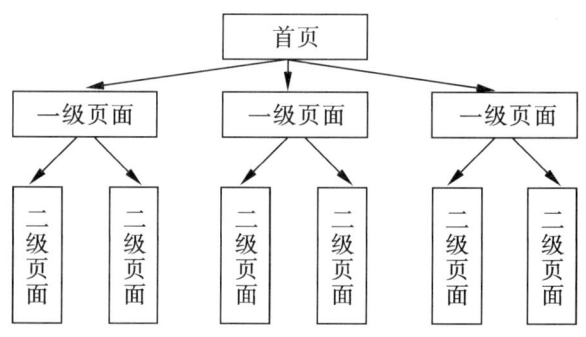

图 6-6 树状链接结构

(2)星状链接结构。星状链接是指每个页面之间都相互建有链接,其立体结构就像电视塔上的钢球,如图 6-7 所示。星状结构的缺陷是必须使用大量的页面面积来设置转向其他页面的链接,这样损失了很多有效的浏览面积。另外,太多的链接也会让浏览者眼花缭乱,难以选择。

(3)混合链接结构。混合链接结构是将两种结构混合起来,达到最好的效果,使浏览者可以方便快速地达到自己需要的页面,又可以清晰地知道自己的位置。所以最好的办法是一二级页面之间采用树状链接结构,超过三级页面,在页面里显示导航条,同时在页面中显示浏览者所处的位置,例如:"当前位置:首页>一级页面>二级页面>当前页面"。

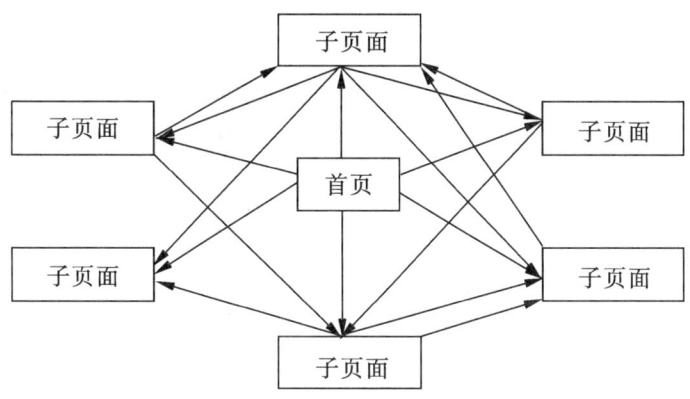

图 6-7　星状链接结构

4. 网页版面布局设计

布局就是以最适合浏览的方式将图片和文字排放在页面的不同位置,设计版面布局就像传统报纸杂志编辑一样,可以将网页看作一张报纸、一本杂志进行排版。页面布局,什么才是"最适合",并没有一个标准答案,一般遵循实用、符合审美要求两个原则。常见的网页布局方式有:"T"型布局、"国"型布局、POP 布局、"口"型布局等。

(1)"T"型布局。就是指页面顶部为横条网站标志+广告条,下方左面为主菜单,右面显示内容的布局,整体效果类似英文字母"T",所以称之为"T"型布局。这是网页设计中用得最广泛的一种布局方式。这种布局的优点是页面结构清晰,主次分明,是初学者最容易上手的布局方法。缺点是规矩呆板,如果不注意细节色彩,很容易让人视觉疲劳。

(2)"国"型布局。也可以称为"同"字型,是一些大型网站所喜欢的类型,即最上面是网站的标题以及横幅广告条,接下来就是网站的主要内容,左右分列一些两小条内容,中间是主要部分,与左右一起罗列到底,最下面是网站的一些基本信息、联系方式、版权声明等。这种结构是我们在网上见到的差不多最多的一种结构类型。

(3)POP 布局。POP 引自广告术语,就是指页面布局像一张宣传海报,以一张精美图片作为页面的设计中心。常用于时尚类站点。优点显而易见:漂亮吸引人。缺点就是速度慢。作为版面布局,还是值得借鉴的。

(4)"口"型布局。这是一个象形的说法,就是页面一般上下各有一个广告条,左面是主菜单,右面放友情链接等,中间是主要内容。这种布局的优点是充分利用版面,信息量大。缺点是页面拥挤,不够灵活。

5. 网站风格设计

商务网站风格要能突出主题、渲染氛围、具有时代符号和群体偏好,又要与众不同,吸引更多的眼球。

网站风格(style)是抽象的,是指站点的整体形象给浏览者的综合感受,包括站点的CI(标志,色彩,字体,标语)、版面布局、背景、图片、浏览方式、交互性、文字、语气、内容价值、企业理念等诸多因素。比如迪士尼是生动活泼的,IBM 是专业严肃的,这些都是网站给人们留下的不同感受。

网站风格是独特的,是一个网站不同于其他网站的一种感觉。一种 Logo、鲜明的色彩、独特的技术、便捷的交互方式,能让浏览者明确分辨出这是你的网站独有的。例如太平洋电脑网(www.pconline.com.cn)蓝色主色调的科技象征,中国迪士尼网站(www.dol.cn)的多彩和卡通呈现了活泼生动的风格。

网站风格是有生命的,以人为本,站在用户的角度去设计网站的整体形象、导航菜单、视觉效果等,为用户营造一个舒适、贴心、简单的网络氛围,帮助用户解决问题,为用户着想,为用户匹配与产品相关的优惠信息,比如价格、服务和相关咨询与常识,保证用户在使用过程中的顺畅性和快捷性,让用户快速找到自己想要的东西,同时在阅读页面时也能保持心情的舒畅和视觉的轻松,这样可以给用户带来好感,觉得网站是有生命的,有交流的。

有风格的网站与普通网站的区别在于:普通网站你看到的只是堆砌在一起的信息,你只能用理性的感受来描述,比如信息量大小、浏览速度快慢;有风格的网站,让人有舒适的感觉和愉悦的感知,比如站点的品位、视觉享受、温馨的沟通交流、贴心的服务。

6. 首页和其他页面的设计

一个网站的首页基本反映了该网站的大部分设计思想,所以首页对于一个网站来说十分重要。同时,网站是由多个页面组成的,除了首页之外还有很多网页,在制作各个页面时也需要进行设计。

(1)主页设计。即主页、起始页,也就是打开网站后看到的第一个页面。网站的首页就好像人的脸部一样,给人的是第一印象,也称网上第一视觉效应,它的设计直接关乎整个网站的风格以及整体效果。因而主页设计时导航要清晰、内容要全面、布局要合理、主题要突出。

(2)产品分类页面设计。产品分类页面是某类产品的集合,该类页面以某类产品如手机为范围,在页面中以品牌、型号、产地、生产厂商等为标准再详细深入划分产品的类型和产品。该页面在清楚展示此类产品的同时,要通过版块标题、导航、文字、色彩等特殊元素保持风格的一致性、共有信息的统一性。

(3)内容页面设计。主要是对某一个产品服务进行介绍的页面,该类页面多以文本为主,辅以图片、多媒体等元素,图文并茂,达到清楚深入介绍产品、激发购买欲望的目的。

(4)功能页面设计。此类页面以实现商务网站的某一项功能为核心,比如购物车、订单、支付等。所以页面要简单不失呆板,有技术而操作便捷,结构清晰而美观。

(三)网站的实施

网站的实施就是网站建设与运营最核心的阶段,该阶段将利用各种建站技术将规划和设计阶段的内容以网页页面的形式表现出来,该阶段需要专业的制作软件和网站开发技术,在此只做简单介绍,对此感兴趣的同学可以在网站建设等相关课程中深入学习。

(1)设计工具软件。主要有 FrontPage、Dreamweaver、UltraEdit 等,用来建立本地站点、管理站点、上传下载站点和制作网页。

(2)图像处理软件。主要有 Photoshop、Fireworks 等,用来处理网站中的商品、企业等方面的照片和设计布局图。

(3)交互式程序设计软件。主要有 ASP(Active Server Pages)、PHP(Hypertext Preprocessor)、JSP(Java Server Pages)等,这些软件用来创建动态交互式网页并建立强大的 web 应用程序。

(4)音频视频处理软件。主要有 Flash、Premier、会声会影、艾奇和音频编辑等软件,主要用来处理编辑网页中的动画、声音和视频文档等用的。

(5)后台管理系统软件。主要有 Drupal、Joomla!、Zoomla!、DEDE、帝国等,这些软件主要是管理网站后台系统用的。

（四）网站的测试和发布

1. 网站的测试

电子商务网站是一个系统,涉及大量网页的开发,而且开发工作一般是由多个设计人员共同协作完成的,所以发布前的测试工作就十分重要。测试阶段的主要工作是查错堵漏,为了顺利完成这一阶段需要付出极大的耐心和细心。网站测试将从以下几个方面进行：

(1)测试网页在不同浏览器中显示的效果；

(2)测试站点内各链接的有效性；

(3)测试下载时间和页面尺寸；

(4)测试网页功能.

2. 网站的发布

网站测试通过后,就需要对网站进行发布,在发布中需要进行网站域名的选择与注册,将在本地做好的网站上传至空间。

(1)网站域名的选择和注册。网站域名就是一个站点在 Internet 上的名称和虚拟标识号,如同企业的商标和标志。要想将网站发布到互联网上,首先要给网站选择一个名字,通过这个名字,其他人才可以方便访问该网站,域名的选择和申请都可以通过电子商务服务商,例如:中国万网、华夏名网等。

域名的选择原则是独一无二,有一定内涵,简单易记。如:JD 是京东网站"京东"的首字母；1688 是一路发发的谐音,预示在这个平台上可以生意兴隆,一路发财。

(2)网站的上传。网站的上传就是借助上传工具,将开发好的站点(网页、程序和相关文档),通过互联网上传到服务器中,以便让人们能够访问你的网站。常用的 FTP 上传工具有:Filezilla、CuteFTP、FlashXP 等,FTP 的使用将在任务实施阶段做出演示。

（五）网站的推广

企业网站建设并发布完毕后,如果不进行推广,那么企业的产品和服务在网上仍然不为人所知,起不到建立站点的作用。为提高访问量,使企业获得更多的机会,有效的推广就非常重要。网站的推广形式包括全面广告投放、信息发布推广、邮件推广、电视推广、搜索引擎推广、行业论坛推广、微推广(微信微博)、网站外链推广等。网站的推广和营销是一个系统的工程,感兴趣的同学可以通过网络营销这门课程系统学习。

(六)网站的维护

一个好的企业网站,不仅是一次制作完美就可以了,由于企业的情况在不断地发生变化,特别是企业推出了新产品,或者有了新的服务内容,网站的内容甚至结构都需要做出改变,给人常新的感觉。

网站的维护通常包括:
(1)不断充实网站内容,是指始终同步反映企业的发展。
(2)及时回复访问者的留言、Email等信息。
(3)网站页面设计要时常更新,不断增加新的营销创意,提高网站的知名度。
(4)保持设备良好状态,维护企业网站设备不间断、安全地运行。
(5)注意网站安全管理,检测、防止病毒的攻击和恶意的访问。
(6)对网站需要不断地进行推广(包括友情链接和网络广告等)和优化工作。
(7)对网站经营需要不断地进行测试和评估。

☞任务实施

参照电子商务网站策划书的主要内容,结合数码驿站的实际开发实际,完成数码驿站网站规划、内容设计、测试发布等开发任务。

一、网站规划

数码驿站开发团队中的策划小组参照网站规划的具体内容,通过和数码驿站科技有限公司的交流和资料的搜集,首先做出了数码驿站网站的项目策划书,该策划书根据数码驿站科技有限公司的企业特点确定了该建设网站的目的和功能,并根据需要对网站建设的技术、内容、费用和测试做出了合理的规划,为后期网站的设计和实施打下了良好的基础。以下就是网站开发策划小组做出的数码驿站科技有限公司网站策划书的具体内容。

(一)市场分析

数码产品主要包括:手机、笔记本电脑、数码相机/单反相机/摄像机、平板电脑/MID、MP3/MP4/iPod/录音笔等五个子品类,是人们工作生活中的必要工具,是具有高科技内涵的通信工具、生活用品、办公用品和智能产品,有时还是一种身份象征。

1. 市场现状

随着数码产品实用化、平民化和娱乐化的发展,国内数码产品市场如火如荼,但是由于数码产品标准化程度高,线上发展成熟,网络消费人群趋于稳定。从品类看,手机的销售额占据半壁江山,且呈现上涨趋势;受技术和消费者变迁的影响,数码相机和 MP3/MP4/iPod/录音笔销售额占比小幅下滑;增速方面,手机引领行业增长,笔记本与平板电脑屈居第二;消费者方面,数码产品行业男性消费比例极高,占比超过65%,高于家电数码行业整体水平,笔记本电脑男性消费者占比最高达67%,数码产品成为男性主导的消费品行业。总体来看,目前中国主要数码产品市场均实现了高速增长,但是由于关税的降低和进口配额的取消,国外厂商大举进入,同时,国内新的厂商也不断加入,数码市场竞争进一步加剧,产品价格不断下降,销售量增长的同时销售额增长却呈下降趋势。

2. 市场需求分析

整个数码行业向实用化、平民化和娱乐化方向发展,就具体产品而言:数码相机的需求,除少数新闻工作者和专业摄影工作者对相机有像素要求外,主流需求已经向实用、操作简便、外观时尚方向发展,适合家庭和个人使用的中低端产品将成为消费者首选。Mp3需求向多功能、超大容量、彩屏方向发展,由于 mp3 生产企业已 100 多家,品牌也有 400 多个,市场竞争在所难免,用户可选择的余地很多,价格因素也成为用户选择的重要衡量指标。移动存储需求向大容量、平民价格方向发展,在同等品质下,技术和品牌成为用户购买主导因素。数码产品主要是时尚产品,用户主要集中在中青年和学生群体上,个人和家庭用户比重占65%以上,商用用户占35%。数码产品对于个人用户,主要用于娱乐,其次才用于办公、学习和工作协助。对数码商用用户,主要工作应用涉及产品宣传、广告设计、新闻采访、桌面排版、装潢设计、现场勘察、电子照片、现场录音、文件携带等多方面,用户主要分布在计算机、通信、电子、金融、交通、文化、商业、旅游、建筑、警察、军队及政府等部门领域。

3. 市场渠道分析

数码产品主要通过两类渠道进行销售:

(1)通过计算机产品的代理和经销渠道,即 IT 渠道,具体有:各地电脑城的产品销售柜台、电脑城内或电脑城以外的 IT 品牌专卖店。

(2)通过传统销售渠道,具体有:百货商场电器专柜、数码器材专卖店、大型电器城以及其他一些销售渠道。2015 年通过 IT 渠道销售的数码产品数量为 16728.61 万台,占68.2%;传统渠道销量为 8339.73 万台,占 31.8%。

4. 购买行为分析

赛迪顾问通过市场研究,报告认为数码产品市场购销两旺主要有以下原因。

(1)计算机应用和网络应用环境的日益完善,使以计算机及互联网为核心的周边学习、娱乐设备越来越受到消费者青睐。

(2)大城市及新兴城市的大学生及中青年上班族对待生活及娱乐方式的观念正在悄然改变,追求时尚、休闲逐渐成为消费主流,而代表休闲时尚的数码产品成为年轻一代改变自身、追求创新的重要表现。

(3)数码产品近年来价格不断下降,而性能不断提升,功能不断丰富,刺激了消费者的潜在需求。

(4)众多厂商不遗余力地宣传推广营造了良好的产品使用氛围,并使数码产品及其相关配套产品越来越亲近普通消费者。

5. 竞争者分析

商场如战场,经营数码产品的公司企业一方面是行业链条上的利益共同体,一方面又是竞争对手,知晓对手,方能百战不殆。

(1)区域性竞争者。中国数码产品市场迅速增长使得市场竞争愈发激烈,国内IT厂商以价格换市场杀入数码产品领域。但国际厂商并没有停滞不前,一方面通过推出丰富的中低端产品阻拦国内厂商的发展,一方面通过本地化运作,降低产品成本,在价格优势上和本土企业一争长短。

(2)网站平台竞争者。

1)深圳蓝码电子商务有限公司旗下电子商务平台,深圳蓝码2003年3月注册(注册资金未详),以经营数码产品为主业,并依靠华强数码市场经营特价网,网站成立于2002年9月3日,目前世界网站排名是33927,虽然目前规模不大,但发展很迅速,两年时间在世界网站排名上已经上升144525位。

2)太平洋电脑城,网站以电脑为主要经营对象,同时兼顾数码产品,报价范围已经扩展到北京、上海、广州、深圳、南宁、重庆、山东、南京、香港、辽宁,其网站盈利模式主要是广告业务。

3)数码时尚导购网,网站以数码资讯(不是报价)为主,同时开展电子商务,但电子商务还没有形成规模,同时,网站盈利模式主要是买卖差价,在目前的电子商务背景下,不足以盈利。

4)搜易得IT数码商场,电子商务网站,实现同城交易,连锁特许加盟经营,目前已经建立北京、上海、山东、四川、广州、浙江、山西、湖北分站。

6. 公司自身分析

数码驿站科技有限公司目前是郑州经营的一家销售数码产品及衍生产品的企业,该企业目前主要经营:苹果、华为、小米、三星等几十种品牌的近千种数码产品,公司年注册资本50万元,员工5人大学本科以上学历。由于公司规模小,处在发展阶段,资金压力比较大,因此在网站建设的投入有限,没有专业技术人员。

(二)数码驿站网站定位

(1)目的。宣传推广数码驿站科技有限公司,建立线上线下的立体销售渠道,将数码驿站网站打造成数码产品BTOC类标杆网站。

(2)网站定位。数码产品网上集散地,数码产品线下供销商传送带。

(3)用户定位。数码产品供应商、经销商、IT行业人士、数码产品消费者。

(4)网站功能。

1)宣传企业形象:通过数码驿站科技有限公司的企业文化、目标、经营产品宣传企业形象,提高企业的知名度。

2)展示企业产品:将数码驿站经营的数千种数码产品在网站上进行分类展示,并通过站内搜索功能方便浏览者查找相关产品。

3)通过留言板以及 QQ 在线和客户交流:实现网站的留言板功能,并将 QQ 在线功能嵌入到网站首页,方便浏览者和客服在线交流。

4)广告发布:为数码产品的生产商提供广告服务,对广告进行发布、维护和管理

5)社区和论坛:实现数码产品供应商、经销商以及消费者和爱好者间的交流,设置焦点问题讨论平台。

(三)网站的技术解决方案

由于资金有限,缺乏专业技术人员,数码驿站网站拟采用托管自助(租用虚拟主机)的建设网站方式,使用 Apache+PHP+MySQL 搭建网站运行环境,最终选择在电子商务服务商"华夏名网"处购买旗舰 2 型 windows-IIS7.5 虚拟主机,如图 6-8 所示。

图 6-8　旗舰 2 型 windows-IIS7.5 虚拟主机

旗舰 2 型是第八代虚拟主机,分配网络空间 10000～20000M,数据库 400～2000M,可绑定域名 100 个,子站点数 0～5 个,共享带宽 1000M,每月流量 80G～200G,有共享 IP 型的香港多线、美国硅谷、河南多线、广东电信、四川电信等多条线路可供选择接入,有 windows-IIS6、windows-IIS7.5、Linux-Apache 可供选择,如图 6-9 所示。

图 6-9 华夏名网旗舰 2 型第八代虚拟主机主要参数

根据数码驿站科技有限公司的经济实力、现状、地域性(管理维护的便捷性),确定选择如下配置:①20000M web 空间;②2000M Sqlserver 2000 数据库;③200G 月流量;④开 5 个子站点;⑤可绑定 100 个域名;⑥20 个企业邮箱(每个 1G 空间);⑦1000M 带宽。

(四)网站内容规划

根据与数码驿站网站的目标和功能,该网站的主要栏目内容如图 6-10 所示,详细内容见子任务二。

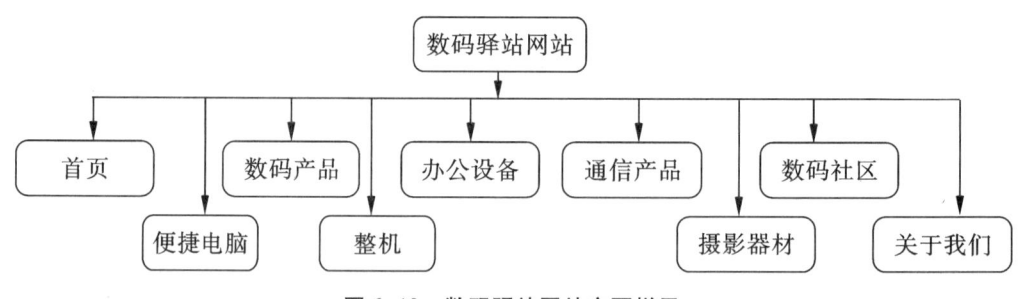

图 6-10 数码驿站网站主要栏目

(五)网站测试与发布

网站测试主要是浏览器兼容测试、站内链接的有效性测试和网站功能的实际应用,数码驿站网站开发小组中的测试组,分别确定 IE 浏览器、360 浏览器、搜狗浏览器、火狐浏览器等为目标测试浏览器,在浏览网页的同时对测试页面中的所有链接进行有效性检验,确保网站的正常运转,在测试完成并与数码驿站有限公司沟通后借助 DW、FTP 软件将本地站点发布到互联网上。

(六)网站推广

数码驿站网站采用线上与线下、传统与科技结合的方式进行推广。

1. 网络媒体

(1)搜索引擎推广。登录百度等搜索引擎,进行推广。

(2)交换友情链接。找与数码驿站内容相承或互补的网站,如太平洋电脑网等建立互相推广的链接关系。

(3)信息推荐。在页面底端可以增设"推荐与朋友""购物分享"等栏目,通过 E-mail 等发送信息推送等。

(4)网站 CI 宣传。网站采用统一 CI 形象,在网页设计、网站标志、工作服、员工用品以及日常用品采用统一的 CI 设计,不仅在形象上得到统一,而且,员工在使用日常用品时,数码港的形象将像流动的广告一样流向社会。

(5)社区论坛宣传。聘用兼职人员到其他网站论坛注册会员,不时发布数码驿站特别引人注意的信息,如有创意的数码产品信息等,并链接数码驿站网站引导用户访问数码驿站。

(6)软文推广。撰写软性文章,如分析数码网站、数码市场、数码产品增值等,在其中植入数码驿站,用户通过这种方式了解数码驿站并访问数码驿站。

2. 传统媒体

(1)企业的店招、名片、宣传页上醒目地印上公司的官方网址。

(2)媒体合作。与数码相关的传统媒体合作,提供给传统媒体数码驿站的资源,如报价信息、行业分析等内容,而传统媒体则在媒体上宣传数码驿站。

(3)活动宣传。同数码厂商联合,在数码卖场举行一些特价产品、新产品试用等活动进行宣传。

(4)口碑宣传。线下或线下提高用户认可度,通过用户的口口相传,提高知名度。

(七)网站建设日程表

(1)下载安装 Microsoft Project 软件:在 360 软件管家中的搜索栏中输入"microsoft project professional 2010",然后在列表中选择适合的一款下载。

(2)使用 Microsoft Project 软件对数码驿站网站的建设日程进行安排,如图 6-11 所示,通过网站建设的甘特图详细列出网站建设项目每个任务的名称,任务的开始和结束时间,以便适时观察建设进度,有需要可以调整。

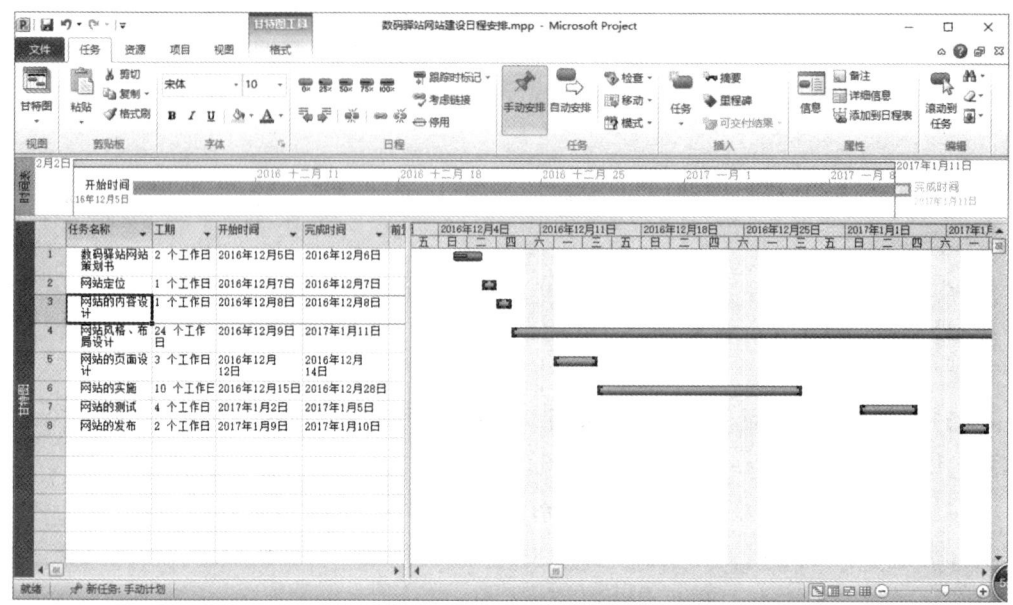

图 6-11　数码驿站网站建设日程安排甘特图

(八) 费用明细

数码驿站网采用自助托管(虚拟主机)的方式开发网站,因而前期用于网站建设的费用,只包括虚拟主机租用费用、域名购买费用和一些杂项支出,具体建设费用清单如表 6-1 所示。

表 6-1　网站建设费用清单

项　目	费　用
租用虚拟主机费用	2599 元/年
域名(.com)	35 元/年
网站制作费用(模板)	赠送
其　他	90 元
合　计	2724 元

二、网站内容设计

(一) 设计网站的信息栏目

由于数码产品升级换代快、品牌变化快,根据其具体情况,本任务给出了数码驿站网站的主要栏目,如表 6-2 所示。

表 6-2 数码驿站网站主要栏目

频道	一级栏目	二级栏目	说明	备注
数码产品	数码相机	佳能、松下等品牌	相应产品列表	
	数码摄像机	松下、清华紫光等品牌	相应产品列表	
	Mp4	三星、爱国者等品牌	相应产品列表	
	移动存储	爱国者、纽曼等品牌	相应产品列表	
	学习机	文曲星、步步高等品牌	相应产品列表	
	录音笔	爱国者、三星等品牌	相应产品列表	
	数码配件	电池、镜头、存储卡等	相应产品列表	
便捷电脑	专业	联想、DELL等品牌	相应产品列表	
	平板	苹果、华为等品牌	相应产品列表	
整机	品牌机	联想、方正、苹果	相应产品列表	
	服务器	德亚、联想	相应产品列表	
办公设备	打印机	激光、喷墨、数码照片	相应产品列表	
	扫描仪	明基、爱普生	相应产品列表	
	复印机	理光、夏普	相应产品列表	
	耗材	墨盒、硒鼓、光盘、U盘	相应产品列表	
	投影机	明基	相应产品列表	
通信产品	手机	苹果、三星、华为	相应产品列表	
	数字电话机	西门子、松下	相应产品列表	
摄影器材	镜头	佳能、宾得、尼康、适马	相应产品列表	
社区论坛	社区	数码产品维修、保养	服务列表	
	论坛	热门和焦点讨论交流	内容列表	
关于我们	公司介绍	公司历程、荣誉、理念	内容列表	

(二)网站的目录结构设计

目录结构设计的核心思想是对网站的文件进行分类管理,方便设计者对文件的管理和维护。因此,根据目录结构设计的基本原则,对网站的所有文件按照不同的功能和类别进行合理的分类存放,以方便管理,具体要求目录结构如图 6-12 所示。

如何创建网站站点

图 6-12　数码驿站网站本地站点目录结构

（1）在一个磁盘中创建一个根文件夹：digithouse。

（2）在根文件夹中创建分类存放文档的文件夹：admin（存放后台管理系统的网页程序等文档）、images（存放图片）、flash（存放 Flash 动画文档）、css（存放 css 样式文档）、audio（存放音频文档）、vides（存放视频文档）、includes（一些系统功能函数文件和功能定义与说明以及参数的文件）、asp（存放 asp 程序文档）、php（存放 php 程序文档）、Scripts（存放脚本文档）、Template（存放站点的模板文档）、libraries（存放站点中的所有库文档）等。

（3）按照产品的类别创建文件夹：MB（手机类页面等相关文档）、Camera（照相机类页面等相关文档）、computer（电脑类页面等相关文档）等文件夹。

（4）在 Dreamweaver 等网页编辑软件中生成网页：index.asp、Camera.asp 等网页

（三）设计网站的链接结构

根据网站链接结构的设计规则，本网站采用混合型链接结构，即主页和一级页面之间实现星状链接结构，一级和二级页面之间采用树状链接结构，同时使用导航菜单和地方导航使浏览者可以随时访问其他的页面。

（四）设计布局网站的版面

网站版面布局设计就是把网页页面划分成一个版块，然后对表示产品或信息的文本或图片按照一定的规则进行分类并将其安排到相应的版块中。

1. 选择绘制软件

Windows 自带的画图工具、Photoshop，或者表格工具进行设计，最简单的方法是在草稿纸上自行勾勒，本布局图是使用 Windows 画图工具设计，大家可根据情况自行设计。

2. 设计绘制主页页面布局图

数码驿站网站开发组中的版面布局设计小组，经过精心的设计，按照网站主页页面

的布局原则"内容全面、结构清晰、布局合理、突出醒目",为页面中文本或图片进行了分类划分,主页版面布局草图见图6-13。

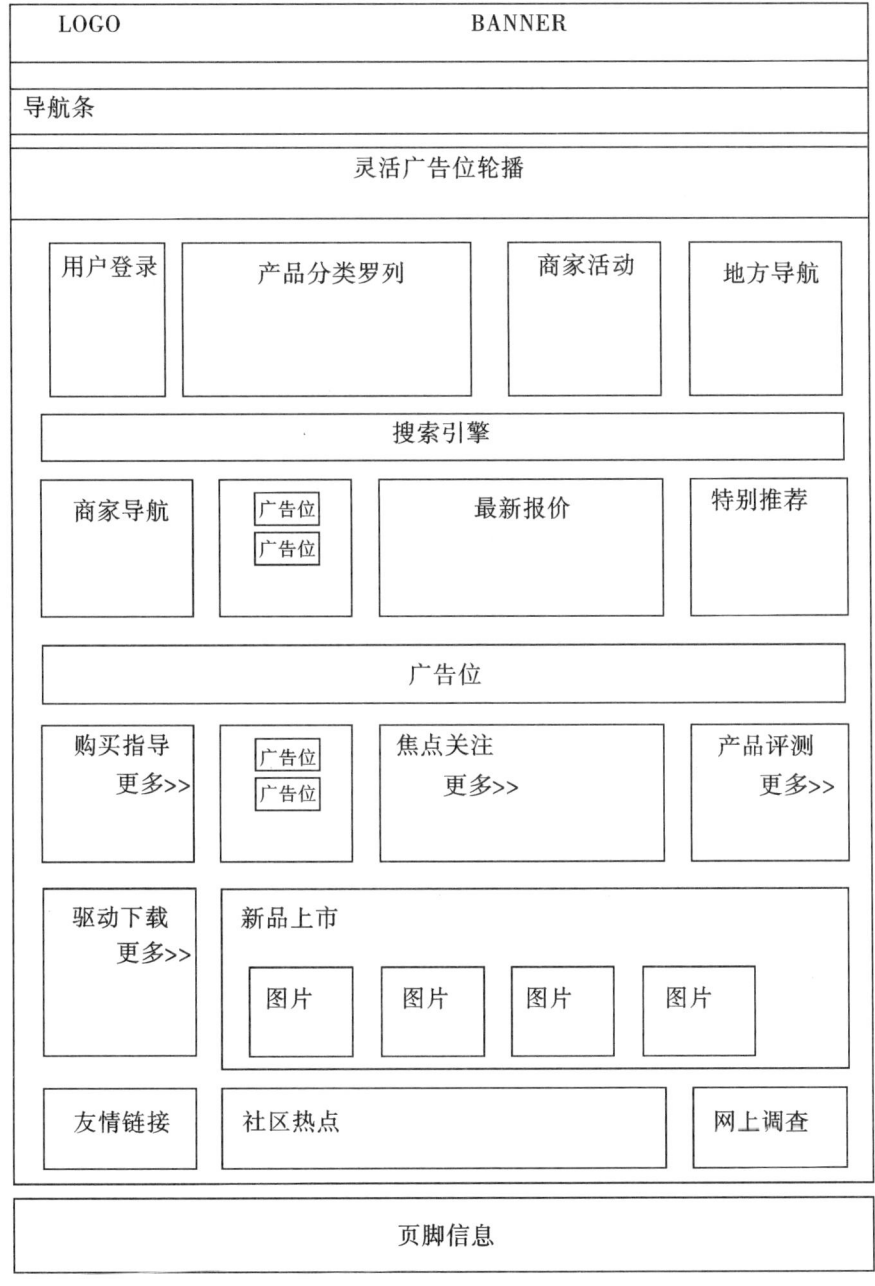

图6-13 数码驿站网站首页页面布局简图

3. 设计绘制网站栏目页面

栏目页面主要是某个栏目、某类产品、某类服务等内容组成的网页,其特点是页面中主要展示该类型中的产品、品牌,由分类列表、特别推荐、热卖、最新产品、新品上市、用户评测、广告、活动等版块组成,特色是品牌齐全、产品层次丰富、版块合理清晰、美观大方、查找便捷,页面布局结构如图6-14所示。

4. 详细页面

主要是详细介绍某款产品、某项功能或服务、某个事项等的网页,由图片、名称、价格、产品描述、性能参数、产品评价、配送说明、促销信息、其他产品、关联推荐、搭配建议和咨询服务等组成,特色是内容详细(介绍消费者最关心的产品信息)、版面丰富、动静结合、关联性强、感观性强,页面布局结构如图6-15所示。

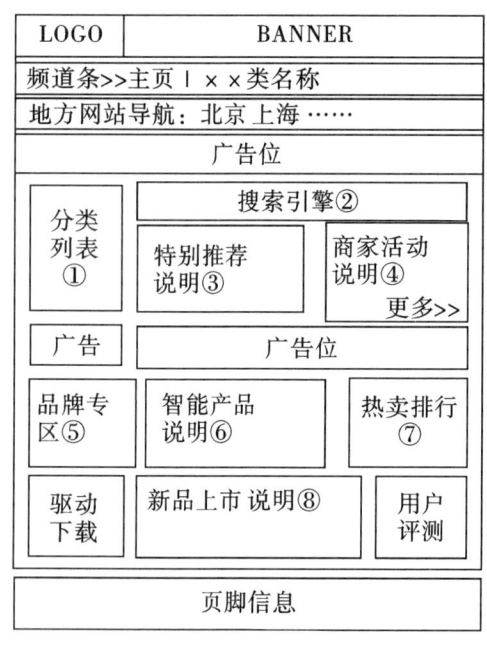

图6-14 数码驿站网站栏目页面布局简图

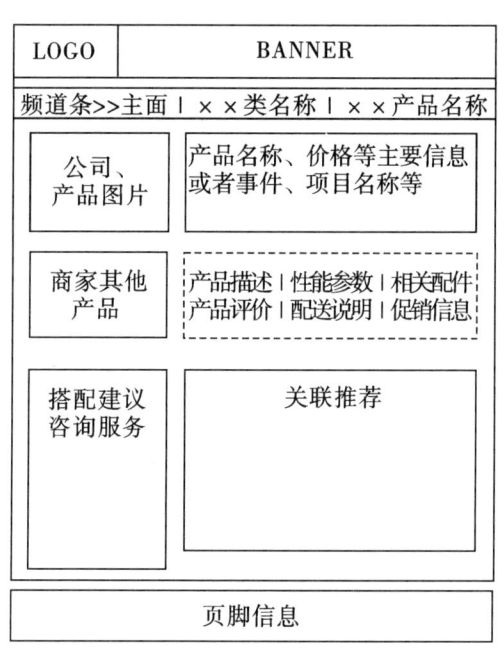

图6-15 数码驿站具体产品页面布局简图

(五)设计网站风格

商务网站的风格既要有视觉上的艺术性,又要符合商务网站结构清晰、内容全面、图文并茂、分类商品、易操作的特点。因而数码驿站网站的主色调为蓝色、橙色和灰色,蓝色象征科技,橙色意味着生意兴隆,灰色代表经典,整个网站给人科技、稳重、大气、规范、活泼的感觉,与数码产品更新换代升级快、科技含量高相适应。

(六)制作网站页面

1. 设计制作网站Logo

网站Logo使用Photoshop软件进行设计,蓝色的主色调,突出了数码驿站网站的科技主题,活泼的字体衬托了数码产品的快速升级和技术,图片的应用表达了网站主营产品是电脑、耳机、手机等生活、娱乐和工作数码类用品,域名的展示让你记住数码驿站网站。

如图 6-16 所示。

图 6-16　数码驿站网站的 Logo 设计

2. 制作网站首页

（1）网站首页特点分析。网站的首页色彩烘托主题，内容全面，版块划分清晰规范，有感觉，吸引眼球，版块多按产品和信息类型而分隔，文本以产品类别名或产品名呈现，图片配以简单适用的文字引起消费者的关注。

（2）首页页面内容和布局设计制作。数码驿站网站仍然用蓝色、灰色、橙色作为主色调，页面内容和信息按照一定的分类方法分别放在页头 LOGO 和 Banner、全部产品分类、本周推荐、智能手机、平板电脑、数码相机、会员注册登录、排行榜、页脚版权等版块中。部分页面如图 6-17 所示。

图 6-17　数码驿站网站首页部分内容

注：网站的其他页面设计由于篇幅有限，不再展示，请读者根据数码驿站网站主题和风格特色创意设计。

三、网站实施

在网站实施阶段,需要把网站规划和内容设计环节进行的工作具体落实到位。由于该过程涉及了大量的建站技术,如:HTML、动态编程语言、数据库技术等,外加篇幅有限,在此无法给出一个详细的操作步骤,对该部分感兴趣的同学可以在网站建设与运营课程中详细学习各种建站技术。

注:非电子商务专业的学生可以通过学习内容管理系统(如:帝国CMS、Joomla!、DEDE CMS等)进行快速建站,该软件可以帮助使用者在不用编写代码的前提下快速、便捷的建立起功能齐全的商务网站。

四、网站测试与发布

(一)网站测试

1. 测试网页在不同浏览器中的显示效果

(1)在电脑上下载安装 IE、360、firefox、google、sogou 等浏览器,打开 360 软件管家,单击左侧的浏览器,在右侧浏览器软件列表中下载安装你需要的软件,如图 6-18 所示。

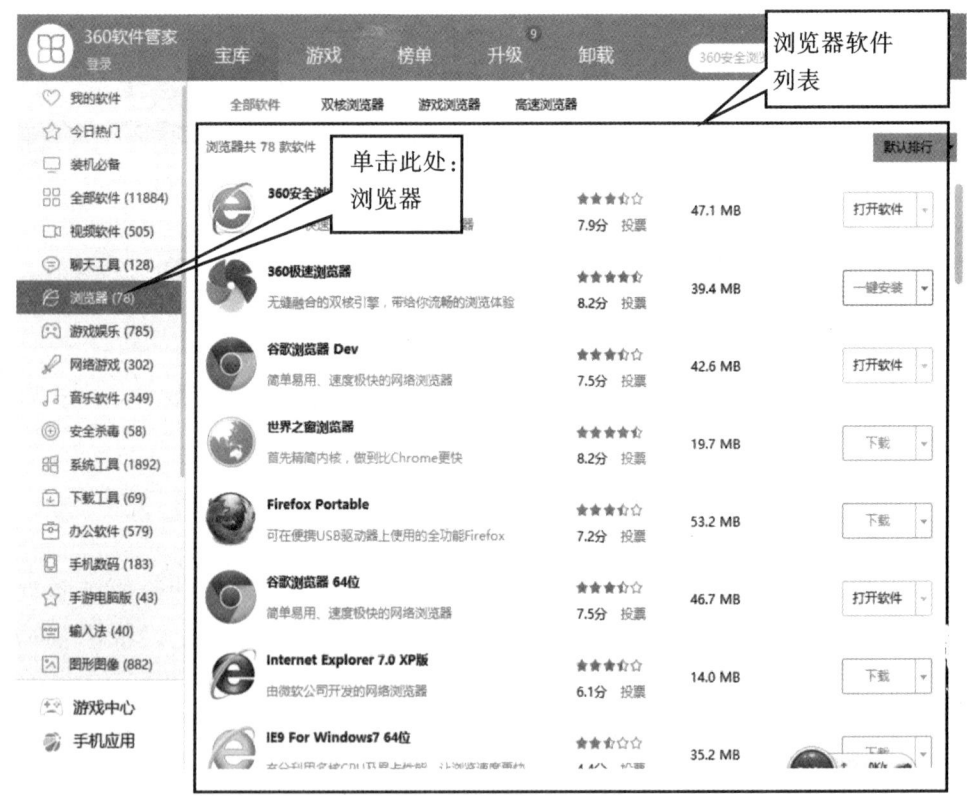

图 6-18　360 软件管家页面

（2）将浏览器软件添加到开发软件 Dreamweaver 的浏览器列表中。单击 Dreameaver 窗口工具栏上的在"浏览器预览/调试"按钮，选择"编辑浏览器列表"，如图 6-19 所示的椭圆框处，然后在首选参数对话框中添加各个浏览器。

浏览器添加到 DW 浏览器列表

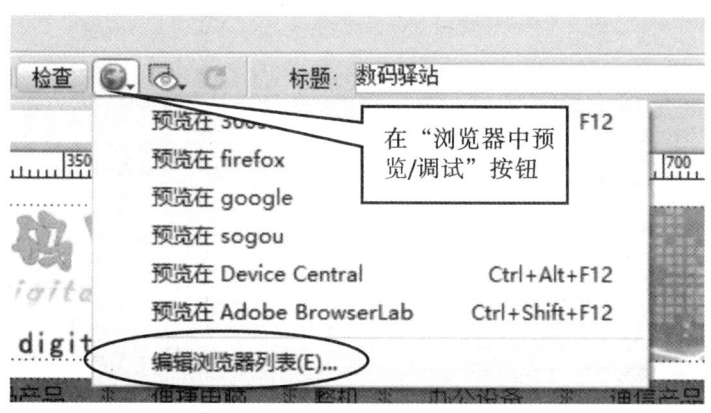

图 6-19 编辑浏览器列表

（3）选择不同的浏览器进行浏览测试。打开 Dreamweaver 软件，打开网页，单击"浏览器中预览/调试"按钮，在列表中选择浏览器，如 IE、360、firefox、sogou 等浏览器，浏览页面如图 6-20 所示。

图 6-20 选择不同浏览器

每款浏览器对网页的解读都有所差别,因此所显示出来的页面会有不同,只要没有大的偏差就可以通过浏览器兼容性测试。

2. 网站功能及站内链接有效性测试。

对做好的网站进行全面的点击测试,发现断的链接要深入检查,直至所有链接有效则通过测试。

在 Dreamweaver 的窗口中,选择"站点"|"检查站点范围的链接",得到链接检查结果如图 6-21 所示。

图 6-21　Dreamweaver 软件的链接检查结果列表

(二)网站域名的选择和注册

1. 设计域名

选择一个与网站中英文名称相近、易记、简单、有一定意义的域名,本网站为 www.digithouse.com。

2. 查询和注册域名

在华夏名网的主页(www.sudu.cn)上输入 digithouse 域名,点击"立即查询"按钮,见图 6-22。查询结果中列出了以 digithouse 为二级域名的可申请域名和不能注册的域名及费用,根据数码驿站科技有限公司的名称,选择注册 www.digathouse.com.cn 的域名。

图 6-22 digithouse 域名查询结果

3. 网站域名备案

（1）填写网站备案信息真实性检验单。在检验单中填写如下必要信息，网站主办者主要填写：网站主办者名称、网站类型（单位/个人）、网站域名信息，并在检验单中签字盖章，其他信息由网络服务提供商填写。

（2）网站备案。网站主办者的工作：向网络服务商提交申请信息。服务商的工作：通过系统和面对面检验申请信息，并判定是否合格，如果不合格退回网站主办方，合格将申请信息向省管局备案系统提交，并向网站主办方发放备案号。省管局主要工作：通过备案系统进行审核，不合格退回服务商审验系统，合格生成备案号，报部级备案系统备案，并将审核结果反馈给网络服务商。如图 6-23 所示。

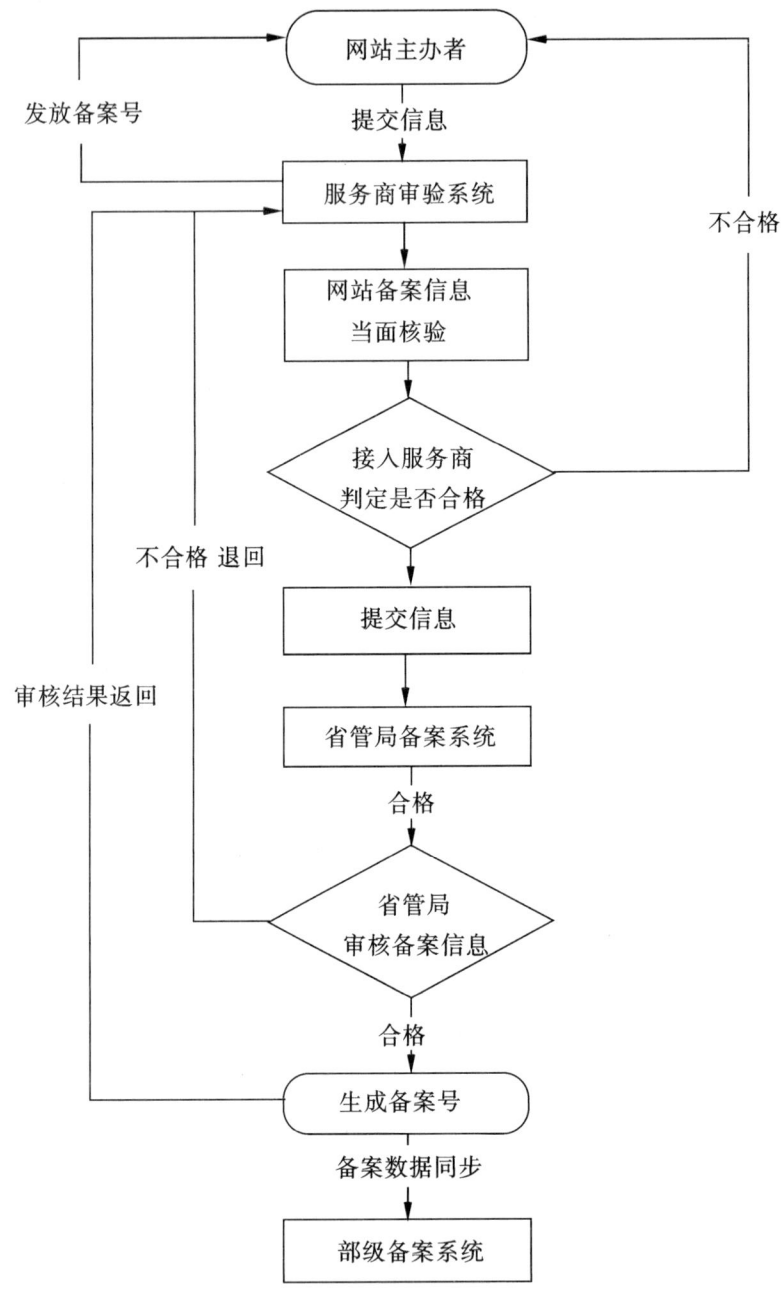

图 6-23 网站备案流程

(三)网站的上传

在购买了网络空间、制作好了网站并对所购买的域名进行备案后,就需要将网页上传到网络空间中,这样才能真正通过互联网浏览到做好的网站,以下以 Dreamweaver 网站开发软件的上传为例,介绍网站的上传。

1. 在网络服务提供商网站上注册会员

在 http://www.xmisp.com/网站的页面中单击【免费注册】,如图 6-24 所示。

图 6-24　点击网站主页面

在打开的注册页面中选择"手机注册"或"邮箱注册",然后输入手机号或邮箱号,输入验证码,进行注册,如图 6-25 所示。

图 6-25　点击网络会员注册页面

2. 选择"虚拟主机"方案

注册成功后,在"点击网络"的页面中,选择"虚拟主机"下的云空间,如图 6-27 所示。

图 6-27　选择虚拟主机云空间服务器方案

选择一种性价比适合自己的虚拟服务器方案,并在线购买,选择机房、操作系统等,获取 FTP 服务器域名、账号密码等,如图 6-28 所示。

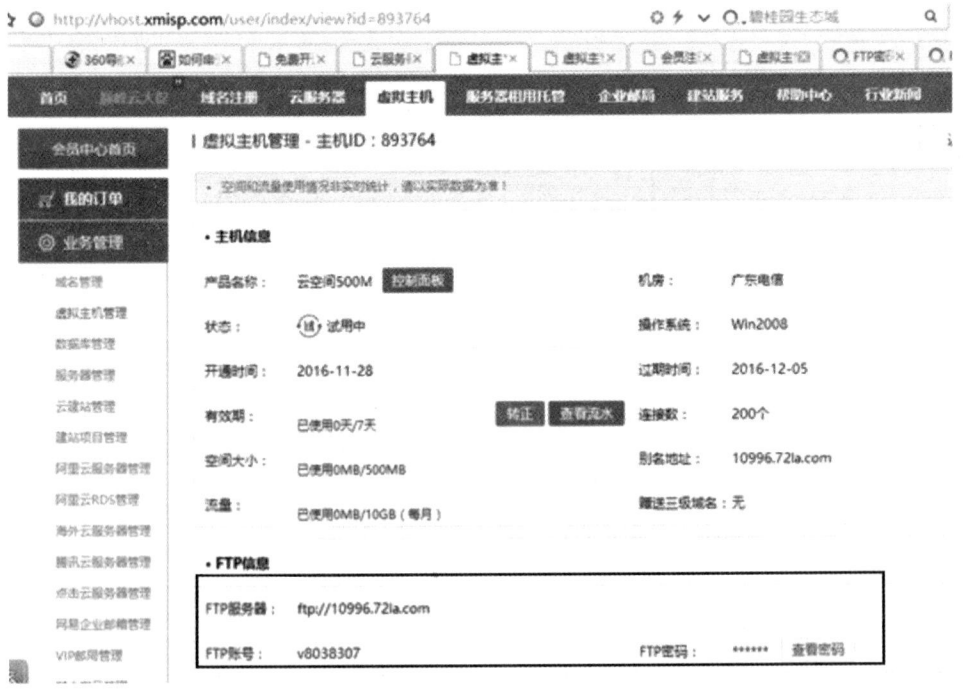

图 6-28　在服务提供商处获取 FTP 服务器域名和账号密码

注：该地址、账号、密码，是需要在网站上传软件中的服务设置中引用的，因而要记住。

3. 在 Dreamweaver 软件中配置服务器

在 DW 窗口中选择"站点"|"新建站点"或"站点管理"命令，打开站点设置对话框，在左侧选择"服务器"，右侧点击"+"添加服务器，如图 6-29 所示。

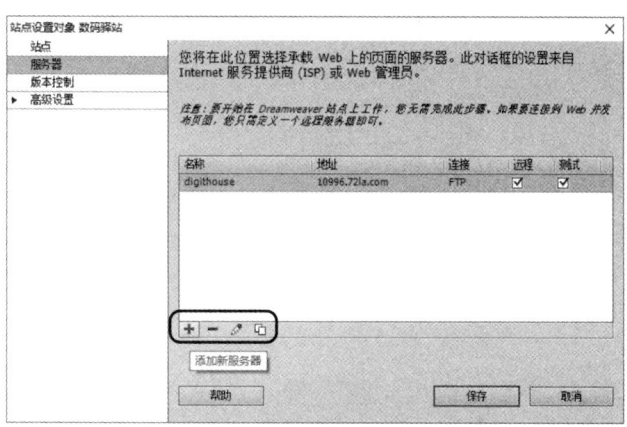

图 6-29　添加或编辑服务器对话框

在服务器配置对话框中，输入服务器名称、选择 FTP 连接方法、输入 FTP 地址和密码（购买虚拟主机时获得），具体配置项目如图 6-30 所示。

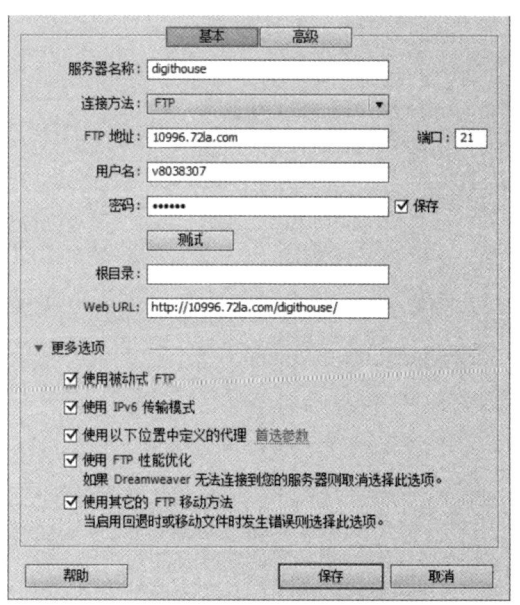

图 6-30　服务器配置对话框

注：由于上传文件不同，服务器的配置会有所区别。

4. 上传"数码驿站"网站

在 Dreameaver 的文件面板中,单击"digithouse 上传文件"按钮,也可点击"展开的本地站点和远程站点按钮",在展开的虚拟主机和本地文件列表窗口中上传文件或获取远端文件,如图 6-31、6-32 所示。

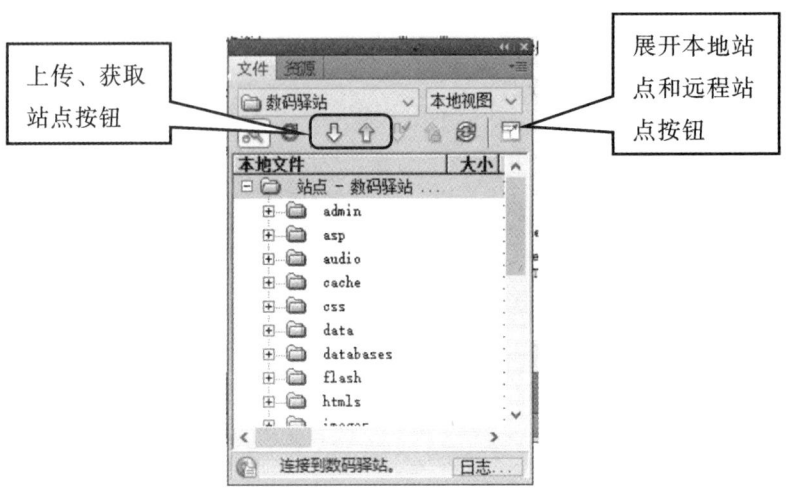

图 6-31　上传和获取站点文件按钮

Dreameaver 软件中本地文件与服务器端文件对照表,点击从"digithouse 获取文件"按钮,可以将远端服务器上的站点目录下载到如图 6-32 所示窗口中的左侧一列。

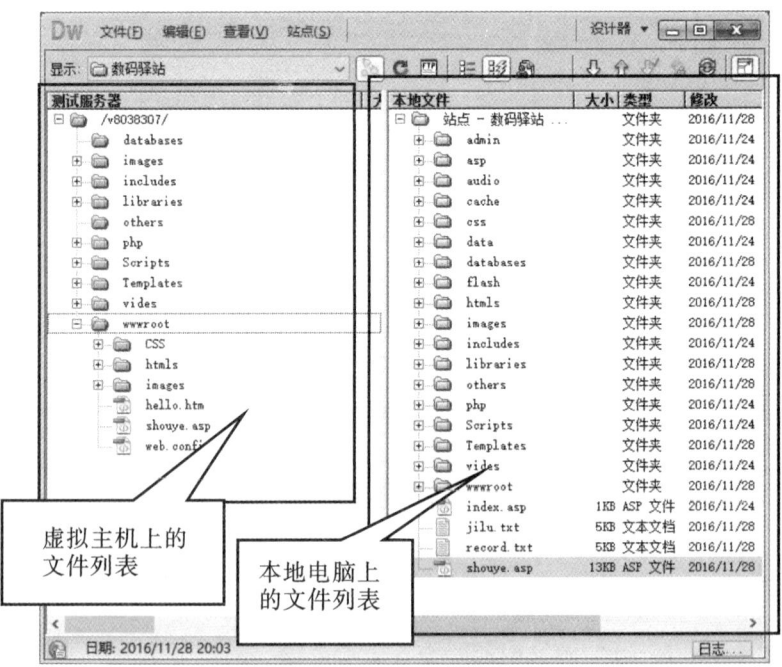

图 6-32　虚拟主机和本地文件列表

五、网站的推广

（一）线下传统推广

线下传统推广方式主要是通过营销活动、店招、海报、广播电视等，在此不再详述。

（二）网络推广

1. 百度竞价推广

这是一种通过点击付费的推广方式，联系百度工作人员开通即可。

2. 搜索引擎优化推广

搜索引擎优化，简单点说就是针对搜索引擎的网站收录和评价规律，对网站的结构进行合理的调整，对网站的内容和页面因素包括标题、描述等做出科学的处理，使每个网页能够最有效地反映网页需要表达的信息，从而总体上使得用户在查找信息的同时，在搜索结果页面上推广的目标关键词排名靠前！

为了提高搜索引擎抓取的效率，数码驿站网站网页在制作时要在代码中利用 meta 标记 name 属性的 author、keywords、description 等设计与数码驿站网站主题、产品相关的名称、关键词、网站描述等内容，如图 6-33 所示。

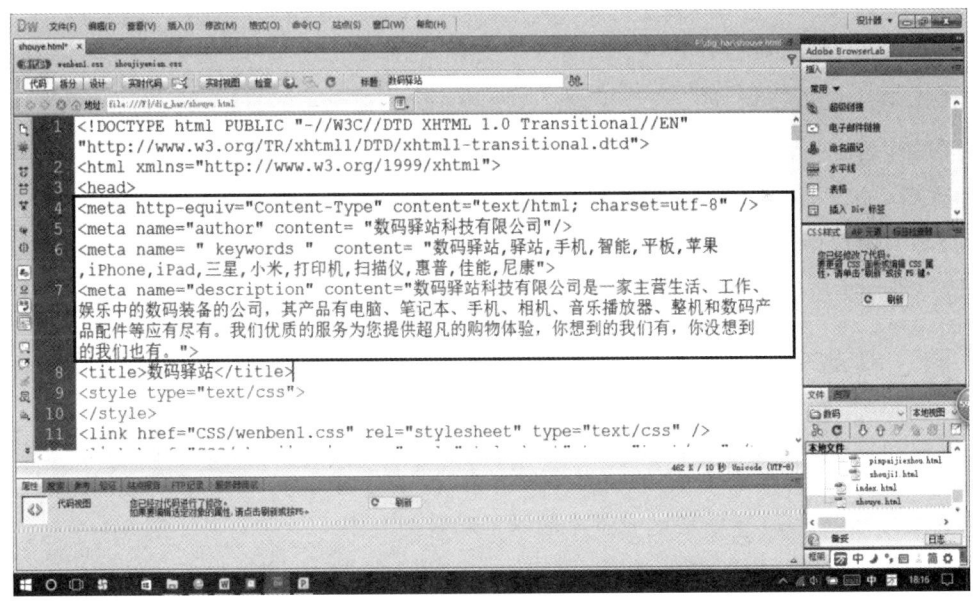

图 6-33　网页中的 meta 标记对搜索引擎的应用

3. 百度免费推广

（1）百度贴吧。

1）登录百度贴吧，点击用户名"×××"下的"我的主页"，在"个人中心"页面中，点击【贴吧】，进入贴吧页面。

2）在贴吧中，发布帖子，利用热点新闻、生活常识、幽默笑话等话题，在其中植入"软文"，如在最近的"苹果6手机自动关机的话题中，悄悄地植入'数码驿站可以解除你的这些烦恼'"广告。

（2）百度图片。

1）用 Photoshop 软件为商品图片添加水印。用 PS 打开商品图片，为其添加水印，如图 9-34 所示的图片。

2）将水印图片上传到一些大型的网站、论坛及相册中，等待百度收录。

注：如果在网上任何一种方式找到这张图片都会增加认识数码驿站的机会。

（3）百度百科。登录百度百科，创建百科词条。

（4）百度文库。登录百度，进入百度文库，上传一些可读性较强并有利于推广的文档。

（5）百度知道。

1）登录百度，进入"个人中心"。

2）在"个人中心"中选择"知道"，进入百度知道。

3）在"我的回答""等我答"中通过回答问题，将"数码驿站"相关词语植入进去。

（6）社区论坛贴吧推广。

（三）E-mail 营销推广

（1）注册邮箱。通过邮件列表服务商——希网网络（http://www.cn99.com/），获取企业邮箱。

（2）为用户推送邮件。以特价商品、最新商品、酷商品、智能商品为主题向用户发送邮件，以进一步广而告之。

图 6-34 水印图片

六、网站的维护

网站发布完成只是万里长征走了第一步，工作量最大的是网站后台的维护和管理工作，许多业内专家都指出，网站的建设是三分设计、七分管理，一个电子商务网站能否使企业得到预期的效益，更重要的是网站的维护和管理工作。

数码驿站网站租用了华夏名网的虚拟主机，因此服务器、网络设备的维护则不在日常的维护工作之中，同时还可以使用华夏名网提供的一些维护工具。

（一）网站数据库的维护

（1）下载 PHPMyAdmin 数据库管理软件。

（2）打开 PHPMyAdmin 数据库管理软件。

（3）备份数据库。在 PHPMyAdmin 的操作界面上点击"导出标签"，在页面底部勾选"另存为文件"，点击【执行】后就可以将网站数据库导出为 sql 文件进行备份。

（二）网站信息的管理及维护

（1）下载安装 Joomla 软件。http://dl.pconline.com.cn/html_2/1/776/id=48959&pn=0.html。

（2）安装并打开 Joomla 软件。

（3）网站信息后台管理和维护。在软件中利用添加新文章、文章管理、首页文章、单元管理、分类管理、媒体管理、菜单管理、语言管理、用户管理、全局设置等工具对网站信息进行管理维护。数码驿站网的管理后台如图 6-35 所示。

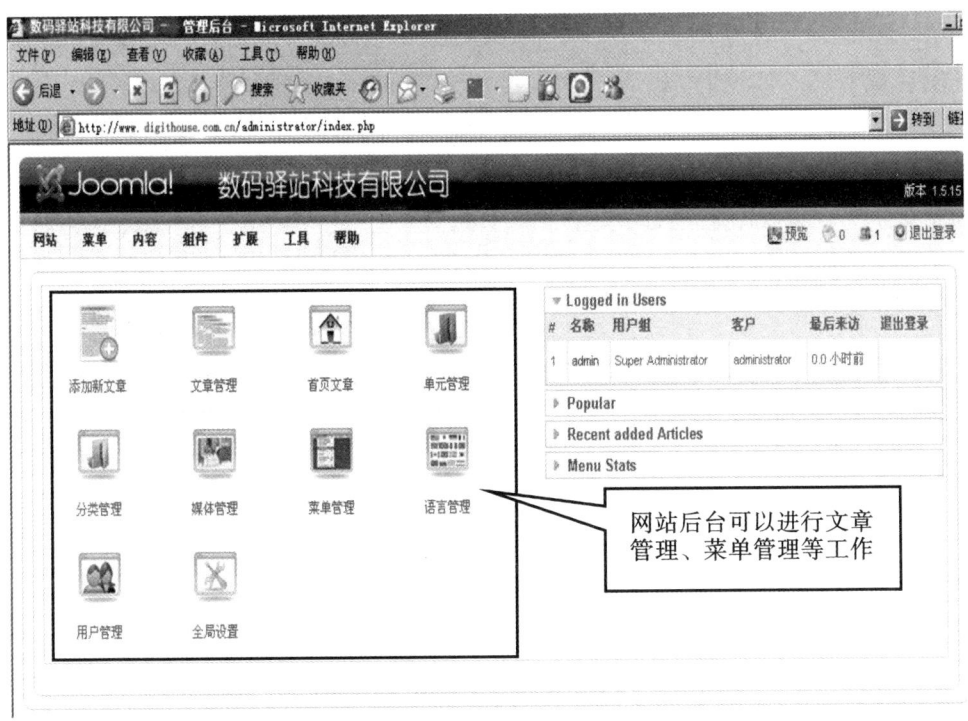

图 6-35　数码驿站网站的后台管理系统

☞任务评价

帮你做 IT 网络服务有限公司组成的网站开发小组，在专业网站开发技术人员的带领下，学生们按照网站规划、网站内容设计、网站实施、网站测试与发布、网站推广以及网站维护六大步骤帮助数码驿站科技有限公司搭建数码驿站网，经过测试、运营和维护优化，已经开发完毕，目前正向 ISP 商申请接入互联网，并向互联网管理单位申请备案，等待审批。

通过网站建设与运营任务的实施，同学们掌握了网站开发的相关知识、方法和技巧，对网站策划书的编写，网站内容结构、版面布局、风格创意的设计，域名的申请和备案，网站的发布、推广、日常维护（数据库的备份和信息管理）等网站的实施有了真实体验。

任务七 电子商务项目策划

【知识目标】

1. 电子商务项目的内涵；
2. 电子商务项目的主流商务模式及其价值网络；
3. 电子商务项目的策划；
4. 电子商务项目的评估。

【能力目标】

1. 能够分析主流的电子商务模式；
2. 能够系统进行电子商务项目策划；
3. 能够对电子商务项目进行风险评估；
4. 能够撰写电子商务项目策划书。

【素质目标】

1. 运用系统思维解决实际问题的能力；
2. 具有开拓进取、创业的精神。

☞ 任务引入

电子商务的快捷和高效,催生了许多创业机会。面对突飞猛进的电子商务,具有创业意愿、有理想的大学生非常希望自己能够从电子商务的使用者转变为电子商务的提供者,进行电子商务创业。电子商务项目在前期投入相对较少、门槛较低,很适合创业者精心策划与勇于尝试;即使项目失败,虽付出一定的经济、时间成本,但却能够拥有实战历练,为以后的创业与工作积累经验。然而,到底做什么、怎么做呢?很多电商创业者可能会十分茫然,不知从哪里入手。

☞ 任务分析

创业者的处境,其实是电子商务项目策划的基本问题。电子商务的市场需求规模很大,模式也千差万别。不过,有一点可以肯定的是,仅靠复制他人的模式是很难成功的。电子商务项目策划的基本原则是创新性、经济性、可行性等。因此,创业者必须在全面了解电子商务主流模式及其价值网络的基础上,选择适宜的电子商务模式进行创业。结合所选择模式的特点和提供的产品/服务的特征,依据电子商务项目策划的流程,对电子商务项目的业务模式、技术模式、经营模式、组织管理模式、资本模式进行策划,在进行风险评估之后,撰写电子商务项目策划书。

☞ 相关知识

一、电子商务项目

(一)电子商务项目的含义

由传统商务向电子商务的快速发展,对电子商务项目提出了更高的要求。因电子商务有广义与狭义之分,电子商务项目也理所当然地有了层次的概念。

广义的电子商务项目指一个组织系统化地运用电子工具,以高效率地从事经济活动,在一定时间、人员及资源的约束条件下,所开展的一种独特的时限性工作。这里的独特性不仅体现在新型电子工具对组织效率的提高上,也贯穿于其变革、重组的整个过程。行业的自动化改进、企业的局域网搭建都属于这一范畴。

狭义的电子商务项目表示一个组织为了运用基于 Internet 的现代工具,提高经济和社会效益,在一定限制条件下而开展的一种集业务开发、技术推进、经营改善、管理整合及资本运作于一体的独特的时限性工作。在此层面上,电子商务项目重点集中在与 Internet 相关联的工作上。企业基于 Internet 的信息化改进、虚拟社区的搭建以及政府部门的电子政务项目均可包含在内。电子商务项目具有涉及角色多、复杂程度高、风险大、生命周期短、动态性强的特点。

（二）电子商务项目的主流业务模式及其价值网络

1. 电子商务模式

电子商务模式指在网络环境中基于一定技术基础的商务运作方式和盈利模式。分析一个企业的电子商务模式，需要考虑以下内容：客户价值、商业范围、定价、收入来源、关联活动、实现、能力、持久性。详见表7-1。

表7-1　电子商务模式的内涵

商务模式的子项内容	电子商务的商务模式需解决的问题
客户价值	电子商务能够使企业为客户提供哪些差别性的产品或服务？企业能否借助电子商务为客户解决由此产生的一系列新问题
商业范围	电子商务能够使企业接触到哪些范围内的客户？电子商务是否改变了企业原有的产品和服务的商业范畴
定价	电子商务如何使企业提供的产品和服务的价值形成差别化而可以差别定价
收入来源	电子商务如何影响企业收入来源？在电子商务环境中企业的收入来源发生了什么变化，是否出现了新的收入来源，或在原有收入来源中是否出现了结构性的收入转移现象
关联活动	在电子商务环境中，企业必须推动哪些新的活动？电子商务将如何提高原有活动的操作水平
实现	电子商务对企业的经营战略、竞争策略、组织结构、业务流程、人力资源和发展环境有什么影响？企业如何通过自我创新来适应这些变化的要求
能力	在电子商务环境中，企业需要哪些新的能力？电子商务活动对企业现有的能力构成什么样的影响
持久性	电子商务增强还是削弱了企业的持久盈利能力？企业如何利用电子商务提高持久的盈利能力

2. 电子商务的模式分类及其价值网络

电子商务的模式有多种划分方法。从商务应用角度，电子商务的主流模式包括如下13种。

（1）搜索引擎模式。搜索引擎服务商通过提供个性化、智能化的信息查询服务，吸引大量企业和个人登录其网站，以此为优势，促使有网上推广需求者购买其网页的竞价排名或固定排名等服务，进行网站、产品或服务的推广。搜索引擎电子商务模式中，涉及的主体有搜索引擎服务商、搜索引擎营销服务商、搜索引擎推广客户、个人（企业）用户，其价值网络如图 7-1 所示。

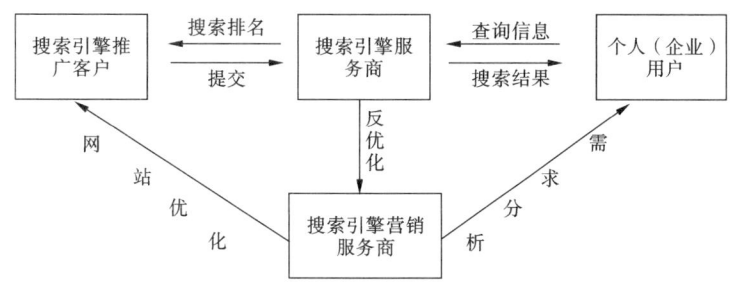

图 7-1　搜索引擎电子商务模式的价值网络图

（2）网络广告模式。网站所有者利用互联网媒体向广告客户提供产品（服务）、品牌、网站等宣传推广服务，并从中收费。该模式又可分为自营和中介两种模式，前者如新浪网等，由自己或其代理商销售广告服务，价值网络比较简单；后者如淘宝联盟等，价值链条中的主体较多，关系也较复杂，淘宝联盟的价值网络如图 7-2 所示。

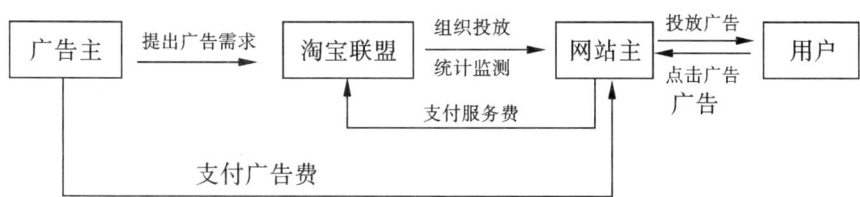

图 7-2　淘宝联盟中介广告的价值网络图

（3）网络经纪模式。网络经纪商通过虚拟的平台（网站）将买卖双方的需求信息聚集在一起，协调其供求关系并从中收取交易费、会员费、广告费、代理费等，如阿里巴巴、携程旅行网、中华粮网。该模式的参与主体主要有终端客户、相关供应商、中介平台、广告主等，携程旅行网的价值网络如图 7-3 所示。

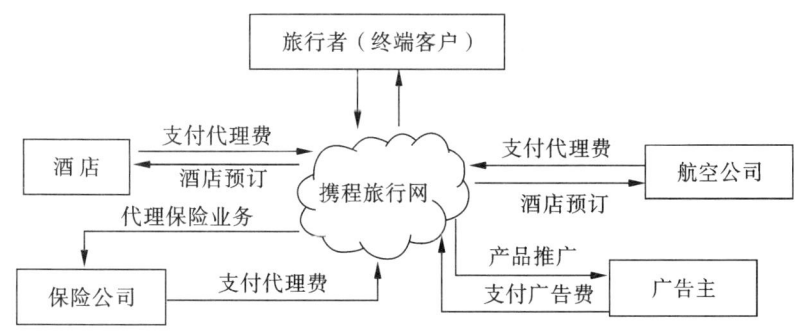

图 7-3　携程旅行网的价值网络图

(4)网络直销模式。生产商利用网络优势,直接实现企业与最终客户之间的信息沟通、产品定制、产品传递等功能,如戴尔计算机的网络直销、青岛海尔的网上商城等。这种模式的参与主体一般有生产商、客户、物流商(或自营物流)、零部件供应商、配送中心等。不同的网络直销企业,其参与主体和价值网络可能会有一定的差异。戴尔的价值网络如图7-4所示。

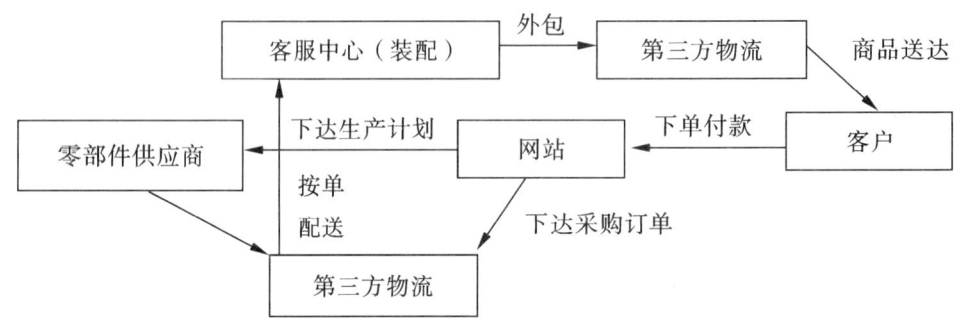

图7-4 戴尔网络直销价值网络图

(5)网上商店模式。零售商、个人或供应商采取基于C2C(如淘宝网)和B2C(如当当网)购物平台实现商品销售的零售业态。网上商店模式涉及的主体包括商家(零售商、供应商或个人)、购物平台、物流商(或自营)、客户、广告主等。当当网的价值网络如图7-5所示。

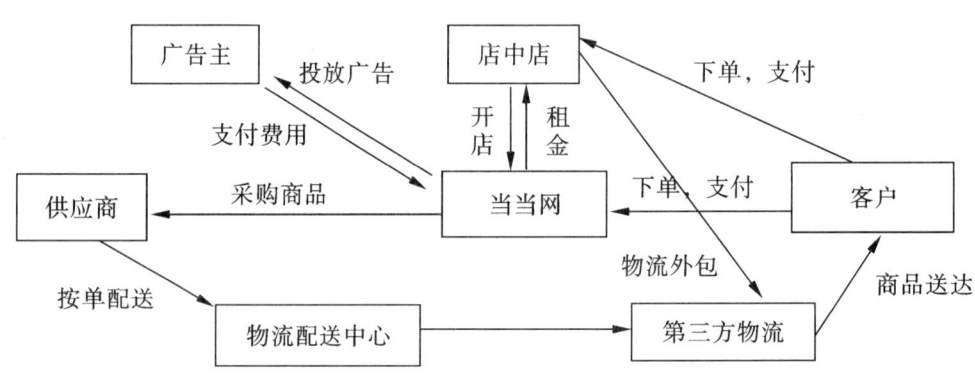

图7-5 当当网上购物中心的价值网络图

(6)网络营销模式。网络营销模式是指企业借助于互联网进行各项营销活动,从而实现企业营销目标的营销模式。在互联网发展的不同阶段,网络营销的手段、方法和工具也有所不同,网络营销模式也从单纯的网站建设模式向多元化模式转变了。近年来,逐渐出现了很多实用的网络营销模式,如搜索引擎营销、社区营销、网络会员制营销等。从目前企业网络营销的应用实践来看,网络营销大体可划分为3个主要阶段,如图7-6所示。

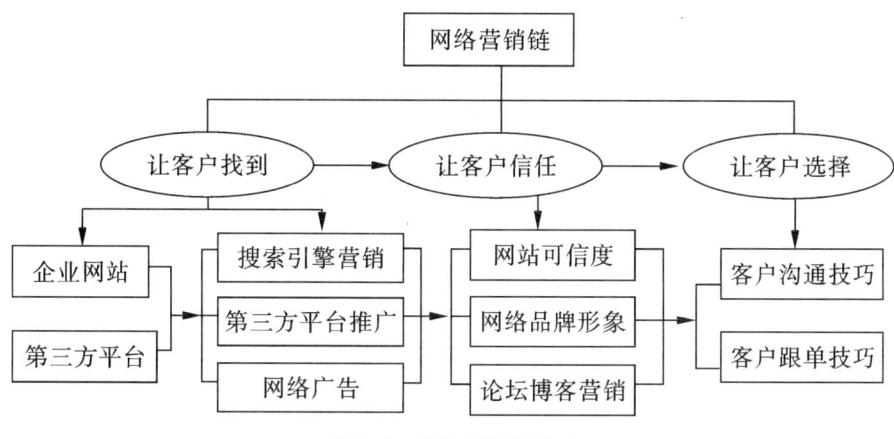

图 7-6 网络营销链模式

(7) 网上支付模式。传统银行以互联网为平台开展网上银行业务或网络服务提供商通过建立第三方支付平台、发行虚拟货币等形式开展的网上支付业务。比较典型的第三方支付平台支付宝的交易流程,如图 7-7 所示。

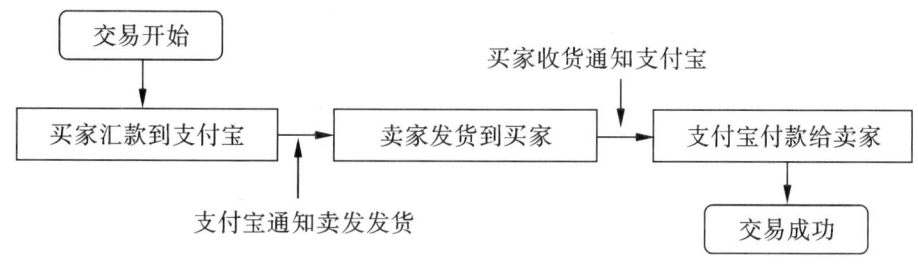

图 7-7 支付宝的交易流程

(8) 网络聚合模式。网站运营商采用人工编辑方式,将论坛、博客、影视、音乐、供求信息、文件等资源进行挑选、分类、附加评论,为用户提供更具价值和针对性的信息,据此吸引大量企业用户、个人和资源合作者,从中收取广告费、用户增值费、资源销售分成等。如迅雷的资源聚合、大旗网的口碑聚合等。其利益相关者包括网民、推广需求客户、资源合作伙伴等,价值网络如图 7-8 所示。

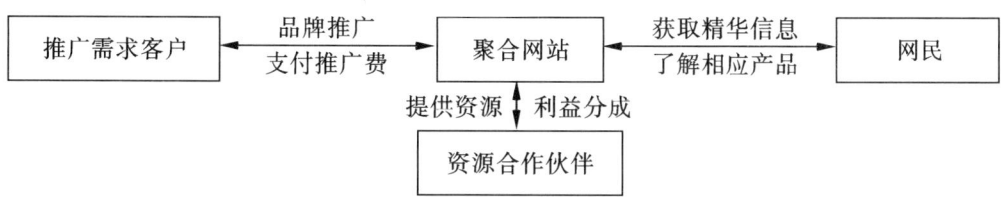

图 7-8 网络聚合电子商务模式的价值网络图

(9) 用户贡献模式。运营商网站吸引用户注册成为其平台的用户，将自己个性化的原创内容进行展示并提供给其他用户（有偿或无偿），据此提高平台黏性，聚集人气，从而收取广告费、增值服务费、原创内容收入分成。起点中文网（http://www.qidian.com）就属于该模式，其参与主体有平台运营商、原创作者、广告主、用户、增值服务提供者等，起点中文网的价值网络如图7-9所示。

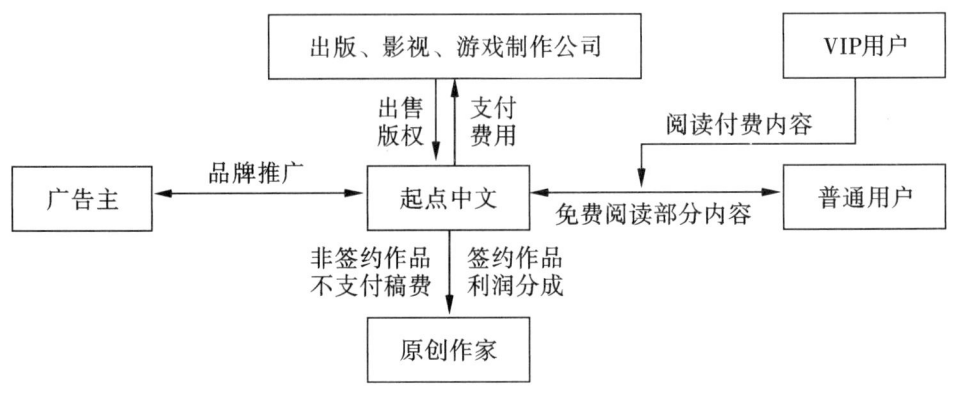

图7-9 起点中文网的价值网络图

(10) 网络社区模式。网络社区的成员需要通过一定的媒介来聚合，这个媒介一般是论坛、社交网站、第三方口碑类网站等，这些网站上的内容不是网站本身提供的，而是由社区成员产生的，从商业模式的角度来看，它属于用户贡献模式。我国比较典型的综合性网络社区和大型网络社交平台天涯网络社区的价值网络，如图7-10所示。

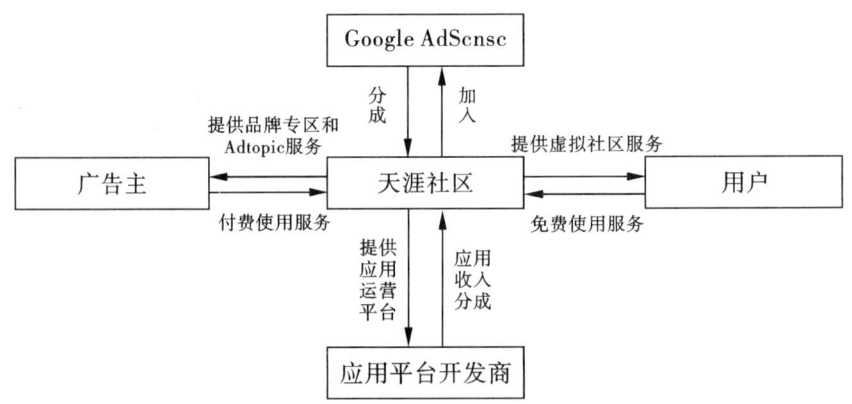

图7-10 天涯网络社区价值网络

(11) 网络分类信息模式。服务商把信息提供方提供的信息根据行业、行政地区或者用户的浏览习惯，分别归类后提供给信息需求者查看，并从中获取广告费、会员费、中介费及增值服务费，如搜房网的房产分类信息（http://www.soufun.com）、前程无忧（http://www.51job.com）的招聘分类信息、百合网（http://www.baihe.com）的婚恋交友分类信息以及 58 同城(http://www.58.com)的综合分类信息等。搜房网的价值网络如图 7-11 所示。

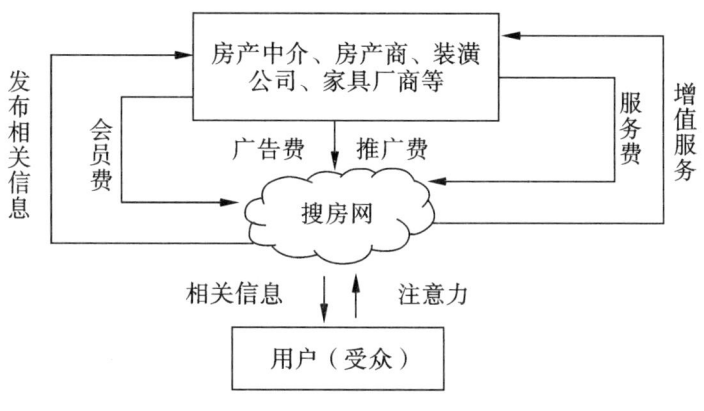

图 7-11　搜房网的价值网络图

（12）网络游戏模式。运营商通过自主开发或代理其他游戏开发企业的产品运营游戏，以出售游戏时间、游戏道具或相关服务，为用户提供增值服务和游戏内置广告而获得收入。盛大游戏的价值网络如图 7-12 所示。

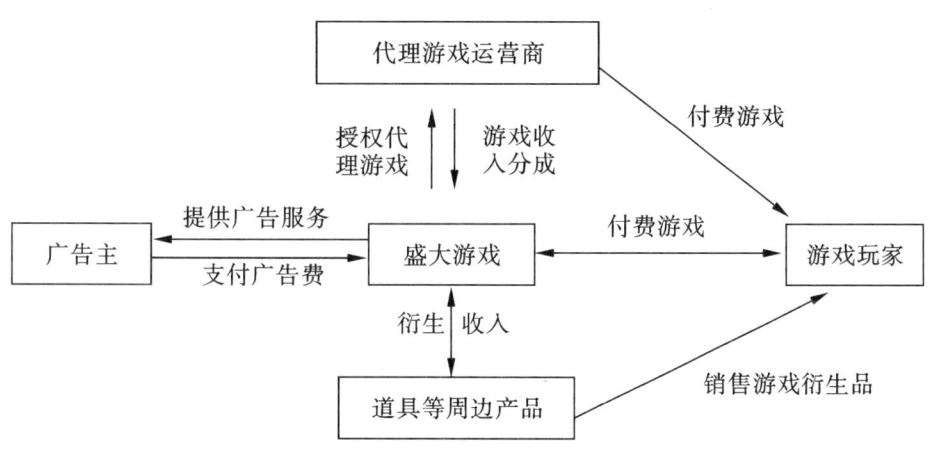

图 7-12　盛大游戏的价值网络图

（13）无线商务模式。无线服务提供商利用移动互联网向移动用户提供免费或收费的移动信息服务、基于位置的服务以及企业移动商务应用、移动支付及移动娱乐等服务的网络应用模式。无线服务的盈利模式主要包括用户付费及广告主付费两部分，其中用户付费是指用户基于移动互联网应用所支付的流量费、信息费及下载游戏、购买道具等产生的费用。广告主付费即广告主投放的基于 WAP 广告的费用。无线服务的价值网络如图 7-13 所示。

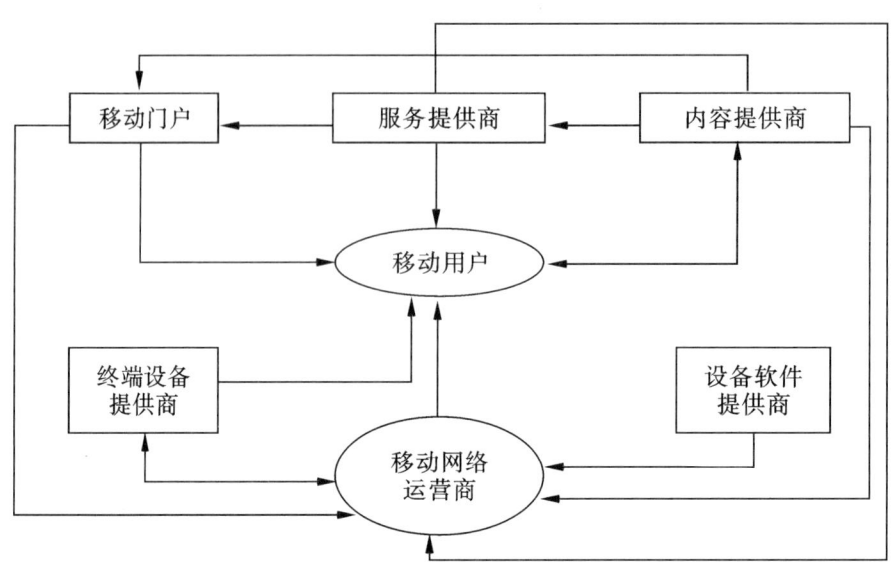

图 7-13 无线服务的价值网络图

二、电子商务项目策划

(一)电子商务项目策划的内容

电子商务项目策划是一个复杂的工作,进行电子商务项目策划,需要对电子商务项目的商务运作方式和盈利模式等进行科学定位,对业务模式、技术模式、经营模式、组织管理模式、资本模式进行系统设计,以体现电子商务模式的内涵。

1. 业务模式

影响一个电子商务项目绩效的首要因素是业务模式。电子商务的业务模式是电子商务项目运行的秩序,是指电子商务项目所提供的产品、服务、信息流、收入来源以及各利益主体在电子商务项目运作过程中的关系和作用的组织方式与体系结构。它具体体现了电子商务项目现在如何获利以及在未来长时间内的计划。电子商务的业务模式主要包括以下内涵。

(1)战略目标。一个电子商务项目要想成功并持续获利,必须在业务模式上明确战略目标,这种战略目标本质上表现为这一项目的客户价值,即企业必须不断向客户提供对他们有价值的、竞争者又不能提供的产品或服务,才能保持竞争优势。换句话讲,战略目标就是企业价值的社会定位,即企业使命。比如阿里巴巴旨在构建未来的商务生态系统,其愿景是让客户相会、工作和生活在阿里巴巴,并持续发展最少 102 年,其使命是"让天下没有难做的生意"。

按照迈克尔·波特的竞争优势理论,电子商务项目对客户提供的价值可以表现在产品/服务差别化、低成本、目标积聚战略上。

(2)目标用户。一种电子商务模式的目标用户一般指在市场的某一领域或地理区域内,基于这种商务模式建立的网站的浏览者、建设者、使用者和消费者。电子商务项目业务模式的目标用户是提升网站流量、吸引客户的重要部分,也是项目收入来源定位的重要基础。目标用户可以是广大的个人用户,即通常所谓的网民;也可以是企业客户,即所谓的网商。对目标用户的界定,一方面要从地域范围界定,即判定用户的地理特征;另一方面还要从用户的性别、年龄、职业、受教育程度、生活方式、收入水平等人口学特征来划分。

(3)产品或服务。当公司或网站决定了目标用户后,必须明确为用户提供何种产品或服务。例如,一家为大学生服务的互联网公司必须准确发掘其消费需求,可以提供特色的连接服务、聊天室、电影、音乐、游戏、网上教学、考研答疑等服务内容。

(4)盈利模式。电子商务项目策划的一个极为重要的部分是确定公司的电子商务项目收入和利润来源,即盈利模式。在现实的市场中,很多公司直接从其销售的产品或服务中获得收入和利润。但是,基于互联网的投资与收益具有较长的周期,收入来源的多样性,使得公司利用互联网从事电子商务的收入和利润来源变得更加复杂。例如,采取网络经纪模式的公司的收入来源包括交易费、信息和建议费、服务费和佣金、广告和发布费等;采取直销模式的公司的收入则主要来自于对客户的直接销售,也可以来自于广告、客户信息的销售和产品的放置费,还可以通过削减直接向客户提供服务的成本或减少配送环节来增加利润。

(5)核心能力。核心能力是相对稀缺的资源和有特色的服务能力,它能够创造长期的竞争优势。核心能力是公司的集体智慧,特别是那种把多种技能、技术和流程集成在一起以适应快速变化的环境和能力。电子商务具有快速的实现周期,对信息和联盟也具有很强的依赖性,而且要坚持不懈的改革商务活动的方式。因此,它需要有一种能综合考虑以上所有因素的分析工具,将公司的技术平台和业务能力进行集成。经过集成后的公司的核心能力应该包括资源、竞争力、竞争优势等方面。

2. 技术模式

在所有的电子商务项目中,需要合理规划其技术模式,技术模式是业务模式的实现基础。电子商务的技术模式是支撑电子商务系统正常运行和发生意外时能保护系统、恢复系统的硬件、软件和人员配置系统。

(1)技术建设模式。企业电子商务的技术模式选择与企业基础条件是紧密相关的,而不同信息化基础条件的企业,在以电子商务为主的信息化建设过程中,会采取不同的信息化技术建设模式。

1)自主开发模式。这种模式通常由企业内部自己组建信息化队伍,在采购成熟软、硬件设备基础上,主要依靠企业自身力量从事企业信息化建设。

2)外包模式。这种模式是企业委托具有雄厚技术实力和丰富经验的软件公司、科研机构、高等院校等外部技术单位进行信息化建设和电子商务解决方案设计,由受托方提供解决方案、成套设备、系统实施及技术服务。

3）合作开发模式。这种模式是企业与系统集成商、计算机软/硬件公司合作,联合进行信息化建设和电子商务项目实施。

4）ASP 模式。ASP(Application Service Provide)模式是由应用服务提供商集中为企业搭建电子商务所需要的网络、硬件、软件等运行平台,负责所有前期的实施、后期的维护等一系列服务。

（2）通信系统。通信系统是用来连接公司内不同部门以及供应商、客户、政府等利益相关主体的系统。在通信系统中,计算机通信网络的构建是关键,计算机通信网络是多台独立的计算机通过有形或无形的介质连接,在网络协议的控制下实现资源共享。其中,采用 TCP/IP 通信协议的 Internet、Intranet、Extranet 构成了以互联网为基础的公司内部以及公司之间的通信网络。在具体构建通信网络时,可以选择宽带专网、电视网、电话网等网络通信技术。

（3）计算机硬件系统。计算机硬件系统是电子商务的重要基础设施,是电子商务技术系统的支撑体系和各种应用软件的重要载体,包括服务器和客户机两个方面的硬件系统。其中,服务器是存储文件和其他内容的硬件组合,客户机是为存取和显示内容而配置的硬件组合。

（4）计算机软件系统。计算机软件系统包括系统软件、应用软件、其他专用软件系统,如在电子商务应用中所使用的商品扫描系统、支付刷卡系统、企业资源计划(ERP)、客户关系管理(CRM)、供应链管理(SCM)等专用系统。

3. 经营模式

电子商务项目的经营模式是公司面向客户,以市场的观点对整个商务活动进行规划、设计和实施的整体结构。它包括如何让客户知晓并认同企业的电子商务业务模式和如何实现公司的电子商务业务模式,以满足客户需求。

经营模式和业务模式是密切相连的,电子商务业务模式具体体现了电子商务项目现在如何获利以及在未来长时间内的计划,注重对整体环节的设计和具体路径的选择。经营模式则主要考虑如何展开具体商务活动,实现商业模式的各环节设想,促进预期经济目标的达成。这不仅包括选择各环节的具体合作者、协作者、协作方式、分成方法及经营的工具、手段、方式、方法,还包括非业务模式环节的市场开拓、广告宣传等事宜。经营模式将商业模式主体化、动态化、丰富化、灵活化、具体化。

4. 组织管理模式

电子商务项目的管理模式是在电子商务运营过程中,从组织上提供的为保证系统正常运行和发生意外时能保护系统、恢复系统的法律、标准、规章、制度、机构、人员和信息系统等结构体系,它能对系统的运行进行跟踪监测、反馈控制、预测和决策。

（1）电子商务的组织与人力资源管理。一种科学的电子商务模式的实现,必须有科学的组织和人力资源管理。电子商务管理模式的组织管理分析,就是分析公司的组织结构特点、组织形式、组织文化对电子商务商业模式的保证程度。人力资源管理是指在企业电子商务运作中对人力资源的取得、开发、利用和保持等方面进行计划、组织、指挥和控制,其直接目标就是保证人本管理思想在企业得以实现,终极目标就是实现企业的电子商务发展战略。

(2)业务管理。一个成功的电子商务模式往往有赖于科学的业务管理模式。这样,就需要对电子商务的业务流程进行科学设计,对业务流程各环节进行科学管理,如用户的注册管理、交易管理、用户行为管理、用户信息管理等。同时,对于交易性质的电子商务模式,其物流管理、供应链管理和支付管理是重要的业务管理,需要进行科学设计与管理。

(3)服务与客户关系管理。电子商务的机遇需要靠优质的服务去把握,客户的选择标准将会集中于服务,电子化交易呼唤人性化服务,服务是维护客户忠诚的基本条件,服务是增强员工凝聚力的重要因素。这样,就要求服务要快速响应客户,满足客户的个性化需求;设计独特的网站,努力成为一流的客户服务提供者。客户关系管理可以帮助解决以客户为中心的经营管理问题,使企业准确把握和快速响应客户的个性化需求,并让客户满意、忠诚,以保留客户,扩大市场。从让客户满意出发,其功能基本包括客户数据管理、客户价值管理、客户服务管理、客户沟通管理四个方面。

5. 资本模式

电子商务项目的资本模式是指从电子商务资本的进入、运作到退出的整个结构。公司电子商务的资本模式主要有风险投资型资本模式和传统投资型资本模式两种。

(1)风险投资型资本模式。风险投资是由职业金融家的风险投资公司、跨国公司或投资银行所设立的风险投资基金投入到新型的、迅速发展的、有巨大竞争潜力的企业中的一种权益资本。在这种投资方式下,投资人为融资人提供长期股权投资和增值服务,培育企业快速成长,数年后再通过上市、兼并或其他股权转让方式撤出投资,取得高额投资回报。风险投资型资本模式,是指风险投资对电子商务公司的直接投资,或已经建立电子商务网站的电子商务公司吸引风险投资的介入。这种风险投资一般在电子商务公司创业阶段进入,因而也被称为创业投资。

(2)传统投资型资本模式。传统投资型资本模式是指传统企业通过各种形式进入电子商务领域,将资本引入电子商务公司或 Internet 服务公司。我国传统投资型资本模式主要有以下四种形式。

1)传统企业建立网站,实现企业上网。

2)传统企业直接投资电子商务。

3)政府或企业投资专业电子商务网站或网上商品交易市场。

4)传统企业和电子商务网站间的资本联合,实现传统企业与电子商务的结合。

(3)电子商务公司之间的并购。这种并购是电子商务公司竞争中的一种手段,并购者希望通过并购迅速发展自己,以捆绑的方式提高公司的知名度,而且通过并购吸引其他公司的大量人才,最终目的在于吸引更多的投资,为下一步的发展奠定基础。被并购的公司往往缺乏进一步的资金支持。这种电子商务的资本运作方式是电子商务的发展趋势和走向成熟的重要步骤。

(二)电子商务项目策划的流程

电子商务项目的形成立足于市场需求和用户需求,通过市场调查和市场分析才能形成认识,发现需求。项目的实施必须经过反复的方案策划、筛选和论证,项目的成功不仅要依靠好的策划,更重要的是如何进行培育和发展。项目孵化是大多数电子商务项目获得成功的关键过程。

1. 市场调查

一个新的电子商务项目是在充分了解市场、洞悉用户需求的基础上形成的,这就需要进行立项前期的市场调查。市场调查对电子商务项目的确定、模式的选择、项目实施的可行性与项目发展前景都起着至关重要的作用。因此,进行电子商务项目的策划,必须认识市场、研究市场。

为电子商务项目策划而进行的市场调查,要从针对项目的用户和用户的市场两个方面展开。开展市场调查的第一步是明确调查的内容,在某种程度上,它比选择调查方式和方法更重要。由于电子商务项目的特点,进行市场调查的内容十分广泛,从理论上讲,凡是直接或间接影响企业市场经营活动的资料,都应该收集、整理;凡是有关企业经营活动的信息都有调查的必要。但是,受调查的时间、经费等因素的制约,市场调查的目的不同,一次调查活动无法包括所有方面,应该有所侧重。根据对所策划电子商务项目的把握程度,电子商务项目策划的市场调查可以分为三个阶段。第一阶段是通过市场调查了解和发现需求,从而确定项目内容,进行项目定位的市场调查阶段。这一阶段的目的是发现需求、发现问题、提出问题。第二个阶段是有了相对明确的需求和定位后,针对项目开发的具体问题展开的市场调查。这一阶段的目的是分析和解决问题,进行项目方案的确定和方案的选择,在此基础上进行项目开发阶段。第三个阶段是开发成功后项目实施过程中的市场调查阶段,这一阶段的目的是通过市场调查了解项目实施效果,进行项目结果测试,为项目的修订、完善提供数据支持。针对不同类型、不同性质的电子商务项目,进行调查的具体内容也不完全一样。归纳起来,电子商务项目的市场调查可以分为市场环境调查、用户需求调查、项目需求调查等方面。

(1)市场环境调查。主要调查内容包括对产业的政策、产业链与产业结构的调查,对产品、新产品开发、价格体系、市场占有率的调查,对市场结构、市场规模和市场潜力的调查,对竞争环境、竞争对手和竞争策略的调查研究等。

(2)用户需求调查。主要调查内容包括用户当前的行为状况、核心用户群体对项目的接受程度和了解程度、用户对于项目未来发展的态度、了解终端用户对项目新发展功能接受能力的期望和期望项目能为他们带来什么利益等,还包括产品使用量、需求量、用户对产品指标和功能的要求、用户对产品价格的期望、产品的替代、竞争现状与演变趋势等。

(3)项目需求调查。项目需求调查的主要目的是获得和描述电子商务项目中所有的要求,对需求方希望实现的功能进行描述,应从项目的设立目的、项目预计包含的功能模块、项目的服务对象、项目进度计划、项目经济目标、项目需要的技术支持、项目质量标准等方面展开调查。

市场调查无论采取哪一种形式,进行哪一方面的调查,都是一次有组织、有计划的行动,都要经过一定的程序和步骤,才能达到预定目标。市场调查程序基本包括三个阶段:准备阶段、进行阶段和处理阶段。如图 7-14 所示。

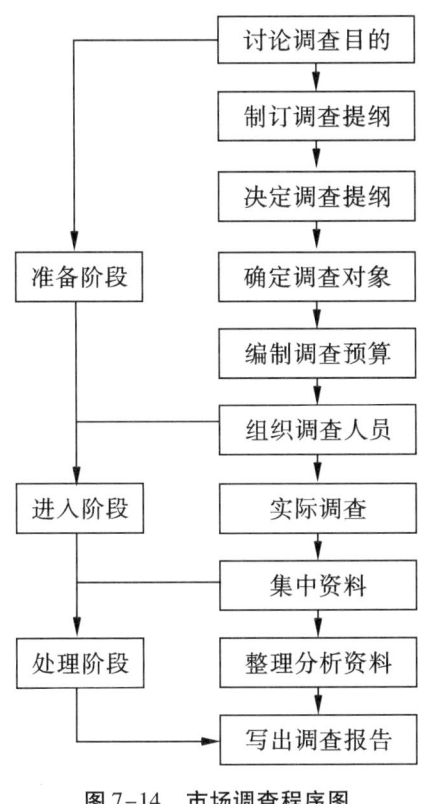

图 7-14　市场调查程序图

2. 项目浮现

项目浮现就是对各种可行的电子商务项目构成雏形的过程。对可实施的有利项目的捕捉不仅需要敏锐的商业嗅觉,而且对市场的细致调查也是必不可少。因为只有经过全面调查,才能发现真正的市场需求,做到有求必应,才能提出为实现特定目标的多样化方案,避免项目的单一选择。

通过市场调查可以收集来自各种渠道的信息和资料,通过对这些信息和资料的细致分析才能发现市场中存在的需求和有发展前景的电子商务项目。

(1)调查资料的来源。市场调查资料可能来自于多种渠道,不同的信息资料来源于不同角度,都在某种程度上反映了项目的需求,对这些信息的分析处理也具有不同的特征。市场调查资料一般包括两种类型:第一类资料是通过实际市场调研,通过对市场、企业及用户的调查得到的信息资料,又称为第一手资料调研;第二类为文献资料,又称第二手资料,主要通过收集一些公开出版物、报纸、杂志,政府和有关行业提供的统计资料,了解有关产品及市场信息。

（2）调查数据的处理。在大量的实地调查之后，可以获得较多有效的一手资料，要从这些资料中发现问题、明确需求、明确项目，就需要将资料中反映的信息和数据分类汇总并进行细致的分析。调查数据的处理也就是将一大堆原始数据变成有条理的信息。

（3）数据分析。要从整理好的数据中充分了解市场状况并发现需求，还需要进一步对这些数据进行充分的研究和分析。市场调查资料的分析主要有两种方法：一种是定性分析方法，另一种是定量分析方法。定性分析方法是从事物的质的方面入手，利用经验判断、辩证思维、逻辑思维、创造性思维等思维方法对事物的规律性进行判断和推理。定量分析方法是从实物的数量方面入手，运用一定的统计方法进行对比研究，从而挖掘事物的本质特征和规律性，即从数据对比中得出分析结论和启示。

（4）市场需求识别。在电子商务项目形成过程中，首先是项目的市场需求识别和确定，项目的进一步成功开展在很大程度上依托于最初的需求定位，只有正确而清晰的需求才能将电子商务项目引入成功的轨道。电子商务项目的需求识别是电子商务项目生命周期中的一个阶段，它是对电子商务项目设计的需求、问题或机会的确认，由企业向软件开发商、咨询公司或项目开发小组征询需求建议书，以便实现已确认的需求或解决问题。

（5）电子商务项目概念的形成。项目概念阶段的主要任务是确认和批准一个项目执行，承诺开始一个项目并进行项目的总体规划。项目概念的形成主要表现在项目目标的确立，经过需求甄别，可以明确电子商务项目所要解决的主要问题，或者说通过电子商务新项目的实施能为目标用户提供哪些产品或服务，能够为自身发展带来哪些收益。

3. 项目筛选

（1）电子商务项目的规划。电子商务项目的规划是根据企业对电子商务的具体需求，根据拟实施的电子商务项目的功能要求和目标，进行总体规划与设计，经筛选形成总体规划方案。总体规划方案一方面为可行性研究提供依据，另一方面也是项目后期设计实施的纲领。项目规划相对于项目详细设计要粗略得多，但其规划的好坏是影响电子商务项目运作成败的关键，也直接影响电子商务项目的未来实施效果。

（2）项目可行性分析。电子商务项目的可行性分析，是建立在项目规划基础上通过充分分析、研究、讨论和评价对拟实施的项目进行全面的综合技术经济论证的过程。它包括对项目的市场需求、潜力的调查以及对未来发展前景的预测，也从经济效益、技术保障和社会因素等角度对项目的可行性做出论证，提出项目可行或不可行的结论，从而回答项目是否需要进行的问题，为决策者的最终判断提供科学的依据。根据电子商务项目的特性，电子商务项目可行性研究的内容概括起来主要有经济可行性研究、技术可行性研究、管理可行性研究、市场可行性研究和社会环境可行性研究。

（3）电子商务项目的优选。项目的优选就是在对项目方案进行总体轮廓规划和各个组成部分的功能确定之后，结合项目可行性分析报告，选出若干总体项目实施方案，从技术可行性、经济可行性、管理可行性、市场可行性、社会环境因素等角度进行综合比较、分析和评价,确定最佳方案。在选择方案的同时,还应利用专家评价法对结果进行进一步的分析论证,并出具意见书,根据专家意见适当修正方案。在确定项目方案的时候,可以根据需求标准、成本费用标准、效益标准、时间标准进行对比分析。

4. 项目孵化

电子商务项目策划的最关键部分就是项目孵化。要成功孵化一个项目,一个高度协同、紧密团结的项目孵化组,一份任务明了、奖惩有制的孵化任务书和一项公平合法、权责分明的孵化合同是不可或缺的。

(1)项目孵化团队。项目孵化团队要呈现出多样化、专业化和动态化的特点。首先,核心领导层要有极强的综合知识能力,能高瞻远瞩,规划调整项目;其次,专业实施人员在本领域能够较深钻研,尽其所能,如期完成任务;最后,团队的管理应该是矩阵式的,能根据项目需要灵活转变职能。

(2)项目孵化过程。项目孵化计划的制订庞大而又细致。为了实现项目目标,它需要项目管理人员有效运用各种资源,安排内容,制订全方位计划。签署项目孵化合同或协议书可为项目实施提供保障,明确各参与主体的责、权、利,扫除后期不必要的隐患。项目的孵化过程一般可以分为三个阶段,即孵化前阶段、孵化阶段和孵化后阶段。

1)孵化前阶段。在进入孵化前阶段,项目的进度计划不一定是很具体的成形计划,它可能只是简单表述和项目创意。为了得到项目孵化组织的认可和顺利进入项目孵化,创业人员和项目管理者需要通过市场调查、系统调研、需求分析和项目规划等工作做好充分的准备。对于电子商务新项目,创业者要重点向项目孵化团队展现自己在技术、资金、市场和管理方面的能力。

2)孵化阶段。即项目从进入孵化器到退出孵化器的阶段。这一阶段的项目孵化组织的管理任务主要包括:为项目的孵化提供各种优惠政策和增值服务;跟踪项目的实施过程,分析和诊断所出现的问题,并提供针对性的帮助和扶持;孵化期满后,根据孵化项目的实际情况,做出毕业、续孵、结业还是孵化无效等相应处理。

3)孵化后阶段。项目成功孵化之后,并不表示该项目已经成熟,其抵御风险的能力还比较弱,一般仍应继续借助项目孵化组织的力量,保持与项目孵化组织的合作,尽量争取更多地享有项目孵化组织提供的服务设施和资源,或通过协议的方式与项目孵化组织展开进一步的合作,使自身的项目实力得到不断增强,逐步走向成熟。项目孵化组织也应做好项目成功孵化后的服务工作,继续跟踪项目的发展,促进被孵化项目的成长,与其建立定期联系制度,帮助其解决市场发展中所遇到的实际问题,推动项目向更高层次发展。

三、电子商务项目评估

(一)项目风险管理

1. 项目风险

(1)项目风险的概念。项目风险是指由于项目所处环境和条件的不确定性,项目的最终结果与项目干系人的期望产生背离,并给项目干系人带来损失的可能性。项目风险产生的原因主要是项目的不确定性造成的,而不确定性是项目团队无法充分认识项目未来的发展和变化造成的,这种不确定性不能通过主观努力来消除,而只能通过努力来降低。

(2)项目风险的特点。

1)风险存在的客观性。作为损失发生的不确定性,风险是不以人的意志为转移并超越人们主观意识的客观存在,而且在项目的全寿命周期内,风险是无处不在、无时没有的。这也说明为什么虽然人类一直希望认识和控制风险,但直到现在也只能在有限的空间和时间内改变风险存在和发生的条件,降低其发生的频率,减少损失程度,而不能也不可能完全消除风险。

2)项目风险的相对性。项目风险是相对不同的风险管理主体而言的,项目风险管理主体承受风险的能力、项目的期望收益、投入资源的大小等因素都会对项目风险的大小和后果产生影响。因此,项目风险是相对的。

3)项目风险的可变性。在项目实施的整个过程中,各种风险在质和量上是可以变化的。随着项目的进行,有些风险得到控制并消除,有些风险会发生并得到处理,同时在项目的每一阶段都可能产生新的风险。

4)项目风险的阶段性。项目风险是分阶段发展的,而且各个阶段都有明确的界限。项目风险的阶段性主要包括三个阶段:①风险潜在阶段——在这一阶段中的潜在风险是没有危害的,但是它会逐步发展成为现实的风险;②风险发生阶段——此时,风险已经发生,但尚未产生后果,如果不及时采取措施加以处理,风险就会给项目带来危害;③造成后果阶段——在这一阶段,风险造成的后果已经无法挽回,只能尽量采取措施减少它对项目造成的危害。

(3)项目风险的种类。根据电子商务项目的特点可以把风险分为以下几类,以便对其进行研究分析。

1)技术、性能、质量风险。电子商务项目采用的技术与工具是项目风险的重要来源之一。一般说来,在电子商务项目中采用新技术或技术创新无疑是提高项目绩效的重要手段,但这样也会带来一些问题,许多新的技术未经证实或并未被充分掌握,则会影响项目的成功。还有,人们出于竞争的需要,会提高项目产品性能、质量方面的要求,而不切实际的要求也是项目风险的来源。

2)项目管理风险。项目管理风险包括项目过程管理的方方面面,如:项目计划的时间、资源分配(包括人员、设备和材料)、项目质量管理、项目管理技术(流程、规范和工具等)的采用以及外包商的管理等。

3)组织风险。组织风险中的一个重要的风险就是项目决策时所确定的项目范围、时间与费用之间的矛盾。项目范围、时间与费用是项目的3个要素,它们之间相互制约。不合理的匹配必然导致项目执行的困难,从而产生风险。项目资源不足或资源冲突方面的风险同样不容忽视,如人员到岗时间、人员知识与技能不足等。组织中的文化氛围同样会导致一些风险的产生,如团队合作和人员激励不当导致人员离职等。

4)项目外部风险。项目外部风险主要是指项目的政治、经济环境的变化,包括与项目相关的规章或标准的变化,组织中雇用关系的变化,如公司并购、自然灾害等。这类风险对项目的影响和项目性质的关系较大。在电子商务项目中,系统的安全性风险、网上支付与信用风险等更是在项目风险管理中要着重考虑的问题。

2.项目风险管理的过程

项目风险管理是指为了最好地达到项目的目标,识别、分配、应对项目生命周期内风险的科学与艺术。风险管理是一个经常被忽略的项目管理领域,却常常能够在通往项目最终成功的道路上占据着很重要的位置。通常一个电子商务项目是需要消耗大量的人力、物力才能完成的。如果忽略了风险的管理,最终导致项目的失败,那将是对资源的严重浪费。所以项目风险管理的重要性很大程度上就是避免资源的浪费。

项目风险管理的主要程序包括风险识别、风险分析、风险应对计划制定和风险监控。风险识别在项目开始时就要进行,并贯穿于项目的整个生命周期。

(1)风险识别。

在电子商务项目开发实践中面临各种各样的风险,特别是随着社会进步、网络科技的飞速发展及现代化程度的提高,电子商务项目的规模、复杂度显著膨胀,在项目立项论证和项目方案选择时进行充分的风险识别已变得十分重要,也越来越引起项目决策者和管理者的重视。电子商务项目中面临的风险主要如下。

1)市场风险。电子商务项目的市场风险主要是来自于竞争者以及客户群容量不足的风险。电子商务企业区隔程度较低,发展的同质性使得竞争者风险更加突出。因此,在消费者个性需求的驱动下,众多电子商务公司会采取不同的策略满足不同的目标群体要求,从而使得市场竞争日益激烈。

2)经营风险。网购行业的经营风险主要由下述五个方面组成:

①购买者威胁。购买者对于网购消费虽然已经有比较多的认识,但是目前国内的许多网络购物的安全隐患依然是购买者所担心的问题。

②替代产品威胁。消费者可以选择不同渠道来购物,传统渠道依然是一个极具吸引力的购物渠道,移动购物等新兴购物模式对网购消费额的转移也有不少的影响,而其他网络购物企业也或多或少抢占了不少份额。

③供应者威胁。电子商务这一新的销售渠道对于供应商来说具有很大的吸引力,供应商渴望通过网络销售平台建立其与消费者的连接,提高自身销售能力。从这个层面上讲,供应商可能难以对价格有自主权,因而供货价格较低;另一方面,随着众多电子商务运营商的进入,供应商在网络销售渠道上有了更多的选择,可以自主选择运营商,以提高供货价格。

④现有竞争者威胁。网络购物行业已经有不少电子商务企业进入,在C2C、B2C电子商务市场的交易份额也各自开花。

⑤潜在进入者威胁。网络购物的快速发展,引起了多方注意,C2C平台开始逐步增

加 B2C 业务,越来越多的零售商开展在线零售业务,而更加多的企业也注意到网购风潮的掀起,纷纷加入这一行列来分一杯羹。

3)财务风险。由于电子商务项目的实施前期大多是通过让利、折扣以及免费配送的方式来宣传平台以及争夺市场份额,利润并不高。此时,巨额资金的投入以及如何筹资是很重要的问题。要实现高速发展,适时的融资也是非常关键,如果不能及时融资将会对公司的战略造成极大的影响。

4)人才流动风险。随着公司业务的扩大,项目的技术、管理和资本运营方面的高级人才将会有持续的需求。若不能及时挖掘到合适的人才,将会对公司长远的发展产生不利影响。

(2)风险分析。

通过风险识别过程所识别出的潜在风险数量很多,但这些潜在的风险对项目的影响是各不相同的。通过分析、比较和评估等各种方式,确定各种风险的重要性,对风险排序并评估其对项目可能产生的后果,从而使项目实施人员可以将主要精力集中于为数不多的主要风险上,从而使项目的整体风险得到有效的控制。

在项目风险的实际分析中,通常把风险划分为低风险、中等风险和高风险三个级别来进行一个定性的分析。它们的定义及具体含义如下。

1)低风险是指可以辨识并可以控制其对项目目标影响的风险。这种风险发生的可能性相当低,其起因也无关紧要,一般只需要正常的设计部门对其加以控制,而不需要采取其他的专门措施来处理该类风险。

2)中等风险是指可以被辨识的,对工程系统的技术性能、费用或进度将产生较大影响的风险。这类风险发生的可能性相当高,需要对其进行严密控制。应当在各个设计阶段的设计评审中对该类风险进行评审,并采取适当的手段或行动来降低风险。

3)高风险是指发生的可能性很高,其后果将对工程项目有极大影响的风险。这种风险只能在单纯的研究工作或工程研制中的方案阶段或方案验证和初步设计阶段中才可允许存在,而对一个进入工程发展阶段的项目则是不能允许的。项目管理部门必须严密控制每一个高风险领域,并要强制地执行降低风险的计划。对高风险还应当定期地报告和评审。

对不同级别的风险可采取不同的预防和控制措施,对属于不同风险级别的项目应采取相应的应对策略。通过对风险的级别划分,可以为项目可行性论证或决策提供直观的辅助信息,使决策者直观地了解项目风险大小。如果要实施某个项目,则应对照各类风险的具体含义,采取有力措施进行风险处置,把项目风险减小到可以接受的程度。

(3)风险应对计划的制订。

风险经过识别和分析之后,要编制当风险出现时进行应对的计划,防患于未然。风险应对的主要策略有避免、接受、转移和减轻。

①风险避免。风险避免是指避免涉及或根除某一具体的威胁或风险,通常采用根除其原因的方法。在这种策略里,最重要的一点就是要找出其原因。所以前期对风险的分

析工作很重要。当找到了原因,很多时候就可以避免某些具体风险事件的发生了。

②风险接受。风险接受是指如果风险发生了,接受其带来的后果。因为风险是不可能百分百避免的,并且在某种情况下,它是必然会发生的。所以要做好接受其带来的后果的准备。风险接受分为消极的接受和积极的接受,对于高风险的事件可制订"退却计划":风险准备基金、备用方案、改变工作范围。最常用的措施是风险储备:费用、资源、时间。风险储备的多少取决于风险的概率、影响和可接受的风险损失。

③风险转移。风险转移是指将风险的结果及其管理责任转移到第三方。正如上面所说,有时候风险是不可避免的,那么也可以将风险带来的不良结果或者责任转移到其他地方。风险的影响和责任转嫁给第三方,并不消灭风险,通常要为第三方支付费用作为承担风险的报酬,采用合同形式,如保险、业绩奖罚条款等。

④风险减轻。风险减轻是指谋求降低风险发生的可能性和影响程度。主要方法是减少风险事件发生的概率来减轻风险事件的影响。很多时候,项目进行时,为了达到某些目的不得不进行某些事件,而这些事件可能带有风险。但是如果同时进行另外一些没有风险或者风险相对来说小的事件却可以得到同样的结果,那么就可以用没有风险或少风险的事件代替大风险的事件,从而减轻风险发生的概率或使项目受到风险影响的概率减低。

(4)风险监控。

风险监控就是在项目进行时,对实际出现的风险进行监督和控制。经过之前对风险的准备,在实际项目进行时必须进行监督和观察,尽量使项目进行的时候和计划相符。

风险监控的内容主要如下:

1)在整个项目过程中监督已识别风险和残留风险。

2)识别可能出现的新风险。

3)执行风险应对计划。

4)评估计划执行的有效性,评估的时候应该根据以下几个方面进行判断。①风险应对措施是否按计划实施;②风险应对措施是否有效,是否需要制订新的措施;③项目假定条件是否依然成立;④风险的状态是否在改变;⑤是否出现了风险征兆;⑥正确的项目章程和流程是否被遵从;⑦是否有未识别的风险发生。

(二)项目运营评估

1. 项目评估的概念

电子商务项目在运营一段时间后,要对其进行阶段评估,以评价电子商务系统是否运行稳定,是否安全,是否能有效吸引客户等,从而判别项目预期目标的实现程度。

(1)电子商务项目评估的目的。

1)确定该电子商务项目是否提供了预期的东西。

2)确定该电子商务项目在不断变化的环境中是否可行。

3)重新评估最初的战略,从中吸取教训并改进以后的计划。

4)尽快确认已失败的项目并找出失败原因,以免在以后的系统中犯同样的错误。

(2)电子商务项目评估的特点。

1)现实性。电子商务项目评估以实际情况为基础,所依据的数据资料是现实发生的真实数据或根据实际情况重新预测的数据。它与项目前期的可行性研究不同,可行性研究是预测性的评价。

2)全面性。电子商务项目评估的范围很广,要对项目的准备、立项决策、设计施工、生产运营等方面进行全面、系统的分析。

3)反馈性。项目可行性研究用于投资项目的决策,而电子商务项目实施效果评估的目的在于为有关部门反馈信息,为今后的项目管理提供借鉴,不断提高未来投资的决策水平。

4)合作性。电子商务项目评估需要多方面的合作,由单独设立的后评价机构或上级决策机构组织主管部门会同计划、财政、审计、银行、设计、质量、司法等有关部门进行。项目后评价工作的顺利进行需要参与各方融洽合作。

2. 项目评估的方法

对电子商务项目进行评估主要包括技术评价、运行状况评价、经济效益评价三个方面。

(1)技术评价。技术评价指标主要包括以下四个评价指标。

1)电子商务网站的设计评价。网站的设计是网站吸引用户的前提条件。对网站设计的评价包括以下几方面:网站包含内容应该具有的广度和深度;客户获得信息应该充分、方便和及时;结构划分应该合理清晰,重点突出,层次合理;网页的视觉形象应该富有创意。

2)网站的可操作性评价。操作简便、快速是网站吸引和留住用户的关键之一。尤其是第一次登录的访问者往往缺乏耐心,如果他们感到网站的操作不流畅或是等待时间过长,将会失去继续浏览和再次登录的兴趣。对网站的操作评价有以下几方面:网站是否能够快速进入;网站的操作是否简单方便;网站是否能够及时为客户提供有效的服务。

3)技术应用评价。网站的设计过程中涉及很多技术问题。新技术的应用是否成功关系到网站是否能高效、低成本运行。评价分析内容有:网页设计中是否采用新技术以增加吸引力或者提供更多的服务内容;与用户的交互点设计得是否合理,数据检索的设置是否符合检索要求,数据项细分和组合是否恰到好处。

4)网站的安全性评价。抵御黑客攻击、保证网站的安全运行是网站健康运行的必要条件。如果网站对安全问题不够重视,抵御黑客攻击能力差,将会蒙受巨大的经济和声誉损失。对网站安全性评价的内容有:客户购物时有关资金的数据是否安全;客户个人隐私是否得到保护。

(2)运行状况评价。运行状况评价主要有以下几个指标:

1)访问量。访问量是指某网站自发布以来累计接受访问的人数。网络经济是注意力经济,吸引用户的注意力是电子商务网站盈利的前提。

2)日均访问量。这是指一定时期内每日访问量的平均数。

3）注册量。注册量是指在某网站进行注册的用户数量。一般而言,网站的注册量越大,表明该网站对用户的吸引力越大,但并不绝对。

4）客户忠诚度。客户忠诚度是指在一定时段内相同的用户访问某网站的次数。

5）网站的实际访问量。网站的实际访问量=浏览次数×页面点击数,该指标比访问量指标更综合地反映用户对网站的利用情况。

6）日均访问客流量。它是指一定时期内每日访问量的平均数。

7）日人均浏览时间。它是指访问某网站的人在一天内的平均浏览时间。该指标反映用户在网站逗留的时间,从另一角度反映网站的吸引力。

（3）经济效益评价。经济效益评价主要有以下几个指标:

1）电子商务销售率。这是表述商务网站网上销售的指标。

$$电子商务销售率=电子商务销售额/销售总额$$

2）成本降低率。这是指对比一个会计年度,商务网站实施后比实施前相应的商务活动成本降低的比例。

$$成本降低率=(商务网站实施前的成本-商务网站实施后的成本)/商务网站实施前的成本$$

3）收益增长率。这是指对比一个会计年度,商务网站实施后比实施前相应的商务活动所创收入增长的比例。

$$成本增长率=(商务网站实施后的收入-商务网站实施前的收入)/商务网站实施前的收入$$

4）资金周转率提高率。指对比一个会计年度,商务网站实施后比实施前每年资金周转次数增长的比例。

5）投资回报率。指在对应的一个会计年度内,商务网站总投入的收益率。

四、电子商务项目策划书的编制

（一）项目概述

简要说明项目的要点,主要包括项目名称、项目背景、项目的目标、项目的内容、项目的投资规模和建设周期、项目的收益等内容。

（二）项目策划的理论

主要阐述策划该项目的理论支持和原则原理,可以考虑包括以下几个方面的内容:

（1）项目策划的特征。

（2）项目策划的原理。

（3）项目策划的原则。

（三）项目需求分析

根据需求调研得来的结果,从行业、企业、市场、竞争等方面详细分析电子商务能为企业解决哪些问题,带来哪些商业机会,说明企业开展

如何撰写电子商务项目策划书

电子商务的必要性。

(1) 企业业务分析：从企业自身角度分析电子商务的需求情况。

(2) 市场分析：从企业目标客户角度分析电子商务的需求情况。

(3) 竞争对手分析：列出主要的竞争对手，分析其电子商务开展情况及效果，说明竞争对手有哪些可供借鉴的内容。

(四) 项目的可行性分析

从经济、技术、财务、组织、社会等方面分析项目实施的可行性。

(五) 项目战略规划

从整体角度出发，规划项目的战略设计，具体包括目标战略、实施战略、经营战略、发展战略等内容。

(六) 项目商务设计

(1) 市场定位：说明电子商务项目的业务领域和服务对象，以及项目建设所要达到的目的，明确项目不同阶段要达到的目标。电子商务项目的目标应该重点体现出其价值，对网络企业创业项目还应体现出新颖性。

(2) 商务模式：描述电子商务项目采用的商务模式。

(3) 业务模式：说明项目的各个主体以及所涉及产业链的各个环节在整个产业生态环境中的位置、互相的关系。

(4) 业务流程：以流程图的方式表示电子商务下的核心业务流程，并加以文字说明。

(5) 盈利分析：说明该电子商务项目如何盈利。

(6) 核心竞争力：说明该项目的核心竞争力、竞争优势等。

(7) 风险防范：说明该项目可能面对的风险，同时给出防范风险的对策。

(七) 项目的技术实现

(1) 技术实现的基本原则。

(2) 技术路线和核心技术的选择。

(3) 系统体系结构：说明电子商务系统的基本组成、逻辑层次结构及其相互关系。

(八) 电子商务平台设计

电子商务项目的实施往往需要网络平台的支撑，因此需要从系统和应用两个方面对电子商务平台进行设计。设计的内容包括：

(1) 软硬件选择方案。

(2) 网站形象设计。

(3) 系统功能设计。

(4) 网站域名规划等。

(九) 项目经营管理

项目经营管理是指在项目实施时，为使生产、经营、劳动力、财务等各种业务能按经营目的顺利执行、有效调整而进行的系列管理、运营的活动,主要包括以下6个方面的内容。

(1)经营管理原则。

(2)经营组织机构。

(3)经营策略分析。

(4)经营管理规范。

(5)专业化管理团队。

(6)经营场所的要求。

(十)投资效益分析

说明实施本项目的总体预算及明细列表,具体内容包括:

(1)投资估算。

(2)成本估算。

(3)收入估算。

(4)财务分析。

成功的电商项目如何实施?

(十一)项目实施方案

(1)项目实施的任务。按照工作程序和类别将整个项目分解为实施过程中的任务,描述各项任务包括的具体内容,可以从业务流程改造、域名注册、合作伙伴选择、系统平台建设、应用系统开发、系统测试与验收等方面考虑。

(2)项目实施人员组织。确定项目实施各项任务的执行部门或单位及其职责划分。

(3)项目实施进度计划。确定项目实施各项内容的时间,并以图表方式表示出来。

☞任务实施

自然堂健康商城策划书

一、项目概述

根据CNNIC的第38次《中国互联网发展状况统计报告》显示,截至2016年6月底,中国网民数量达到7.1亿人,互联网普及率51.7%。2016年上半年,商务交易类应用保持平稳增长,网上购物、在线旅行预订用户规模分别增长8.3%和1.6%。从数据来看,利用互联网进行相关的网上销售已经成为一种趋势,甚至成为一种必然。

现代都市人工作生活压力大,身体不同程度上都属于亚健康状态,需要营养保健品;为了提高身体的免疫能力,需要养身食品;在日常工作的过程中,需要健康茶饮;孝敬爸妈或者长辈,送烟酒不如送健康产品;休息之余,需要治疗仪器进行健康呵护。自然堂健康商城主要针对这五种消费需求,向具有一定消费能力的网民,通过电子商务向其销售营养保健产品,为人民大众的身体健康谋福利、做贡献。

二、需求分析

(一) 市场分析

目前,根据进货渠道,可以从厂家直接代理的产品主要是蜂胶、眼宝和治疗仪三款产品。

蜂胶的主要特点是对糖尿病、高血压、癌症、肠胃病等慢性疾病有良好的治疗和保健效果,其针对的目标客户主要是中老年人,但是随着人们目前生活方式的改变、工作压力的增大,客户群体正迅速地年轻化,主要以城市中日常工作压力较大、生活不规律的人员为主。而此类目标客户对互联网的接纳程度和使用程度也十分普遍。

眼宝主要对眼睛疲劳、中老年白内障及常见眼睛疾患有一定的治疗和缓解作用,主要目标客户十分广泛:用眼过度的中小学生、爱打游戏的年轻人、年轻白领、中老年人以及一切过度用眼的人群都是该产品的主要客户。随着时代的发展,用眼过度的主要原因就是人们过多地使用电脑,造成视觉疲劳,因此利用网络进行眼宝的营销宣传将会产生比较良好的效果。

治疗仪主要针对骨关节疾病、呼吸系统疾病、肠胃疾病、心脑血管疾病等能起到缓解和辅助治疗作用,常见的有颈椎病、坐骨神经痛、消化不良、高血压等常见疾病。此产品的主要目标客户除中老年外,还包括以电脑为主要工具的工作人群、学生人群等,该类人群对电脑的接受和使用频度都较高。

(二) 用户上网行为特征

自然堂健康商城的目标客户覆盖面比较广,从青少年(由于青少年没有消费能力,相关产品都由其父母代为购买)、上班族,到中老年(部分保健品由自己购买,部分保健品由子女代为购买),主要的消费人群就集中在了上班族以及有购买力的成年人上。这部分人群的上网行为主要有:使用搜索引擎、论坛、浏览门户网站、网上游戏娱乐、网上购物、使用微博/微信等。

(三) 主要竞争对手

(1) 汤臣倍健;
(2) 益生康健官方营养保健品网上商城;
(3) 39健康网;
(4) 康健人生健康商城;
(5) 久久健康商城。

备注:具体行业分析与竞争对手分析省略。

三、商务模式

虽然营养保健产品在互联网中可以轻而易举地买到,但是顾客仍无法判断所购营养保健品的优劣。自然堂健康商城属于网上商店模式,主要通过从厂家代理产品,利用价格优势和质量优势,自建电子商务销售平台,向终端用户进行销售,通过第三方物流公司进行物流配送。

(一)业务模式分析

1. 战略目标

自然堂健康商城的战略目标是"全家人的健康之家"。自然堂健康商城所销售的产品都必须与消费者的身体健康有关,致力于提高消费者的健康生活质量。在网络层面树立"自然堂"的健康品牌,使广大网民一提到"健康"或者"蜂胶""治疗仪""眼宝"等核心产品,"自然堂"就是他们的首要选择。在互联网中,使"健康"与"自然堂"具有直接或者间接的联系,从而建立自己的网络品牌。

2. 目标用户

主要客户群体是各类终端买家,由于营养保健产品的种类繁多,覆盖群体将包括对营养保健品有需求的男士、女士、妇婴和中老年,并会根据不同人群的不同需求丰富产品线。但归根结底目标客户要具备两个特征:第一,具有一定消费能力,只有具有一定消费能力的群体,才会购买营养保健品,在社会收入结构中,属于中等偏上收入阶层;第二,具有一定网购经验,只有具有一定网购经验的人,才会通过网络销售平台进行购物,因为所销售的产品是营养保健品,具有一定的特殊性,消费者需要运用以往网购经验去判定产品的性价比,才能决定是否购买。

3. 核心产品

自然堂健康商城在前期主要提供的产品有蜂胶、灵芝茶、眼宝、治疗仪等核心产品,并在后期不断代理性价比高的营养保健品与治疗仪器。

4. 核心竞争力

自然堂健康商城的核心竞争力主要体现在以下两点:第一,货源性价比高,项目合作方为某健康产业有限公司,自然堂健康商城可以在互联网上独家经营其产品,并与该公司签署长期代理协议,货源稳定,在价格上具有绝对优势;第二,项目组团队中,有经验丰富的网络营销专家,利用各种网络营销工具与方法、网络媒体的资源进行宣传,推广商城,提升自然堂健康商城的网络知名度。

5. 盈利模式

自然堂健康商城的利润主要来自三个方面:第一,因为从厂家直接进货,在商城上销售,具有一定的利润空间,这也是商城前期主要收入来源;第二,品牌代理,在健康商城上出售一些销售展位,让其他营养保健品代理商可以在上面发布产品,根据销售比例,收取佣金或者提成;第三,广告,根据厂家要求,可以在主页面及附属页面上发布产品滚动式广告,收取一定的广告费。

四、技术模式

(一)开发技术的选择

现阶段主流的动态网页开发技术有 ASP、JSP、PHP 三种。根据开发语言的是否开源与难易程度,选择 PHP 为开发技术。

PHP 是英文超级文本预处理语言 Hypertext Preprocessor 的缩写。PHP 是一种 HTML 内嵌式的语言,是一种在服务器端执行的嵌入 HTML 文档的脚本语言,语言的风格类似于 C 语言,被广泛运用。

(二)数据库的选择

现阶段主流的数据库有 Sql Server、My SQL、Oracle,因正版 SQL Server、Oracle 需要购买,增加费用,选用开源的、网络流行的 MySQL 数据。

MySQL 是一个精巧的 SQL 数据库管理系统,虽然它不是开放源代码的产品,但在某些情况下可以自由使用。由于它的强大功能、灵活性、丰富的应用编程接口(API)以及精巧的系统结构,与 Apache 和 PHP 结合,为建立基于数据库的动态网站提供了强大动力。

(三)虚拟主机的选择

在自然堂健康商城建立初期,没有足够的资金购买服务器,因此采用虚拟主机作为服务器。但是,自然堂健康商城网站要求较高的网页打开速度、较高的同时在线人数,以利于用户体验和方便用户购买,所以选择中国最大、最稳定的虚拟主机提供商——万网。

所选购的虚拟主机为万网 G1 型虚拟主机,支持多线,在中国范围内,在同性价比的情况下,可以达到最佳的浏览效果。

五、电子商务平台设计

(一)网站栏目的设计

自然堂健康商城是以销售为导向的网上商城。在网站栏目设计中,必须同时具有浓厚的销售色彩和符合用户购物心理,其所采用的消费心理学原理和网站设计理念如图 7-15 所示。

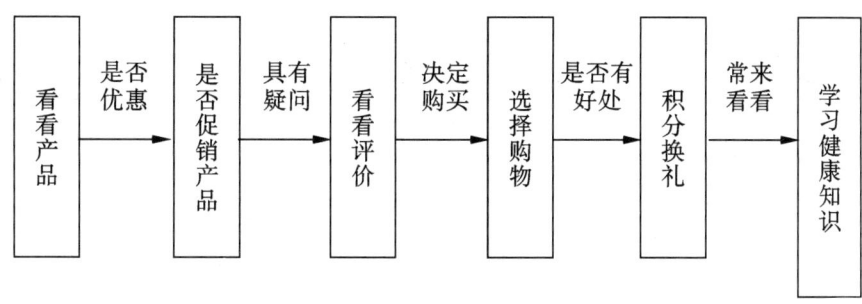

图 7-15　菜单栏目设计理念

自然堂健康商城的网站栏目设计如表 7-1 所示。

表 7-1　自然堂健康商城栏目设计

栏目名称	备注
促销活动	体现网站销售气息,展现促销活动
产品中心	以列表形式展示网站所有产品
购买心得	用户评论内容,通过用户评价进行购买
积分兑换	积分换礼,留住客户,培养客户
健康知识	健康专题,利用原创文章提升网站排名

(二)网站界面设计

自然堂健康商城以蓝白色为主题色,代表健康。页面结构采用 F 型结构,左侧分别为产品分类、热销排行、最新评论、常见问题。右侧为图片轮显区、推荐产品、最新产品、优惠套餐。页面底部为促销信息和购物指南,整个页面简洁大方,符合用户体验要求,如图 7-16 所示。

电子商务基础与应用

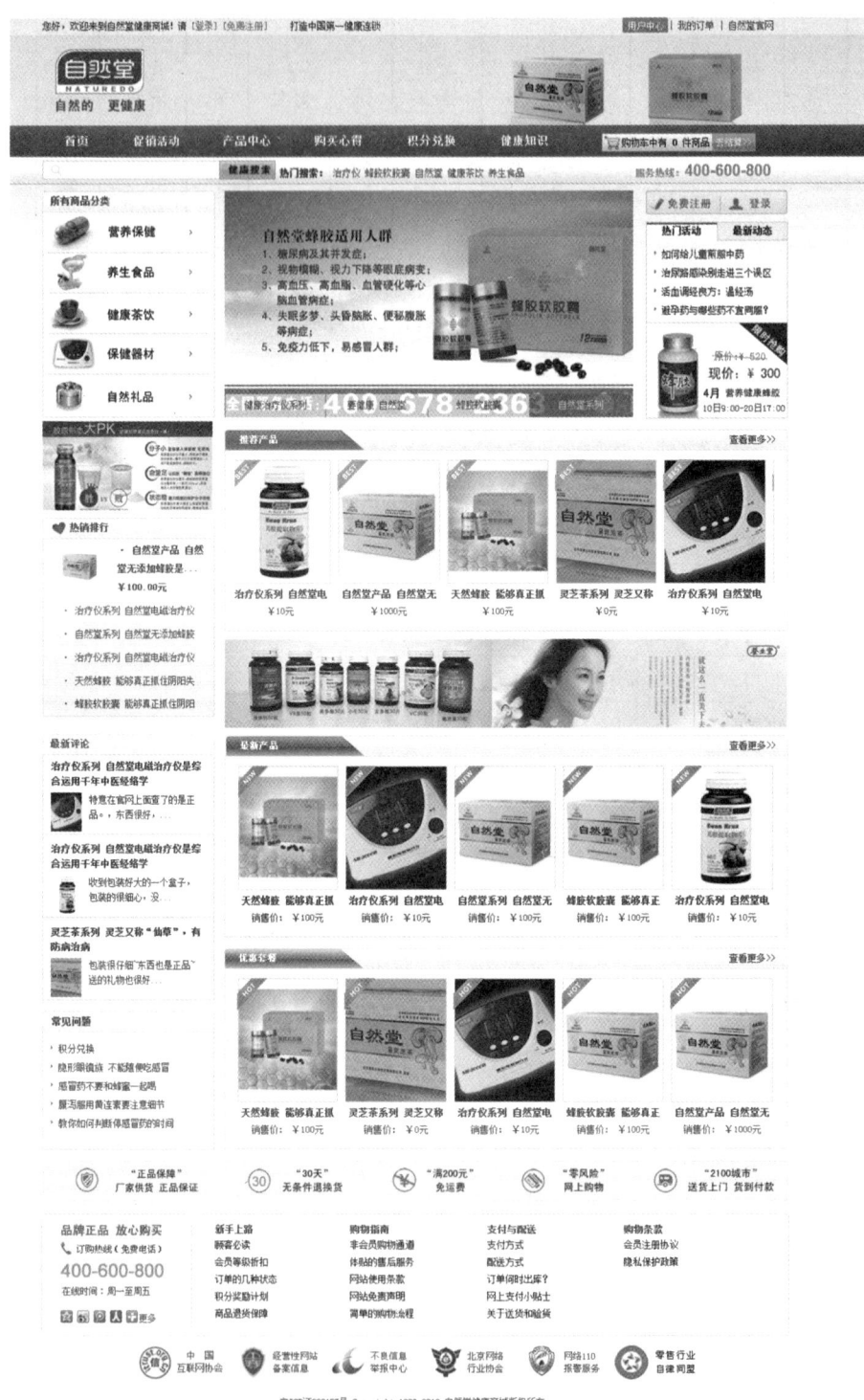

图 7-16 自然堂健康商城首页设计

（三）域名设计

根据最新的域名查询结果，域名推荐如表7-2所示。

表7-2　域名推荐表

序号	域名	备注
1	zirantang.so	英文域名
2	zirantang.info	信息域名
3	Zirantang.cc	公司域名
4	zirantang.asia	亚洲域名
5	zirantang.net.cn	中文域名
6	zirantang.co	英文域名
7	zrt365.com	商业域名，自然堂365天
8	zrt365.cn	中文域名
9	zrtjk.com	商业域名，自然堂健康
10	zrtbn.com	自然堂百年

六、"自然堂健康商城"的营销策略

（一）网络营销工具的选择

根据自然堂健康产品目标用户的上网行为特征，确定"自然堂健康商城"适合利用博客、论坛、微博、SNS、视频分享等社会化网络营销工具进行宣传推广，而分析和观察目前保健品行业网络营销的发展可以发现这种侧重于"消费者口碑传播"的网络营销手段并没有被相关企业很好地利用，因此自然堂在进行网络营销的时候可以在使用常规网络营销方法的同时着重利用"社会化网络"进行网络口碑营销，从而取得良好的效果，网络营销工具如表7-3所示。

表7-3　营销推广网络营销工具

网络营销工具	目标	实现途径	考核评价
网络广告	提高销售业绩	网络广告联盟	网络销售情况
搜索引擎优化	提高网站排名	关键字及网站优化	网站排名，搜索引擎收录量
论坛	建立网络口碑	软文写作	发帖量、转帖量、回帖量
微博及SNS网络	建立强大的用户黏性	开通微博，注册SNS	粉丝数量及群成员数量
网络视频	树立品牌	建立视频库	间接促进销售、提升企业品牌知名度

(二)搜索引擎优化

1. 网站内部优化

(1)官网首页优化。

(2)官网栏目优化。

(3)自然堂健康商城首页优化。

(4)商城栏目优化。

2. 网站外部优化

(1)提交网站。为了更好地将网站搜索引擎进行收录,将自然堂官方网站主动提交给搜索引擎。首先在百度、谷歌、搜狗、雅虎等网站进行提交。

(2)百度站内优化。根据中国网民的上网行为分析,搜索信息大多使用百度,因此很有必要在百度站内发布与自然堂相关的信息,提高网站的排名与知名度。

1)百度知道推广。分别注册"自然堂健康管理""自然堂蜂胶""自然堂灵芝茶""清华眼宝""自然堂治疗仪"五个用户名,回答问题主要在"生活"分类之中的美容/塑身、美食/烹饪、保健养生、购物、生活常识等五个方面。预计每个方面回答问题500个,预计回答问题2500个。预计通过注册用户名推广自然堂健康管理机构以及所经营产品。

2)百度文库推广。通过百度知道所用注册用户名,分别建立相应的文库。

(3)核心门户网站优化。在人民网河南频道、中新网河南在线、新华网河南频道、中国广播网河南分网、大河网、商都网、腾讯大豫网等知名网站发布软文性质的文章。

(三)微博营销

根据自然堂的产品定位及目前微博的发展及使用情况,在使用微博进行企业营销的时候,在新浪及腾讯的微博平台上构建以企业官方微博为核心、企业领导人官方微博为支撑、企业员工微博为协同、相关产品微博为拓展的企业微博系统,针对企业内部宣传企业经营管理理念和人文文化思维,增强员工自豪感、责任感和文化凝聚力;对外提升企业知名度,推广宣传企业产品,维护客户关系。在Web 2.0的信息时代,形成一个相互协同的"微博集群"。

(四)论坛推广

寻找自然堂潜在用户常去的一些论坛,并分析论坛的主题内容、每一时段的焦点内容和热点问题。针对不同主题的论坛,应用不同的营销手段和营销内容。

寻找人气旺、权重高的论坛。人气旺的论坛要注意自己经常去顶帖、回帖,以免帖子沉没。权重高或者知名度高的论坛通常能给人以信任感。

论坛要具备链接功能、签名功能。链接功能可以引导用户进入相应的软文或网站,签名功能便于塑造品牌形象,提高知名度。

七、费用预算(以下费用估计仅做示例)

(一)设计费用(表7-4)

表7-4 设计费用表

项　目	内容说明	费用(元)
网站策划	根据需求,进行调研,结合建站目标与行业行情,对网站进行设计长远的策划,确保网站的设计理念、功能实用性与易用性在未来五年中保持在行业中的领先地位	200
商城首页设计	根据企业要求,对网上商城的首页,一级栏目页,内容页 UI 进行设计与开发,确保符合企业品牌形象的同时要求最大限度地吸引用户眼球,具备一定的新颖性。 包含:中英文企业名称,LOGO,形象图片,网址,企业宣传语,Banner 设计,特效设计	200
商城栏目设计		150
商城购买页设计		150
小计		700

(二)制作费用(表7-5)

表7-5 制作费用表

项　目	内容说明	费用(元)
Gif 动画制作	根据需求进行制作 gif 动画	100
JavaScript	通过 JavaScript 实现页面的动态效果	100
商城首页制作	按照设计图稿还原并优化页面和相应的图形,使页面的大小保持在合理的范围。 根据设计稿件,划分区域,填充内容。采用 CSS+DIV 技术对页面进行布局。 确保页面在主流浏览器上正常显示与运行	150
商城栏目制作		100
商城购买页制作		100
小　计		550

(三)功能模块费用(表7-6)

表7-6 功能模块费用表

项　目	内容说明	费用(元)
信息发布与更新系统	新闻类别动态管理,后台添加,前台实时显示,可按类别、日期、内容等关键词进行检索,后台设置管理员维护界面,可对每条信息进行编辑	250
产品发布与查询系统	产品信息类别动态管理,后台添加,前台实时显现,可按类别、内容等关键词对产品信息进行查询,后台设置管理员维护界面,可对每条产品信息进行编辑,产品图的增加、修改和删除,文字信息的增加和修改	250
网上购物系统	通过购物车,用户可以对网上商城的产品进行购买与收藏	250
支付系统	接入支付宝支付系统,实现网上支付功能	250
会员注册与管理系统	用户可以在网站登记注册,选择会员的类别,查看权限范围,并对会员进行分级管理制度	200
小　计		1200

(四)域名与虚拟主机费用(表7-7)

表7-7 域名与虚拟主机费用表

项　目	内容说明	费用(元)
虚拟主机	智能双线机房、IP地址网通、电信各一个,2000元/年	2000
域名	根据需求,注册并购买网上商城的域名,购买三年	500
小　计		2500

(五)预算合计(表7-8)

表7-8 预算合计

项　目	费用(元)
设计费用	700
制作费用	550
功能模块费用	1200
域名与虚拟主机费用	2500
合　计	4950

(六)"自然堂健康商城"建设项目进度(表7-9)

表7-9 "自然堂健康商城"建设项目进度

阶段	进度内容	
第一阶段	网站规划	根据栏目的设计及功能要求,进行需求调研、分析,最终确定网站定位、栏目、内容、风格、开发技术等要素
第二阶段	网站设计	系统构架设计、模块划分、数据库设计
	风格设计	首页及主栏目风格设计:初步设计
		首页及主栏目风格设计:修改及确认
	内页制作及编写程序代码	所有页面的设计制作及编写程序代码:初步实现
		所有内页设计制作及编写程序代码:修改及确认
第三阶段	整体测试与定稿	网站的总体测试、调试,最终定稿
第四阶段	网站上传并运行	将网站上传至其域名对应的空间下,正式运行网站
第五阶段	网站推广	根据网站推广方案,集中时间对网站进行搜索引擎推广、论坛推广、软文推广等活动

☞任务评价

通过本次任务的练习,创业者可以掌握电子商务项目的基本模式及其价值网络,明确电子商务项目策划的内容、流程,能够对电子商务项目进行风险评估,能够独立撰写电子商务项目策划书,对电子商务创业具有一定的帮助。但是创业者在撰写项目策划书的过程中,必将发现电子商务项目策划是一门系统性、综合性的知识,需要更进一步掌握网站设计、项目策划、营销推广、财务预算等方面的综合知识,需要在以后更加深入地学习。

电子商务保障

● 模块三

任务八 电子支付与互联网金融

【知识目标】

1. 电子支付；
2. 网络银行；
3. 第三方支付平台；
4. 互联网金融。

【知识目标】

1. 网上银行的功能的使用；
2. 第三方支付平台的使用；
3. 互联网金融平台的使用。

【知识目标】

1. 培养电子支付的习惯；
2. 正确认识互联网金融。

☞ 任务引入

随着电子商务的快速发展,我们的工作和生活方式也不断地发生变化,网络购物、网络预订、电子支付等已经成为一种生活常态,而这些活动都离不开一个操作就是支付,在网络交易过程中怎样实现方便、快捷、安全的资金转移就是我们要关心的问题。同时,自 2013 年 6 月余额宝上线以来就争议不断,争议的同时也引起公众对互联网理财的关注,互联网金融成为最近一两年最火爆的话题,那么,究竟电子支付是如何实现的呢?有哪些电子支付工具?网络金融有哪几种形式?

☞ 任务分析

电子商务较之传统商务的优越性,使之成为吸引越来越多的商家、个人上网购物和消费的原动力。传统的经济进入了网络经济时代,互联网、电子商务、网络银行等进入了生产、生活的各个方面,改变了人们的生产生活方式。为了支持电子商务中的支付活动,各家银行纷纷推出了自己的网上银行、手机银行,各个电子商务网站也推出了自己的第三方支付平台。互联网金融成为最近一两年最火爆的话题,众筹、陆金所、658 网等 P2P 网站的高收益、高回报更是将公众理财热情掀起一个新的高度。电子支付与互联网金融已经开始渗透到我们生活的各个方面。

☞ 相关知识

一、认识电子支付

(一)电子支付的概念

电子支付,指的是以金融电子化网络为基础,以商用电子化机具和各类交易卡为媒介,以计算机技术和通信技术为手段,以电子数据形式存储在银行的计算机系统中,并通过计算机网络系统以电子信息传递形式实现流通和支付。简单地说,电子支付是指电子交易的当事人,包括消费者、厂商和金融机构,使用安全电子支付手段,通过网络进行的货币支付或资金流转。电子支付是电子商务系统的重要组成部分。在电子商务中,支付过程是整个商贸活动中非常重要的一个环节,同时也是电子商务中准确性、安全性要求最高的业务过程。电子支付的资金流是一种业务过程,而非一种技术,但是在进行电子支付活动的过程中会涉及很多技术问题。

(二)电子支付与传统支付的比较

1. 电子支付与传统支付的相同之处

(1)资金发生往来。无论是电子支付方式还是传统支付方式,其资金最初表现都是银行账户的存款,存款通过不同的方式完成从一方到另一方的流转过程。

(2)可通过一定的凭据作为证据。传统的支付活动因为有实物的参与(现金、支票、本票等),在支付过程中必然留下痕迹。电子支付也同样如此,支付完成后,可通过打印、到银行索取凭据和传真等方式,取得支付证据。

2. 与传统支付相比,电子支付的不同之处

(1)资金的表现形式为数据电文而非实物。用于传统支付方式的货币现金和票据等均表现为实物或凭证形式。但是在电子支付中,资金的流转过程表现为一个账户存款数额的增加和另一个账户存款数额的减少,是一种电子化的表现形式,是数字和信息的传递,而非实物形式。

(2)工作环境是开放的系统平台而非封闭的系统。传统的交易支付方式是在一个较为封闭的系统中运作,而电子支付的工作环境是基于一个开放的系统平台(即互联网)之中。

(3)对于软硬件要求较高。电子支付一般要求有联网的计算机、相关的软件及其他一些配套设施,而传统的支付方式对设施没有什么特殊要求。

(4)电子支付具有方便、快捷、高效、经济的优势。用户只要拥有一台上网的PC机,便可足不出户,在很短的时间内完成整个支付过程。支付费用仅相当于传统支付的几十分之一,甚至几百分之一。

3. 电子支付的发展现状

央行2016年4月5日发布2015年支付体系运行总体情况报告,报告显示全国支付体系运行平稳,社会资金交易规模不断扩大,支付业务量保持稳步增长,电子支付业务保持增长态势,移动支付业务快速增长。

2015年,全国共办理非现金支付业务943.22亿笔,金额3448.85万亿元。2015年,支付系统共处理支付业务469.48亿笔,金额4383.16万亿元,同比分别增长53.74%和29.34%。2015年支付系统共处理支付业务金额是全国GDP总量的64.77倍。

从支付系统资金往来情况看,全国共22个省(市、自治区)的辖内资金流动量占本省(市、自治区)资金流动总量的比例超过50%。2015年,处理资金总量居前三位的地区为北京、上海、广东,其资金流动总量分别占全国资金流动总量的29.76%、16.26%和12.62%。

(三)各种电子支付工具

1. 电子支付工具分类

(1)电子货币类支付工具。这类电子支付工具与人们的生活最为密切,使用最多的是电子货币(即电子现金)、电子钱包。

(2)电子信用卡类支付工具。这类电子支付工具包括智能卡、借记卡、电话卡等。

(3)电子支票类支付工具。这类电子支付工具通常在 B2B 或大额电子商务活动中使用,又可以分为电子支票、电子汇款和电子划拨等若干种。

2. 电子货币

(1)电子货币的概念。

电子货币(Electronic Money),是指用一定金额的现金或存款从发行者处兑换并获得代表相同金额的数据,通过使用某些电子化方法将该数据直接转移给支付对象,从而能够清偿债务。

1)信息货币。电子货币是一种信息货币。电子货币说到底不过是观念化的货币信息,它实际上是由一组含有用户的身份、密码、金额、使用范围等内容的数据构成的特殊信息,因此也可以称为数字货币。人们使用电子货币交易时,实际上交换的是相关信息,这些信息传输到开设这种业务的商家后,交易双方进行结算,要比现实银行系统的方式更省钱、更方便、更快捷。

2)电子货币价值传送的无纸化。电子货币是现实货币价值尺度和支付手段职能的虚拟化,是一种没有货币实体的货币。电子货币是在电子化技术高度发达的基础上出现的一种无形货币,它的发行和流通过程是无纸化的。所谓无纸化是与票据、信用卡相比较而言。而且,电子货币可以在各个持有者之间直接转移货币价值,不需要第三方,如银行的介入,这也是电子货币同传统的提款卡和转账卡的本质区别。电子货币在这一点上,很类似于真正货币的功能。

3)电子货币是可以进行支付的准通货。就目前而言,电子货币虽然可以起到支付和结算的作用,但由于电子货币的价值依附于现实货币的价值尺度,电子货币的流通依托于电子设备为载体,电子货币的结算还是要依靠实体货币进行等值兑换,可见电子货币还不能完全独立地执行通货职能,只能算是准通货。现阶段的电子货币是以既有通货为基础的新的货币形态或是支付方式。

(2)电子货币的特点。

1)以电子计算机技术为依托,进行储存、支付和流通;

2)可广泛应用于生产、交换、分配和消费领域;

3)集储蓄、信贷和非现金结算等多种功能于一体;

4)使用简便、安全、迅速、可靠;

5)现阶段电子货币的使用通常以银行卡(磁卡、智能卡)为媒体。

3. 电子支付工具

(1)电子现金。电子现金是(E-Cash)一种以数据形式流通的货币。它把现金数值转换成为一系列的加密序列数,通过这些序列数来表示现实中各种金额的市值,用户在开展电子现金业务的银行开设账户并在账户内存钱后,就可以在接受电子现金的商店购物了。

(2)电子钱包。电子钱包是电子化交易和因特网交易中常用的一种支付工具,是在小额购物或购买小商品时常用的新式钱包。电子商务活动中电子钱包的软件通常都是免费提供的,可以直接使用与自己银行账号相连接的电子商务系统服务器上的电子钱包软件,也可以从因特网上直接调出来使用,采用各种保密方式利用因特网上的电子钱包软件。目前世界上有 VISA cash 和 Mondex 两大电子钱包服务系统,其他电子钱包服务系统还有 HP 公司的电子支付应用软件(VWALLET)、微软公司的电子钱包 MS Wallet、IBM 公司的 Commerce POINT Wallet 软件、Master Card cash、Euro Pay 的 Clip 和比利时的 Proton 等。

(3)电子支票。电子支票是一种借鉴纸张支票转移支付的优点,利用数字传递将钱款从一个账户转移到另一个账户的电子付款形式。这种电子支票的支付是在与商户及银行相连的网络上以密码方式传递的,多数使用公用关键字加密签名或个人身份证号码(PIN)代替手写签名。用电子支票支付,事务处理费用较低,而且银行也能为参与电子商务的商户提供标准化的资金信息。

(4)智能卡。20 世纪 70 年代中期,法国 Roland Moreno 公司采取在一张信用卡大小的塑料卡片上安装嵌入式存储器芯片的方法,率先开发成功 IC 存储卡。经过 20 多年的发展,真正意义上的智能卡,即在塑料卡上嵌入微芯片的 IC 卡,由摩托罗拉和 Bull HN 公司于 1997 年研制成功。由于制造成本低、便于携带、安全性高等特点,智能卡在全球迅速普及。目前,IC 卡的应用范围已不再局限于早期的通信领域,而广泛地应用于金融财务、社会保险、交通旅游、医疗卫生、政府行政、商品零售、休闲娱乐、学校管理及其他领域,并取得了较好的社会效益和经济效益。

(四)电子支付安全保障

1. U 盾

U 盾是用于网上银行电子签名和数字认证的工具,它外形酷似 U 盘,因而得名。U 盾内置微型智能卡处理器,采用 1024 位非对称密钥算法对网上数据进行加密、解密和数字签名,确保网上交易的保密性、真实性、完整性和不可否认性。U 盾适用于个人网上银行所有客户,特别适合于安全级别要求较高的客户。拥有 U 盾,用户办理网上银行业务时,不用再担心黑客、假网站、木马病毒等各种风险,U 盾可以保障用户的网上银行资金安全。

办理网上银行对外支付业务时,使用登录密码和支付密码的客户,需要保护好卡号和密码,需要确保登录网上银行的电脑安全可靠,定期更新杀毒软件,及时下载补丁程序,不随便打开来路不明的程序、游戏、邮件,保持良好的上网习惯;如果用户不能完全做到,也不用担心,使用 U 盾是最好的选择,只要用户的登录卡号、登录密码、U 盾和 U 盾密码不同时泄露给一个人,就可以放心安全地使用网上银行。

2. 电子口令卡

电子银行口令卡相当于一种动态的电子银行密码(如图 8-1 所示)。口令卡上以矩阵的形式印有若干字符串,客户在使用电子银行(包括网上银行或电话银行)进行对外转账、B2C 购物、缴费等支付交易时,电子银行系统就会随机给出一组口令卡坐标,客户根据坐标从卡片中找到口令组合并输入电子银行系统。只有当口令组合输入正确时,客户才能完成相关交易。这种口令组合是动态变化的,使用者每次使用时输入的密码都不一样,交易结束后即失效,从而杜绝不法分子通过窃取客户密码盗窃资金,保障电子银行安全。

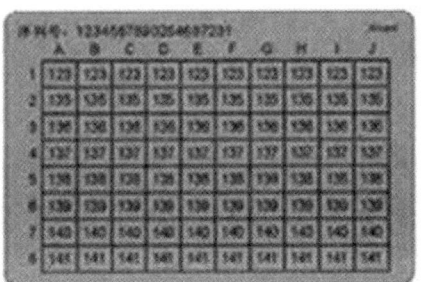

图8-1　电子银行口令卡

(五)电子货币与犯罪问题

电子货币的"数字化""匿名性""便捷性"以发行和流通的管控力度不足,使得电子货币比较容易被犯罪分子所利用,成为洗钱等犯罪活动的工具。面对电子货币带来的困惑,许多国家都在积极寻找对策,试图继续保持现有法律的适用,主要的措施包括:

(1)限制电子货币的发行人。只允许银行发行电子货币,那么要求银行等机构控制洗钱活动的法律就适用于电子货币,而无须对现有的法律进行修改。欧盟许多国家就采取这样的做法,但美国则反对,认为限制电子货币的发行人,无疑是限制了竞争,对电子货币技术的发展会产生不利的影响。

(2)建立一定的密钥托管机制,使政府能够获得密码技术中的私人密钥。由于加密技术给执法机构带来了很大的困难,没有私人密钥几乎无法破译有关信息,也无法对电子货币洗钱等犯罪活动进行控制,因此,有的国家建议由政府机构对所有的私人密钥进行托管,在一定条件下,比如为了追查犯罪分子的需要,就可以从托管机构那里获得私人密钥,解密相关信息。但是,其他一些国家认为,这种办法有可能损害客户的隐私权,因为有关交易的信息都是客户不愿别人了解的信息,政府机构可以比较容易地获得这些信息,就容易使客户丧失对支付系统的信心。

目前这些争论,在国际范围内还在继续,将会对电子货币和电子商务的发展产生一定的影响。

二、认识电子银行

(一)电子银行的概念

根据《电子银行业务管理办法》中的有关定义,电子银行业务是商业银行等银行业金融机构利用面向社会公众开放的通信通道或开放型公众网络,以及银行为特定自助服务设施或客户建立的专用网络,向客户提供的银行服务。电子银行业务主要包括利用计算机和互联网开展的网上银行业务,利用电话等声讯设备和电信网络开展的电话银行业务,利用移动电话和无线网络开展的手机银行业务,以及其他利用电子服务设备和网络,由客户通过自助服务方式完成金融交易的业务,如自助终端、ATM、POS 等。电子银行是金融创新与科技创新相结合的产物。

(二)电子银行的类型

1. 个人网上银行

(1)个人网上银行的概念。个人网上银行是指银行通过互联网,为个人客户提供账户查询、转账汇款、投资理财、在线支付等金融服务的网上银行服务,使客户可以足不出户就能够安全便捷地管理活期和定期存款、支票、信用卡及个人投资等。个人网上银行客户分为注册客户和非注册客户两大类。注册客户按照注册方式分为柜面注册客户和自助注册客户,按是否申请证书分为证书客户和无证书客户。可以说,个人网上银行是在 Internet 上的虚拟银行柜台。

(2)个人电子银行的功能。个人网上银行经过多年的发展,系统功能日趋丰富、完善。目前,网上银行系统已经可以完全替代银行柜台票据、非现金类的业务,并且具备柜台无法实现的在线支付、基金直销业务。除了常用的网上转账、缴费之外,还可以进行外汇买卖、银证和基金服务、黄金业务等多种业务。

2. 企业网上银行

(1)企业网上银行的概念。企业网上银行是指以因特网为媒介,为企业或同业机构提供的自助金融服务。企业网上银行的支付模式与个人网上银行账号进行支付结算的过程相似,只是企业的网上支付通常涉及大额的资金转移等,采用的安全防护手段更多,更加安全,而且涉及与银行后台的基于金融专用网的电子汇兑系统、行间结算系统的配合使用。

(2)企业网上银行的功能。目前企业网上银行能为中小企业、集团企业、金融机构、社会团体和行政事业单位提供的一般服务包括:账户管理、收款业务、付款业务、集团理财、信用证业务、贷款业务、投资理财和代理行业务等。其中贷款业务包括网上汇款、证券登记、公司资金清算、电子商务和外汇汇款等,是传统商务模式与现代电子商务模式相结合的产物。

3. 手机银行

(1)手机银行的概念。手机银行,是利用移动通信网络及手机终端办理相关银行业务的简称,属于移动银行的主要形式。作为一种结合了货币电子化与移动通信的崭新服务,电子银行业务不仅可以使人们在任何时间、任何地点处理多种金融业务,而且极大地丰富了银行服务的内涵,使银行能以更加便利、高效的方式为客户提供服务,而移动终端所独具的贴身特性,使之成为继 ATM、互联网、POS 之后银行开展业务的强有力工具,越来越受到国际银行业者的关注。目前,我国移动银行业务在经过先期预热后,逐渐进入了成长期。

(2)手机银行的功能。各家银行在开辟网上银行与电话银行的同时,也纷纷在手机银行的操作、功能、安全等技术上寻求突破。国内手机银行业务平台已逐步迈向成熟,"手机银行"正在为越来越多的市民所认可。手机银行可以方便地将客户手机通过通信网络连接到银行系统,利用手机界面直接完成各种金融理财业务和公共事业缴费。手机银行提供的一般服务包括:账户管理、投资理财、ATM 无卡取款、无卡消费、话费充值、手机地图、手机号转账、机票预定、银行卡交易明细查询及投资理财等。

4. 电话银行

电话银行是通过电话这种现代化的通信工具把用户与银行紧密相连,使用户不必去银行,无论何时何地,只要通过拨通电话银行的电话号码,就能够得到电话银行提供的其他服务(往来交易查询、申请技术、利率查询等),当银行安装这种系统以后,可提高服务质量,增加客户,为银行带来更好的经济效益。

电话银行的服务内容一般包括:客户账户余额查询、账户往来明细及历史账目档案、大额现金提现预告、银行存贷款利率查询、银行留言、银行通知和其他各类指定的查询服务。

5. 自助银行

(1)自助银行的概述。自助银行又称"无人银行",它属于银行业务处理电子化和自动化的一部分,是近年在国外兴起的一种现代化的银行服务方式。它利用现代通讯和计算机技术,为客户提供智能化程度高、不受银行营业时间限制的 24 小时全天候金融服务,全部业务流程在没有银行人员协助的情况下完全由客户自己完成。

(2)自助银行利用自助设备提供的服务功能。自助银行设备一般包括:自动存取款机、自动存款机、自动取款机、多媒体信息查询系统、全自动保管箱、外币自动兑换机、存折自动打印机、IC 卡圈存机等。这些机器可以在 24 小时安全监控环境下为客户提供相应的服务。

6. 居家银行

狭义居家银行是指电视银行,在有线电视视讯宽带网基础上,以电视机与机顶盒为客户终端实现联网、办理银行业务。与网上银行相比,居家银行更为贴近普通大众的生活,用户无须购置电脑、不用忍受拥挤的网上塞车,一经开通,即可在家中通过电视机,完成多项银行业务,还可了解到海外最新金融信息动态,从而体验一种更为时尚、方便的理财方式,安装了数字机顶盒可接入数字电视专用网络的普通电视即可使用家居银行。

居家银行的主要服务功能包括银行服务、电视购物和金融资讯。

三、认识第三方电子支付

(一)第三方支付的概念

"第三方支付"是指一些和国内外各大银行签约,并具备一定实力和信誉保障的第三方独立机构提供的交易支持平台。它通过与银行的

第三方支付
机遇 Vs 挑战

商业合作,以银行的支付结算功能为基础,向政府、企业、事业单位、个人提供中立的、公正的面向其用户的个性化支付结算与增值服务。

第三方支付一般的交易流程为:买方选购商品后,使用第三方平台提供的账户进行货款支付,第三方在收到代为保管的货款后,通知卖家货款到账,要求卖家发货;卖家发货后,买方收到货物,检验商品后进行确认,再通知第三方;第三方将其款项转划至卖家账户上,这种交易完成的过程,实质上是一种提供结算信用担保的中介服务方式,如图8-2所示。

图8-2　第三方支付交易流程图

第三方支付行业分为两类:一类是以支付宝、财付通、盛付通为首的互联网型支付企业,它们以在线支付为主,捆绑大型电子商务网站,迅速做大做强;一类是以银联电子支付、快钱、汇付天下为首的金融型支付企业,侧重行业需求和开拓行业应用。

第三方支付的优势体现在以下几方面:

(1)对商家而言,通过第三方支付平台可以规避无法收到客户货款的风险,同时能够为客户提供多样化的支付工具,尤其为无法与银行网关建立接口的中小企业提供了便捷的支付平台。

(2)对客户而言,不但可以规避无法收到货物的风险,而且货物质量在一定程度上也有了保障,增强客户网上交易的信心。

(3)对银行而言,通过第三方平台银行可以扩展业务范畴,同时也节省了为大量中小企业提供网关接口的开发和维护费用。

可见,第三方支付模式有效地保障了交易各方的利益,为整个交易的顺利进行提供支持。

(二)第三方支付的特点

第三方支付平台提供一系列的应用接口程序,将多种银行卡支付方式整合到一个界面上,负责交易结算中与银行的对接,使网上购物更加快捷、便利。消费者和商家不需要在不同的银行开设不同的账户,可以帮助消费者降低网上购物的成本,帮助商家降低运营成本;同时,还可以帮助银行节省网关开发费用,并为银行带来一定的潜在利润。

较之SSL、SET等支付协议,利用第三方支付平台进行支付操作更加简单而易于接受。SSL是现在应用比较广泛的安全协议,在SSL中只需要验证商家的身份。SET协议是目前发展的基于信用卡支付系统的比较成熟的技术。但在SET中,各方的身份都需要通过CA进行认证,程序复杂,手续繁多,速度慢且实现成本高。有了第三方支付平台,商家和客户之间的交涉由第三方来完成,网上交易变得更加简单。

第三方支付平台本身依附于大型的门户网站,且以与其合作的银行的信用作为信用依托,因此第三方支付平台能够较好地突破网上交易中的信用问题,有利于推动电子商务的快速发展。

第三方支付的整个过程主要是通过双方都信任的第三方完成,客户可以在支付平台上开设账号,信用卡信息不用在互联网上多次传送,在网上传输的只是第三方支付平台的账号,因而除了第三方代理之外,任何人包括商家都看不到客户的信用卡信息,从而保障了信用卡信息的安全性。

(三)第三方支付发展现状

据中国产业调研网发布的2015~2020年中国第三方电子支付市场现状研究分析与发展前景预测报告显示,目前中国互联网支付市场基本趋于成熟,支付企业规模和业态格局基本划定。第三方支付业务范围基本完全覆盖互联网支付、预付卡发行与受理、银行卡收单、数字电视支付及移动电话支付,服务细分行业从网购、航旅、网游、电信等传统支付领域不断扩张到金融产品网销、服装、机械、直销、物流为代表的传统行业领域,市场竞争白热化,企业纷纷寻求新的市场空间和盈利空间。如图8-3所示。

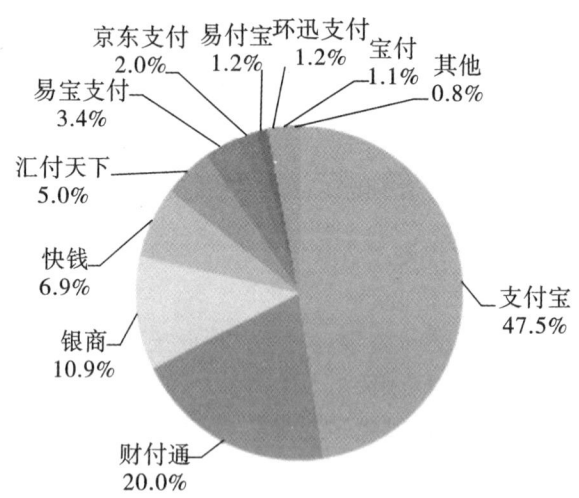

图8-3　2015年中国第三方互联网支付交易规模市场份额

在政策鼓励及第三方电子支付企业的努力和创新下,我国第三方电子支付市场的发展十分迅速。2015年中国第三方互联网支付交易规模达到118674.5亿元,同比增长46.9%,其中,支付宝以47.5%市场份额保持领先,财付通占20.0%,银联在线占10.9%。在快速发展的过程中,第三方支付也凸显出一些风险和问题。

首先,电子支付经营资格的认知、保护和发展问题。第三方支付结算属于支付清算组织提供的非银行类金融业务,它的主体资格需要银行将以发放支付牌照的形式进行鉴定。2011年5月,央行给首批包括支付宝、财付通在内的32家企业颁发了支付牌照,截止到2014年7月,央行共发放过5批第三方支付牌照。因此。对于那些从事金融业务的第三方支付公司来说,面临的挑战不仅仅是如何赢利,更重要的是能否拿到将要发出的第三方支付业务牌照。

其次,在第三方支付平台模式中,沉淀下来的在途资金往往放在第三方在银行开立的账户中,一般商家的资金会滞留两天至数周不等,这部分在途资金,使得第三方支付平台本身信用风险指数加大。第三方支付平台中有大量资金沉淀,如果缺乏有效的流动性管理,则可能引发支付风险。

第三,第三方支付机构开立支付结算账户,先代收买家的款项,然后付款给卖家,这实际已突破了现有的诸多特许经营的限制,它们可能为非法转移资金和套现提供便利,因此形成潜在的金融风险。

第四,支付服务客观上提供了金融业务扩展和金融增值服务,其业务范围必须要明确并且要大胆推行革新。例如,第三方支付中的支付宝,在领先的同时不断地探索新业务、新模式,尤其是在移动支付领域,推出声波支付、扫描二维码支付、到位、空负、"BUY"+以及其他一些金融应用服务等新功能,不断开拓移动支付领域,进而引领着整个第三方支付行业的发展。第三方支付能否趁此机遇改进自己的业务模式,将决定第三方支付最终能否走出困境,获得发展。

总之,第三方支付平台是当前所有可能的突破支付安全和交易信用双重问题中较理想的解决方案,同时,它的出现极大地促进了电子商务的发展,促进了互联网的繁荣。

(四)第三方支付产品

随着《非金融机构管理办法》的出台,越来越多的互联网公司纷纷涉足支付这一领域,第三方支付行业发展的政策环境日趋健康,第三方支付获得了更加广阔的发展空间。各主流平台也都大力拓展在生活应用服务、公共事业缴费以及航空和保险等业务方面应用外延,第三方支付已经成为一种重要的网络应用服务,目前国内的第三方支付产品主要有PayPal(易趣公司产品)、支付宝(阿里巴巴旗下)、财付通(腾讯公司,腾讯拍拍)、盛付通(盛大旗下)易宝支付(Yeepay)、快钱(99bill)、国付宝(Gopay)、百付宝(百度C2C)、物流宝(网达网旗下)、网易宝(网易旗下)、网银在线(chinabank)、环迅支付、汇付天下、汇聚支付(joinpay)、宝付(我的支付导航)。其中用户规模最大的是PayPal和支付宝,前者主要在欧美国家流行,后者是阿里巴巴旗下产品,在我国,支付宝占据的市场份额最多,具有明显的领先优势,另外中国银联旗下银联电子支付也开始发力第三方支付,其实力不容小逊。

1. 支付宝

支付宝(中国)网络技术有限公司是国内领先的独立第三方支付平台,是由阿里巴巴集团 CEO 马云先生在 2004 年 12 月创立的第三方支付平台,是阿里巴巴集团的关联公司。支付宝致力于为中国电子商务提供"简单、安全、快速"的在线支付解决方案。支付宝公司从 2004 年建立开始,始终以"信任"作为产品和服务的核心。不仅从产品上确保用户在线支付的安全,同时让用户通过支付宝在网络上建立起相互的信任,为建立纯净的互联网环境迈出了非常有意义的一步。

支付宝提出的建立信任、化繁为简、以技术的创新带动信用体系完善的理念,深得人心,为电子商务各个领域的用户创造了丰富的价值,成长为全球最领先的第三方支付公司之一。支付宝创新的产品技术、独特的理念及庞大的用户群吸引越来越多的互联网商家主动选择支付宝作为其在线支付体系。除淘宝和阿里巴巴外,支持使用支付宝交易服务的商家已经超过 46 万家;涵盖了虚拟游戏、数码通信、商业服务、机票等行业。这些商家在享受支付宝服务的同时,还拥有了一个极具潜力的消费市场。

支付宝以稳健的作风、先进的技术、敏锐的市场预见能力及极大的社会责任感,赢得了银行等合作伙伴的认同。目前国内工商银行、农业银行、建设银行、招商银行、上海浦发银行等各大商业银行以及中国邮政、VISA 国际组织等各大机构均与支付宝建立了深入的战略合作,不断根据客户需求推出创新产品,成为金融机构在电子支付领域最为信任的合作伙伴。

2. 财付通

财付通是腾讯公司于 2005 年 9 月正式推出的专业在线支付平台,致力于为互联网用户和企业提供安全、便捷、专业的在线支付服务。财付通构建全新的综合支付平台,业务覆盖 B2B、B2C 和 C2C 各领域,提供卓越的网上支付及清算服务。针对个人用户,财付通提供了包括在线充值、提现、支付、交易管理等丰富功能;针对企业用户,财付通提供了安全可靠的支付清算服务和极富特色的 QQ 营销资源支持。

财付通先后荣膺 2006 年电子支付平台十佳奖、2006 年最佳便捷支付奖、2006 年中国电子支付最具增长潜力平台奖和 2007 年最具竞争力电子支付企业奖等奖项,并于 2007 年首创获得"国家电子商务专项基金"资金支持。

3. 快钱

2005 年成立至今,快钱在国内已形成了完善的战略布局。公司总部位于上海,在北京、广州、深圳等 30 多地设有分公司,在天津设有金融服务公司,并在南京设立了全国首家创新型金融服务研发中心,形成了一支超过 1300 人的专业化服务团队。如今,快钱正在与超过 300 万家各类商业合作伙伴一道,共同见证着信息化金融服务的巨大价值。快钱创新的信息化金融服务广泛应用于零售、商旅、保险、电子商务、物流、制造、医药、服装等各个领域;合作伙伴覆盖东方航空、南方航空、平安集团、中国人寿、京东商城、当当网、宅急送、百度、新浪、李宁、联想、戴尔、神州数码等各行业内领军企业,也同时延伸到越来越多成长型的中小企业之中。

2014年7月份,海关总署跨境电商通关服务平台正式上线时,快钱作为全国首批在海关正式获许备案的试点支付企业,全程参与了该系统的方案对接及实施。2014年8月28日至31日,快钱公司凭借出色的中小企业解决方案问鼎亚太地区规模最大、最具知名度和影响力的年度金融盛会"金鼎奖",荣膺"优秀金融服务解决方案奖"。2014年12月26日上午,万达集团正式与快钱公司签署战略合作协议,并获得快钱控股权,双方业务将紧密合作。

四、认识互联网金融

(一)互联网金融的概念与内涵

互联网金融(ITFIN)是指传统金融机构与互联网企业利用互联网技术和信息通信技术实现资金融通、支付、投资和信息中介服务的新型金融业务模式。互联网金融不是互联网和金融业的简单结合,而是在实现安全、移动等网络技术水平上,依托大数据和云计算在开放的互联网平台上形成的功能化金融业态及其服务体系,包括基于网络平台的金融市场体系、金融服务体系、金融组织体系、金融产品体系以及互联网金融监管体系等,并具有普惠金融、平台金融、信息金融和碎片金融等相异于传统金融的金融模式。

从用户需求的角度出发,互联网金融和传统金融一样,是为了满足用户的三大基本金融需求:投资、融资、支付。

(1)投资:资金充裕的人想让钱生钱(存款、保险也是投资的一种)。

(2)融资:缺乏资金的人需要钱,融资则要付出成本(如借贷的利息和手续费),其实是用钱买钱。

(3)支付:金钱的流动。

这个过程中主要涉及三个角色,即资金盈余者、资金短缺者以及中介。资金盈余者将钱给予资金短缺者,资金短缺者之后返还本金及投资回报。在最基本的投融资流程里,有时候由于信息不够透明,需要第三方介入,以促成供求信息配对,完成投融资活动。第三方并不吸收资金或出借资金,而是投融资双方一一对应。

在这种金融模式下,支付便捷,市场信息不对称程度非常低;资金供需双方直接交易,银行、券商和交易所等金融中介都不起作用;可以达到与现在直接和间接融资一样的资源配置效率,并在促进经济增长的同时,大幅减少交易成本。互联网金融对传统金融业态产生颠覆式影响,互联网信息技术的日新月异,也使互联网金融的境界不断突破,从网络渠道拓展到大数据金融,再到今天的以满足用户个性化需求为核心的虚拟信用平台,实现了新生代的金融生态圈的构建。

(二)互联网金融的特点

1. 成本低

互联网金融模式下,资金供求双方可以通过网络平台自行完成信息甄别、匹配、定价和交易,无传统中介,无交易成本,无垄断利润。一方面,金融机构可以避免开设营业网点的资金投入和运营成本;另一方面,消费者可以在开放透明的平台上快速找到适合自己的金融产品,削弱了信息不对称程度,更省时省力。

2. 效率高

互联网金融业务主要由计算机处理,操作流程完全标准化,客户不需要排队等候,业务处理速度更快,用户体验更好。如阿里小贷依托电商积累的信用数据库,经过数据挖掘和分析,引入风险分析和资信调查模型,商户从申请贷款到发放只需要几秒钟,日均可以完成贷款1万笔,成为真正的"信贷工厂"。

3. 覆盖广

互联网金融模式下,客户能够突破时间和地域的约束,在互联网上寻找需要的金融资源,金融服务更直接,客户基础更广泛。此外,互联网金融的客户以小微企业为主,覆盖了部分传统金融业的金融服务盲区,有利于提升资源配置效率,促进实体经济发展。

4. 发展快

依托于大数据和电子商务的发展,互联网金融得到了快速增长。以余额宝为例,余额宝上线18天,累计用户数250多万,累计转入资金达到66亿元。据报道,余额宝规模500亿元,成为规模最大的公募基金。

5. 管理弱

一是风控弱。互联网金融还没有接入人民银行征信系统,也不存在信用信息共享机制,不具备类似银行的风控、合规和清收机制,容易发生各类风险问题,已有众贷网、网赢天下等P2P网贷平台宣布破产或停止服务。

二是监管弱。互联网金融在中国处于起步阶段,还没有监管和法律约束,缺乏准入门槛和行业规范,整个行业面临诸多政策和法律风险。

6. 风险大

一是信用风险大。现阶段中国信用体系尚不完善,互联网金融的相关法律还有待配套,互联网金融违约成本较低,容易诱发恶意骗贷、卷款跑路等风险问题。特别是P2P网贷平台由于准入门槛低和缺乏监管,成为不法分子从事非法集资和诈骗等犯罪活动的温床。淘金贷、优易网、安泰卓越等P2P网贷平台先后曝出"跑路"事件。

二是网络安全风险大。中国互联网安全问题突出,网络金融犯罪问题不容忽视。一旦遭遇黑客攻击,互联网金融的正常运作会受到影响,危及消费者的资金安全和个人信息安全。

互联网金融,你知道多少?

(三)互联网金融的发展模式

根据投融资过程中参与主体以及业务范围不同,我们将互联网金融模式归纳为以下三种类型:一是销售自有产品和服务;二是金融中介服务;三是信息分析与供应服务。

1. 销售自有产品和服务

在第三方缺席的投融资过程中,销售自有产品或服务是互联网金融的主要模式。根据参与主体不同,我们将其分为三种形式。

(1)金融机构互联网化。金融机构架设的在线平台既提供投资产品,也提供融资产品,如电子银行、保险网销。

(2)互联网公司金融机构化。互联网公司金融化的一种形式是互联网/电商系小贷公司,借助电商平台收集交易数据,从而挖掘在线商户的融资需求,并利用大数据控制信用风险,进行小贷业务,其实质是信用贷款,如阿里小贷。另一种形式是互联网公司参股的民营银行,苏宁注册了"苏宁银行"进军民营银行业,阿里巴巴和腾讯参股的民营银行也接连获批。

(3)金融机构与互联网公司合作开发。金融机构和互联网公司在股权层面进行合作,建立合资企业并获得金融牌照,如阿里巴巴收购天弘基金51%股权,以及2013年闹得红红火火的"三马卖保险",即众安在线。

2. 金融中介服务

在互联网金融中介服务这种模式中,根据参与主体以及业务范围不同,我们又可以将其划分为 F2F、F2N、N2N、导购网站、第三方支付这五种模式。这里为了阐述方便,我们用 F 指金融机构(Financial institutions),N 指非金融组织或个人(Non-financial organizations/individuals)

(1)F2F,即金融机构之间的交易中介。金融机构间的交易大多一对一直接进行,但也有不少交易平台存在,比如银行间交易市场。F2F 模式大多都由监管机构主导,或以交易所(如陆金所的 F2F 业务 Lfex)的形式存在。

(2)F2N,即金融机构与非金融机构或个人之间的交易中介。平台式 F2N 是一个在线的金融产品市场(Market place),金融机构可以进驻该平台并直接向客户销售金融产品,金融机构作为直接销售方,如淘宝基金、淘宝保险等。最有名气的余额宝仅仅是其中的变种。此外还有微信公众号,不少金融机构也进驻微信,以服务号的形式提供内容。非平台 F2N 销售的产品不是自己生产的,它只是做代销工作,一般以从金融产品的生产商(基金、保险公司等)收取佣金的方式赚钱,如天天基金网、铜板街等。

(3)N2N,即非金融机构或个人与非金融机构或个人之间的交易中介。一是众筹平台,指有融资需求的个人/机构可在众筹平台发起项目,以股权、债权或预售/团购等的方式向投资者募集项目资金。代表网站有:蚂蚁达客、京东众筹、平安股权众筹等平台;一是 P2P 借贷平台,P2P(Peer-to-Peerlending),即点对点信贷。P2P 网贷是指通过第三方互联网平台进行资金借、贷双方的匹配,需要借贷的人群可以通过网站平台寻找到有出借能力并且愿意基于一定条件出借的人群,帮助贷款人通过和其他贷款人一起分担一笔借款额度来分散风险,也帮助借款人在充分比较的信息中选择有吸引力的利率条件。代表网站有:天使汇、大家投、人人贷、拍拍贷、陆金所、追梦网等,要注意的一点是,P2P 借贷平台其本质是以债权为基础的众筹平台。

(4)导购网站,即金融流量分发网站(也被称为金融垂直搜索)。根据用户的金融需求,金融流量分发网站会匹配适合客户的金融产品(贷款、信用卡、理财产品等),国内的市场参与者主要有融360、好贷网、我爱卡、百度贷款搜索、24财富等。

（5）第三方支付。在投融资过程中，使用第三方中介来实现资金的转移，既方便快捷、降低成本，又安全可靠、保障权益。

3. 大数据金融

大数据金融是指集合海量非结构化数据，通过对其进行实时分析，可以为互联网金融机构提供客户全方位信息，通过分析和挖掘客户的交易和消费信息掌握客户的消费习惯，并准确预测客户行为，使金融机构和金融服务平台在营销和风险控制方面有的放矢。如挖财记账、彭博、腾讯操盘手、雪球财经等。

基于大数据的金融服务平台主要指拥有海量数据的电子商务企业开展的金融服务。大数据的关键是从大量数据中快速获取有用信息的能力，或者是从大数据资产中快速变现利用的能力。因此，大数据的信息处理往往以云计算为基础。

由于投融资本身受到很多市场因素的影响，如政治、经济、社会、科技以及行业本身的影响，投融资活动承受着各种风险，且每个投融资的主体有着不同的风险承受能力，信息显得尤为重要。这些信息将直接影响资金盈余者的投资决策，以及资金短缺者的融资决策。正因为此，产生了信息供应与分析这种大数据金融模式。

（四）互联网金融的典型案例

1. 阿里金融

国内互联网金融发展最为典型的案例为阿里巴巴的小额信贷业务，即阿里金融。和传统的信贷模式不同，阿里金融通过互联网数据化运营模式，为阿里巴巴、淘宝网、天猫网等电子商务平台上的小微企业、个人创业者提供可持续性的、普惠制的电子商务金融服务。其所开发的新型微贷技术的核心是数据和互联网。

阿里金融利用阿里巴巴B2B、淘宝、支付宝等电子商务平台上客户积累的信用数据及行为数据，引入网络数据模型和在线视频资信调查模式，通过交叉检验技术辅以第三方验证确认客户信息的真实性，将客户在电子商务网络平台上的行为数据映射为企业和个人的信用评价，向这些通常无法在传统金融渠道获得贷款的弱势群体批量发放"金额小、期限短、随借随还"的小额贷款。同时，阿里金融微贷技术也极为重视网络。其中，小微企业大量数据的运算即依赖互联网的云计算技术，不仅保证其安全、效率，也降低阿里金融的运营成本；另外，对于网络的利用，也简化了小微企业融资的环节，更能向小微企业提供365×24的全天候金融服务，并使得同时向大批量的小微企业提供金融服务成为现实。这也符合国内小微企业数量庞大且融资需求旺盛的特点。阿里金融已经开发出订单贷款、信用贷款等微贷产品。其微贷产品的运作方式带有强烈的互联网特征。类似淘宝信用贷款，客户从申请贷款到贷款审批、获贷、支用以及还贷，整个环节完全在线上完成，零人工参与。

2. 微金融

微金融又称微信金融，是2012年左右新兴的一种金融模式。即借助微信等典型的社交媒体平台，为用户提供相对理财、投资、贷款等规模较小的金融行为环境，指的是为中小微企业、创业者、个体工商户、小额投资者等提供的金融服务。目前有第三方平台发布了微信金融平台排名,以其中名列前位的"闪电借款"为例,2015年第三季度财务报表显示,其闪电借款平台7、8、9三个月撮合交易额分别有1.95亿、2.28亿、2.67亿,增长极其迅猛。

随着微金融信息服务体系的不断壮大,微金融信息服务的概念也在扩大,微金融信息服务的特点有两点:一是以中小微型企业以及贫困或中低收入群体为特定目标客户;二是由于客户有特殊性,它会有适合这样一些特定目标阶层客户的金融产品和服务。

☞任务实施

在学习电子支付、电子银行、网络银行、第三方支付平台、互联网金融的相关知识后,小张结合其自身的条件,决定亲自体验电子支付与互联网金融。

一、体验支付宝的第三方应用服务

(一)注册支付宝

(1)登录支付宝网站(www.alipay.com),点击【立即注册】。如图8-4所示。

图8-4 支付宝注册流程(1)

(2)选择个人账户,填写E-mai等信息,点击【下一步】。如图8-5所示。

图8-5　支付宝注册流程(2)

(3)绑定手机号,用于保护账户和资金安全。如图8-6所示。

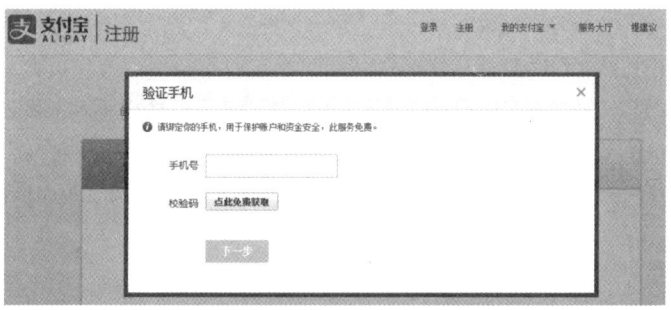

图8-6　支付宝注册流程(3)

(4)到上一步填写的邮箱里打开支付宝网站发送的确认邮件,成功创建支付宝账户。如图8-7所示。

图8-7　支付宝注册流程(4)

(5)账户创建成功后,继续注册,设置密码及身份信息。如图8-8所示。

图8-8　支付宝注册流程(5)

(6)身份信息设置完善后,设置银行卡支付信息。如图8-9所示。

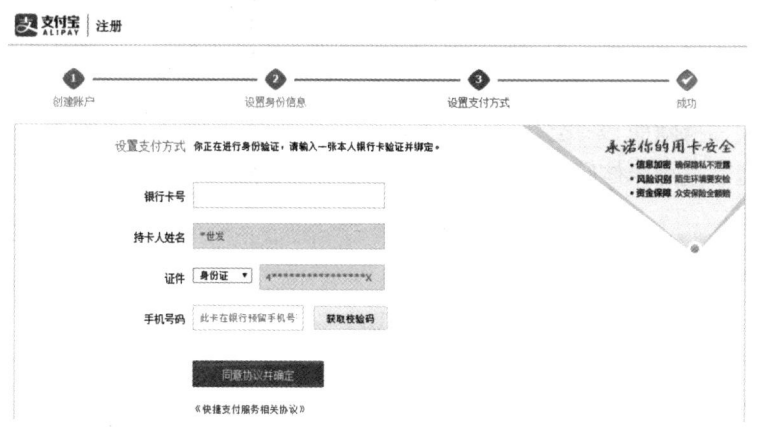

图8-9　支付宝注册流程(6)

(7)设置银行信息完成,注册成功。

(二)支付宝的实名认证

通过认证后,可以在淘宝开店,提升账户收款额度,增加账户安全性,还能使用更多的生活应用。

(1)大陆会员普通认证。登录支付宝账户(www.alipay.com),点击【账户设置】—

【基本信息】—【立即认证】。如图 8-10 所示。

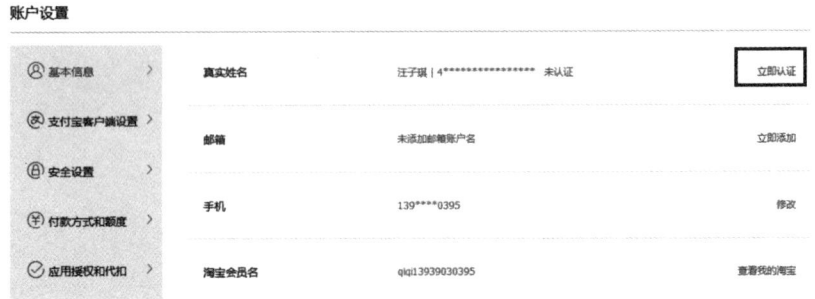

图 8-10　支付宝普通认证流程(1)

（2）进入认证页面,点击【立即认证】。如图 8-11 所示。

图 8-11　支付宝普通认证流程(2)

（3）进入支付宝身份校验环节,按照支付宝的要求绑定快捷支付银行卡后上传本人身份证的正反面清晰照,并提交认证申请,一般情况下会在提交成功的 24 小时内完成审核。审核通过后就可以体验支付宝的各项功能和服务了。如图 8-12 所示。

图 8-12　支付宝普通认证流程(3)

(4)认证通过后,可以从实名认证界面查询自己的认证信息。如图8-13所示。

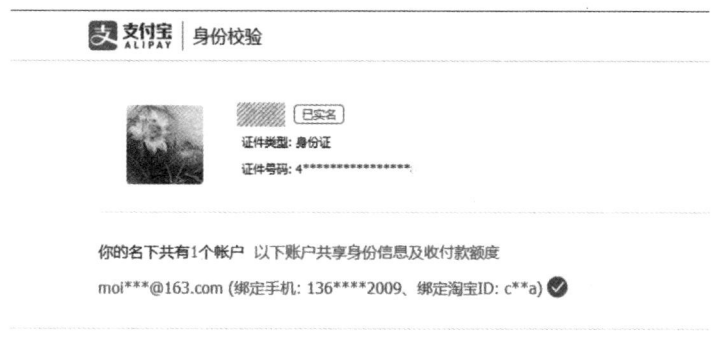

图8-13　支付宝普通认证流程(4)

(三)支付宝的提现

提现是指将支付宝账户中的款项免费提取到银行账户中,支持普通和实时提现两种方式。为了防止利用支付宝账户进行套现或洗钱等行为,充值的款项不能提现。

(1)登录支付宝首页,点击"提现"。如图8-14所示。

图8-14　支付宝提现流程(1)

(2)选择需要提现的支付宝卡通签约银行,输入现金额,点击【下一步】。如图8-15所示。

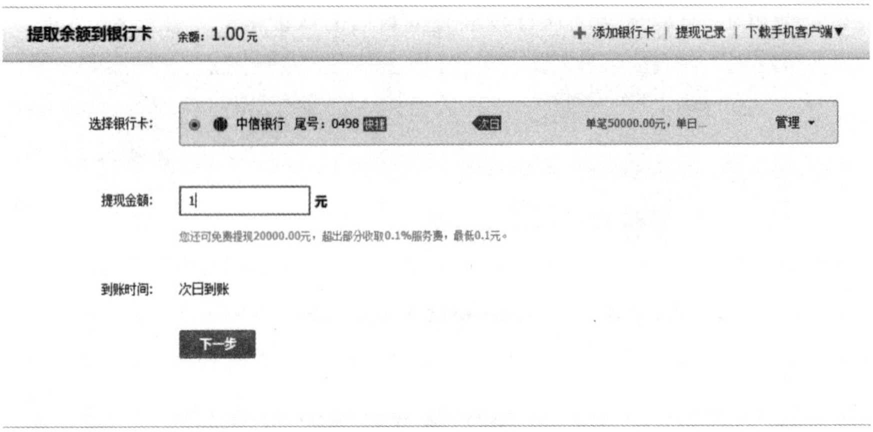

图 8-15　支付宝提现流程(2)

（3）安全起见,请使用软键盘输入支付密码,按【确认提现】来确认提现信息。如图 8-16 所示。

图 8-16　支付宝提现流程(3)

（4）提交成功后显示银行处理页面,之后查询银行卡账户余额即可确认提现成功,支付宝界面也会有相应的提示信息。如图 8-17 所示。

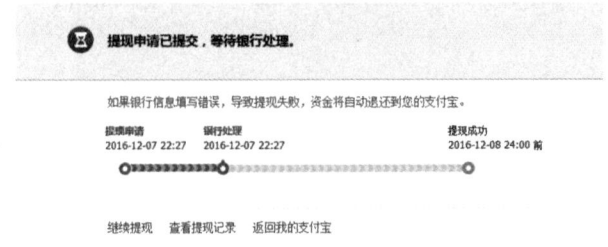

图 8-17　支付宝提现成功

（四）支付宝生活应用——缴纳水电费。

(1)进入支付宝"应用中心"页面,选择"生活便民"项目中的"水电煤缴费"。如图8-18所示。

图8-18　支付宝缴纳水电费流程(1)

(2)确认所在城市,选择缴费项目(以缴电费为例)。如图8-19所示。

图8-19　支付宝缴纳水电费流程(2)

(3)按页面提示输入户号等信息,点击【查询】。如图8-20所示。

图 8-20　支付宝缴纳水电费流程(3)

(4)输入金额,点击【去缴费】。如图 8-21 所示。

图 8-21　支付宝缴纳水电费流程(4)

(5)系统提示"缴费订单已创建,用支付宝钱包完成付款"。此时按照窗口右边图示到手机端确认账单即可完成缴费。如果不想使用支付宝钱包付款,可以选择继续用电脑付款,点击下方【继续用电脑付款】即可。如图 8-22 所示。

图 8-22 支付宝缴纳水电费流程(5)

(6)在电脑上输入支付宝密码,点击【确认付款】。如图 8-23 所示。

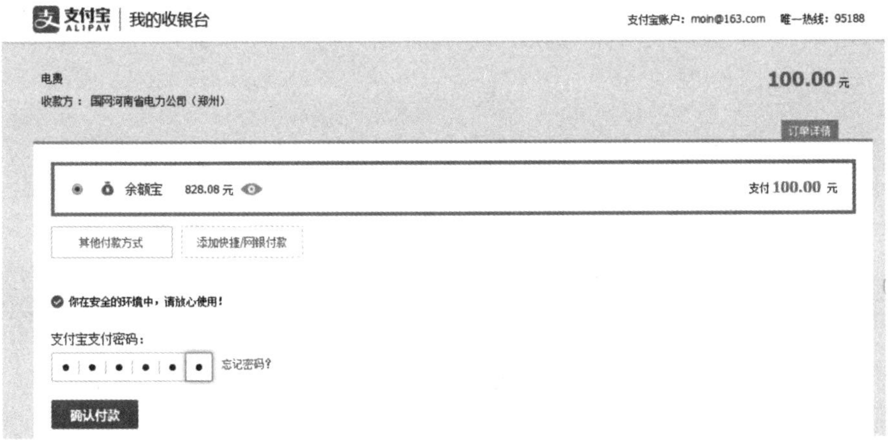

图 8-23 支付宝缴纳水电费流程(6)

(7)付款完成。如图 8-24 所示。

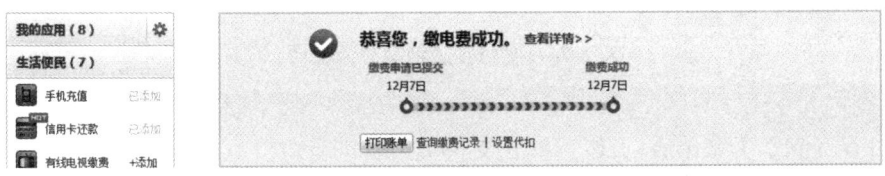

图 8-24 支付宝缴纳水电费成功

(五)支付宝公益教育——高校教育缴费

(1)登录支付宝账户(www.alipay.com),点击【应用中心】—【公益教育】,选择"教育缴费"。如图 8-25 所示。

图 8-25　支付宝缴纳学费流程(1)

(2)选择学生就读高校所在"城市""学校名称",输入学生"学号"及"身份证号码",点击【查询】。如图 8-26 所示。

图 8-26　支付宝缴纳学费流程(2)

(3)查询到学费账单后,可以选择在支付宝后台进行缴费,步骤雷同,不再赘述。

除了我们演示的功能,支付宝还有很多服务有待大家体验,大家根据需要按支付宝提示进行操作即可。

（六）支付宝"蚂蚁花呗"

蚂蚁花呗是蚂蚁金服推出的一款消费信贷产品，申请开通后，将获得 500～50000 元不等的消费额度。用户在消费时，可以预支蚂蚁花呗的额度，享受"先消费，后付款"的购物体验。蚂蚁花呗最开始支持的应用场景是淘宝和天猫，现在已经走出阿里系电商平台，共接入了 40 多家外部消费平台，包括：大部分电商购物平台，比如亚马逊、苏宁等；本地生活服务类网站，比如口碑、美团、大众点评等；主流 3C 类官方商城，比如乐视、海尔、小米、OPPO 等官方商城；海外购物的部分网站。

（1）在支付宝首页可以查看自己的"蚂蚁花呗"的信用额度。点击下面的【开通】开通"蚂蚁花呗"信用消费服务。如图 8-27 所示。

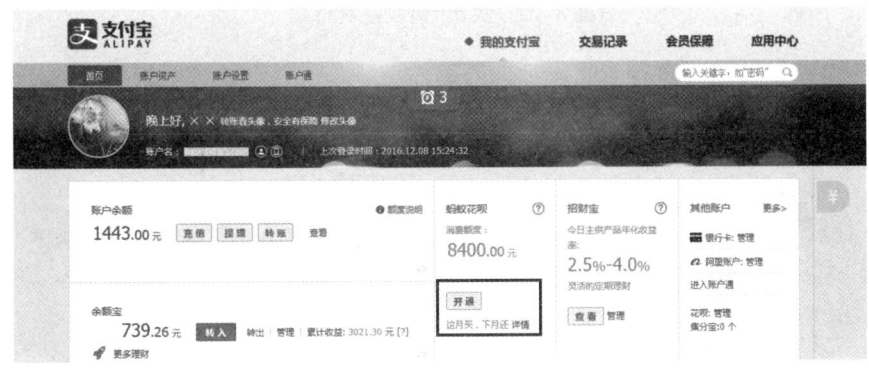

图 8-27　开通"蚂蚁花呗"（1）

（2）在新打开的页面中输入支付宝支付密码和发送到手机的动态口令，即可开通"蚂蚁花呗"，系统会提示签约成功，之后就可在提供蚂蚁花呗服务的商品结算时使用信用消费。如图 8-28 所示。

图 8-28　开通"蚂蚁花呗"（2）

(3)关闭"蚂蚁花呗"服务。如果不想再使用"蚂蚁花呗"服务,可以在"蚂蚁花呗"页面,点击【管理】。如图8-29所示。

图8-29 关闭"蚂蚁花呗"(1)

(4)在账户页面中点击右侧的"关闭花呗",同意协议后确认即可关闭该项服务。如图8-30所示。

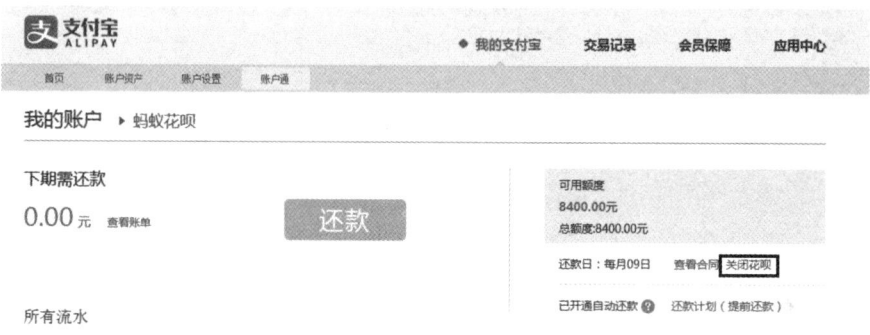

图8-30 关闭"蚂蚁花呗"(2)

二、感受网商银行金融服务

蚂蚁金融服务集团(以下称"蚂蚁金服")起步于2004年成立的支付宝。2014年10月,蚂蚁金服正式成立。蚂蚁金服以"为世界带来微小而美好的改变"为愿景,致力于打造开放的生态系统,通过"互联网推进器计划"助力金融机构和合作伙伴加速迈向"互联网+",为小微企业和个人消费者提供普惠金融服务。

蚂蚁金服集团旗下及相关业务包括生活服务平台支付宝、智慧理财平台蚂蚁聚宝、云计算服务平台蚂蚁金融云、独立第三方信用评价体系芝麻信用以及网商银行等。另外,蚂蚁金服也与投资控股的公司及关联公司一起,在业务和服务层面通力合作,深度整合,共推商业生态系统的繁荣。如图8-31所示。

任务八　电子支付与互联网金融

图 8-31　蚂蚁家族金融服务类型

(一) 网商银行的"信任付"。

随着蚂蚁花呗在信用消费领域取得的巨大成功，2016年4月25日，蚂蚁金服旗下网商银行对外宣布上线"信任付"产品，在1688平台面向小微企业提供赊购赊销、短期融资等账期金融服务。

(1) 开通"信任付"。登录1688以后，选择"卖家中心"—"卖家交易管理"，即可在页面中查看到"信任付"。勾选"我已阅读并同意"选框后，点击【立即开通】，即可开通"信任付"服务，如果想退出该服务，也在此页面中进行操作。如图8-32所示。

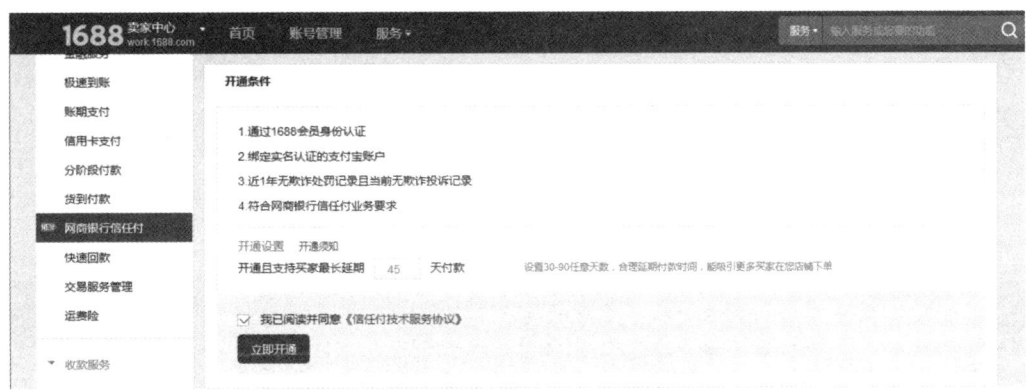

图 8-32　申请开通"信任付"

(2) 在1688.com中使用"信任付"。首先找到支付"信任付"的商品，查看支付方式里面是否包含"信任付"。如图8-33所示。

291

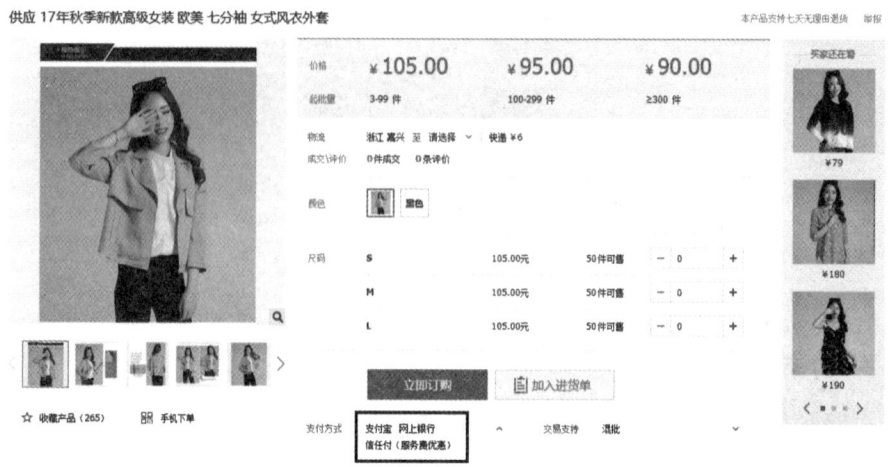

图 8-33 "信任付"操作流程(1)

(3)将商品加入进货单,在进行结算的时候,选择"信任付",点击【结算】。如图 8-34 所示。

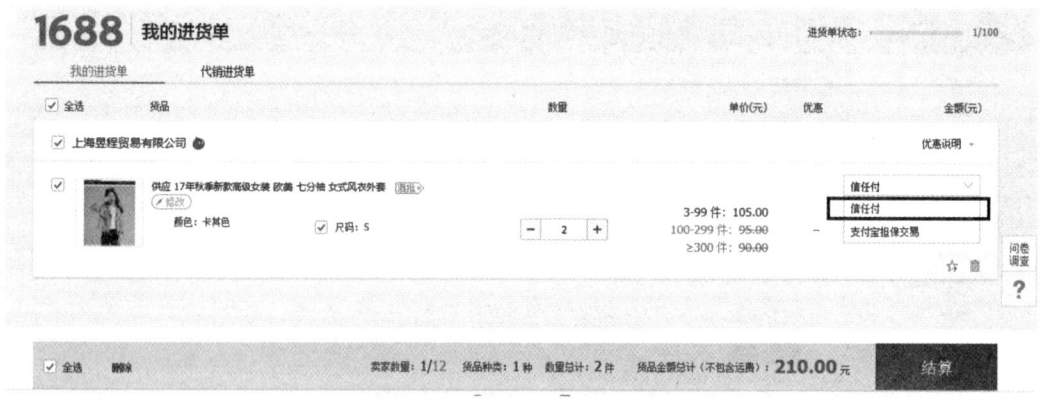

图 8-34 "信任付"操作流程(2)

(4)在信息确认界面选择"信任付",点击【提交订单】,即可使用"信用付"进行支付。如图 8-35 所示。

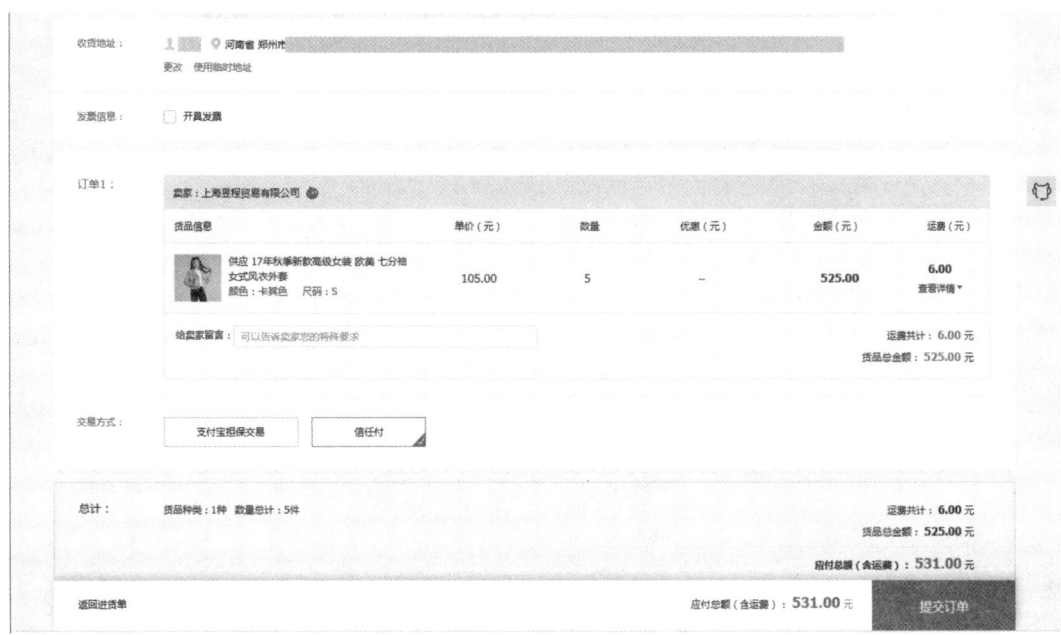

图 8-35 "信任付"操作流程(3)

(二)网商银行的"网商贷"

网商银行推出的"网商贷"和支付宝的"蚂蚁借呗"类似。不同的是:"蚂蚁借呗"面向个人消费贷,而"网商贷"属于卖家经营贷款。

(1)登录 https://www.mybank.cn/网商银行页面,点击【我要借钱】,选择"网商贷"。进入"网商贷"页面后,系统提示可以通过四种方式登录,分别是:支付宝会员登录、淘宝天猫卖家登录、阿里巴巴中文站卖家登录和阿里巴巴国际站/速卖通卖家登录。大家可以根据自己的情况选择登录方式。如图 8-36 所示。

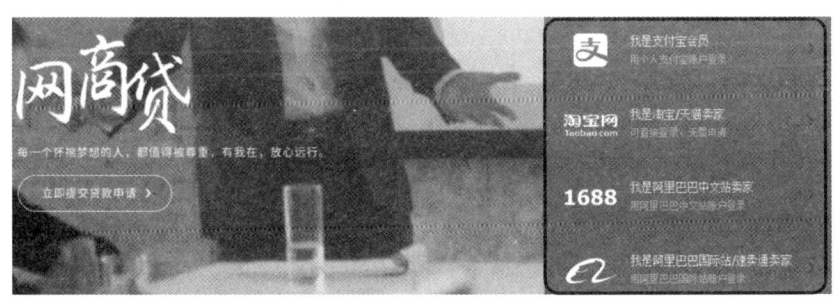

图 8-36 网商贷登录页面

(2)完善信息,申请贷款。如图 8-37 所示。

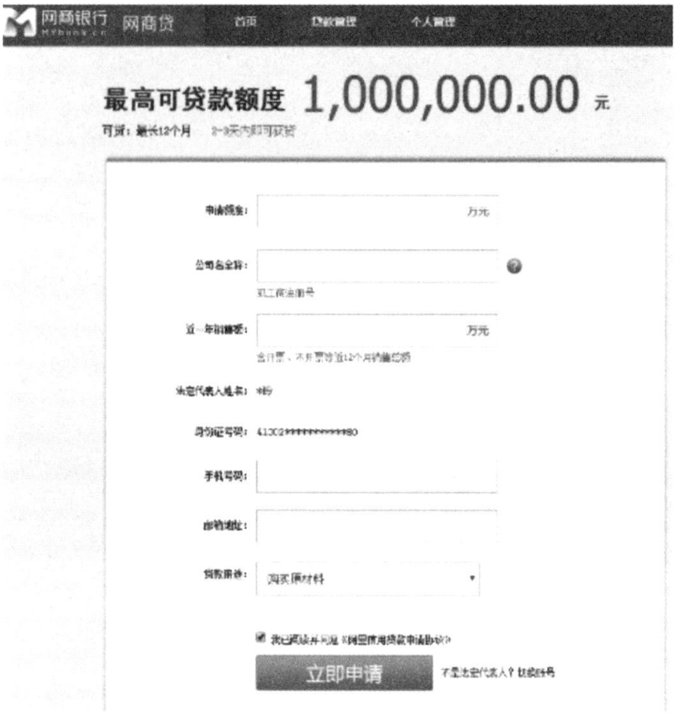

图 8-37 "网商贷"操作流程(1)

(3)点击【我要借钱】。如图 8-38 所示。

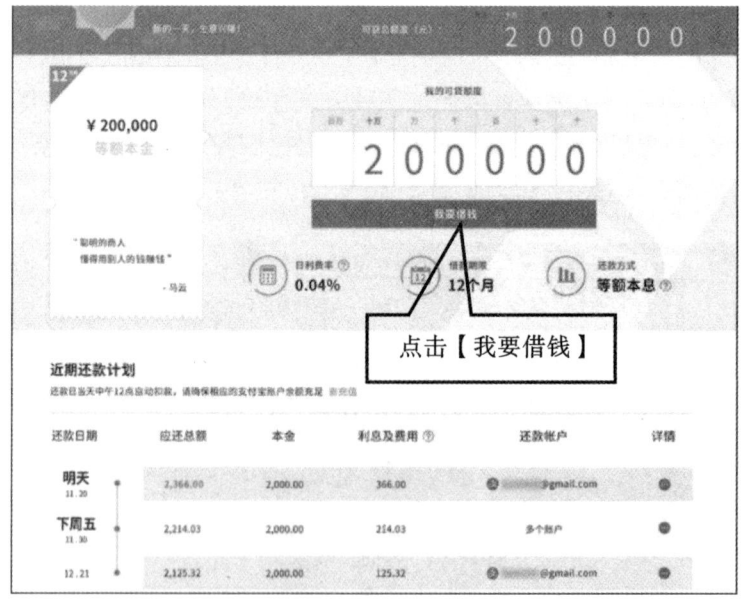

图 8-38 "网商贷"操作流程(2)

(4)确认贷款信息,点击【下一步】。如图8-39所示。

图8-39 "网商贷"操作流程(3)

(5)签署贷款合同。如图8-40所示。

图8-40 "网商贷"操作流程(4)

(6)签约成功,审核通过后即可获得贷款。

(三)网商银行之"余利宝"

余利宝跟余额宝类似。不同之处在于余利宝用户群更小,但主要针对大额存储。余额宝更像是支付宝用户存零钱的地方。而余利宝是给企业、小卖家存流动资金的地方。例如企业用户、淘宝卖家存钱一般比普通用户要多。目前余利宝用户群体要远少于余额宝。

(1) 登录 https://www.mybank.cn/网商银行页面,点击【我要赚钱】,选择"余利宝"。"余利宝"提供三种登录方式,分别是:天猫/淘宝账户登录、千牛插件登录和企业支付宝登录。登录余利宝服务页面后即可开通余利宝并转入资金。

(2) 开通余利宝并签约。填写办理人信息,提交即可实时完成开通。如图 8-41 所示。

图 8-41　余利宝签约

(3) 转入方式一,自动转入。点击余利宝首页的"设置自动转入",输入每天自动转入的金额,每天的余额自动归集至余利宝进行理财。如图 8-42 所示。

图 8-42　余利宝自动转入设置

(4) 转入方式二,手动转入。单笔转入可以直接点击【转入】。填写金额后,提交确认即可实现单笔手动转入。如图 8-43 所示。

图 8-43　余利宝手动转入

三、感受"众筹"服务

众筹融资(Crowdfunding)指利用网络良好的传播性,向网络投资人募集资金的金融模式,在募集资金的同时达到宣传推广的效果。

目前,众筹行业主要有四种发展模式:股权众筹、债权众筹、权益众筹和公益众筹。在我国,股权众筹模式的典型平台有天使街、原始会、投融界等;债权众筹模式,根据借款人即发起人的性质可分为自然人借贷(P2P)和企业借贷(P2B),目前我国尚未出现真正意义上的债权众筹平台;权益众筹模式是我国众筹行业最主要的发展模式,典型平台有京东众筹、众筹网、淘宝众筹等;公益众筹模式尚未形成代表性平台,主要以公益项目的形式分布在综合性权益类众筹平台中。

表 8-1 众筹的分类和意义

类 别	意 义
股权众筹	投资者对项目或公司进行投资,获得一定比例的股权
债券众筹	投资者对项目或公司进行投资,获得一定比例的债权,未来获取利息收益并回收本金
权益众筹	投资者对项目或公司进行投资,获得产品或服务
公益众筹	资者对项目或公司进行无偿捐赠

下面我们以最常见的权益众筹为例,来体验一下股权众筹服务。

(一)参加众筹项目

2015年权益类众筹市场中,凭借电商、金融业务净值较高的客群等资源,京东众筹市场份额保持第一,为34.4%,淘宝众筹、苏宁众筹紧随其后,二者在消费电子项目上与京东众筹展开争夺,纷纷加强了对电子产品项目的支持力度,未来市场间差距有望进一步缩小。截至2015年末,京东权益众筹累积筹资额超14亿元人民币,而且京东众筹不断拓展众筹新模式,相继推出了盲筹、无限筹、信用众筹等多种创新模式。京东的非公开股权融资平台京东东家于2015年3月上线,截至2015年末,累计众筹金额已达7亿元人民币,京东将股权融资项目分为创投板和消费板。

京东不断推出权益众筹模式创新,主要有两个目的:一是在消费升级大潮中,满足用户个性化定制需求,形成一种新的消费形式;二是推动行业的发展,引领行业发展趋势。

(1)登录京东众筹首页(https://z.jd.com/),进行会员注册和登录。如图8-44所示。

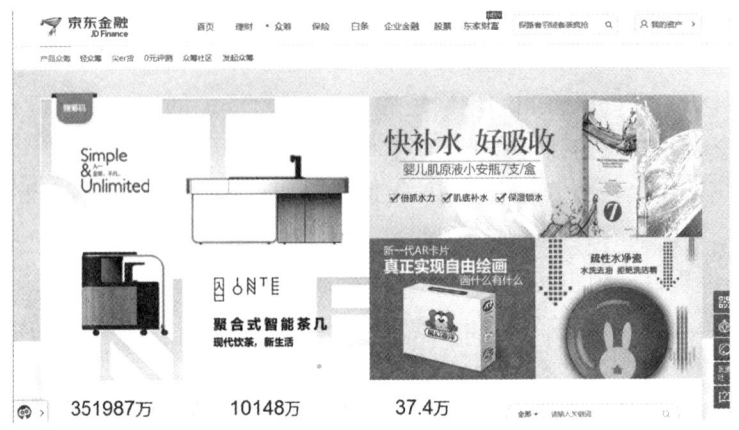

图 8-44　京东众筹首页

（2）在众筹页面检索商品并打开商品页面，可以在商品详细页中查看商品已筹到的资金和当前进度。下拉查看更多详细信息，如果对商品感兴趣的话可以通过。如图 8-45 所示。

图 8-45　京东众筹项目页

（3）在下方的商品页面，右侧可以选择自己喜欢的方案参加众筹。点击【支持】即可。如图 8-46 所示。

任务八　电子支付与互联网金融

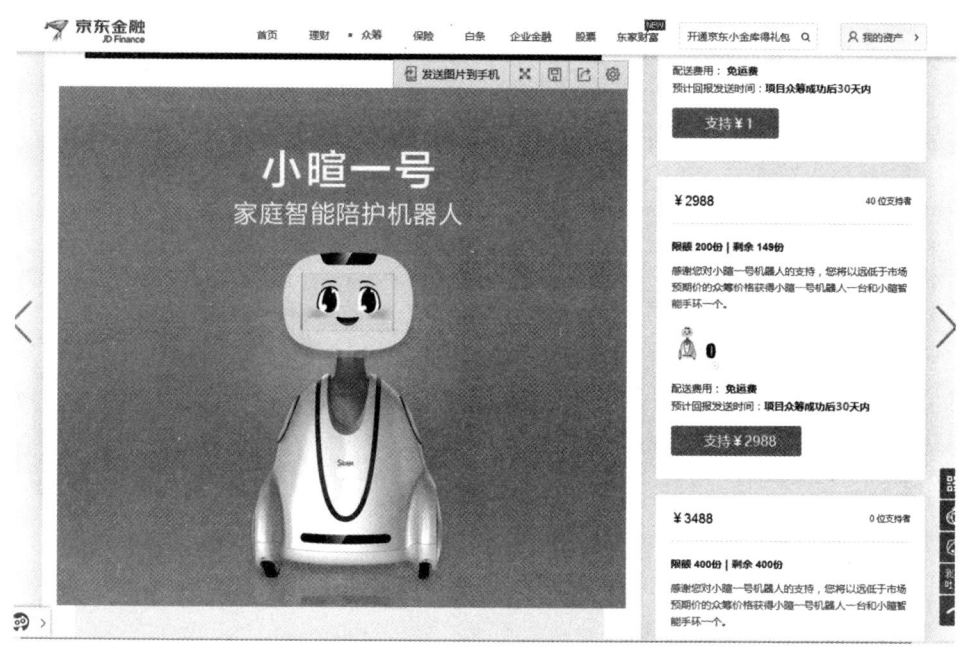

图 8-46　京东众筹项目选择页

（4）确认订货信息，提交订单并完成付款。如图 8-47 所示。

图 8-47　京东众筹项目提交

（二）发起众筹项目

（1）发起众筹。在京东众筹首页中选择"我的众筹"。如图 8-48 所示。

图 8-48　京东众筹-"我的众筹"

（2）资质认证。在京东发起众筹必须先进行资质认证。如图 8-49 所示。

图 8-49　京东众筹资质认证

（3）选择资质认证的种类。这里选择"我是个人"。如图 8-50 所示。

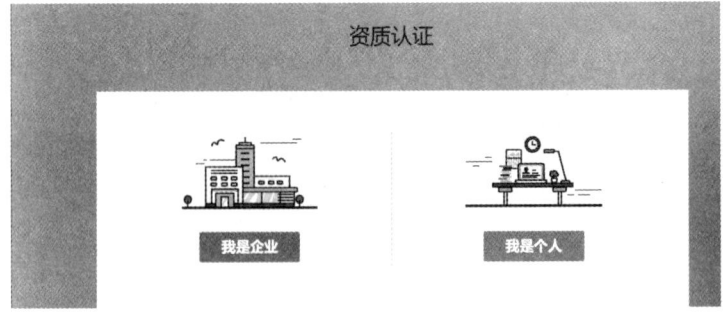

图 8-50　京东众筹资质认证选项

(4)上传身份证的正反面照片并等待审核,审核通过后即可添加众筹项目。如图8-51、8-52所示。

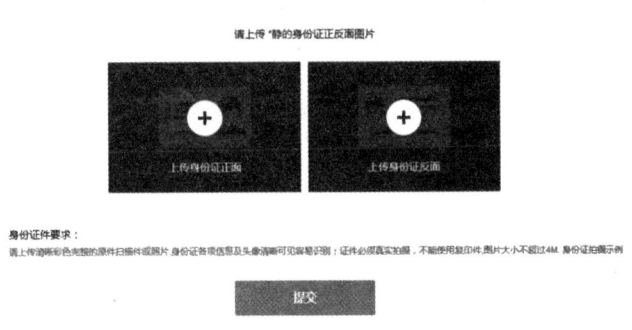

图 8-51　京东众筹资质认证上传身份证

图 8-52　京东众筹添加项目

(5)京东众筹项目发起流程。一般需要 1~20 个工作日审核,审核通过会有短消息提醒。如图 8-53 所示。

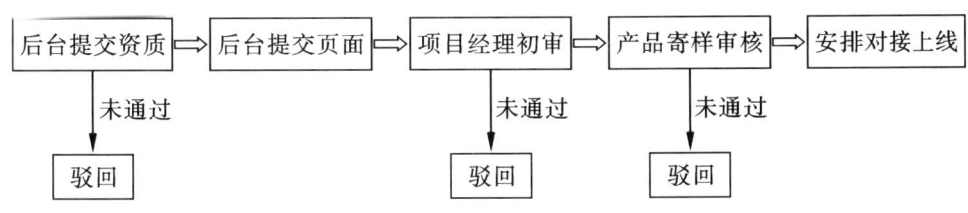

图 8-53　京东众筹项目发起操作流程

(6)如实填写相关信息。如图 8-54 所示。

图 8-54　京东众筹项目发起信息填写

(7)按要求上传项目图片。如图 8-55 所示。

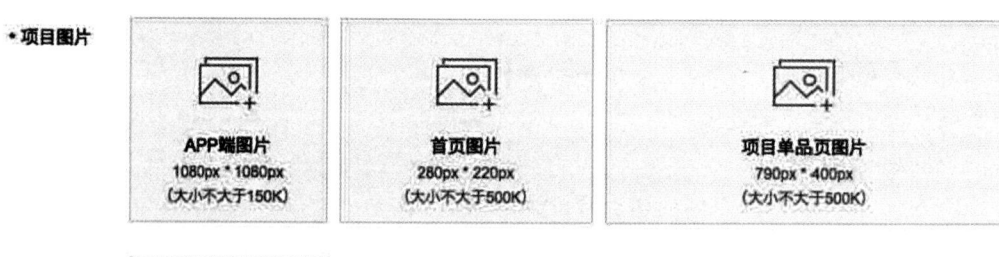

支持 jpg、png、gif 格式，大小不超过 150KB，不能出现文字、水印、促销文案

•项目详情　　建议上传图片尺寸 770px * 3000px；大小不超过 500k

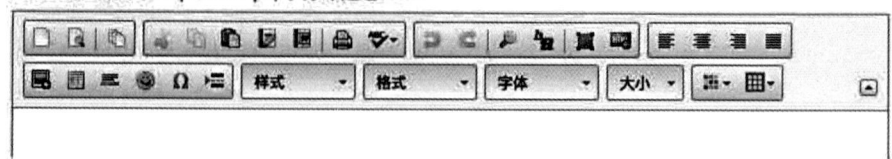

图 8-55　京东众筹项目发起上传项目图片

(8)按顺序单个上传详情图。如图 8-56 所示。

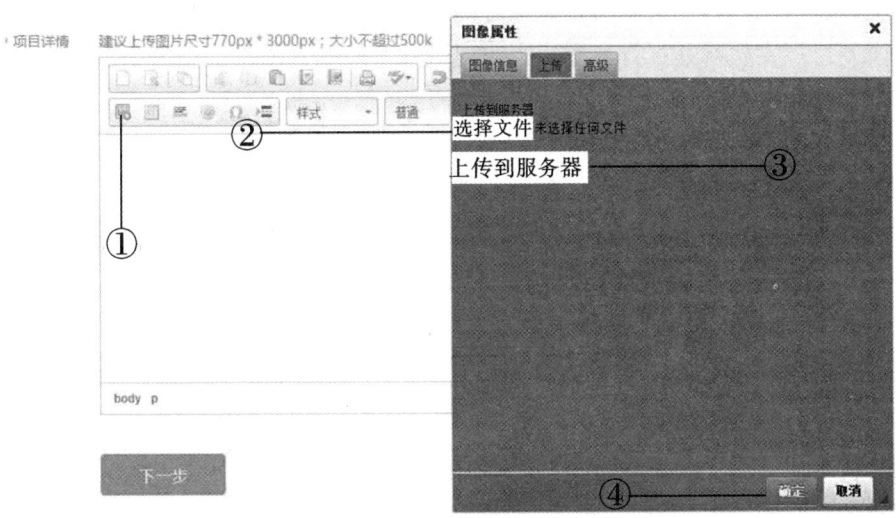

图 8-56　京东众筹项目发起上传详情图

(9)添加回报选项。如图 8-57 所示。

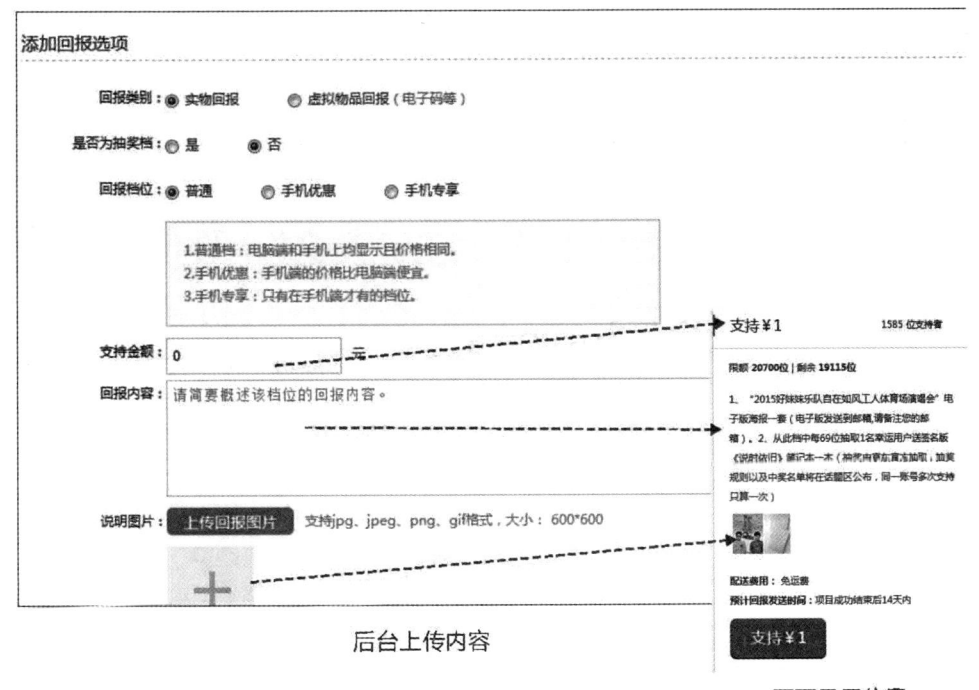

图 8-57　京东众筹项目发起添加回报选项

（三）思考并回答

请大家自行登录其他类型的相关众筹网站进行观摩学习，并下载研读《2016年中国互联网众筹市场专题研究报告》，重点了解以下几个问题：

(1) 什么是众筹？

(2) 我国众筹的常见发展模式有哪些？各有什么样的特点。

(3) 分析众筹市场的产业链，了解众筹模式的价值到底表现在哪里。

(4) 了解我国权益众筹市场的竞争格局。

(5) 可以尝试参与众筹项目或者发布众筹项目。

☞任务评价

通过应用体验支付宝、蚂蚁金服及京东众筹，我们发现电子支付与互联网金融并没有原本想象的神秘，反而是非常便捷、高效的：运用支付宝第三方支付，只需轻点鼠标和手机，就可以省去长途奔波，在家里就可以轻松完成购物、缴水电费、缴学费等日常事务；利用蚂蚁微贷可以无须抵押、信用贷款解决自己的一时资金紧缺，同时还可以将每日店铺收益存入余利宝，实现现金管理和增值；通过众筹平台企业和个人为项目筹措资金，并获得生产、渠道、经营、品牌等环节的全方位支持，投资人可寻找投资机会，基于对特定行业的理解，投资自己理解、认可的企业，分享企业的成长。

电子商务安全保障

【知识目标】

1. 电子商务安全内涵；
2. 电子商务安全威胁的主要类型；
3. 电子商务安全防范措施；
4. 电子商务安全管理体系。

【能力目标】

1. 具备下载安装杀毒软件及防火墙的能力；
2. 具备各种数字证书的下载安装能力；
3. 具备移动端安全手段的运用能力。

【素质目标】

1. 具有良好的电子商务安全的职业素质和道德素质；
2. 树立电子商务安全意识；
3. 具有应对攻击和破坏的心理素质。

☞ 任务引入

目前电子商务已经成为买卖双方认可的、便捷的一种商品流动方式,网上银行、信用卡、微信支付已经成为人们特别是当代前卫人士的首选支付方式,网银钱包、支付宝、微信、快钱、和包等为大家提供了便捷的线上第三方支付平台。但是大学生徐玉玉被骗致死、四川大学商学院学生购物被骗近千元等案例,又让人们每每在要求输入银行账号密码进行支付的最后关头退却了,其原因就是担心网购受骗、担心银行账号密码被盗、个人信息泄漏。那么难道让诈骗、盗窃等安全问题成为电子商务的杀手吗?不能,国家相关部门多力协同,从技术、制度、机制、法律等方面建立安全防范体系,减少和杜绝安全隐患,这是全社会更是电子商务常态化运营的需要。

☞ 任务分析

安全是电子商务的核心和灵魂,也是大数据云计算环境时代的一个敏感和关键问题。任何个人和企业都不愿意自己成为信息"裸体",如何约束和规范使用大数据,如何分享资源,是需要人、技术、制度、法律等方面多举措并行的。技术是安全实施的闸门,法律是安全的保障,制度是安全的约束,人的素质和规范的管理机制是安全的基础。作为以网络为平台,以电子商务为模式的主体,必须能够了解电子商务安全类型,解剖安全漏洞,树立安全意识,懂得防范技术和方法。

☞ 相关知识

一、电子商务安全概述

电子商务是利用网络通过网页开展商务活动的,由于互联网的虚拟性、开放性、电子信息传递的快捷性和易复制性等特点,安全问题成为参与电子商务活动各个主体都关心的首要问题。大家担心个人隐私、信用卡以及各种商务交易过程中的信息被无意或恶意泄漏,怀疑获取交易信息的公司保护客户隐私信息的意愿和能力。因此电子商务系统必须建立一套有效的、防止各种威胁性事件发生的安全防范技术、措施和制度,培育一个良好的虚拟购物环境,以减少或杜绝各种电子商务交易活动中的泄密、欺诈等事件发生的概率。

因而,电子商务安全就是运用各种安全技术、设施、制度和法律等建立一个安全防御体系,保护电子商务中交易各方的资金、财产、信息等的安全,保护交易过程中的各种资源不受未经授权的访问、使用、篡改或破坏。

二、电子商务安全要求

为了维护电子商务交易环境中各方的合法权益,保证电子商务活动中的各主体的基本权利和财产安全,在安全的前提下开展电子商务,抵制来自网络和商务活动中的不良威胁,电子商务安全应有以下的规范标准。

(一)系统可靠稳定

电子商务系统可靠稳定是网络信息系统能够在规定条件下和规定时间内完成规定的功能的特性。可靠性是系统安全的最基本要求之一,是所有网络信息系统的建设和运行目标。网络信息系统的可靠稳定测度主要有三种:抗毁性、生存性和有效性。

(1)抗毁性是指系统在人为破坏下的可靠性。比如,部分线路或节点失效后,系统是否仍然能够提供一定程度的服务。增强抗毁性可以有效地避免因各种灾害(战争、地震等)造成的大面积瘫痪事件。

(2)生存性是在随机破坏下系统的可靠性。生存性主要反映随机性破坏和网络拓扑结构对系统可靠性的影响。这里,随机性破坏是指系统部件因为自然老化等造成的自然失效。

(3)有效性是一种基于业务性能的可靠性。有效性主要反映在网络信息系统的部件失效情况下,满足业务性能要求的程度。比如,网络部件失效虽然没有引起连接性故障,但造成质量指标下降、平均延时增加、线路阻塞等现象。

(二)信息保密完整

信息的保密,是指网络信息不被泄露给非授权的用户、实体或过程。即信息只为授权用户使用。信息完整是指信息在输入和传输的过程中,不被非法授权修改和破坏,保证数据的一致性。

电子商务作为贸易的一种手段,其信息直接代表着个人、企业或国家的商业机密,其信息直接关乎个人、实体、国家预测和决策的正确实施与资金财产的安全,对信息进行加密、不被泄露是保障电子商务正常运转的关键;保证网上交易双方商业信息的完整性、统一性,保证双方的信息资源不被篡改和破坏,能够使电子商务信息流顺畅流动,建立良好的电子商务运营环境

(三)信息不可抵赖

电子商务信息的不可抵赖,指在传输数据时必须携带含有自身特质、别人无法复制的信息,防止交易发生后对行为的否认。

不可抵赖性包括对自己行为的不可抵赖及对行为发生的时间的不可抵赖,电子商务环境下,不可能像在传统的纸面交易中通过手写签名和印章的形式进行双方的鉴别,主要通过身份认证和数字签名避免对交易行为的抵赖,通过数字时间戳避免对行为发生时间的抵赖,通过验证接收方收到信息的真实性判断是否为发送方发送的信息。一旦出现纠纷,这些都可以作为论证机构和专门的仲裁机构管理和裁决的依据。

（四）数据源真实有效

信息数据源的真实有效是指交易信息中所涉及的事务是客观存在的,构成信息的各个要素都是真实的,即交易主体身份的真实可信,信息本身和信息内容的真实存在。

确定交易双方是真实的非假冒的,是保证电子商务顺利进行的关键。通常,通过数字签名(数字形式的签名技术)保证信息发送方的真实可信,用只有真实的发送方才能生成的信息、由认证机构(CA)提供的数字证书作为验证真伪的手段,以此有效鉴别、确定双方交易身份,鉴定信息的真假。

三、电子商务安全问题

"拼多多"等低价拼团水果腐烂、虚假发货,跨境海淘信息泄漏、售假,"饿了么"引导商家虚构地址、上传虚假实体照片,甚至默认无照经营的黑作坊进驻等电商行业侵权案的屡屡发生,说明建立一个安全、便捷的电子商务应用环境,仍然是电子商务的一个热点和焦点。因而了解电子商务威胁所在,精准堵截,是防范、解决电子商务安全问题的关键。

（一）物理型的安全问题。

物理层面上的安全问题主要是指由于网络平台、物理设备等硬件设施的缺陷和自然灾害防御能力低等,对电子商务平台、交易主体造成的影响和损失。

如2006年12月26日,我国台湾附近海域发生强烈地震,造成中美海缆等6条国际海底通信光缆发生中断,中国大陆至台湾地区、美国、欧洲等方向的通信线路受此影响大量中断,许多跨国经营的企业总部、分公司之间的网络联系中断,使生产和经营受到严重影响;2015年5月27日,国内最大的网上支付平台——支付宝出现了大规模瘫痪,时间超过两个小时,而其原因是杭州市萧山区某地光纤被挖断。

（二）漏洞型的安全问题

漏洞型安全问题是指利用各种电子商务系统接口、运算方法等缝隙,进行攻击、破坏系统资源的一系列威胁,常见的漏洞主要来自操作系统、网络协议、网络服务软件和电子商务系统软件和硬件。许多软件在编制时没有考虑安全问题或由于主客观原因存在的BUG,给恶意攻击者留下了出入的"缝隙"。有一些软件虽然设计时对安全进行了控制,但由于系统过于庞大,测试时很难将漏洞找出,所以在运行中常常会发现新的安全漏洞,必须不断升级加补丁,而新的补丁有时也会形成新的漏洞。这些漏洞成为入侵者进入网络和电子商务系统的常用入口,形成了漏洞型安全威胁。常见的漏洞利用及入侵类型如表9-1所示。

表 9-1 漏洞利用及入侵类型

漏洞利用	描述
空白或默认口令	在路由器、防火墙、VPN 和网络连接的贮存设备、UNIX 和 Windows 操作系统中,把管理性口令留为空白或使用产品生产商所设置的默认口令,为账户入侵者留下了一个完美的入口
默认共享密钥	安全服务有时会把用于开发或评估测试目的的默认安全密钥打入软件包内。如果这些密钥不经改变而被用于互联网上的生产环境,那么任何拥有同样的默认密钥的用户都可以使用那个共享密钥资源,以及其中的保密信息
IP 假冒(Spoofing)	某个远程机器是你的本地网络上的一个节点,它在你的服务器上寻找弱点,并安装一个后门程序或特洛伊木马来获取对你的网络资源的控制,它倚赖于目标系统上运行使用基于源(source-based)的验证技术的服务(例如 rsh、telnet、FTP 等)
窃听	通过窃听网络中的两个活跃节点的连接来收集它们之间传递的信息。这类攻击多数在使用纯文本传输协议(如 Telnet、FTP、和 HTTP 传输)时发生
服务弱点	攻击者在互联网上运行的某个服务中寻找缺陷或漏洞;通过这个弱点,攻击者可以危及整个系统以及系统上的任何数据,甚至还能够危及网络上的其他系统。基于 HTTP 的服务,如 CGI,在执行远程命令甚至使用互动 shell 方面有弱点。即便作为一名无特权的用户来运行 HTTP 服务,攻击者也可以读取配置文件和网络图等。或者,攻击者可以发动"拒绝服务"攻击来用尽系统资源或使其无法为其他用户提供服务
应用程序弱点	攻击者在桌面系统和工作站应用程序(如电子邮件客户程序)中寻找缺陷并执行任意编码、插入用于未来攻击行为的特洛伊木马或者崩溃系统。如果被危及的工作站拥有对整个网络的管理特权,还会发生进一步的漏洞利用
拒绝服务(DoS)攻击	攻击者或一组攻击者通过给目标机器(服务器、路由器或工作站)发送未经授权的分组来协调对某个机构的网络或服务器资源的攻击,迫使合法用户无法使用资源

(三)黑客攻击型的安全问题

黑客攻击手段可分为非破坏性攻击和破坏性攻击两类。非破坏性攻击一般是为了扰乱系统的运行,并不盗窃系统资料,通常采用拒绝服务攻击或信息炸弹;破坏性攻击是以侵入他人电脑、盗窃系统保密信息、破坏目标系统的数据为目的。常见的黑客攻击方法如下。

1. 获取口令

通过网络监听非法得到用户口令,在知道用户的账号后(如电子邮件@前面的部分)利用一些专门软件强行破解用户口令,在获得一个服务器上的用户口令文件后,用破解程序破解用户口令,特别是弱智用户(口令安全系数极低的用户,如某用户账号为 zys,其口令就是 zys666、666666,或干脆就是 zys 等)的指令,更是在短短的一两分钟内,甚至几十秒内就可以将其干掉。

2. 放置特洛伊木马程序

特洛伊木马程序可以直接侵入用户的电脑并进行破坏,它常被伪装成工具程序或者游戏等,诱使用户打开带有特洛伊木马程序的邮件附件或从网上直接下载,一旦用户打开了这些邮件的附件或者执行了这些程序之后,它们就会像古特洛伊人在敌人城外留下的藏满士兵的木马一样留在自己的电脑中,并在自己的计算机系统中隐藏一个可以在 Windows 启动时悄悄执行的程序。当您连接到因特网上时,这个程序就会通知黑客,来报告您的 IP 地址以及预先设定的端口。黑客在收到这些信息后,再利用这个潜伏在其中的程序,就可以任意地修改您的计算机的参数设定、复制文件、窥视你整个硬盘中的内容等,从而达到控制你的计算机的目的。

3. www 的欺骗技术

在网上用户可以利用 IE 等浏览器进行各种各样的 web 站点的访问,如阅读新闻组、咨询产品价格、订阅报纸、电子商务等。然而一般的用户恐怕不会想到有这些问题存在:正在访问的网页已经被黑客篡改过,网页上的信息是虚假的!例如黑客将用户要浏览的网页的 URL 改写为指向黑客自己的服务器,当用户浏览目标网页的时候,实际上是向黑客服务器发出请求,那么黑客就可以达到欺骗的目的了。

4. 信息炸弹

信息炸弹是指使用一些特殊工具软件,短时间内向目标服务器发送大量超出系统负荷的信息,造成目标服务器超负荷、网络堵塞、系统崩溃的攻击手段。目前常见的信息炸弹有邮件炸弹、逻辑炸弹等。

5. 网络监听

网络监听是主机的一种工作模式,可以接收到本网段在同一条物理通道上传输的所有信息,而不管这些信息的发送方和接受方是谁。此时,如果两台主机进行通信的信息没有加密,只要使用某些网络监听工具,例如 NetXray for windows 95/98/nt,snifit for linux、solaries 等就可以轻而易举地截取包括口令和账号在内的信息资料。

6. 后门程序

由于程序员设计一些功能复杂的程序时,一般采用模块化的程序设计思想,将整个项目分割为多个功能模块,分别进行设计、调试,模块间的连接成为一个个的秘密入口。虽然完成设计之后会堵住这些入口,不过由于疏忽或者其他原因(如便于日后访问、测试或维护)会预留一些入口,这给别有用心的人利用穷举搜索法找到入口并攻击提供了便利。

7. 利用账号进行攻击

有的黑客会利用操作系统提供的缺省账户和密码进行攻击,例如许多 UNIX 主机都有 FTP 和 Guest 等缺省账户(其密码和账户名同名),有的甚至没有口令。黑客用 Unix 操作系统提供的命令如 Finger 和 Ruser 等收集信息,不断提高自己的攻击能力。

8. 偷取特权

利用各种特洛伊木马程序、后门程序和黑客自己编写的导致缓冲区溢出的程序进行攻击,前者可使黑客非法获得对用户机器的完全控制权,后者可使黑客获得超级用户的权限,从而拥有对整个网络的绝对控制权。这种攻击手段,一旦奏效,危害性极大。

9. 拒绝服务

拒绝服务又叫分布式 D.O.S 攻击,它是使用超出被攻击目标处理能力的大量数据包消耗系统可用系统、带宽资源,最后致使网络服务瘫痪的一种攻击手段。作为攻击者,首先需要通过常规的黑客手段侵入并控制某个网站,然后在服务器上安装并启动一个可由攻击者发出的特殊指令来控制进程,攻击者把攻击对象的 IP 地址作为指令下达给进程的时候,这些进程就开始对目标主机发起攻击。如 2015 年 2 月 6 日,12306 官网由于 D.O.S 攻击导致访问量骤增,铁路订票网站 12306 发生崩溃,从当日上午 10 点起显示"页面无法打开",瘫痪持续 1 小时。

(四)网络交易型的安全问题

交易型安全问题是指电子商务交易过程中存在的各种不安全因素,包括交易的确认、产品和服务的提供、产品和服务的质量、价款的支付等方面存在的安全威胁。

1. 卖方利用信息优势欺骗消费者

卖方一般以次充好、以劣当优来发布虚假信息,欺骗购买者。如 2016 年,央视 3·15 记者实地调查发现,"饿了么"网络订餐平台引导商家虚构地址、上传虚假实体照片,甚至默认无照经营的黑作坊进驻。有餐馆老板娘咬开火腿肠直接放到炒饭中,厨师尝完饭菜再扔进锅里。

2. 卖方利用网络的虚拟性进行诈骗

卖方利用参与者身份的不确定性与市场进出的随意性,在提供服务方面不遵守承诺,收取费用却不提供服务或者少提供服务。如阿里巴巴的"欺诈门事件",据报道称,在 2011 年前的两年中,2326 名阿里巴巴网站的会员"中国供应商"涉嫌欺诈国际买家,并有近 100 名阿里巴巴员工合谋其中。大量的企业供应商在阿里巴巴被诈骗,而涉及诈骗的阿里巴巴注册企业共有 2300 多家,结果导致近百名阿里巴巴员工涉嫌参与欺诈被处理,公司 CEO 引咎辞职。

(五)计算机病毒型的安全问题

我国正式颁布实施的《中华人民共和国计算机信息系统安全保护条例》指出:计算机病毒,是指编制或者复制在计算机程序中插入的破坏计算机功能或者毁坏数据,影响计算机使用,并能自我复制的一组计算机指令或者程序代码。

计算机病毒的潜伏性、传染性、破坏性、隐蔽性、多样性、触发性等特点,使得计算机病毒在电脑界始终是一道不能逾越的高墙,其破坏数据、删除文件、格式化硬盘、自我复制和传播等危害,不仅能够破坏系统信息、抢占系统资源、使系统运行降低,而且能够系统崩溃。

(六)客户机型的安全问题

客户机一般指 PC 机,这类安全问题一种是以动态页面形式从网上传来的活动内容所带来的安全威胁,另一种是伪装成合法网站的服务器,以骗取用户通过客户机向非法网站提供私密和重要信息。

客户机型的安全威胁主要表现有 Cookies 欺骗、网页窃听、Flash 美丽陷阱、活动内容携带等,详见表 9-2。

表 9-2 客户机型的安全问题

表现形式	描述
Cookies 欺骗	利用 Cookies 文本文件中记录的用户信息,冒充受害人身份,登录网站,实施盗窃和行骗
网页窃听	通过网站页面上的微小图片(空图或 1×1px 图)向访问者的计算机里放置 Cookies,窃听用户的敏感信息
Flash 美丽陷阱	利用 Flash 中的 getURL( )函数,把你引向一个包含恶意代码的网站,盗取资金和信息
活动内容携带	利用客户机上运行的动态图像、下载和播放音乐、购物车、结算总额等程序置入破坏程序,以窃听、修改、删除、向服务器发动主动攻击等

四、电子商务安全实现技术

(一)加密技术

在电子商务运营过程中的信息传输和处理中,为避免窃听、盗取机密信息等事件的发生或者即使非法得到信息也无法看懂信息的具体内容,最有效的技术手段之一就是使用加密技术。

1. 加密技术简介

加密技术的基本思想是伪装信息,隐藏信息的真实内容,使未授权者不能理解信息的真正含义,无法看到信息,以达到保密的目的,实质上就是对信息进行一组可逆的数学变换。加密前的称为明文,加密后的称为密文,加密与解密需要一对密钥和一组特殊变换算法,具体加密解密过程中涉及的概念,如表 9-3 所示。

表9-3　加密技术的常用概念

概　念	含义描述
明文	以正常的交易文本格式呈现的,发送方需要发给接收方的交易信息
密文	明文被施加某种伪装或变换后输出的不可直接理解的字符或比特集
加密	将数据进行编码,使之成为不可理解的形式,即密文的过程
解密	加密的逆过程,即用解密密钥将密文还原成原来可理解的明文的过程
密钥	密钥是一种参数,它是在明文转换为密文或将密文转换为明文的算法中输入的参数。密钥分为对称密钥与非对称密钥
加密算法	按照加密密钥,对数据加密的一组数学变换方法
密钥长度	即密钥的位数,为防止 hacker 破获密钥,使用密钥位数越长,越牢固

下面我们通过古典密码学中代替密码编码法来理解一下加密、解密、算法和密钥。

例如,将 26 个英文字母按照一种古老的加密方法,用移位的方式进行加密,即将明文中的字符向后移动 K 位形成密文,当密钥 K 为 5 时明文与密文的对照关系如表 9-4 表示。

表9-4　K=5 时的明文密文关系对照表

A	B	C	D	E	F	G	H	I	J	K	L	M	N	O	P	Q	R	S	T	U	V	W	X	Y	Z
F	G	H	I	J	K	L	M	N	O	P	Q	R	S	T	U	V	W	X	Y	Z	A	B	C	D	E

此加密过程的算法为将明文字母向后移 5 位,密钥为 5,其简单加密如下所示:

假设,明文:电子商务的明文(DIA ZI SHANG WU)

　　　密文:INF EN XMFSL WZ

当然实际加密解密的算法和密钥要复杂得多(密钥可能长达几十位),以提高被破解的难度。

2. 对称密钥加密技术

对称密钥加密技术又叫专用密钥加密或单密钥加密,即发送和接收数据的双方必使用相同的密钥对明文进行加密和解密运算。当给对方发送信息时,用自己的加密密钥进行加密,而在接受方收到信息后,用对方给的密钥将密文还原为明文,即使不同可以由其中一个很容易推导出另一个。对称密钥传递系统如图 9-1 所示。

现假设用户 A 要向用户 B 发送交易信

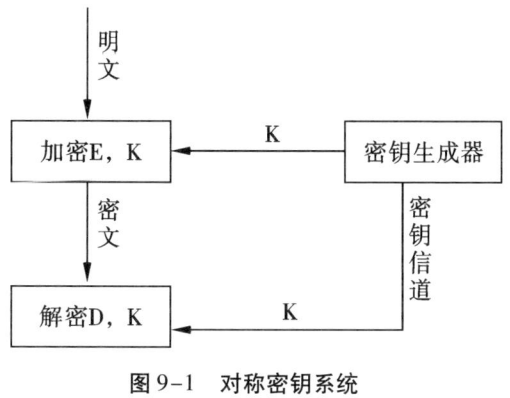

图 9-1　对称密钥系统

息,双方要通过密钥信道获取密钥 K,用户 A 用此密钥对明文进行加密,然后向用户 B 发送,用户 B 用密钥 K 将接收到的密文转换成明文,其过程如图 9-2 所示。

对称密钥加密信息由于双方拥有相同密钥,解决了交易信息在网络传递过程的安全问题,其优点是计算速度快、计算量小、效率高,广泛应用于对大量数据的加密;缺点是密钥的传递也需再进行加密,而且"n"个贸易对象要有"n"个专用密钥,整个系统要管理 n(n-1)/2 个密钥,可见密钥管理是个可怕的问题。

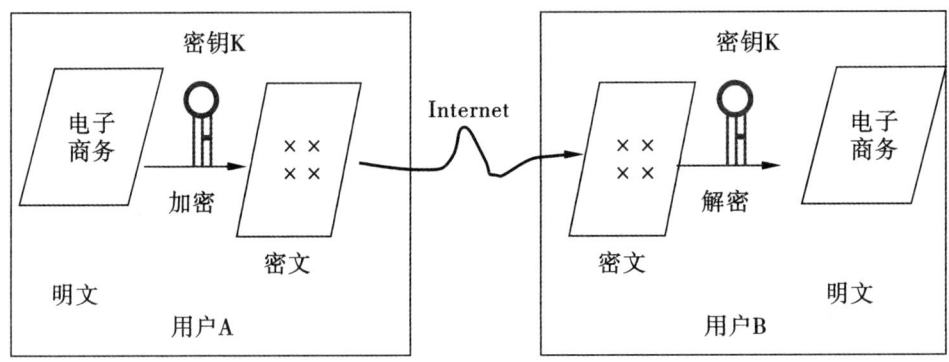

图 9-2 对称加密过程

3. 非对称密钥加密技术

非对称密钥加密算法是指建立一对密钥:公开密钥(publickey)K_e 和私有密钥(privatekey)K_d,用公开密钥加密或解密,用对应的私有密钥 Kd 进行解密或加密的加密算法,所以又称为双密钥加密。

非对称加密算法实现机密信息交换的基本过程是:用户 B 生成一对密钥并将其中的一把作为公用密钥(K_e)向用户 A 公开;得到该公用密钥的用户 A 使用该公钥(K_e)对机密信息进行加密后再发送给 B 用户;B 用户再用自己保存的私有专用密钥 K_d 对加密后的信息进行解密,得到明文,其系统如图 9-3 所示。

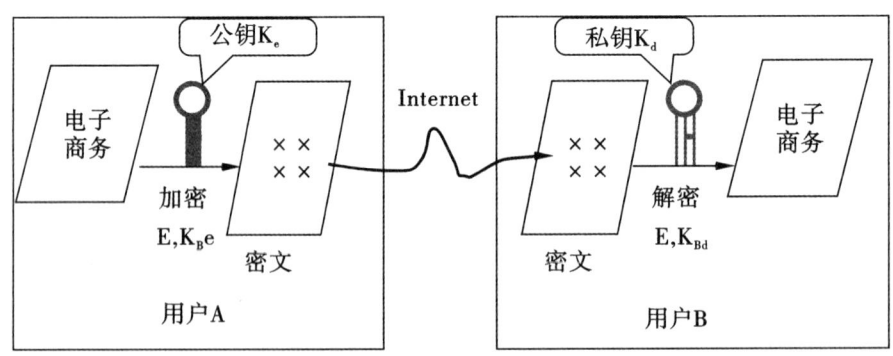

图 9-3 非对称加密过程

非对称加密与对称加密相比其安全性更高,因为对称密钥的通信双方使用相同的密钥,如果一方泄露,整个通信就会被破解;而非对称密钥使用一对秘钥,一个用来加密,一个用来解密,而且公钥是公开的,秘钥是自己保存的。因而其优点是密钥分配简单,密钥的保存量小,安全性高。缺点是速度慢,加密、解密相同的数据所花时间是秘密密钥算法的 1000 倍,所以只适用对少量的数据进行加密。

4. 电子信封加密技术

电子信封技术结合了对称密钥加密技术和非对称密钥加密技术的优点,可克服对称密钥加密中密钥分发困难和非对称密钥加密中加密时间长的问题,使用两个层次的加密来获得非对称密钥技术的灵活性和对称密钥技术的高效性,保证信息的安全性。

电子信封实现密钥和机密信息交换的基本过程是:发信方 A 发送信息前首先生成一对称密钥,并用该对称密钥加密要发送的明文;其次用收信方 B 的公钥加密对称密钥;第三步发信方 A 将密文和加密过的对称密钥一同发送到对方;第四步收信方 B 首先用自己的私钥解密拿到的对称密钥,再用该对称密钥将密文转成明文,得到真实的交易信息。其过程如图 9-4 所示。

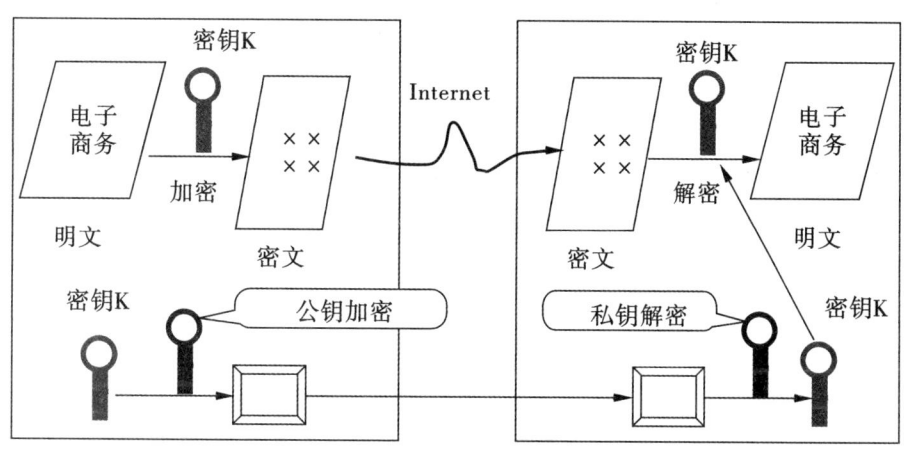

图 9-4 对称加密和非对称加密的结合

(二)认证技术

CA 认证是 Certificate Authority 的简称,指电子商务认证授权机构。它是负责发放和管理数字证书的权威机构,并作为电子商务交易中受信任的第三方,承担公钥体系中公钥合法性检验的责任。

1. CA 认证体系

CA(certification authority)是以构建在公钥基础设施 pki(public key infrastructure)基础之上的产生和确定数字证书的第三方可信机构(trusted third party),主要进行身份证书的发放,并按设计者制定的策略,管理电子证书的正常使用。作为电子商务交易中受信任的第三方,承担公钥体系中公钥合法性检验的责任。

(1) CA认证机构。CA认证机构通过自身的注册审核体系,检查核实证书申请的用户身份和各项相关信息,并将相关内容列入发放的证书域内,使用户的客观真实性与证书的真实性一致。认证机构(CA)主要承担网上安全电子交易认证服务、签发数字证书、确认用户身份,并负责产生、分配和管理所有网上实体所需的数字证书,因此CA认证体系主要由负责以上工作的部门组成。如图9-5所示。

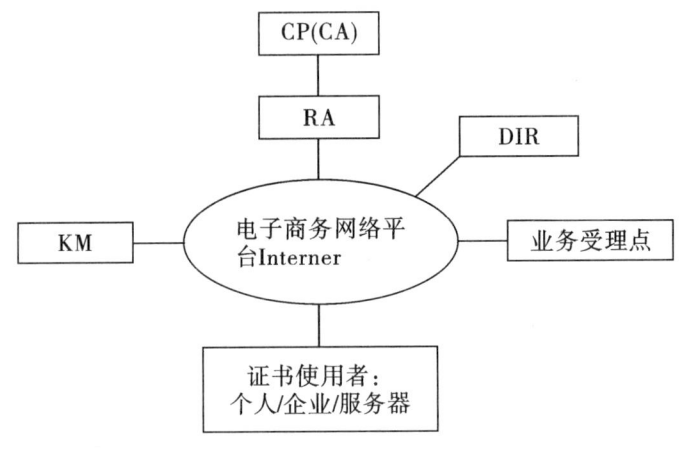

图9-5 认证体系结构模型

其中CA(Certificate Authority)意思是"证书授权",负责产生和确定用户实体的数字证书;RA(Release Authority)即证书发放审核部门,它负责对证书的申请者进行资格审查,并决定是否同意给申请者发放证书,同时承担因审核错误而引起的、为不满足资格的人发放了证书而引起的一切后果,它应由能够承担这些责任的机构担任;CP(Certificate Perform)即证书发放的操作部门,为已被授权的申请者制作、发放和管理证书,并承担因操作运营错误所产生的一切后果,包括失密和为没有获得授权的人发放了证书等,它可由RA自己担任,也可委托给第三方担任;KM(Key management center)密钥管理部门,负责产生实体的加密钥对,并对其解密私钥提供托管服务;DIR是存储地,包括网上所有的证书目录;业务受理点是分布在全国各地的CA认证实体机构或代理点;证书使用者,主要是人事电子商务,需要认证的参与者个人、企业、服务器等主体。

(2) CA的职责功能。CA认证中心的功能是:签发数字证书,管理下级审核注册机构,接受下级审核注册机构的业务申请,维护和管理所有证书目录服务,向密钥管理中心申请密钥,实体鉴别密钥器的管理,等等。主要职责如下:

1) 验证并标识公开密钥信息提交认证的实体的身份;

2) 确保用于产生数字证书的非对称密钥对的质量;

3) 保证认证过程和用于签名公开密钥信息的私有密钥的安全;

4) 确保两个不同的实体未被赋予相同的身份,以便把它们区别开来;

5)管理包含于公开密钥信息中的证书材料信息,例如数字证书序列号、认证机构标识等;

6)维护并发布撤销证书列表;

7)指定并检查证书的有效期;

8)通知在公开密钥信息中标识的实体,数字证书已经发布;

9)记录数字证书产生过程的所有步骤。

(3)国内的主要认证机构。为了加强我国信息安全保障体系建设,以满足日益发展的电子政务和电子商务的迫切需求。2000年6月29日,12家商业银行共同组建中国金融认证中心(CFCA),之后又相继建设了众多的数字认证中心。目前国内每个省份都有自己的CA,国内已经有30多家CA。中国人民银行联合12家银行建立的金融CFCA安全认证中心、中国电信认证中心(CTCA)、海关认证中心(SCCA)、国家外贸部EDI中心建立的国富安CA安全认证中心、广东电子商务认证中心(以后称广东CA)为首的"网证通"认证体系、SHECA(上海CA)为首的UCA协卡认证体系等是国内权威性比较强的认证机构。

2. 数字证书

数字证书就是互联网通讯中标志着通讯各方身份信息的一串数字,提供了一种在Internet上验证通信实体身份的方式,数字证书不是数字身份证。实质上数字证书是一个经证书授权中心数字签名的包含公开密钥拥有者信息以及公开密钥的文件。它是由权威机构——CA机构发行的,人们可以在网上用它来识别对方的身份。

(1)X.509标准数字证书内容。

数字证书相当于一个身份证或一本网络护照,可在需要的时候提供身份证明,是用电子手段来证实一个实体的身份及其公钥的合法性,用数字标识来鉴别实体身份,确保信息完整、有效。因而数字证书必须标准和规范,目前,数字证书的格式和验证方法普遍遵循X.509国际标准。该标准规定数字证书的主要内容有:证书的版本信息;证书的序列号;证书所用的签名算法;证书的发行机构;证书的有效期;证书所有人的名称;证书所有人的公开密钥;证书发行者对证书的签名。

(2)数字证书的类型

1)个人数字证书。成功申请后一般安装在浏览器或电子邮件应用系统中,使用方法集成在用户浏览器中,以帮助个人在网上进行安全交易操作:访问需要客户验证安全的Internet站点;用自己的数字证书发送带自己签名的电子邮件;用对方的数字证书向对方发送加密的电子邮件。

2)企业(服务器)证书。企业(服务器)证书为网上的某个Web服务器提供凭证,拥有服务器的企业就可以用具有凭证的Web站点进行安全电子交易:开启服务器SSL安全通道,使用户和服务器之间的数据传送以加密的形式进行;要求客户出示个人证书,保证Web服务器不被未授权的用户入侵。

3)软件(开发者)数字证书。为被下载的软件提供凭证,证明该软件的合法性。

3. 数字签名

数字签名就是附加在数据单元上的一些数据,或是对数据单元所作的密码变换。这种数据或变换允许数据单元的接收者用以确认数据单元的来源和数据单元的完整性并保护数据,防止被人(例如接收者)进行伪造。

实质上数字签名(又称公钥数字签名、电子签章)是一种类似写在纸上的普通的物理签名,但是使用了公钥加密领域的技术实现,用于鉴别数字信息的方法。一套数字签名通常定义两种互补的运算,一个用于签名,另一个用于验证。数字签名,是只有信息的发送者才能产生的别人无法伪造的一段数字串,这段数字串同时也是对信息的发送者发送信息真实性的一个有效证明。

(1)数字签名过程。

"发送报文时,发送方用一个哈希函数(HASH 函数)从报文文本中生成报文摘要,然后用自己的私人密钥对这个摘要进行加密,这个加密后的摘要将作为报文的数字签名和报文一起发送给接收方,接收方首先用与发送方一样的哈希函数(HASH 函数)从接收到的原始报文中计算出报文摘要,接着再用发送方的公用密钥来对报文附加的数字签名进行解密,如果这两个摘要相同,那么接收方就能确认该数字签名是发送方的。其签名过程如图 9-6 所示。

数字签名主要有两种作用:一是能确定消息确实是由发送方签名并发出来的,确认对方的身份,防止交易中的抵赖发生,因为别人假冒不了发送方的签名。二是数字签名能确定消息的完整性。因为数字签名的特点是它代表了文件的特征,文件如果发生改变,数字摘要的值也将发生变化。不同的文件将得到不同的数字摘要。一次数字签名涉及一个哈希函数、发送者的公钥、发送者的私钥。

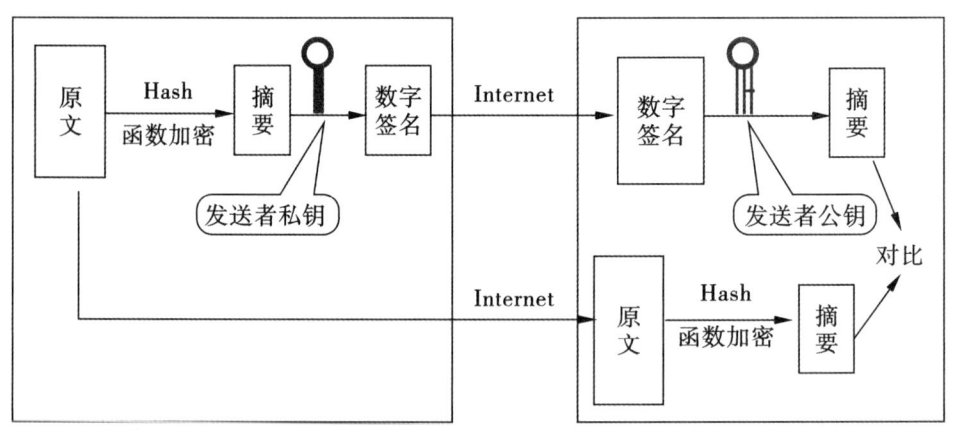

图 9-6 数字签名过程

(2)信息摘要。

数字签名中交易信息原文生成报文摘要主要通过 Hash 编码法实现,采用单向 Hash 函数将需加密的明文"摘要"生成一串 128 位的密文,这 128 位的密文就是所谓的数字指纹,又称信息鉴别码(MAC,Message Authenticator Code),它有固定的长度,且不同的明文摘要生成不同的密文,而同样的明文其摘要必定一致。数字指纹的应用使交易文件的完整性(不可修改性)得以保证。其过程如图9-7所示。

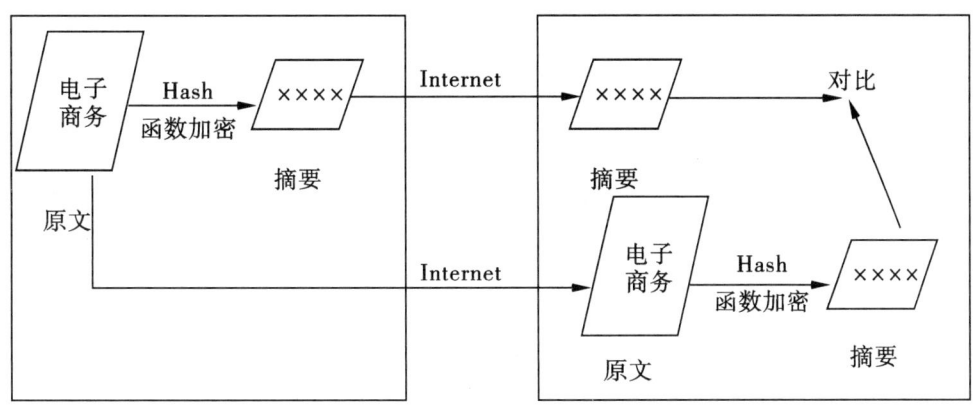

图9-7 信息摘要过程

(3)数字时间戳。

为证明消息的收发时间,发送方可以在要传送的文本中加上时间戳,然后用hash函数加密形成摘要,然后发送到专门提供(第三方机构)数字时间戳服务的权威机构,该机构对原摘要加上时间后,进行数字签名(用私钥加密)并发送给原用户后,再发送到接收者。其过程如图9-8所示。

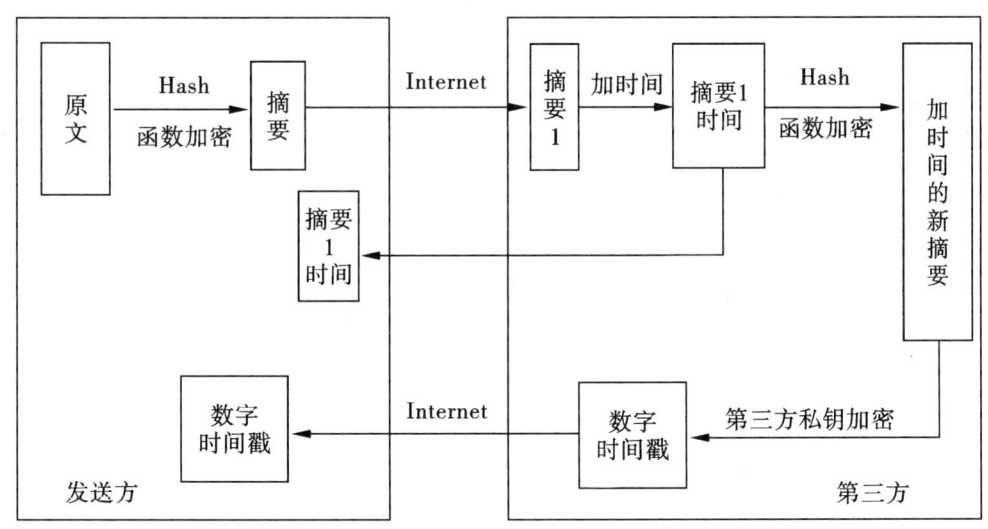

图9-8 数字时间戳过程

（三）防火墙技术

防火墙（fall）是一种保护计算机网络安全的技术性措施，在内部网和外部网之间构筑一道屏障，通过在网络边界上建立相应的网络通信监控系统来隔离内部和外部网络，用以保护内部网的数据、资源不受侵害。

1. 防火墙的含义

防火墙指的是一个有软件和硬件设备组合而成、在内部网和外部网之间、专用网与公共网之间的界面上或网络安全域之间的一系列部件的组合（由软件系统和硬件设备组合而成）。它是不同网络或网络安全域之间信息的唯一出入口，能根据企业的安全政策控制（允许、拒绝、监测）出入网络的信息流，且本身具有较强的抗攻击能力。在逻辑上，防火墙是一个分离器，一个限制器，也是一个分析器，有效地监控了内部网和 Internet 之间的任何活动，保证了内部网络的安全。防火墙逻辑如图 9-9 所示。

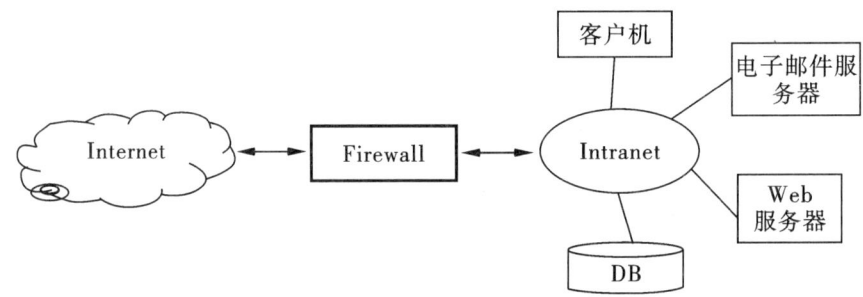

图 9-9 防火墙逻辑示意图

2. 防火墙的主要功能

防火墙主要是用来防止外来的不良行为的入侵，因而防火墙的功能应该是堵、截、监控和分析。

（1）创建一个阻塞点。防火墙在一个公司内部网络和外部网络间建立一个检查点，这种实现要求所有的流量都要通过这个检查点，防火墙设备就可以监视、过滤和检查所有进来和出去的流量。

（2）隔离不同网络，防止内部信息的外泄。通过隔离内、外部网络来确保内部网络的安全，限制局部重点或敏感网络安全问题对全局网络造成的影响，隐蔽那些透漏内部细节如 Finger、DNS 等服务，保护一台主机的域名和 IP 地址不会被外界所了解。

（3）强化网络安全策略。通过以防火墙为中心的安全方案配置，能将所有安全软件（如口令、加密、身份认证、审计等）配置在防火墙上。

（4）有效地审计和记录内、外部网络上的活动。如果所有的访问都经过防火墙，那么，防火墙就能记录下这些访问并进行日志记录，同时也能提供网络使用情况的统计数据。当发生可疑动作时，防火墙能进行适当的报警，并提供网络是否受到监测和攻击的详细信息。

3. 防火墙的分类

根据技术、原理等不同标准,防火墙分的类型也不尽相同。

(1)按照防火墙的载体划分。

如果从防火墙的软、硬件形式来分的话,防火墙可以分为软件防火墙和硬件防火墙以及芯片级防火墙。

1)软件防火墙。软件防火墙运行于特定的计算机上,它需要客户预先安装好的计算机操作系统的支持,一般来说这台计算机就是整个网络的网关,俗称"个人防火墙"。软件防火墙就像其他的软件产品一样需要先在计算机上安装并做好配置才可以使用。防火墙厂商中做网络版软件防火墙最出名的莫过于 Checkpoint。使用这类防火墙,需要网管对所工作的操作系统平台比较熟悉。

2)硬件防火墙。硬件防火墙是指把防火墙程序做到芯片里面嵌入在硬件中,由硬件执行软件防火墙功能的一种防火墙。它能减少 CPU 的负担,使路由更稳定。通常由软件安全厂商提供防火墙软件,在硬件服务器厂商定制硬件,然后再把 linux 系统与自己的软件系统嵌入。

(2)按照防火墙的技术划分。

防火墙技术虽然出现了许多,但总体来讲可分为"包过滤型"和"应用代理型"两大类。前者以以色列的 Checkpoint 防火墙和美国 Cisco 公司的 PIX 防火墙为代表,后者以美国 NAI 公司的 Gauntlet 防火墙为代表。

1)包过滤(Packet filtering)型。包过滤型防火墙工作在 OSI 网络参考模型的网络层和传输层,它根据数据包头源地址、目的地址、端口号和协议类型等标志确定是否允许通过。只有满足过滤条件的数据包才被转发到相应的目的地,其余数据包则被从数据流中丢弃。适用于所有网络服务,多数由路由器集成,能够满足绝大多数企业安全要求。如图 9-10 所示。

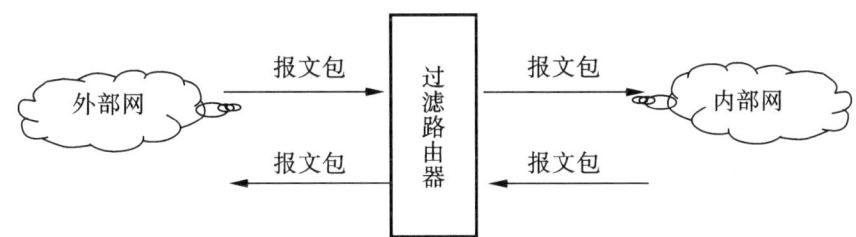

图 9-10 包过滤型防火墙

包过滤的优点:不用改动应用程序,一个过滤路由器能协助保护整个网络,数据包过滤对用户透明,过滤路由器速度快、效率高。

包过滤的缺点:过滤器不能在用户层次上进行过滤(即在同一台机器上,过滤器分辨不出是哪个用户有报文);随着过滤规则的复杂化和通过路由器进行处理的数据包数目的增加,路由器的吞吐量会下降。

2)代理服务器(Application Proxy)。也叫应用网关(Application Gateway),它作用在应用层,其特点是完全"阻隔"了网络通信流,通过对每种应用服务编制专门的代理程序,实现监视和控制应用层通信流的作用。实际中的应用网关通常由专用工作站实现。代理服务器型防火墙如图9-11所示。

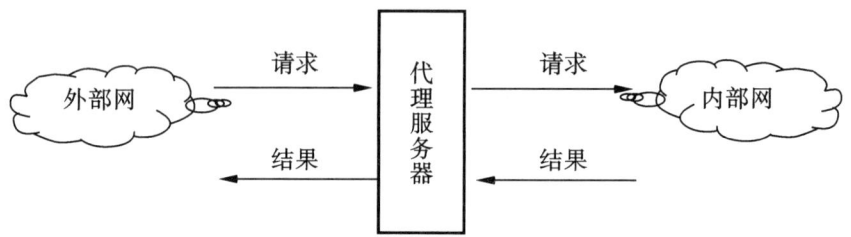

图9-11 代理服务器型防火墙

代理服务器的优点:代理易于配置;代理能生成各项记录;代理能灵活、完全地控制进出流量、内容;代理能过滤数据内容;代理能为用户提供透明的加密机制;代理可以方便地与其他安全手段集成。

代理服务器的缺点:速度较路由器慢;应用程序升级后就不再适用了,局限性很大,且常会使网络性能明显下降,不能处理高负载的网络通信。

(四)安全协议

安全协议可用于保障计算机网络信息系统中秘密信息的安全传递与处理,确保网络用户能够安全、方便、透明地使用系统中的密码资源。电子商务需要通过网络传递大量的信息流、资金流,而一个通用性强、安全可靠的网络协议能够为电子商务各种电子数据传输建立一个安全通道,是实现电子商务安全交易的关键技术。

1. 安全套接层协议(SSL)

SSL协议(Secure Sockets Layer,安全套接层)由美国Netscape公司开发和倡导,它是目前安全电子商务交易中使用最多的协议之一,内容主要包括协议简介、记录协议、握手协议、协议安全性分析以及应用等。

(1)SSL协议简介。

SSL采用对称密码技术和公开密码技术相结合,提供了如下三种基本的安全服务:

1)秘密性。SSL客户机和服务器之间通过密码算法和密钥的协商,建立起一个安全通道。以后在安全通道中传输的所有信息都经过了加密处理,网络中的非法窃听者所获取的信息都将是无意义的密文信息。

2)完整性。SSL利用密码算法和hash函数,通过对传输信息特征值的提取来保证信息的完整性,确保要传输的信息全部到达目的地,可以避免服务器和客户机之间的信息内容受到破坏。

3)认证性。利用证书技术和可信的第三方CA,可以让客户机和服务器相互识别对方的身份。为了验证证书持有者是其合法用户(而不是冒名用户),SSL 要求证书持有者在握手时相互交换数字证书,通过验证来保证对方身份的合法性。

(2)SSL 协议的体系结构。

SSL 协议的实现属于 SOCKET 层,体系结构中包含两个协议子层,SSL 处于应用层和传输层之间,由 SSL 记录协议层(SSL RECORD PROTOCOL)和 SSL 握手协议层(SSL HAND-SHAKE PROTOCOL)组成,其结构如图 9-12 所示。

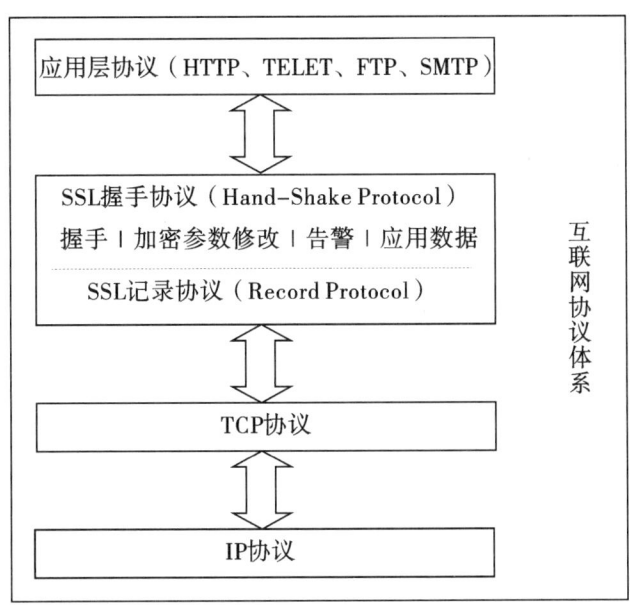

图 9-12　SSL 协议结构及其在互联网协议体系中的位置

SSL 协议分为两层,一是握手层,二是记录层。SSL 记录协议层的作用是为高层协议提供基本的安全服务。SSL 记录协议针对 HTTP 协议进行了特别的设计,使得超文本的传输协议 HTTP 能够在 SSL 运行,记录封装各种高层协议,具体实施压缩解压缩、加密解密、计算和校验 MAC 等与安全有关的操作。

SSL 握手协议层包括 SSL 握手协议、SSL 密码参数修改协议、应用数据协议和 SSL 告警协议。握手层的这些协议用于 SSL 管理信息的交换,允许应用协议传送数据之间相互验证,协商加密算法和生成密钥等。SSL 握手协议的作用是协调客户和服务器的状态,使双方能够达到状态的同步。

(3)基于 SSL 协议的电子交易过程。

基于 SSL 协议的电子交易,在客户、商家和银行之间,有一个严格的信息传递和审核流程:第一步,客户要将购买信息、客户基本信息等通过网络发给商家;第二步,商家再将验证信息和结算信息转发给银行;第三步,银行验证客户信息的合法性后,将商家的货款转到卖家账户;第四步,银行通知客户和商家付款成功。第五步,商家对交易进行处理,提供服务或发送商品,再通知客户交易成功,具体流程如图 9-13 所示。

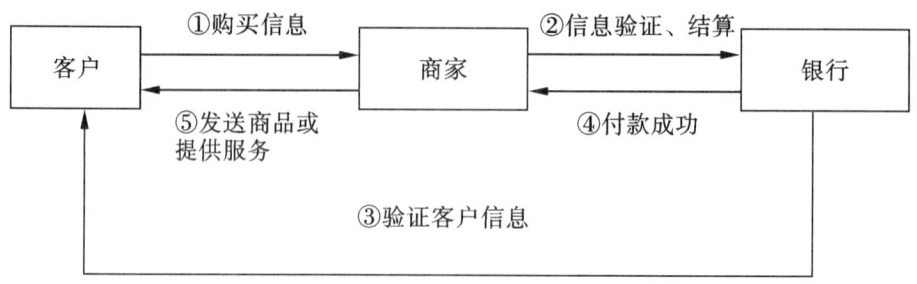

图 9-13　SSL 协议交易过程

2. 安全电子交易协议(SET)

SET 协议(Secure Electronic Transaction),被称为安全电子交易协议,是由 Master Card 和 Visa 联合 Netscape,Microsoft 等公司,于 1997 年推出的一种新的电子支付模型。SET 协议是 B2C 上基于信用卡支付模式而设计的,它保证了开放网络上使用信用卡进行在线购物的安全,它具有保证交易数据的完整性、交易的不可抵赖性等种种优点,因此成为目前公认的信用卡网上交易的国际标准。

(1)SET 协议简介。

SET 协议是一个应用于 Internet 上的以银行卡为基础进行在线交易的安全标准,即"安全电子交易"。

SET(Secure Electronic Transaction)安全电子交易协议主要应用于 B2C 模式中保障支付信息的安全性。SET 协议本身比较复杂,设计比较严格,安全性高,它能保证信息传输的机密性、真实性、完整性和不可否认性。SET 协议是 PKI 框架下的一个典型实现,同时也在不断升级和完善,如 SET 2.0 将支持借记卡电子交易。

(2)SET 协议的主要目标。

1)防止数据被非法用户窃取,保证信息在互联网上安全传输。

2)保证电子商务参与者信息的相互隔离。

3)解决多方认证问题,不仅对客户的信用卡认证,而且要对在线商家认证,实现客户、商家和银行间的相互认证。

4)保证网上交易的实时性,使所有的支付过程都是在线的。

5)提供一个开放式的标准、规范协议和消息格式,促使不同厂家开发的软件具有兼容性和互操作功能。

(3)SET 协议的主要服务。

1)保证客户交易信息的保密性和完整性。

2)确保商家和客户交易行为的不可否认性。

3)确保商家和客户的合法性。

(4)SET 协议的交易流程

SET 交易过程中主要参与对象有客户、网上商店(商家)、发卡银行、收单银行、支付网关和认证中心（CA）等，SET 协议要对客户、商家、银行、支付网关等交易各方进行身份认证，因此它的交易过程相对复杂，其流程如图 9-14 所示。

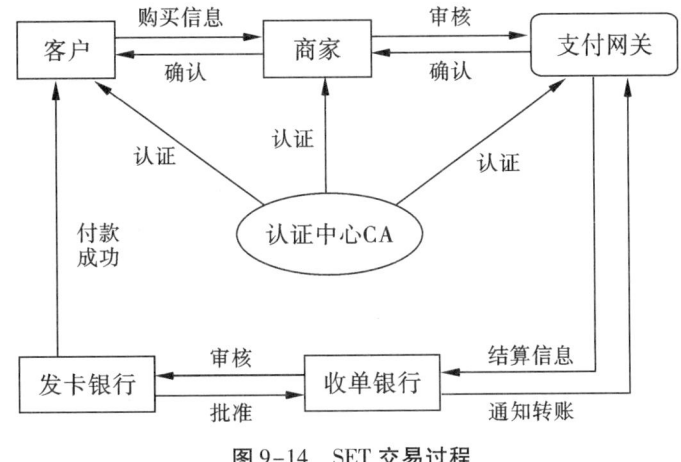

图 9-14　SET 交易过程

具体流程如下：

1）客户在网上商店看中商品后，和商家进行磋商，然后发出请求购买信息。

2）商家要求客户用电子钱包付款。

3）电子钱包提示客户输入口令后与商家交换握手信息，确认商家和客户两端均合法。

4）客户的电子钱包形成一个包含订购信息与支付指令的报文发送给商家。

5）商家将含有客户支付指令的信息发送给支付网关。

6）支付网关向 CA 认证中心进行验证，并向收单银行发送支付信息。

7）收单银行向发卡分行发送审核请求。

8）发卡银行验证完毕后向收单银行发送批准信息和指令。

9）收单银行向支付网关发送确认转账信息。

10）支付网关在确认客户信用卡信息之后，向商家发送一个授权响应的报文。

11）商家向客户的电子钱包发送一个确认信息。

12）将款项从客户账号转到商家账号，然后向顾客送货或提供服务，交易结束。

（五）移动商务安全技术

移动商务安全是指运用各种安全技术、设施、制度和法律，保护移动电子商务交易中各方的资金、财产、信息等的安全，保护交易过程中的各种资源不受未经授权的访问、使用、篡改或破坏的一个安全防御体系。

1. 无线应用协议 WAP

WAP（Wireless Application Protocol）是指在数字移动电话、互联网或其他个人数字助理机（PDA）、计算机应用乃至未来的信息家电之间进行通讯的全球性开放标准。

WAP 的应用范围主要涉及三大方面：公众服务、个人信息服务和商业应用。

（1）公众服务。可为用户实时提供最新的天气、新闻、体育、娱乐、交通及股票等信息。

（2）个人信息服务。包括测览网页、查找信息、查址查号、收发电子邮件和传真，其中电子邮件可能是最具吸引力的应用之一。

（3）商业应用。除了移动办公应用外，恐怕移动商务是最主要、最有潜力的应用了，而股票交易、银行业务、网上购物、机票及酒店预订、产品订购等，可能是移动商务中最先开展的应用。

2. WPKI 技术

WPKI 即"无线公开密钥体系"，它是将互联网电子商务中 PKI 安全机制引入到无线网络环境中的一套遵循既定标准的密钥及证书管理平台体系，用它来管理在移动网络环境中使用的公开密钥和数字证书，有效建立安全和值得信赖的无线网络环境。

WPKI 并不是一个全新的 PKI 标准，它是传统的 PKI 技术应用于无线环境的优化扩展。它采用了优化的 ECC 椭圆曲线加密和压缩的 X.509 数字证书。它同样采用证书管理公钥，通过第三方的可信任机构——认证中心（CA）验证用户的身份，从而实现信息的安全传输。

3. CA 认证

通过对密钥进行有效管理，并发数字证书证明密钥的有效性，将公开密钥与使用移动电子商务的企业和用户结合，利用数字证书、数字签名、加密算法等加密技术，建立起加解密和认证系统，防止电子商务交易中一些重要数据在传输过程中被窃取篡改与欺诈等问题的威胁，确保电子商务交易安全进行，并保障支付安全。

4. 防病毒技术

防病毒技术主要做到病毒查杀、新病毒迅速反应、病毒实时监测、快速方便的升级与系统兼容性等方面，以保证移动设备终处于较好较稳定的工作状态。

六、电子商务的安全管理策略

俗话说："三分技术，七分管理。"电子商务是一个经济学、管理学、法学、计算机、互联网、艺术等一体的商务模式，电子商务的安全管理需要一个完整的综合保障体系。应当从技术、管理、法律等方面入手，采取行之有效的综合解决的办法和措施，才能真正实现电子商务的安全运作。其主要安全管理对策体现在以下几个方面。

（一）人员管理

人员在很大程度上支配着市场经济下的企业的命运，而计算机网络犯罪又具有智能型性、连续性、高技术性的特点，因而，加强对电子商务人员的管理变得十分重要。

贯彻电子商务安全运作基本原则：

（1）双人负责原则。重要业务不要安排一个人单独管理，实行两人或多人相互制约的机制。

(2)任期有限原则。任何人不得长期担任与交易安全有关的职务。

(3)最小权限原则。明确规定只有网络管理员才可以进行物理访问,只有网络人员才可进行软件安装工作。

(二)保密管理

电子商务涉及企业的市场、生产、财务、供应等多方面的机密,信息的安全级别又可分为绝密级、机密级和秘密级三级,因此,安全管理需要很好地划分信息的安全防范重点,提出相应的保密措施。

保密工作的另一个重要的问题是对密钥的管理。大量的交易必然使用大量的密钥,密钥管理必须贯穿于密钥的产生、传递和销毁的全过程。密钥需要定期更换,否则可能使"黑客"通过积累密文增加破译机会。

(三)网络系统的日常维护管理

1. 硬件的日常管理和维护

企业通过自己的 Intranet 参与电子商务活动,Intranet 的日常管理和维护变得至关重要,这就要求网络管理员必须建立系统设备档案。一般可用一个小型的数据库来完成这项功能,以便于一旦某地设备发生故障,进行网上查询。

对于一些网络设备,应及时安装网管软件。对于不可管设备应通过手工操作来检查状态,做到定期检查与随机抽查相结合,以便及时准确地掌握网络的运行状况,一旦有故障发生能及时处理。

2. 软件的日常管理和维护

对于操作系统,所要进行的维护工作主要包括:定期清理日志文件、临时文件;定期执行整理文件系统;监测服务器上的活动状态和用户注册数;处理运行中的死机情况等。

对于应用软件的管理和维护主要是版本控制。为了保持各客户机上的版本一致,应设置一台安装服务器,当远程客户机应用软件需要更新时,就可以从网络上进行远程安装。

(四)数据备份和应急措施

为了保证网络数据安全,必须建立数据备份制度,定期或不定期地对网络数据加以备份。

应急措施是指在计算机灾难事件(即紧急事件或安全事故)发生时,利用应急计划辅助软件和应急设施,排除灾难和故障,保障计算机信息系统继续运行或紧急恢复。在启动电子商务业务时,就必须制定交易安全计划和应急方案,一旦发生意外,立即实施,最大限度地减少损失,尽快恢复系统的正常工作。

灾难恢复包括许多工作。一方面是硬件的恢复,使计算机系统重新运转起来;另一方面是数据的恢复。一般来讲,数据的恢复更为重要,难度也更大。目前运用的数据恢复技术主要是瞬时复制技术、远程磁盘镜像技术和数据库恢复技术。

(五)跟踪与审计管理

跟踪制度要求企业建立网络交易系统日志机制,用于记录系统运行的全过程。系日志文件是自动生成的,内容包括操作日期、操作方式、登录次数、运行时间、交易内容等。它对系统的运行监督、维护分析、故障恢复,对于防止案件的发生或为侦破案件提供监督数据,起到非常重要的作用。

审计制度包括经常对系统日志的检查、审核,及时发现对系统故意入侵行为的记录和对系统安全功能违反的记录,监控和捕捉各种安全事件,保存、维护和管理系统日志。

(六)病毒防范

抗病毒是电子商务安全一个新领域。病毒在网络环境下具有更强的传染性,对网络交易的顺利进行和交易数据的妥善保存造成极大的威胁。从事网上交易的企业和个人都应当建立病毒防范制度,排除病毒的骚扰。

任务实施

通过电子商务安全的相关知识的学习,我们已经知道了电子商务安全的重要性和主要的安全策略,下面我们通过一些实际任务的完成,来真实感受电子商务安全的防范。

一、PC机计算机病毒的防范

(一)了解主要的杀毒软件

1. 杀毒软件的选择原则

用于PC机的杀毒软件有很多,主要有金山毒霸、腾讯电脑管家、360安全卫士等,按照如下原则选择杀毒软件:

(1)杀毒软件更新次数快。

(2)杀毒软件的杀毒能力、网购保护能力、识别钓鱼网站和挂马网站能力。

2. 选择主流杀毒软件

目前用户比较受欢迎的杀毒软件主要有金山毒霸、腾讯管家、360安全卫士等,杀毒软件评测网(http://www.shaduruanjian.cn/),对2016杀毒软件进行了排名,其结果见图9-15。

参考杀毒软件网站排名,结合自己的喜好,选择适合的杀毒软件,我们选择360安全卫士。

图9-15　2016杀毒软件排行榜

（二）下载360安全卫士杀毒软件

（1）登录360官网:http://www.360.cn/,如图9-16所示。

（2）下载360安全卫士:点击【免费下载】,如图9-16所示,选择磁盘,如D:\soft,保存inst.exe文件。

图9-16　360官网主页面

（3）在 D:\soft 中双击 inst.exe，打开如图 9-17 所示的界面，勾选已阅读并同意许可协议项，单击【立即安装】。

图 9-17　360 安全卫士安装前的选择界面

（4）点击【立即安装】后，进入显示安装进度的界面，耐心等待数分钟，如图 9-18 所示。

图 9-18　360 安装进度显示页面

（5）安装完毕前，360 会弹出软件新增功能介绍页面，请单击【下一步】，进入下个页面，由于版本和软件不同，此处会有差异，不再展示图示。

（6）单击页面中的【完成】，安装结束。

二、安装12306官网根证书

（1）登录12306官网（http://www.12306.cn），在首页中的"为保障您顺畅购票,请下载安装根证书"处单击"根证书",如图9-19所示。

图9-19　12306官网根证书下载

（2）在"新建下载任务"窗口,选择存放磁盘和目录,点击【下载】,如图9-20所示。

图9-20　下载12306根证书

（3）安装根证书,双击srca12306.zip文件,在弹出的窗口中双击srce.car,然后在弹出的"打开文件-安全警告"对话框中,单击【打开】开始安装,如图9-21所示。

图9-21 "打开文件-安全警告"对话框

（4）开始安装，在"证书"界面中，选择"安装证书"，单击【确定】，如图9-22所示。

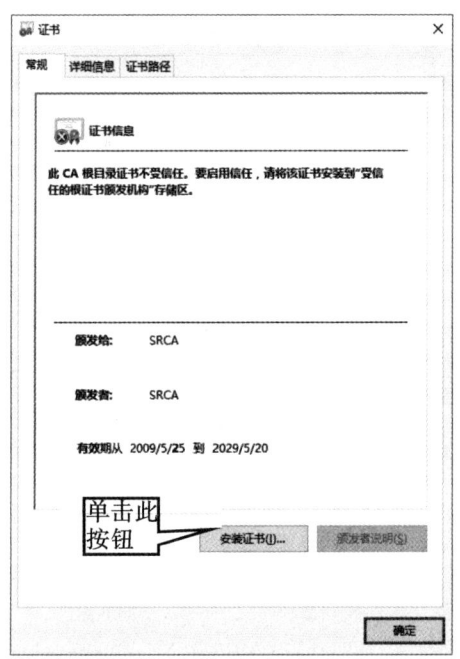

图9-22 证书页面

（5）在"证书导入向导"界面中的存储位置处，选择保存的位置：当前用户或本地计算机，然后单击【下一步】，如图9-23所示。

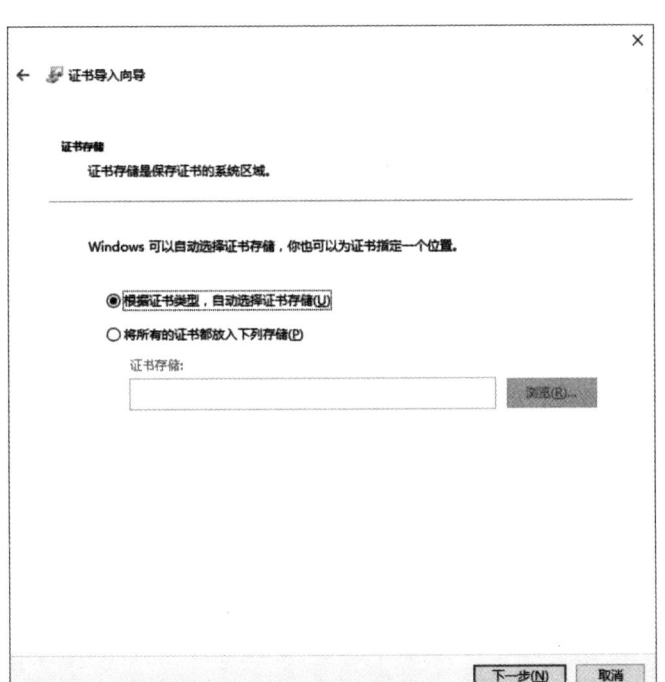

图9-23 证书存储页面

(6)如果选择"当前用户",在弹出的第二个"证书导入向导"界面继续单击【下一步】,如图9-24所示

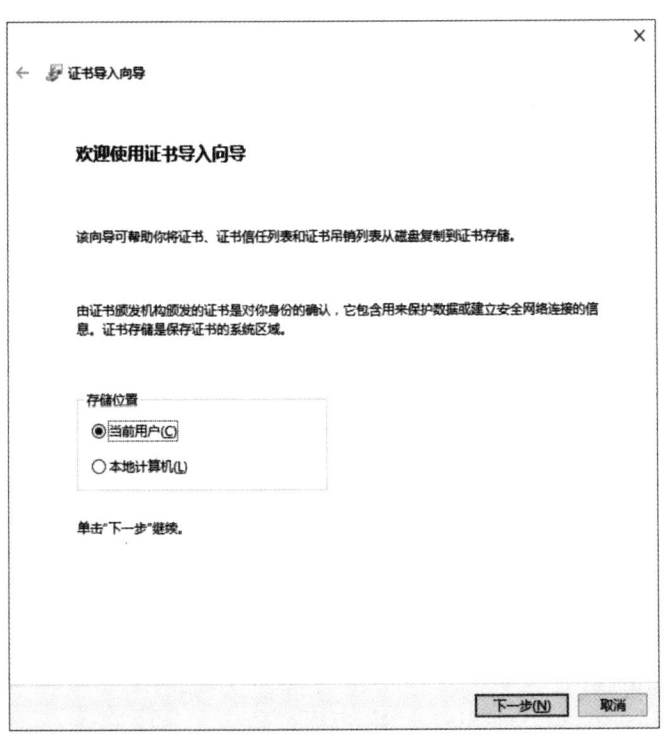

图9-24 12306证书导入向导界面

(7)在弹击的"正在完成证书导入向导"界面,单击【完成】,如图9-25所示。

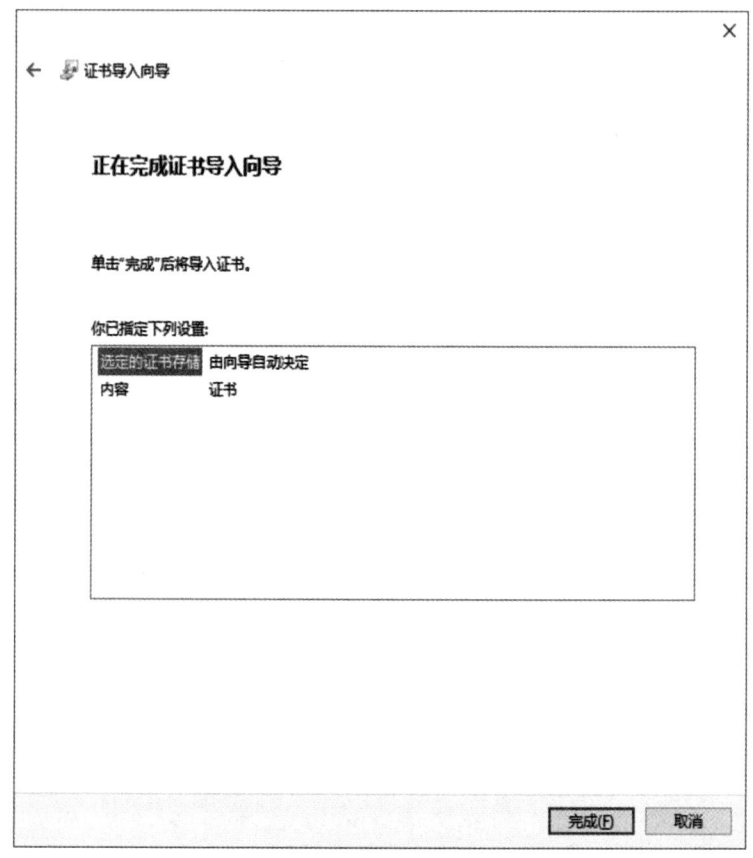

图9-25　12306"正在完成证书导入向导"界面

三、安装支付宝数字证书

(一)认识支付宝证书

数字证书是使用支付宝账户资金的身份凭证之一,加密您的信息并确保账户资金安全。

(二)安装支付宝证书的条件

正常情况下,当你通过一个电脑首次访问淘宝的支付宝时,会提醒安装数字证书,但当出现以下情况时,需要手动重新安装数字证书:

(1)重装了操作系统;

(2)数字证书被误删除,并取消;

(3)更换新的电脑。

（三）下载支付宝证书

（1）登录支付宝：www.alipay.com，单击页面菜单中的【安全中心】，如图9-26所示。

（2）在打开页面的标签栏处，选择"安全管家"，然后再在"保护资金安全"标签项右下方的数字证书行，单击【申请】，如图9-26所示，页面标签变为"安全工具"如图9-27所示。

图9-26 支付宝安全中心页面

（3）在"安全工具"标签项下的右下方，单击"申请数字证书"，如图9-27所示。

电子商务基础与应用

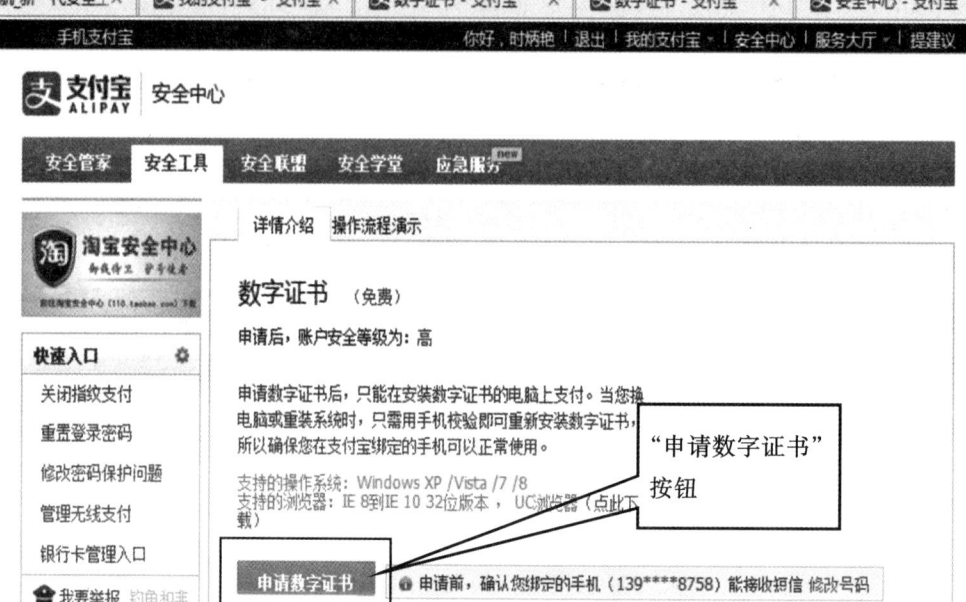

图 9-27　安全工具标签中的申请数字证书

（4）填写个人真实信息，如姓名、身份证号等，单击【提交】，如图 9-28 所示。

图 9-28　填写身份信息界面

任务九　电子商务安全保障

(5)填写手机验证码,将手机收到的6位验证码,填写到页面中"验证码"右侧的文本框内,单击【确定】,如图9-29所示。

图9-29　填写手机验证码界面

(6)当单击图9-30中的【确定】后,会显示正在安装,1秒左右打开安装成功页面,如图9-30所示

图9-30　数字证书安装成功界面

四、手机支付宝安全设置

（一）安装手机支付宝数字证书（此例以苹果6S手机为例）

（1）登录手机支付宝，在支付宝首页中点击右下角的"我的"项，如图9-31所示。

（2）在"我的"页面中，单击"设置"按钮，如图9-32所示。

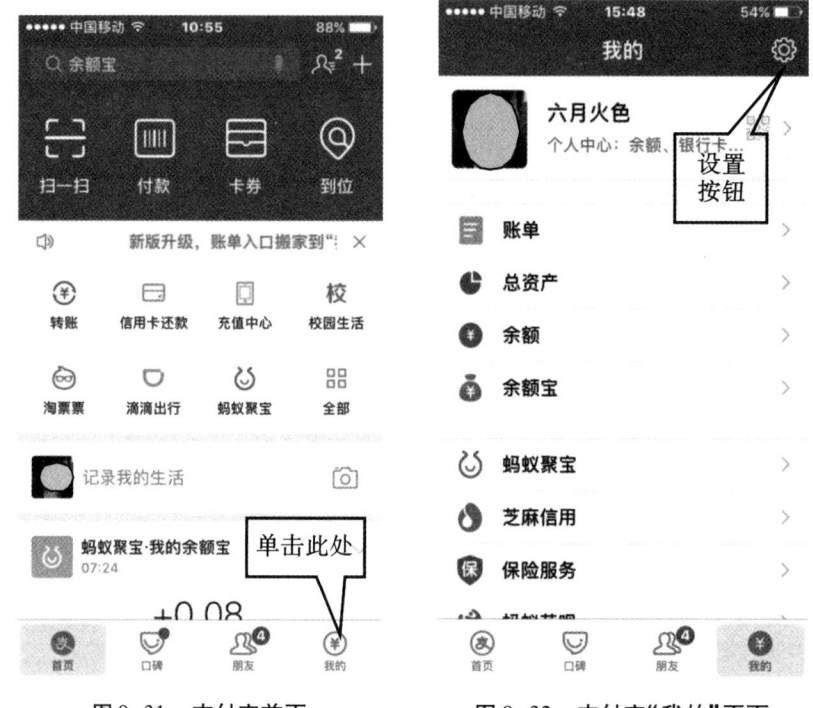

图9-31　支付宝首页　　　　图9-32　支付宝"我的"页面

（3）在打开的支付宝"设置"页面的矩形框所示处，单击"账户与安全"项，如图9-33所示，打开"账户与安全"页面，如图9-34所示。

任务九　电子商务安全保障

图9-33　支付宝设置页面　　图9-34　账户与安全页面

（4）在"账户与安全"页面中的矩形框所示处，单击【安全中心】，打开"安全中心"页面，如图9-35所示。

（5）在"安全中心"页面单击【安全保护工具】，打开"安全保护工具"页面。如图9-36所示。

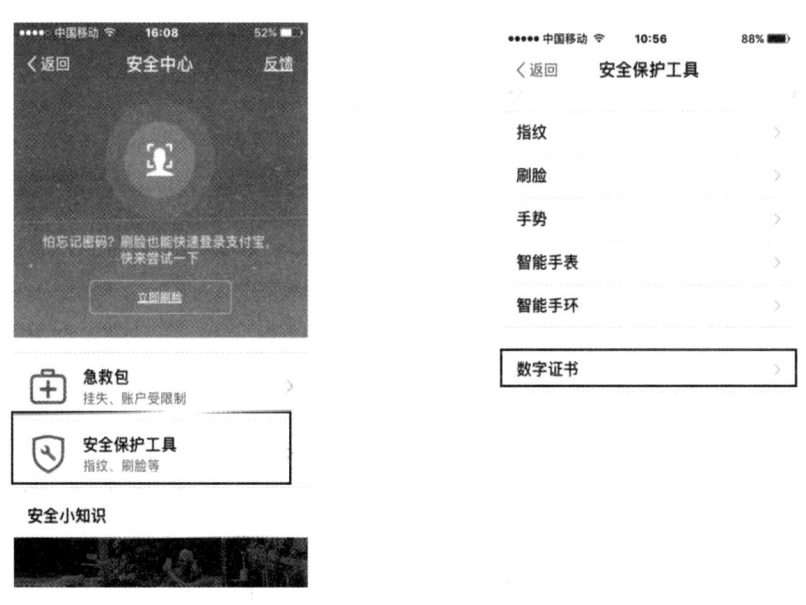

图9-35　安全页面中的"安全保护工具"　　图9-36　"安全保护工具"页面中的"数字证书"

（6）单击【数字证书】，打开"证书管理"页面。如图9-37所示。

（7）单击【安装数字证书】，打开"安全校验"页面，如图9-38所示。

339

图 9-37　证书管理页面　　　　图 9-38　安装校验页面

(8)在"证件号码"矩形框所示处,输入身份证号,单击下面矩形框处的【下一步】,完成注册,页面显示"已安装数字证书",如图 9-39 所示。

图 9-39　手机支付宝数字证书安装安成页面

(二)设置指纹解锁和指纹支付

指纹解锁指开机时用指纹解开手机的锁定,以防非本人打开你的手机;指纹支付是指用支付宝支付时可以通过指纹验证是否本人在发出支付指令,如非本人的指纹则该次支付失败或再用密码进一步验证,以保证资金安全。

(1)为你的手机设置指纹。由于手机不同,此项设置有所不同,如苹果 6S 是在"设置"-"Touch ID 与密码"项中的指纹中设置,请根据自己的手机品牌和型号自行设置。此例以苹果 6S 为例。

(2)登录支付宝,依次单击"我的""设置""安全中心""安全保护工具""指纹",同步骤1中的相关操作,打开"指纹"页面,如图9-41所示。

(3)在"指纹"页面中,将"指纹解锁"和"指纹支付"按钮打开即可完成设置。

三、设置刷脸登录

刷脸登录即人脸识别登录,是一种生物识别技术,通过人脸识别取代复杂的数字密码,用户不需要再记忆和输入复杂的登录密码,只要对着手机摄像头刷一下脸,就可以登录自己的支付宝账户。

(1)登录支付宝,依次单击"我的"|"设置"|"安全中心"|"安全保护工具"|"刷脸",同步骤1中的相关操作,打开"刷脸"页面,如图9-42所示。

图9-41　指纹功能打开页面　　　图9-42　刷脸页面

(2)单击【体验刷脸】,打开页面,进行人脸生物识别操作,请保持数秒,当页面中的色条画一个圆周时,操作完毕。如图9-43所示。

(3)用刷脸登录支付宝,在登录支付宝的界面中选择"刷脸登录",如图9-44所示。然后按照提示对准手机镜头,如果是你本人,即可登录支付宝。

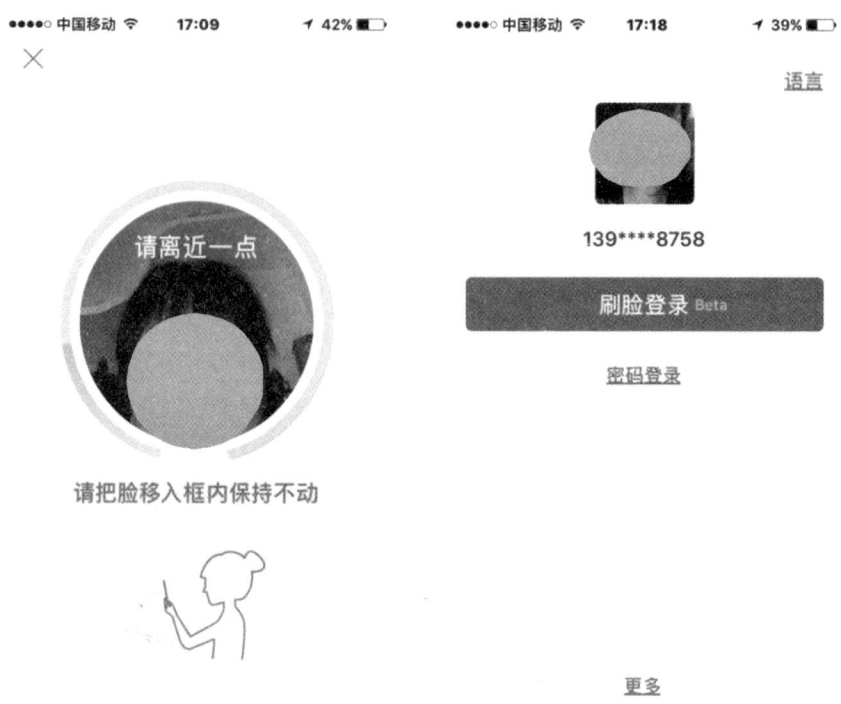

图 9-43　人脸生物识别操作页面　　图 9-44　支付宝登录页面选择"刷脸登录"

☞任务评价

通过对电子商务安全的概念、电子商务安全的要求、电子商务安全主要问题、电子商务安全的主要防范技术和电子商务安全管理知识的介绍,大家了解了电子商务安全内涵、电子商务安全威胁的主要类型、电子商务安全防范措施。通过对杀毒软件的使用、下载安装 12306 根据证书、下载安装支付宝数字证书、手机支付安全设置等具体任务的操作,大家不仅掌握了知识、方法和技巧,同时具备了如下技能、意识和素质:

(1)电子商务安全的防范意识;

(2)利用杀毒软件建立 PC 端的安全;

(3)安装使用数字证书;

(4)移动端数字证书的应用;

(5)移动端指纹、刷脸等安全技术的应用;

总体来说,整个任务知识面覆盖全面,介绍清楚,任务实施简单、实用、易操作。

任务十  电子商务物流

【知识目标】

(1) 电子商务物流的内涵和功能；
(2) 电子商务物流的基本技术；
(3) 电子商务物流模式的选择。

【能力目标】

(1) 能对比快递公司或物流公司的服务及价格；
(2) 能分析企业所运用的物流模式及其优劣势；
(3) 能为电子商务公司选择合适的物流模式；
(4) 具备电子商务物流管理策略分析能力。

【素质目标】

(1) 养成严谨细致的作风；
(2) 高瞻远瞩，兼顾公司利益与客户利益。

☞ 任务引入

了解了电子商务安全和电子支付,又该怎样选择物流呢?卖家会用什么样的包装材料来保障玻璃饰品的安全和完整呢?卖家会选择什么样的物流公司来配送呢?电商的核心竞争是客户体验,物流是电商面对客户的最后一个、也是最重要的体验环节,因此所有电商都必须重视物流的体验。通过本次课程的学习,掌握电子商务物流的概念、内涵和功能,电子商务物流的基本技术,电子商务与物流的关系,电子商务物流模式的选择,能分析企业所运用的物流模式及其优劣势、能够对比快递公司或物流公司的服务,为公司选择合适的物流模式。

☞ 任务分析

互联网的迅速发展给网络购物提供了足够多的便利条件,从商品展示到咨询洽谈,从出价购买到支付货款,交易双方通过互联网能够轻松地完成绝大部分的交易环节,然而,除了虚拟商品以外,实物商品的运输和配送环节必须通过与线下的物流公司来合作完成。目前制约网络购物发展的一大瓶颈就是有关物流的问题,要想开店,要想保障商品在运输途中的安全,必须学习物流管理的工作流程,从货物的入库管理、装箱打包,到物流公司的选择、物流配送等环节,必须有一个系统的认识。

☞ 相关知识

一、电子商务物流概述

电子商务包括信息流、资金流和物流,物流是电子商务发展的核心环节,物流不畅将会成为制约电子商务发展的"瓶颈"。物流是实现电子商务的可靠保证,是影响电子商务运作质量的重要保证。合理化、现代化的物流还是电子商务中实现"以顾客为中心"理念的最终保证。无论电子商务是多么便捷的交易方式,没有物流仍是"无米之炊",商品价值就难以体现。

(一)电子商务物流的内涵

物流,从字面上理解:"物"指一切物质,如物资、商品、原材料、零部件、半成品等;"流"指物质的一切运动形态,既包括空间的位移,也包括时间的延续。物流一词最早出现于美国(Physical Distribution),中文意思是"实物分配"或"货物配送"。

目前国内外对物流的定义很多。2001年,《中华人民共和国国家标准物流术语》中将物流(Logistics)定义为"物流是物品从供应地向接受地的实体流动过程。根据实际需要,将运输、储存、装卸搬运、包装、流通加工、配送、信息处理等基本功能实现有机结合。"

(二)电子商务物流的功能

从本质上说,电子商务物流与传统物流具有相同的功能。物流的功能是物流系统所具有的基本能力,这些基本能力有效结合就能合理地实现物流的总目标。其功能是通过信息、运输、储存等的协调以及材料装卸搬运、包装、流通加工、配送等活动实现的。

1. 运输

运输是指利用各种运输设备和工具,将物品从一地点向另一地点运送的物流活动。其中包括集货、分配、搬运、中转、装入、卸下、分散等一系列操作。主要任务有集货、运输方式和工具选择、路线和行程规划、车辆调度、送达等。运输的功能是为客户选择满足需求的运输方式,组织网络内部的运输作业,在规定的时间内将客户的商品抵达目的地,实现所期望的低成本、高质量的运输要求。

2. 储存

储存是指保护、管理、储藏物品,包括堆存、保管、保养、维护等活动,可以进一步分为仓储管理和库存控制。其中仓储管理包括收货、检验、分拣、保管、拣选和出货,偏重对确定的库存进行动态和静态的管理;库存控制包括库存品种、数量、金额、地区、方式和时间等的控制,属于库存决策。在储存过程中,必然会遇到如何保持储存物品的使用价值和价值不发生损害、如何降低储存费用并追求储存合理化、如何减少储存时间等一系列问题。针对这些问题,在储存环节,必须注重运用先进的储存保养技术、有效的先进方式、监测清点方式、储存定位系统等,对储存物品进行科学的保管作业,同时要合理利用各种保管设施,使其更好地发挥作用。

3. 装卸搬运

装卸搬运是指在同一区域范围内所进行的货物存放状态和空间位置变更的物流活动。装卸和搬运既有区别又有联系。装卸是在指定地点,以机械或人力将货物装入运输设备或从运输设备卸下;而搬运是指在同一场所内,对货物进行以水平位移为主的物流作业。装卸搬运是对运输、储存、包装、流通加工等物流活动进行衔接的活动,安全、方便的装卸搬运活动,可以加快商品在物流过程中的流通速度。

4. 包装

包装是为了在物流过程中保护产品、方便储运、促进销售,按照一定技术和方法而采用的容器材料和辅助物的总称;也是指为了达到上述目的而采用容器、材料和辅助物的过程中,施加一定技术、方法等的操作活动。简言之,包装是包装物及包装操作活动的总称。

5. 流通加工

流通加工是指物品在从生产地到使用地的过程中,根据需要对物品施加包装、分割、计量、分拣、刷标志、贴标签、组装等简单操作的总称。流通加工属于物流过程中的一种辅助性加工活动,涉及的内容非常丰富,它既存在于社会流通过程中,也存在于企业内部的流通过程中,用来弥补生产过程中加工的不足,并方便配送。

6. 配送

配送是指在经济合理区域内，根据用户的要求，对物品进行拣选、加工、包装、分割、组配等作业，并按时送达指定地点的物流活动。配送几乎包含了所有的物流功能要素，是物流的一个缩影。配送从总体上看，包括备货、理货和送货三个基本环节。在进行了充分备货、储存的前提下，"配"包括分拣、配货与配装；"送"包括配送运输和送达服务。

7. 物流信息处理

物流信息是物流活动的内容、形式、过程及发展变化的反映，是各种物流活动的知识、资料、数据、图像、文件等的总称。对物流信息的处理包括对物流信息的搜集、加工、传递、存储、检索等。在高速发展的电子商务环境下，物流信息呈现出分布广泛、信息量大、动态性强、衰减速度快等特点，这就要求人们对物流信息的处理必须采用现代化的信息处理技术，诸如电子订货系统、自动装卸技术、自动跟踪技术等，以不断提高我国的信息化程度和水平。

二、电子商务下物流的基本技术

电子商务时代要想提供最佳服务，物流系统必须要有现代化的装备配置及信息系统。目前信息技术在物流中的应用主要有条码技术、射频技术、地理信息系统、全球定位系统、电子数据交换技术等。

1. 条码技术

条码（Bar Code）技术是在计算机应用实践过程中产生和发展起来的一种自动识别技术，它是为实现对信息的自动扫描而设计的，是实现快速、准确而可靠地采集数据的有效手段。条码技术的应用解决了数据录入和数据采集的瓶颈问题，有利于进货、销售、仓储管理一体化，为现代物流和物流管理提供了有力的技术支持。

条码技术包括条码的编码技术、条码标识符号的设计、快速识别技术和计算机管理技术，是实现计算机管理和电子数据交换不可缺少的前端采集技术。条码技术提供了一种对物流中的物品进行标志和描述的方法，借助自动识别技术，企业可以随时了解有关产品在供应链上的位置，并即时做出反应。条码技术还是实现POS系统、电子商务、供应链管理的基础，是现代物流系统中非常重要的快速信息采集技术，是适应物流大量化和高速化的要求，大幅度提高物流效率。当今欧美等发达国家使用的自动连续补货系统等都离不开条码技术。

2. 射频技术

射频（Radio frequency，RF）技术是将非接触特性应用到普通IC卡上，利用射频方式进行非接触双向通信，以达到识别目的并交换数据。射频技术的基本原理是电磁理论，利用无线电波对记录媒体进行读写。使用射频技术完成工作时无须人工干预，具有智能性，可以识别高速运动的物体，并可同时识别多个射频卡，操作方便快捷。射频卡不怕油渍、灰尘污染等恶劣的环境，短距离的射频卡可以在这种环境中代替条形码，长距离的射频卡多用于交通上，可达几十米。

射频技术适用于物料跟踪、运载工具、货架识别等要求非接触数据采集和交换的场合。由于RF标签具有可读写能力,在需要频繁改变数据内容的场合尤为适用。

3. 地理信息系统

地理信息系统(Geographic Information System,GIS)是由计算机软硬件环境、地理空间数据、系统维护和使用人员组成的空间信息系统,可对整个或部分地球表层(包括大气层)空间中有关地理分布数据进行采集、储存、管理、运算、分析显示和描述。

物流企业可以运用GIS解决物流中的许多重要决策问题,如运输路线的选择、仓库位置的选择、仓库的容量设置、合理装卸策略、运输车辆的调度、投递路线的选择等,优化车辆和人员的调度,最大限度地利用人力、物力资源,使货物配送达到最优化。

4. 全球定位系统技术

全球定位系统(Global Positioning System,GPS)是由一组卫星组成的、24小时提供高精度的全球范围定位和导航信息系统。GIS是具有在海、陆、空进行全方位实时三维导航与定位能力的系统。

近年来,GPS在物流领域的应用越来越多,主要应用于运输工具自动定位,跟踪调度。如通过GPS和计算机网络实时收集全路汽车所运货物的动态信息,实现汽车、货物跟踪管理,并及时进行汽车的调度管理;在铁路运输方面,能收集全路列车、机车、车辆、集装箱及所运货物的动态信息,实现列车及货物的跟踪管理。只要知道火车的车种、车型和车号,就能立即从近十万千米的铁路网上流动着的几十万辆火车中找到该列火车,还能得知这列火车现在何处运行或停在何处,以及所有的车载货物发货信息。

5. 电子数据交换技术

电子数据交换(Electrionic Data Interchange,EDI)也称电子数据贸易或无纸贸易,就是采用标准化的格式,利用计算机网络进行业务数据的传输和处理。EDI的优势主要体现在它利用存储转发的方式将贸易过程中的订货单、发票、提货单、海关申报单、进出口许可证、货运单等单证数据以标准化格式,提供给计算机和通信网络进行传递、交换、处理,代替了贸易、运输、银行、海关、商检等行业间人工处理信息、邮递呼唤单证的方式,使交易行为更加高速、安全和高效。

【导入案例10-1】

沃尔玛的现代信息技术

沃尔玛百货有限公司由美国零售业的传奇人物山姆·沃尔顿先生于1962年成立。经过40多年的发展,沃尔玛公司已经成为美国最大的私人雇主和世界上最大的连锁零售企业。

沃尔玛的成功与其强大的信息技术支持密不可分。沃尔玛是第一个使用自有通信卫星的零售公司,通过卫星通信系统,将各分店POS终端、配送中心与公司总部的计算机连接起来。顾客在沃尔玛任何一个分店购物付款的同时,与POS机相连的计算机已经通过卫星把顾客的购物信息传到了与分店不远的配送中心和沃尔玛总部,直至5000多家供应商。在沃尔玛本顿维尔总部的信息中心卫星通信室看上1~2分钟,就可以了解整个公司一天的销售情况,可以查看到当天信用卡入账总金额、各分店任何商品的销售额等。

在21世纪初,沃尔玛就逐步在全球推行RFID(射频识别)新技术,以新型的高科技芯片逐步取代传统的条形码,充分地把GPS和GIS运用到物流供应链中。沃尔玛的计算机通信技术、POS终端、条形码、无线扫描枪、电子收款机等构建了现代化信息数据交换平台。现代信息技术的应用,使沃尔玛极大地提高了企业运行效率,强化了竞争优势。沃尔玛的管理人员可以通过计算机系统与任一家分店和配送中心联系,在1~2分钟内就可以掌握1天的商品销售、库存、订货、配送、财务和员工等方面的情况,能在1小时内对全球各分店内每种商品的库存、上架、销售量全部盘点一遍。该系统使沃尔玛能够快速高效地管理其业务,又能维持很高的服务水平,与此同时存货成本也降低了75%。沃尔玛的信息系统有力地提高了整个企业对市场变化的应变能力,使得沃尔玛稳居美国乃至世界零售业的龙头之位。正如沃尔玛的创始人沃尔顿先生说的:"我们从计算机系统获得的力量成为我们竞争的一大优势"。

三、电子商务与物流的关系

(一)电子商务引导现代物流的发展

它以一种最为直接的方式引导着社会物质的流向、流速和流量,并在电子商务技术促进物流交易与物流分离的同时,通过电子商务发展形成的强大物流需求引导和促进现代物流的信息化、网络化、现代化的发展。电子商务高效率和全球性的特点,要求物流也必须达到这一目标。而物流要达到这一目标,良好的交通运输网络、通信网络等基础设施则是最基本的保证。除此之外,相关的法律条文、政策、观念等都要不断地得到提高。

(二)电子商务促进物流技术的进步

物流技术主要包括物流硬技术和软技术。物流技术水平的高低是实现物流效率高低的一个重要因素,要建立一个适合电子商务运作的高效率的物流系统,加快提高物流的技术水平则有着重要的作用。那么,对于以物流起家的公司来说,电子商务仅仅只是利用IT技术提升其核心竞争力的一种形式,两者间的关键依然要落在"物流"上面,明白了这一点,公司就可以在电子商务和物流的坐标中标定了自己的位置,为进一步的物流信息系统选型找准了方向。

(三)电子商务提供现代物流发展的信息处理平台和技术

电子商务为提高物流效率,保持信息流通畅并及时准确反馈、传递和处理物流运作各环节、各部门所需要的信息提供了现代化平台和网络化技术,并随着现代信息网络技术的不断发展为物流信息资源的充分运用创造了条件,有力地促进了物流运作能力和效率的提高。

(四)物流活动是电子商务过程的基本要素

电子商务活动过程中的任何一笔交易,都是由信息流、资金流、物流组成,物流是最特殊的一种。电子商务条件下物流的一般流程:企业将商品信息通过网络展示给客户,客户通过浏览器访问企业网站,选择需要购买的商品,并填写提交订单。企业通过订单确认客户,并通过第三方认证中心确认收费方式,同时启动自己的应用系统组织货源程序。客户通过电子结算与金融部门交互执行资金转移。金融部门通过电子票据(或其他方式)通知买卖双方资金转移的结果。企业组织产品,并送达到客户手中。在电子商务下,商品生产和交换的全过程,都需要物流活动的支持,没有现代化的物流运作模式支持,没有一个高效的、合理的、畅通的物流系统,电子商务所具有的优势就难以发挥。电子商务准确、及时地监控物流过程的物流信息,加快物流的流动速度,提高物流流动的准确率,有效地减少库存及缩短生产周期。

(五)现代物流是实现电子商务的基本保证

只有合理化、现代化的物流活动,才能优化库存结构、减少资金占压、保障现代化生产的高效进行。随着电子商务的不断扩大发展,对物流的需求越来越高,而作为实体流动的物流活动发展相对滞后,从而在某种程度上来说,物流成为电子商务发展的瓶颈,物流业直接影响着电子商务,其发展壮大对电子商务的快速发展起到支撑作用。

(六)现代物流发展制约电子商务的发展

电子商务活动顺利地实现了商品和服务的价值交易过程,但是,商品和服务的使用价值的交割必须通过现代物流活动才能实现。开展网络购物最需要的也是物流和配送,只有建立和发展现代物流配送网络体系,从整个社会生产过程和物流过程来有效地畅通社会物质的流动,才能为电子商务的发展创造有利的基础环境。

【导入案例10-2】

Dell公司电子商务化物流的八步曲

Dell公司是康柏、IBM、苹果和NEC之后位居第五位的PC供应商,该公司每天通过网络售出的电脑系统价值逾1200万美元,面对骄人的业绩,总裁迈克尔·戴尔说:这归因于物流电子商务化的巧妙运用!

戴尔对待任何消费者(个人、公司或单位)都采用定制的方式销售,其物流服务也配合这一销售政策而实施。Dell公司的电子商务销售包括订单处理(包括款项支付)、预生产(等待零部件到货的时间)、配件准备、配置、测试、装箱、配送准备和发货八个步骤。戴尔的销售系统中,只有确认支付完款项的订单才会自动发出零部件的订货并转入生产数据库中。一般情况下,在生产结束的次日完成送货准备,并在2~5个工作日送到订单上的指定地点,同时提供免费安装和测试服务。在 Dell 公司的直销网站上,消费者可以通过订货状况跟踪查询接口查询订单的全部动态。

  Dell 的物流从确认订货开始。确认订货是以收到货款为标志的,在收到用户的货款之前,物流过程并没有开始,收到货款之后需要2天时间进行生产准备、生产、测试、包装、发运准备等。Dell 的销售物流委托国内的一家货运公司承担,并承诺在收到货款后2~5天送货上门,同时,在中国对某些偏远地区的用户每台计算机还加收200~300元的运费。

  电子商务化物流使戴尔公司既可以先拿到用户的预付款,待货运到后货运公司再结算运费(运费还要用户自己支付),戴尔既占压着用户的流动资金,又占压着物流公司的流动资金,按单生产又没有库存风险。戴尔的竞争对手一般保持着几个月的库存,而戴尔的库存只有几天,这些因素使戴尔的年均利润率超过50%。当然,无论什么销售方式,首先必须对用户有好处。戴尔的电子商务型直销方式对用户的价值包括:一是用户的需求不管多么个性化都可以满足;二是戴尔精简的生产、销售、物流过程可以省去一些中间成本,因此戴尔的价格较低;三是用户可以享受到完善的售后服务,包括物流、配送服务,以及其他售后服务。

  思考:为什么说电子商务与物流的关系是"成也物流,败也物流"?

四、快递和快递公司

(一)快递公司的定义和发展

  快递是一种邮递和物流活动,是快递公司通过铁路、公路和空运等交通工具,对客户货物进行快速投递。快递的特点是:点到点,快速方便。

  快递公司是指目前国内市场上除了邮政之外的其他快递公司,他们也是运用自己的网络进行快递服务。现代快递,是传统航空货运的发展和延续,是从航空货运代理业派生出来的。

  快递与传统的邮政业务在运输对象性质上存在较大差异,传统邮政业以信函为主要传递对象,其实质是信息流的传递,而快递业的实物流特性更为明显。因此,快递业与物流业具有较多的相似之处,但通常来讲快递业所运输的货物重量更轻、体积更小,在时间上比物流业要求更高。可见,快递业是介于物流业和传统邮政业之间相对独立的新兴行业。

  国际快递业兴起于20世纪60年代末的美国,1980年中国邮政开办全球邮政特快专递业务(EMS),2006年后国际快递巨头也纷纷通过合资、委托代理等方式进入中国市场。同时,社会日益增长的快递需求和电子商务的快速发展也带动了民营快递企业的迅速崛起。目前,我国的快递企业1万余家,其中民营快递企业数量最为庞大。2015年,全国快递服务企业业务量累计达到了2016.7亿件,同比增长48%。

(二)我国快递公司的分类

1. 外资快递企业

外资快递公司包括联邦快递(FEDEX)、敦豪(DHL)、天地快运(TNT)、联合包裹(UPS)、高保物流(GLEX)等,外资快递企业具有丰富的经验、雄厚的资金以及发达的全球网络。

2. 国有快递企业

国有快递企业包括中国邮政(EMS)、民航快递(CAE)、中铁快运(CRE)等,国有快递企业依靠其背景优势和完善的国内网络在国内快递市场处于领先地位。国有快递企业安全性高,提供全程跟踪查询,投递范围除涵盖国内所有地点外,还可与全球一百多个国家通邮。

3. 民营快递企业

其中包括大型民营快递企业和小型民营快递企业。大型民营快递企业包括顺丰速运、宅急送、申通快递、韵达快递等,大型民营快递企业在局部市场站稳脚跟后,已逐步向全国扩张。小型民营快递企业,企业规模小、经营灵活但管理比较混乱,其主要经营特定区域的同城快递和省内快递业务。总体来说,民营快递行业规模小,在农村及偏远地区没有网点,不提供投递服务,使其能够降低成本,价格上具有优势。同时由于业务量小,能加快中间环节处理速度,因此,在一些快递业务使用面广的地区,能达到快速投递的效果。

五、电子商务企业物流模式的选择

任何一个企业都必须考虑物流规划、物流成本和效益等问题,这就必然会涉及物流模式的选择。物流模式的选择一般取决于两个因素的平衡:一是物流对企业成功的关键程度,二是企业物流管理的能力。由于不同的物流模式具有不同的特点和适应性,企业只有正确选择了适合自己的物流模式才可能实现效益最大化。根据当前的实际情况,电子商务物流的模式主要有以下四种:企业自营物流、企业物流联盟、第三方物流、第四方物流。

电子商务物流如何实现

(一)企业自营物流

企业自营物流是指电子商务企业自行组建物流配送系统,经营管理企业的整个物流运作过程。开展自营物流,要求企业必须具备一定的物质基础:仓库、运输车辆等物流设施,有物流经验的经营人员,建有自己的物流配送系统、物流管理系统等。基于以上特点,并不是所有电子商务企业都适合运用自营物流的模式。

企业能通过自营物流,可以节省相关运输、仓储、配送和售后服务等费用问题,既降低了企业交易的风险,又节省了交易成本。如果企业采用自营物流模式,就面临着跨行业经营的风险,因为电子商务的信息业务与物流业务是两种截然不同的业务,企业必须按照物流的要求来运作才有可能成功。因此电子商务企业对这种模式的投资应十分谨慎,在电子商务发展的初期和物流、配送体系还不完善的情况下,不要把电子商务的物流服务水平定得太高,可以多花一些经历来寻找、培养和扶持物流服务供应商,让专业的物流服务供应商为电子商务提供物流服务。

具有以下条件的电子商务企业才比较适合运用自营物流的模式:

(1)规模大、资金雄厚、货物配送量大的企业,有资金和能力建立自己的物流配送体系。如美国的亚马逊投巨资建立遍布美国重要城市的配送中心,将物流主动权牢牢掌握在自己手中。

(2)业务范围集中,配货方式比较单一。在这种情况下,物流则成为企业成功的关键因素。由于配货范围不是很广泛,配货方式单一,所耗费的人力、财力均有限,所涉及的配送设备也可以仅限于汽车及人力车,该模式又能保证供货的准确性、及时性和服务质量,确保企业的长期利润,此时自营物流是较为明智的选择。

(3)拥有覆盖面很广的代理、分销、连锁店,而企业业务又集中在其覆盖的范围内。这样的企业一般是从传统的产业转型而来,或者依然拥有传统的产业经营业务,如计算机生产商、家电企业等。

自营物流适用于综合实力较强、物流配送能力充分完整、配送产品量体较大能够达到一定规模的企业。这样,企业能够较好地掌控自身的物流环节,能够及时有效地满足企业对各种原材料、半成品及成品的配送需要,在企业的对外市场扩张过程中也可以保证对外物流的需要。自营物流的缺点是投资规模较大,削弱了企业抵御市场风险的能力。

【导入案例10-3】

京东商城的自营物流

京东商城目前拥有在线销售家电、数码通信、服装服饰、家居百货、电脑、母婴、服装服饰、食品、服装服饰等11大类数万个品牌30余万种优质商品。2007年,京东商城开始布局自营物流体系,并不断加大自建物流投资力度,使得其物流配送速度和服务质量得到全面提升。2008年底,在获得2100万美元融资后,京东将该融资中的70%用于物流配送环节的改善,使京东商城在配送网络上逐步覆盖到全国多个城市。2009年京东商城宣布建立自己的快递公司,投资2000万元在上海成立快递公司,积极筹备在全国范围内建立起自己的配送网络。与此同时,还在苏州、杭州、天津、深圳、南京、无锡、宁波这七个城市开通配送站。2010年,京东商城在北京等城市率先推出"211限时达"配送服务,在全国实现"售后100分"服务承诺,随后又推出"全国上门取件""先行赔付"、7×24小时客服电话和其他专业服务。京东商城的服务系统正在逐步进行跨越性的升级。2014年初,京东商城拟融资共计15多亿美元,5月22日美国纳斯达克挂牌上市,这对于正在发展的京东商城及至中国电子商务行业具有非常积极的意义。

京东商城将信息系统与大型供应商进行对接,实现库存数据的共享,这样大大加快了库存运转。当货物从供应商送达京东商城的仓库之后,一切操作都在IT系统的支持下,实现了标准化的流水线作业。同时,京东还加快了客户订单处理速度,从下完订单到准备发货一共只需要1小时34分钟,客户还可以在线查询订单的处理状态,上面显示了订单被确认、产品出库、扫描、打包以及出货的每一个确切时间。京东的极速供应链打造,缩短了库存周转期,降低了存货贬值的风险,加快资金周转率,不仅从网络直销的模式下赢得时间价值,也从物流响应速度中赢得时间价值,从而为客户提供了更快速的反应能力与更好的服务水平。京东物流投资力度不断加大,基本上满足了客户的要求,但在全国每个二级城市自建物流的成本非常巨大,因此,在发达城市外,京东商城选择和当地的快递公司合作,完成产品的配送。

2016年11月,京东集团宣布推出"京东物流"的全新品牌标识,同时宣布京东物流将以品牌化运营的方式全面对社会开放。除了全面对外开放,京东物流的下一步将是通过技术创新提升京东物流的智能化水平,以云计算、人工智能和机器人技术为核心,最大幅度的提升京东物流的效率和体验。

(二)第三方物流

第三方物流也称外包物流或合同物流,是由物流业务的供方和需方之外的第三方去承担物流。它以签订合同的方式,在一定的期限内将部分或全部物流活动委托给专业物流企业来完成,社会分工的细化促使这种物流企业的出现,利用专业设施和物流运作的管理经验,为顾客制订物流需求计划。在某种意义上,可以说它是物流专业化的一种形式,是物流社会化、合理化的有效途径,也是大多数中小电子商务企业物流模式的最佳选择。第三方物流具有以下基本特征:

(1)合同承包。这是第三方物流最显著的特征。承包合同规定了服务内容、服务时间、服务价格等,规定了承包和被承包双方的责任和义务。合同期满,承包业务关系则结束。

(2)定制化服务。不同的货主企业其业务流程、产品属性、需求特点等不同,需要不同的物流服务,因此要求第三方物流按照货主企业的需求提供个性化、特色化的定制物流服务。

（3）规模化、专业化。第三方物流要承包很多客户的物流业务，实际上是面对整个物流市场提供服务，因此能够达到较大的业务规模，取得规模效益。

（4）多样性、复杂化、随机性。第三方物流因为面向所有企业，所以业务种类多，也比较复杂，在时间上是随机发生、随机结束的，因此，第三方物流企业必须具有承担各种业务、处理各种复杂局面的能力。

（5）信息化、科技化。第三方物流企业可以利用现代信息技术实现数据的快速、准确传递，提高企业采购订货、装卸搬运、仓库管理、配送发货、订单处理等的自动化水平。同时，利用物流管理软件，能够精确计算复杂的成本，管理物流渠道和合作伙伴等，极大地提高了物流效率。

第三方物流的特点是无须企业在物流方面进行额外的投资，成本较低，灵活性大，可以降低企业的经营成本和经营风险。通过第三方物流获取高质量、高水平的专业化物流服务，使自己的企业专注于核心业务，提高企业的竞争力等。但是也有弊端，比如企业对物流的控制能力降低，容易受制于物流企业，存在客户信息透漏的危险等。

（三）"互联网+"高效物流

深入贯彻落实《国务院关于积极推进"互联网+"行动的指导意见》（国发〔2015〕40号），大力推进"互联网+"高效物流发展，提高全社会物流质量、效率和安全水平。加快建设跨行业、跨区域的物流信息服务平台，提高物流供需信息对接和使用效率。鼓励大数据、云计算在物流领域的应用，建设智能仓储体系，优化物流运作流程，提升物流仓储的自动化、智能化水平和运转效率，降低物流成本。

"互联网+"物流对提升物流业服务水平和能力意义重大，有助于供应链价值和整体效益提高。有利于物品从供应商更快地运输到需求方，实现顾客的快速响应，以提高服务质量；有利于商流、资金流和现金流的沟通和实现；有利于工商企业节约经营成本和物流企业实现更大的利润；有利于加强供应链之间、各企业之间的合作伙伴关系，以实现整个供应链的价值和整体效益最大化。利用综合物流信息平台，为物流从业者大幅节省信息化成本，跨越信息化技术和平台阻碍，带动现代物流产业链全面发展。

一方面，聚合现有各类物流信息资源，形成平台化资源共享互通体系；另一方面，完善数据对接机制，促进跨领域信息互联互通。目前，"菜鸟网络"已构建了物流天地网、仓储设施网、创新电子面单网的三张网模式，在"北上广"等地已建立超百万平方米的5个一级中心，日均疏导千万个包裹。借助物联网等新一代信息技术，有效提升物流仓储的出货效率。京东商城打造的智能仓储系统"亚洲一号"，总建筑面积10万平方米，相当于14个足球场大小，利用无线射频识别技术、传感器等联网应用，实现新型仓储作业方式，支撑数以亿计的订单出货。将货运车辆信息与供需对接，避免不必要的空驶与空转，将物流配送下沉到具体的社区、街道和乡村，创新多种收货模式。成都我来啦公司创新的"速递易"自助模式，以家庭为纽带主打同城O2O综合服务圈，实现了中小企业在全国的迅速扩张，衍生出15家分公司，设立了万余个网点。

【导入案例10-4】

菜鸟网络的高效物流

菜鸟网络注册资本为50亿元。2013年5月28日由阿里巴巴集团、银泰集团联合复星集团、富春集团、顺丰及"三通一达"物流公司组建的"中国智能物流骨干网(CSN)"在深圳宣告正式启动,合作各方共同组建的菜鸟网络科技有限公司(简称菜鸟网络)正式成立。

菜鸟网络将电商、仓储、物流等产业链企业吸引进来,形成资源整合与共享的大物流圈。根据马云的畅想,菜鸟派送的商品会这样到达买家手中:产品从产品线上下来就打上了菜鸟网络的电子身份证,如二维码、条形码、无线射频识码等,然后进入仓储中心,用户通过天猫、淘宝、当当、国美商城、海尔商城等渠道选取商品,通过支付宝付款,货物就从仓储出发,通过干线运输、配送中心、小区配送员最终到达买家手里。为此,菜鸟网络推出了全新的物流数据雷达2.0服务。物流数据雷达提供详细的区域和网店预测,不仅可以监控到中转站,还可以监控到行政县区和服务网点层面。这些数据可以帮助电商平台和快递公司迅速做出决策。通过数据雷达,商家也能实现物流订单管理,实时了解揽收率、在途率、签收率等情况,便于他们采取不同的应对措施。此外,菜鸟网络数据雷达还与中国气象服务中心合作,并收集高速公路信息,提供全国高速公路的天气预报和道路实况服务,帮助快递公司提前规避路途风险,以最快的速度将物品送到买家手中。而这些,已经在2013年的"双十一"配送中逐渐实施。

2013年12月6日,密谈长达一年之久的阿里巴巴与海尔的合作也正式拉开大幕,双方签订了28.22亿港元的投资额协议,重点投资海尔电器旗下的日日顺物流。这是一张遍布全国的物流大网,可以深入三四线城市甚至更为末梢的乡镇中。2014年5月份,菜鸟网络与新加坡邮政、日日顺等服务商进行了深度对接和合作,携手向商家和消费者提供优质服务,补充了国内现有快递资源。2013年6月10日,又与中国邮政签署战略合作协议,共建智能骨干网,向社会开放共享十余万个物流网点。在2014年的京交会上,菜鸟网络还与国内13家快递公司签署了深度合作协议,共同在数据、服务方面服务于市场。

阿里巴巴从启动菜鸟网络、整合快递企业、布局城市商圈,到投资海尔日日顺,控制全国2800个县级配送站、26000多个乡镇专卖店、19万个村级服务站,这一切都是在中国电商界撒下了一张大网,也是社会化平台供应链整合中不可或缺的最重要一环。据阿里方面介绍,菜鸟网络用于引导物流合作伙伴优化生产运营的大数据产品——预警雷达,增加了快递企业服务质量和客户挖掘分析等数据分享。此举旨在通过大数据的精准预测引导商家备仓发货,让合作的快递企业在"双十一"期间提前安排重点线路、分拨中心、网点的揽派情况,调配人力物力等各种资源,甚至可以实现"订单还未生成,包裹先行上路"。

菜鸟网络以平台化能力,整合了大量优质的海外物流服务商合作伙伴资源。目前已对接的海外物流服务商包括俄速通、燕文物流、新加坡邮政、申通国际、ITELLA、中邮国际、顺丰(海外)、中通、乐趣购、酷悠悠、大韩通运等,全面保障天猫"双十一"对 200 多个国家和地区的出口。这些服务商通过与菜鸟网络平台的对接,可实现在线物流下单,并且保证全链路的物流详情显示,实现全球范围包裹的可视化追踪。此外,菜鸟网络通过联合香港邮政、台湾全家、台湾 7-Eleven、新加坡邮政等合作伙伴,在东南亚地区推出的 4000 余个自提点都投入到"双十一"的末端配送环节,中国香港、中国台湾、新加坡等东南亚消费者可以尽享家门口的便利自提服务,将物流服务精细到最后 500 米。

☞任务实施

在对电子商务物流的功能、技术以及各种物流模式的优劣势有一定了解的基础之上,我们知道了如果自己开网店,该选择什么样的物流模式了。那如何解决特殊商品的包装问题呢?如何对比各种快递公司或物流公司的服务及价格呢?下面将简单介绍。

一、了解快递公司和快递服务

(一)国际快递巨头 UPS

UPS 起源于 1907 年在美国西雅图成立的一家信差公司,以传递信件及为零售店运送包裹起家。由于以"最好的服务、最低的价格"为业务原则,逐渐在整个美国西岸打开局面。到 30 年代,UPS 的服务已遍布所有西部大城市,并开发了第一个机械包裹分拣系统。通过明确地致力于支持全球商业的目标,UPS 如今已发展到拥有 300 亿美元资产的大公司。如今的 UPS,是一家全球性的公司,其商标是世界上最知名、最值得景仰的商标之一。UPS 是世界上最大的快递承运商与包裹递送公司,同时也是专业的运输、物流、资本与电子商务服务的领导性的提供者。

(1)登录 UPS 首页(网址:https://www.ups.com/cn),如图 10-1 所示。

任务十　电子商务物流

图 10-1　UPS 首页

（2）注册 UPS 账号。如图 10-2 所示，输入用户姓名、邮件、用户 ID、密码即可注册。

图 10-2　UPS 账号注册

（3）用户登录。如图 10-3 所示，注册完 UPS 账号后，输入用户 ID、密码即可登录 UPS 界面。

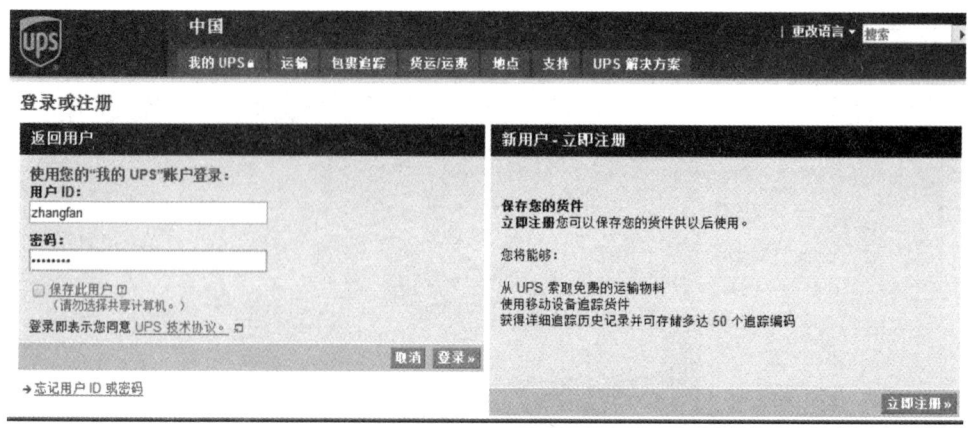

图 10-3　UPS 用户登录界面

（4）网上运输。如图 10-4 所示，如果用户要寄件，需要创建一个货件，填写相关信息即可。

图 10-4　UPS 网上运输

（5）包裹追踪。如图 10-5 所示，输入包裹编号，能具体查看包裹进程。

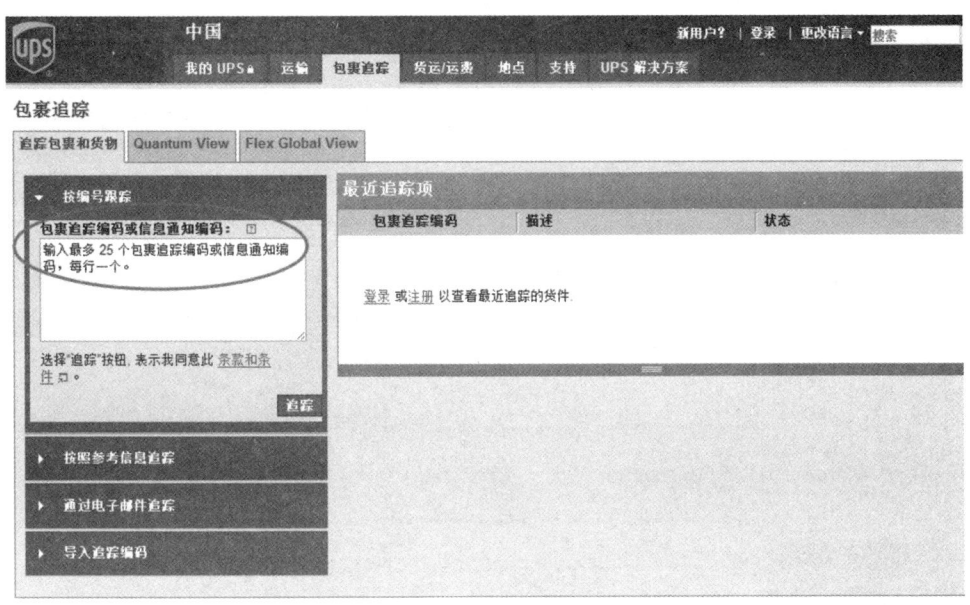

图 10-5　UPS 包裹追踪

(二)国有快递公司 EMS

EMS(Express Mail Service),邮政特快专递服务,是中国邮政提供的一种快递服务。主要采取空运方式,加快递送速度,根据地区远近,一般 1~8 天到达。该业务在海关、航空等部门均享有优先处理权,它以高速度、高质量为用户传递国际、国内紧急信函、文件资料、金融票据、商品货样等各类文件资料和物品。

(1)登录 EMS 首页(http://www.ems.com.cn/),如图 10-6 所示。

图 10-6　EMS 首页

（2）邮件查询。如图 10-7 所示，EMS 可以提供速递查询、物流查询、高考录取通知书查询等查询方式，用户可以根据自己的需要选择相关查询方式。

图 10-7　EMS 邮件查询

（3）产品介绍。如图 10-8 所示，EMS 为用户提供国内速递（包括次晨达、国内特快专递、国内经济快递、国内快递包裹、国内代收货款、国内收件人付费等）、国际及港澳台速递、礼品礼仪等速递业务，合同物流、国际货代等物流业务。

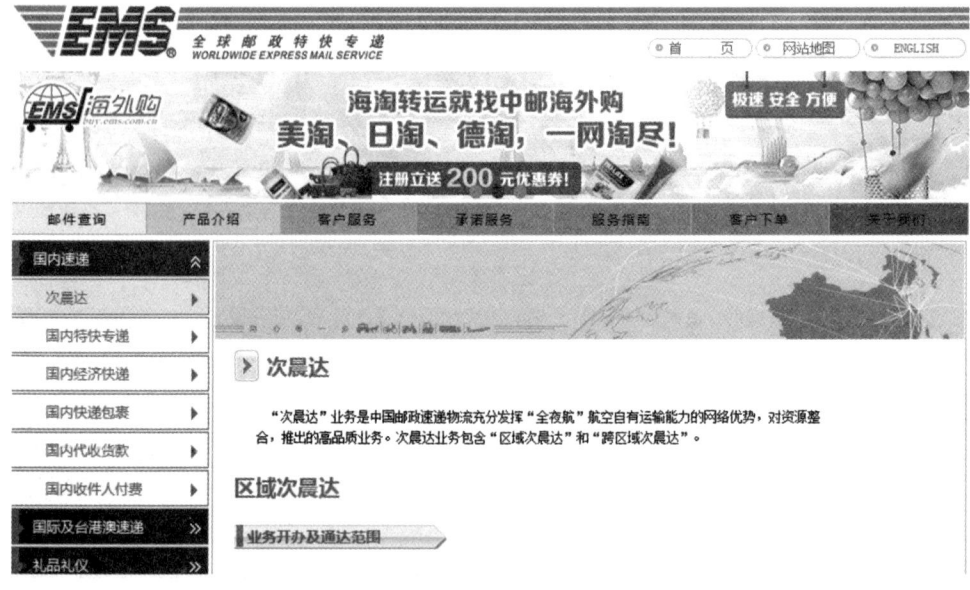

图 10-8　EMS 产品介绍

(4)国内 EMS 邮件单据填写。如图 10-9 所示,带 * 号的内容为快递单必填选项,要详细填写寄件人与收件人的姓名、有效的联系电话、详细地址等信息。

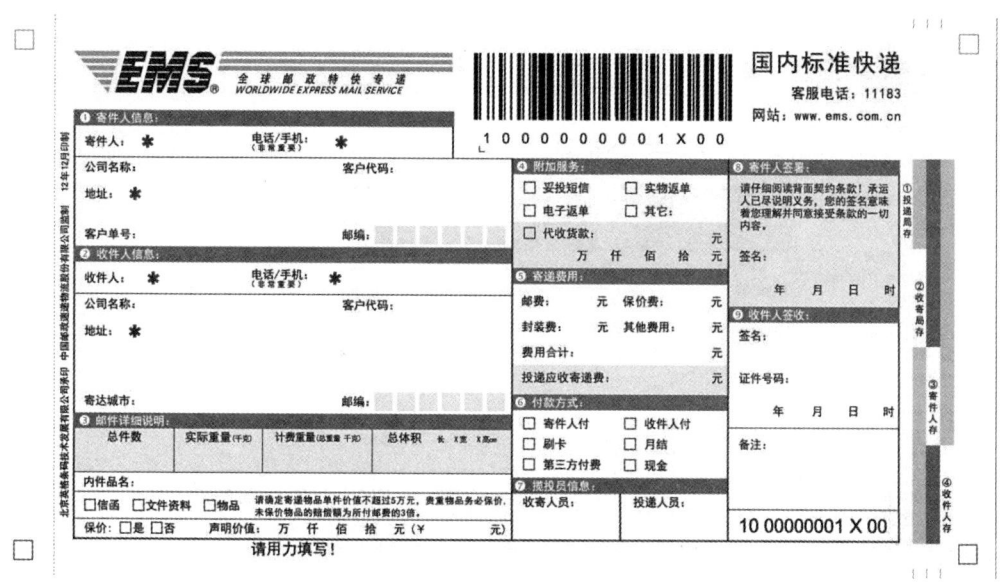

图 10-9　EMS 单据填写

当发货量较大的时候,采用电子面单,进入店铺后台,选择"物流工具"进行"运单模板设置",选择需要的快递公司,正确填写后打印。

①登录 3M 旗舰店后台管理界面,选择"物流工具",如图 10-10 所示。

图 10-10　3M 后台管理界面

②进行"运单模板设置",如图 10-11 所示,新建模板。

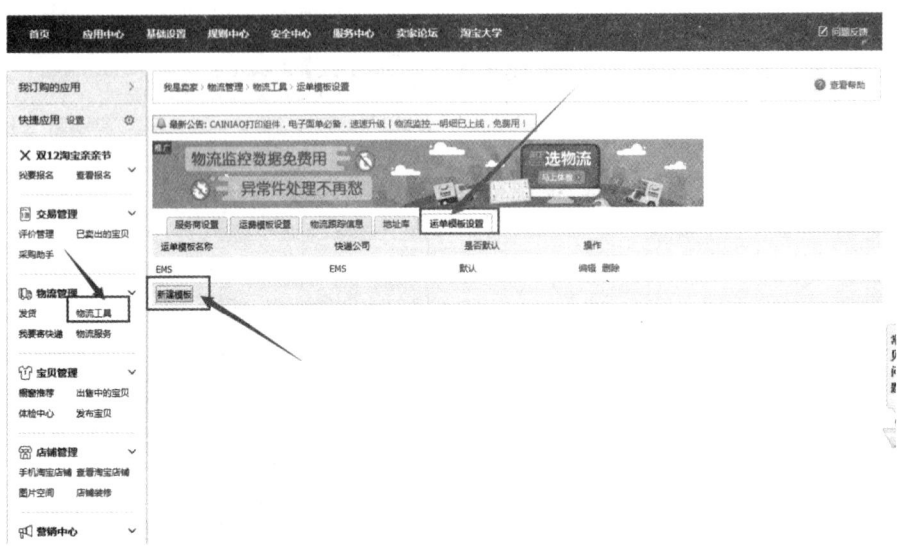

图 10-11　3M 后台运单模板设置

③选择需要设置的模板信息,如图 10-12 所示。一般情况下选择快递单必填选项,寄件人与收件人的姓名、有效的联系电话、详细地址等信息。

图 10-12　运单模板信息设置

④选择需要的快递公司,如图10-13所示。以EMS为例,选择收件人与发件人姓名、电话及详细地址,填写后打印。

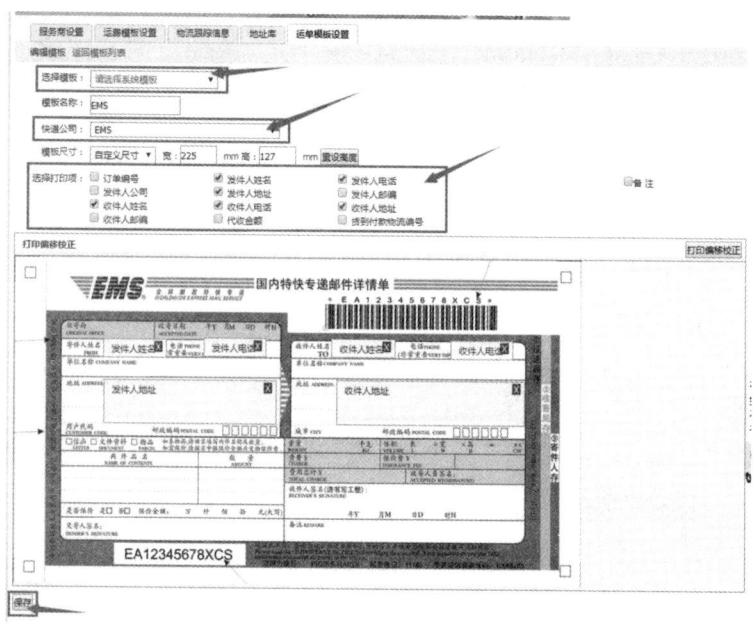

图10-13　EMS运单模板

(三)民营快递公司顺风速运

顺丰速运(S.F. Express)于1993年在广东顺德成立,是一家主要经营国际、国内快递业务的港资快递企业。初期的业务为顺德与香港之间的即日速递业务,随着客户需求的增加,顺丰的服务网络延伸至中山、番禺、江门和佛山等地。顺丰速运是目前中国速递行业中投递速度最快的快递公司之一。

(1)登录顺风速运首页(网址:http://www.sf-express.com/cn/sc/),如图10-14所示。

图10-14　顺丰速运首页

(2)顺丰速运个人用户注册,如图 10-15 所示,输入有效的联系方式,绑定邮箱后,即能查看个人所有的顺丰快递。

图 10-15　顺丰速运个人用户注册

(3)用户寄件,如图 10-16 所示,顺丰速运为用户提供免费预约上门取件服务,输入姓名、个人详细地址、手机号码、验证码,可以免费预约上门取件。

图 10-16　顺丰速运用户寄件

(4)服务(产品),如图10-17所示,顺丰主要为用户提供顺丰即日、顺丰次晨、顺丰次日、顺丰隔日、顺丰标快(港澳台)、顺丰特惠(港澳)、顺丰次晨(香港)、顺丰标快(国际)、国际特惠-出口、国际特惠-进口等服务产品。

图 10-17　顺丰速运服务(产品)

(5)增值服务,如图10-18所示,顺丰主要为用户提供保价、代收货款、签单返还、更改付款方式、委托收件、超长超重附加费、垫付货款、系统对接服务、退换货等增值服务。

图 10-18　顺丰速运增值服务

(6)电商企业服务,如图 10-19 所示,顺丰速运还能为电商企业提供仓储配送服务、快递物流服务、分仓备货服务、金融服务、客服外包等服务。

图 10-19　顺丰速运电商企业服务

二、货物打包

要把货物完好地送到顾客手中,需要发货,而发货的第一个环节就是对商品进行合理的包装。这里所讲的包装单指商家为了保障货物的安全而做的运输包装。对商品进行包装时既要考虑商品安全性,也要考虑包装材料的成本。

(一)分类包装

将不同货物进行分类包装不仅可以显示出物流工作的合理性,还能够在一定程度上增加物流的安全性,同时不同的包装材料因为重量不同,也会对物流成本产生影响,继而影响整体的经营成本。

只要尺寸合适的话,纸箱几乎可以作为所有商品的外包装,购买成本是包装材料里较高的,但其防护作用也比较好。有些商品可以使用快递公司提供的一次性塑料快递袋来包装,例如:不怕挤压的服装、床上用品、毛绒玩具、暖宝宝、靠垫等。一些重量不轻,而且对防震要求又很高的商品,最好是采用木板条装订的箱子来包装,例如:针式打印机、电视机、跑步机等。还有一种特殊的商品需要采用特殊的包装,例如:在网上销售油画、水粉画一类的书画作品一般都很少会装裱后再寄出,因为装裱的玻璃画框在运输途中更容易被损坏,所以,最好是采用建材店里出售的 PVC 管材来包装此类商品,因为管材的圆筒外形和 PVC 的硬度可以保证画卷不会被折压。如图 10-20 所示。

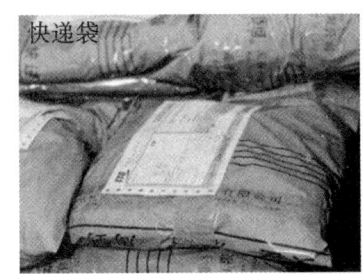

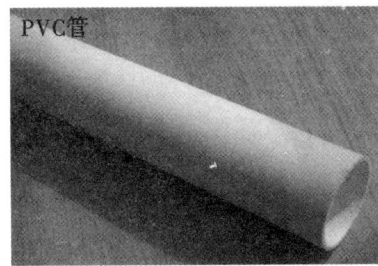

图 10-20　包装材料

(二) 隔离防震

在纸箱和货物之间放置一些填充物,是为了给货物多一层保护,不让货物在里面左右摇晃,可以大大减少因长途运输而产生的物损,增加物流配送的安全性,如图 10-21 所示。

图 10-21　纸箱的填充物

此外，纸箱的大小和填充物的重量都会对邮费产生不同程度的影响，只要参照以下两点建议进行选择，就可以尽量地控制货物的包装重量。

（1）纸箱的尺寸应该比货物的外形尺寸略大，留有足够的缓冲空间来放置填充物，才能达到良好的隔离和防震效果。

（2）填充物的选择标准是体积大、重量轻，如报纸团、海绵、白色硬泡沫、气泡膜等都是很好的填充材料。

（三）打包要点

给货物打包是一个简单的技术活，但是随意的包装和规范的打包，其结果会有很大的差异。以纸箱为例，如果能做到如图10-22所示的这四点，那么，我们发送出去的货物就有了一定的安全保障系数。

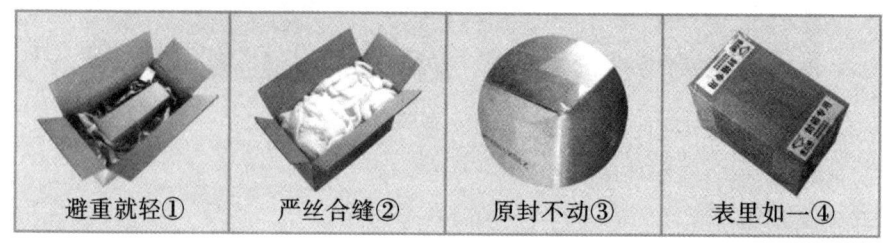

图10-22　货物打包要点

（1）避重就轻。纸箱内壁和商品的四周应该预留3cm左右的缓冲空间，并用填充物将商品固定好，以达到隔离和防震的目的。

（2）严丝合缝。用填充物塞满纸箱和商品之间的空隙，使纸箱的任何一个角度都经得起外力的冲撞。

（3）原封不动。纸箱的所有边缝都要用封箱胶带封好，这样既可以防止商品泄漏和液体侵入，也可以起到一定的防盗作用。

（4）表里如一。在纸箱封口处贴上几张防盗封条，使安全工作从纸箱内延伸到纸箱外部，这样可以起到一定的警示和威慑作用，有效防止内件丢失。防盗封条可以自己制作，也可以在网上定制购买。

适当包装的商品，不仅便于运输、装卸、搬运、储存、保管、清点、陈列和携带，不易丢失或被盗，为各方面提供了便利。

三、不同物流公司的服务对比

商品在售出后，除了要为货物提供安全的包装以外，还需要与一家物流公司合作，来完成运输和配送环节。接下来就来了解不同物流公司的特点。

（一）邮局发货

邮局发货包括平邮和EMS两种发货方式。平邮是最普通的邮寄方法，一般是指"普通平信"（对于挂号信而言），按照邮寄物品的重量计算价钱，没有其他的附加费用。平邮也指中国邮政普通包裹，邮寄费用加上包装费用一般不超过10元，邮局会送包裹单到用户那里，用户填写领件信息，携带身份证或者户口本去邮局去取件，一般全国范围7~14天送到。

EMS是中国邮政提供的一种快递服务，主要是采取空运方式，所以具有速度较快、相对安全、资费较高的特点，比较适合普通快递无法到达的地区，以及价值较高的物品，如手机等。一般来说，根据地区远近，EMS可在1~4天到达。目前，国内已有近2000个大、中、小城市办理EMS业务，我国邮政的EMS业务已与世界上200多个国家和地区建立了业务关系。

（二）快递发货

平邮包裹的到货周期较长，顾客通常要等7~15天才能收到购买的商品；如果通过快递公司发货的话，同城和周边城市一般可以做到今发明至，国内大中城市的到货时间也只有两三天，而且快递公司一般采用门对门的收发货方式，同时还提供网上查询物流进程的便利。很多买家和卖家都选择快递这一物流方式。

1. 国内常用快递公司的优缺点

（1）圆通快递。

1）优点：运输和派件的速度比较快，到全国的一线城市和省会城市比较快，是支付宝的合作公司，客户在收到货时，可以开包检查。

2）缺点：网点覆盖范围小。

（2）申通快递。

1）优点：是全国最大的快递公司，重要城市和一级城市运输及派件的速度比较快，可以覆盖到县级以上的城市。

2）缺点：个别地方服务态度不好，价位稍高。

（3）EMS（邮政快递）。

1）优点：网络强大，全国2000多个网点，遍布村县，速度较快，一般2~3天。

2）缺点：价格较高，反应速度较慢，跟踪查询有困难。

（4）顺丰快递。

1）优点：网点集中在一线城市，运送速度快，一般到达的城市隔天到。可以发当天件，允许发当天件的地方有江、浙、沪、皖。

2）缺点：价格相对高一些。

（5）宅急送

1）优点：国内最大的民营快递公司，网络500多个点，但大部分是合作网络，自己的点估计有100个左右。速度和EMS差不多，有些区域还要快。也能做货运。

2）缺点：不邮寄信函快递。

2. 在线查询物流进程

客户可以在快递公司的网站查询物流的配送进程，只要输入运单号码，便可查询如图10-23所示的信息，里面有详细的收件、运输和运输信息。

图 10-23　在线查询物流进程

3. 不同快递公司价格对比

打开快递小帮手首页（网址：http://www.chakd.com/index.php），如图 10-24 所示选择出发地郑州，到达地上海，点击"快递查询"即可对比。快递价格会因地域不同、货物的重量不同以及市场的变动而变化，如图 10-25 所示。

图 10-24　快递查询

↓点击下面公司显示对应公司的联系方式、派送范围、不派送范围及备注		元/运费	天/时间	是否到付
邮宝快递公司郑州市分公司 3分 →	邮宝快递公司上海分公司 3分	21元	3天	否
EMS快递公司郑州市分公司 2分 →	EMS快递公司上海分公司 2分	38元	3天	否
宝急送快递公司郑州市分公司 3分 →	宝急送快递公司上海分公司 3分	20元	3天	否
天天快递公司郑州市分公司 3分 →	天天快递公司上海分公司 3分	25元	3天	否
越丰快递公司郑州市分公司 4分 →	越丰快递公司上海分公司 2分	20元	3天	否
郑州市中通快递公司 3分 →	上海中通快递公司 2分	21元	3天	否
大田快递公司郑州市分公司 1分 →	大田快递公司上海分公司 1分	32元	3天	否
郑州圆通快递公司 2分 →	上海圆通快递公司 2分	18元	3天	是
中诚快递公司郑州市分公司 3分 →	中诚快递公司上海分公司 3分	18元	3天	否
全一快递公司郑州市分公司 1分 →	全一快递公司上海分公司 3分	28元	3天	否
佳吉快递公司郑州市分公司 3分 →	佳吉快递公司上海分公司 2分	21元	3天	否
汇通快递公司郑州市分公司 2分 →	汇通快递公司上海分公司 2分	21元	3天	是
郑州申通快递 2分 →	上海申通快递 2分	30元	3天	否
长宇快递公司郑州市分公司 1分 →	长宇快递公司上海分公司 2分	21元	3天	否
韵达快递公司郑州市分公司 2分 →	韵达快递公司上海分公司 2分	23元	3天	否

图 10-25　不同快递公司运输 2kg 货物价格对比（郑州—上海）

（三）物流发货

货运发货包括公路运输、铁路运输和航空运输三种类型，短途一般采用公路和铁路运输，长途主要选铁路和航空运输。

1. 货运公司的计量单位

货运公司的计费方式与邮局和快递公司的计费方式有很大区别，邮局是以 500 克为一个计量单位，快递公司通常是以 1 千克为一个计费单位，货运公司的计费单位也是以千克计费，但是这个千克数却不一定是用磅秤计量出来的，而是通过"体积重量"来确定的，有的时候，这个千克数甚至是用米尺"量"出来的。铁路货运"体积重量的标准公式"：货物的体积重量（千克）= 货物的体积（长 * 宽 * 高）/6000

也就是说，6000cm^3 体积货物相当于 1 千克重来计算运费，换算过来，1m^3 体积的货物要按照 167 千克计算运费。按照物理重量与体积重量择大计费的原则，如果货物的比重小而单位体积大，比如棉花、编制工艺品等，那么应该依照上面公式计算出体积重量，然后将货物的实际重量与体积重量相比，"择大录取"作为计费重量，乘以每千克的运输价格就得出了应收运费。

2. 货运公司和快递公司、邮局发货的比较

以上海—北京，重量为 22 千克的货物为例，接下来比较一下快递公司和公路货运在价格、时间和便利程度上的差异。集中发货方式比较如表 10-1 所示。

表 10-1　几种发货方式的比较

发货方式	发货费用	到货周期
平邮包裹	46 元+单据费+挂号费 3 元+包装费等	7～14 天
EMS	254 元+单据费+包装费等	2 天
快递包裹	79 元+单据费+挂号费 3 元+包装费等	4～6 天
公路运输	25 元	4～5 天
铁路运输	72.6 元	不确定

备注：由于货运公司规定每票货物的基本价格是 25 元，此票货物重量是 22 千克，每千克 1 元，并未达到基础价格，但依然按照 25 元收取。

由上表对比结果来看，如果用货运公司发件这件商品，价格比邮局的平邮包裹还便宜，到货周期虽然比 EMS 慢，但与邮局的快递包裹速度差不多，所以货运属于性价比较高的一种发货方式。

货运公司提货点一般设在城市近郊，甚至偏僻的远郊，所以路途一般都比较远。邮局在市区分布网点多，一般家附近就有，所以提货比较方便，但是，邮局对包裹的大小是有一定限制的，对超长超宽的包裹不能运送，像古筝这类货物就属于体积超标的，被邮局拒之门外。

以上介绍的是几种常用的货运方式和特点，综合比较，公路运输和铁路相结合的方式最实用。公路货运的运费比较便宜，但是它的优势要在长途以及发货量大的情况下才能体现，铁路运输的运费是按照实际重量来计算的，不牵涉体积重量的问题，而航空运输费用较高。

3. 委托货运公司发货的注意事项

（1）货物的包装一定要结实耐压，里面做好保护措施，箱子外面要有必要的文字或图片的警示，如小心轻放、请勿重压等。此外，箱子上最好有方便买家等人员容易找到箱子的明显标志。

（2）收货时若外箱有破损，要当场打开箱子验货，要是货物损坏的话，要请工作人员详细记录情况，然后把详细情况告诉发货人，由发货人向当地的货运公司提出索赔；如果外箱完好，而内部有损坏，货运公司是不赔偿的。

（3）通常在货运站提货，要和买家提前沟通好提货手续和可能出现的问题，以免顾客产生不满情绪，给卖家打中评或差评。

任务评价

通过上述任务的实施，我们掌握了电子商务物流的基础知识，深刻认识到电子商务和物流之间的协同关系，了解了快递公司提供的服务，学会了如何去选择快递公司并通过不同的途径享受快递公司提供的服务，了解了电子商务公司的物流运作模式和典型的电子商务公司提供的独特的物流服务。